LOCUS

LOCUS

LOCUS

LOCUS

from

vision

from 85 爲什麼我們這樣生活，那樣工作？
The Power of Habit
作者：Charles Duhigg
譯者：鍾玉玨、許恬寧
責任編輯：黃威仁
美術編輯：蔡怡欣
校對：黃定康
法律顧問：董安丹律師、顧慕堯律師
出版者：大塊文化出版股份有限公司
台北市105022南京東路四段25號11樓
www.locuspublishing.com
讀者服務專線：**0800-006689**
TEL：(02) 87123898　FAX：(02) 87123897
郵撥帳號：18955675　　戶名：大塊文化出版股份有限公司

總經銷：大和書報圖書股份有限公司
地址：新北市新莊區五工五路2號
TEL：(02) 8990-2588（代表號）　　FAX：(02) 2290-1658
製版：瑞豐實業股份有限公司
初版一刷：2012年10月
初版四十四刷：2023年12月

定價：新台幣360元
Printed in Taiwan

The Power of Habit

爲什麼
我們這樣生活，那樣工作？

全球瘋行的習慣改造指南

Charles Duhigg 著
鍾玉玨、許恬寧 譯

目次

序

習慣療法

她是科學家最愛的研究對象。

根據莉莎・艾倫（Lisa Allen）的檔案資料：她現年三十四歲，十六歲開始抽菸喝酒，一輩子都在努力甩肉，和肥胖纏鬥。她曾借債度日，二十五、六歲時，討債公司對她窮追不捨，逼她還清積欠的一萬美元（約台幣三十萬）。履歷表上的工作經驗，最長的一次不超過一年。

今天她站在研究員面前，身形精瘦、充滿活力、有一雙跑步健將的腿。她本人比檔案照片年輕了十歲，體能好到可以輕易擊敗屋裡任何一個人。根據檔案裡的最新資料，莉莎已無任何負債，遠離菸酒，並在一家平面設計公司待了三十九個月。

「妳戒菸多久了？」一位醫師問道，繼而要莉莎回答清單上的一系列問題。這也是莉莎每次到馬里蘭州貝塞斯達這間實驗室時必做的例行公事。

「快滿四年，」她說：「而且我瘦了二十七公斤，也從那時候開始跑馬拉松。」她還讀了研究所、買了房子。今昔對照，判若兩人。

在座的專家來自諸多領域，包括神經學、心理學、遺傳學、社會學等等。過去三年來，在美國國家衛生研究院（ＮＩＨ）資助下，這些專家對莉莎以及其他二十多位曾染上不良習慣的受訪者，進行抽絲剝繭的分析與研究。不良習慣包括抽菸、長期暴飲暴食、酗酒、買個不停的購物慾等等。這些研究對象的共通點是，都能在短時間之內改寫人生、爬出谷底。研究員忍不住好奇，亟欲找出原因。他們記錄受訪對象的重要生命跡象；①在他們家裡安裝攝錄影機，監測每人每天的生活模式；分析某段ＤＮＡ的序列；靠先進科技協助，深入受訪者腦袋，同步觀察他們腦袋的活動，分析他們在香菸、大餐的誘惑下，腦部裡血液與電脈衝的變化。研究員希望釐清習慣如何透過神經系統運作，以及用什麼方式可改掉積習。

「我知道妳已重複十多次自己的故事，」一位醫師對著莉莎說：「但是其他同仁都是輾轉從別人口中聽到妳的遭遇，所以妳能不能再說一次自己戒菸的始末？」

「沒問題。」莉莎回道。「一切要從開羅說起。」那次埃及行完全是匆促衝動之舉。出發到埃及前幾個月，她丈夫下班回家，稱他愛上了另外一個女人，決定離開她。莉莎花了好一陣子才聽懂丈夫出軌有了小三、決定跟她離婚。她開始自怨自艾，繼而瘋狂地跟蹤他，監視他的一舉一動，也對他的新女友窮追不捨，半夜打電話給她再突然掛斷，然後變本加厲，傍晚醉醺醺跑到小三家，猛敲對方的門，大喊要放火燒了她家。

「那是我的低潮期，」莉莎說：「我一直想參觀金字塔，加上信用卡尚未刷爆，所以……」

在開羅的第一天早上，莉莎被附近清眞寺叫喚人們晨禱的廣播聲喚醒。旅館房內一片漆黑，伸手不見五指，尚未適應時差的她掏出一根菸。

她神智恍惚，直到聞到塑膠的燒焦味，才知道手上點的不是菸而是一支筆。過去四個月，她每天以淚洗面、暴飲暴食、失眠、羞於見人、無能為力、消沉喪志、忿忿不平。她躺在床上，完全崩潰。「悲傷彷彿狂潮，將我淹沒。我要的每樣東西似乎全變了調，就連抽個菸都跟我作對。」「於是我開始思考，想到前夫，想到回國後找工作何其困難，想到自己一定會不勝其煩地過日子，想到自己何以老是覺得病懨懨。我從床上爬起來，不慎打翻水壺，水壺掉在地上碎了一地，我開始嚎啕大哭，覺得自己被逼到絕境，覺得自己非做些改變不可，至少有件事應該還難不倒我。」

她沖了個澡，走出旅館，搭上計程車穿梭於開羅車水馬龍的街上，接著車子開上泥巴路，前往獅身人面像、吉薩金字塔。車外是一望無際的沙漠，不知怎的，突然讓她走出自怨自艾、自慚形穢的情緒，儘管只是一剎那。她覺得自己需要一個目標，一個努力向上的目標。

所以她當下做了個決定，在計程車裡，她暗下承諾，終有一天要再回到埃及，穿越這片沙漠。

莉莎明白這個想法過於瘋狂。當時她狀況不佳、身材過胖、銀行沒存款。她連車外的沙漠叫什麼名字都不知道，也沒把握重遊舊地是否可行。但這些都不重要。她需要找件事讓她專心並全力以赴。莉莎決定給自己一年的時間準備，若想成功出征，她勢必得做些犧牲。

更精準地說，她得戒菸。

十一個月之後，莉莎終於成功橫跨沙漠。她坐在有空調的露營車裡，和六、七個人同行，車上裝備一應俱全：水、食物、帳篷、地圖、全球衛星定位系統、雙向無線電等等，因此就算多塞了一盒香菸好像也沒什麼差別。

不過那次在計程車裡，莉莎並不知道自己可以說到做到。至於實驗室的科學家，則對她那趟沙漠行的細節興趣缺缺，認為無關緊要。他們相信，莉莎在開羅那天一個小小的轉念——堅信得先戒菸才能實現願望——才是催生她人生一系列改變的推手。返美後，她開始戒菸，養成慢跑習慣，並改變飲食、工作、睡眠、存錢的方式，她還規畫平日的作息時間，為未來擬妥計畫。她先跑半程馬拉松，再跑全程馬拉松，還重回學校念書，繼而購屋、訂婚。最後她被網羅參加這項研究計畫，專家分析莉莎腦袋的影像後，有了驚人的發現：一組代表舊有習慣的神經活動模式，已被新模式取代。影像裡仍看得見莉莎舊行為的神經活動，但部分衝動已被新的衝動排擠。莉莎的習慣一變，連帶腦袋也跟著改變。

科學家堅信，催生莉莎改變的並非開羅行，也不是離婚或跨沙漠之旅，而是莉莎專注改變一個習慣（抽菸）。其他研究對象也都有和莉莎類似的經歷。藉由專心改變一個習慣（後文會介紹，那就是「核心習慣」），莉莎連帶重新調整了其他習氣與根深柢固的行為模式。

不只個人可以改頭換面，企業若致力改變舊習，也能徹底轉型。寶僑、星巴克、美鋁、塔吉特等知名企業善用此一洞見，調整營運方式、改變員工溝通模式，甚至潛移默化消費者，讓他們不知不覺改變購物方式。

「這一張是妳最近照的腦部掃描圖。」一位研究員在莉莎訪談接近尾聲時說道。他在電腦螢幕上秀出莉莎的腦部影像，指著靠近莉莎腦袋中心的區塊，「當妳看到食物，這些和飢餓與渴求相關的區域依舊活躍。妳的腦袋還是會釋出訊息，讓妳吃個不停。」

他又指著最靠近莉莎前額的區塊，「不過這區塊也出現新的活動。我們相信，這裡正是阻斷某些行爲以及學習自律的起點。妳每走進這個實驗室一次，這區塊的反應就更爲突出與明顯。」

莉莎是科學家最偏愛的受訪者，她的腦部掃描圖差異之大，說服力十足。此外，這些影像圖透露的資訊讓科學家繪出一目了然的地圖，顯示我們的心智裡，行爲模式（習慣）存在於腦部哪個區塊。「因爲妳，我們才明白一個決定何以變成自發的行爲。」一位醫師對她說。

實驗室每個人莫不認爲，重大發現即將出爐。事後證明，的確如此。

●●●

今早醒來，你做的第一件事是什麼？匆忙進浴室沖澡、檢查電子郵件、還是在廚房隨手抓了個麵包填肚子？你刷牙是在用毛巾拭乾身體之前或之後？綁鞋帶時，先綁左腳還是右腳？出門前和孩子說了什麼？會走哪一條路開車上班？到了辦公室，先處理電子郵件、和同事閒話家常、還是直接打理正事？午餐吃沙拉還是漢堡？下班回到家，你會換上運動鞋出去跑步嗎？還是喝著酒，邊看電視邊吃晚餐？

「我們這輩子所作所爲均已定型，一切不過是習慣之總和。」[2] 威廉・詹姆斯（William James）於一八九二年寫道。我們每天下的決定看似深思熟慮，其實不然，而是因爲習慣。雖然每個單一習慣的重要性微乎其微，諸如上館子會點什麼菜、多久運動一次、組織思緒的方式、工作程序等等，但是時日一久，這些習慣對我們的健康、工作效率、財務狀況、人生幸福都有極大的影響。二〇〇六年杜克大學一位研究員發表了一篇論文，[3] 發現人們每天的活動中，逾百分之四十是習慣使然，而非來自決定。

威廉・詹姆斯花了大半輩子了解習慣爲何存在，除了他，從希臘哲人亞里斯多德乃至脫口秀天后歐普拉等等，也都非常看重習慣的影響力。不過直到近二十年，科學家與市調專家才眞正開始了解習慣如何運作，以及更重要的是，習慣如何改變。

本書分成三部分。第一部分的重點在於每個人的習慣到底從何而來，深入探索習慣養成的神經學原理，新習慣如何養成，舊習慣又該如何戒掉。此外，一位廣告人如何善用習慣法則，將刷牙這件很少有人做的事變成全國的習性。這部分也說明寶僑如何善用消費者的習慣性衝動，成功將一款名爲「芳必適」的除臭噴霧劑變成數十億美元的熱門商品。「戒酒無名會」藉由直搗習慣性癮頭的核心，改變貪杯者的人生。美式足球教練東尼・鄧吉改寫全美足球聯盟墊底球隊的命運，靠的是貫徹球員對場上暗號的直覺反應。

第二部分深入分析成功企業與組織的習慣，仔細探索美鋁的執行長保羅・歐尼爾（後來商而優則仕，擔任美國財政部長）如何帶領面臨瓶頸的公司成功轉型，靠著一個核心習慣，美鋁成了道瓊工業平均指數裡的第一優等生。星巴克努力栽培一位高中輟學生，協助他養成持之以恆的習慣，用以強化其意志力，最後這位中輟生成功當上首席經理。這部分也說明何以絕頂出色的外科醫師，一旦碰到醫院的組織性慣例亂了調，也會犯下要命的失誤。

第三部分檢視社會的習慣。我在這一部分重述馬丁・路德・金恩二世以及民權運動成功之道，稱一部分得歸功於阿拉巴馬州蒙哥馬利當地的社會習慣改變了。類似改變也讓華理克牧師在加州馬鞍峰建造了全美最大的教會。最後，本書深入探究棘手的道德問題，例如：英國一位殺人犯若能頭頭是道說服他人自己是因習慣使然而殺人，能否因此重獲自由？

本書每一章均圍繞「習慣可以改變」這個中心論點——只要我們了解習慣的前因後果，習慣一定能改變。

本書援引數百篇學術研究，三百多位科學家與企業主管的訪談，以及數十家企業的實地研究結果（文獻與資料索引請參見本書注釋或 http://www.thepowerofhabit.com）。嚴格而言，習慣的定義爲：刻意或深思後而做了選擇，過了一段時間之後，不再思考卻仍繼續、往往每天都在做的行爲。一開始，我們會動腦決定自己該吃多少，在辦公室該專心做什麼，該多久去小酌一次，或什麼時候該去慢跑。不過一陣子之後，我們不再深思，也不再選擇，一切變成自動自發。這是我們神經系統的自然反應。若能了解前因後果，就能隨心所欲，照自己選擇的方式，重新培養新的習慣與模式。

●●●

我對習慣這門學科的興趣始於八年前，當時我在巴格達擔任報社特派記者。看著美軍在伊拉克的行動，我心想，美軍不啻是史上最大的習慣養成實驗之一。④士兵接受基礎訓練時，得學習一些若干精心設計過的習慣，諸如在交火的狀態下該如何射擊、思考、溝通等等。在戰場上，每個指令均出於習慣，亦即一舉一動已練就到想也不用想、幾乎是自動自發的地步。整個軍隊靠的是無止境反覆的預演，從建造營區基地、擬議戰略重點、乃至因應敵軍攻擊等等，都有固定不變的常規與遊戲規則。在美軍駐伊初期，動亂持續擴大，死傷人數不斷攀升，指揮官積極尋找可以灌輸給士兵與伊拉克人的習慣，希望締造可長可久的和平。

我在伊拉克待了約兩個月，期間聽說一位軍官在庫法（Kufa，位於首都巴格達以南一百五十公里的小鎭）推動一套即興式的舊習修正計畫。這位陸軍少校仔細分析近來多起暴動的錄影帶，從中找出一套模式：暴力衝突發生前，一群伊拉克人會聚於廣場或其他寬敞的開放空間，一聚就是好幾小時，然後人數越聚越多，連小吃攤也來湊熱鬧，外加一堆圍觀的群衆。等到某人丟擲石塊或瓶子，一切開始失控。

這位少校和庫法市長晤談時，提出一個奇怪的要求，希望市長下令禁止小吃攤出現在廣場上。市長說沒問題。數週之後，一小群人聚在庫法大清眞寺附近的廣場，過了一個下午，人群越聚越多，有些人開始憤怒地高呼口號。伊拉克警方意識到可能有動亂，因此用無線電呼叫美軍基地，要求美方派軍戒備。到了傍晚，群衆開始躁動，肚皮也開始抗議，於是四處尋找販售烤肉串的小販，但原本隨處可見的小販，這次卻壓根兒見不到半個。群衆紛紛鳥獸散，喊口號大隊意興闌珊，晚上八點左右，廣場上一人也不剩。

我親自造訪庫法附近的美軍基地，並和那位少校聊了一會。他說，你不見得會想到以習慣來了解群衆動態，不過他可是花了畢生鑽研習慣形成所牽涉的心理學。

當年在新兵訓練營，他學習吸收各種習慣，包括替槍枝裝子彈、在戰場上入睡、在混戰中保持專注力、在精疲力盡時運籌帷幄。他報名參加習慣養成課程，讓自己學會儲蓄、每天運動、和同袍溝通的習慣。他平步青雲，扶搖直上，同時認知到組織性習慣的重要性：組織一旦建立了習慣，屬下或員工無須一而再、再而三向上司請示，就可自己做主決定。他也明白，一旦建立了良好的常規或可因襲的習慣，就能輕鬆地跟平常合不來的人共事。而今，這位少校在伊拉克親眼目睹當地群衆與風俗文化的許多通則。他說，就某方面而言，社區等於集合了數千人賴以遵循的形形色色習慣，至於習慣到底帶來的是和平或暴動，端看人民如何受習慣影響。除了禁止小吃攤販出現在廣場，少校也在庫法試行數十種實驗，藉以影響當地居民根深柢固的習慣。他來了之後，當地未曾爆發動亂。

少校告訴我：「了解習慣是我在軍中學到最寶貴的一課，習慣改變了我看世界的一切角度。你想三分鐘就進入夢鄉嗎？想開心地醒來嗎？不妨專注於晚間的生活作息，注意自己起床時都做些什麼。想要輕鬆進入跑步世界嗎？找出誘因，讓跑步成爲例行活動。我都這麼訓練自己小孩。我和妻子列出習慣養成計畫，用以維繫我們的婚姻。這也是美軍指揮管理會議上一再討論的重點。在庫法，一開始根本沒有人告訴我，光是禁止烤肉串小攤進入廣場，就足以左右群衆的行爲。不過一旦看清一切不過是形形色色的習慣使然，彷彿握有手電筒與鐵橇等利器，一切就可迎刃而解。」

這位少校體型瘦小，來自於喬治亞州。訪談時，他嘴裡不斷嚼著葵花子或菸草，然後將殼或嚼爛的菸草吐到杯子裡。他說，入伍從軍之前，他的前途頂多就是當個修電話線的工人，或是販賣甲基安非他命的藥頭，他高中幾個同學就走這條路，不過「事業」並未幹得有聲有色。而今他負責監督世上數一數二精良作戰部隊轄下的八百名士兵。

「我跟你說，連我這種反應遲鈍的人都學得來這玩意，其他人一定也行。我一再告訴士兵，只要習慣對了，沒有辦不到的事。」

習慣所牽涉的神經學與心理學，以及行爲模式對我們生活、社會和組織的影響，這十年大家的認知突飛猛進，絕非五十年前所能相比。我們現在清楚知道習慣爲什麼出現、習慣改變的方式以及背後的原理與機制。我們知道怎麼拆解習慣、重組以符合我們所需。我們了解怎麼樣可以讓人減少食量、增加運動次數、提高工作效率、過更健康的生活。

改變習慣不見得有速效，也不見得輕鬆容易。不過改變習慣絕對可行，而今我們知道怎麼辦到。

第一部　個人的習慣

1 習慣迴路

習慣如何運作？

一

一九九三年秋，在美國聖地牙哥，一位男子走進實驗室赴約。他將顛覆人類對於習慣的認知。他年事已高，身形超過六呎①（約一百八十三公分），衣著整齊，上身是一件藍色直排扣襯衫。若易地而處，換成第五十屆高中同學會，他那頭濃密的白髮必定令人稱羨不已。在實驗室外的走廊，他因罹患關節炎，走路的步伐有些跛。他緊握妻子的手，緩慢前行，每一步都戰戰兢兢，不知下一步會把他帶往何處。

一年前左右，尤金・保利（Eugene Pauly，在醫學文獻中的代號是E. P.）在普拉亞德雷的家煮晚飯，妻子對他說，他們的兒子麥可今晚會回家一起吃晚餐。

尤金問：「誰是麥可？」②

他的妻子貝弗麗（Beverly）回答：「你孩子啊！我們一起養大的啊！」

尤金面無表情地看著她，問：「他是誰？」

次日，尤金開始吐個不停，胃痙攣令他渾身不舒服。接下來二十四小時，他脫水的現象益發嚴重，貝弗麗驚慌不已，趕緊將他送往醫院急診。他全身開始發熱，體溫直逼四十點五度，汗水在床單上留下一片黃漬。他神智不清、精神錯亂、甚至有暴力傾向。護士要幫他打針，做靜脈注射，他卻大吼大叫，不准任何人靠近。幫尤金施打鎮靜劑後，醫生將長長的脊椎針插入他背後的脊髓縫，抽出幾滴腦脊髓液。

進行化驗的醫生立刻發現麻煩大了。腦脊髓液包覆在腦部及脊椎神經四周，是對抗感染與受傷的保護傘。健康人體的腦脊髓液清澈透明、流速快，脊椎針一抽就出來。反觀尤金的腦脊髓液，③混濁不堪、流速慢，抽很久才好，彷彿裡面充斥肉眼看不見的細砂。化驗報告出爐後，醫生確定了病因：原來他感染病毒性腦炎。病毒性腦炎是一種殺傷力不大的病毒所致，該病毒會引發感冒皰瘡、唇皰疹、輕微皮膚病等等。然而也有極少數病例，發生病毒侵入腦部，吞噬脆弱褶皺部分。由於褶皺組織主司思考、做夢、甚至（據某些文獻記載）是靈魂所在，因此一旦受傷，後遺症極大。

醫生向貝弗麗坦承，院方已醫不好尤金的腦傷，但大量抗病毒藥物或許能阻止他體內的病毒進一步擴散。然後尤金陷入昏迷，長達十天在鬼門關前徘徊。所幸，藥物漸漸發揮功效，尤金戰勝了病魔。他的燒退了，病毒也不見了，好不容易醒了過來，身體虛弱不已，不知身在哪裡，吞嚥也有困難。他想說話，卻難以湊出完整的句子，有時還會突然喘口氣，彷彿一時之間忘了怎麼呼吸。無論如何，他活了下來。

尤金逐漸恢復元氣，足以接受一連串的健康檢測。報告出爐後，醫師團隊感到不可思議。他們發現，尤金的身體（連神經系統在內）幾乎毫髮無傷，四肢也能行動自如，對聲音及光線有反應。不過腦部掃描圖顯示，腦部中央有陰影。病毒已破壞他顱骨與脊柱相交處附近的橢圓狀組織。一位醫師向貝弗麗警告：「他也許不再是妳記得的那位尤金。妳必須做好心理準備，因爲妳先生可能變成另一個人了。」

尤金轉到醫院另一邊的病房。不到一週，他能輕鬆地吞嚥進食。再過一週，他已能正常地說話，開口向人索討鹽和果凍，看電視時自在轉台、抱怨連續劇無聊透頂。五週後，他轉診到復健中心，已能在走廊上行動自如。聽到護士閒聊週末該怎麼過時，他還會熱心給些意見。

一位醫生向貝弗麗說：「我從未見過像他一樣的病患，復原如此神速。我說這話，並非要燃起妳的希望，只是覺得太神奇了。」

即便如此，貝弗麗還是提心弔膽，擔心丈夫的病況。在復健中心，她明顯地看到那場病如何徹底改變了她先生。比方說，尤金記不得那天是星期幾；儘管醫生、護士向他自我介紹多次，他仍記不得他們的名字。有天，一位醫師離開他的病房後，尤金問妻子：「這些人幹嘛一直問我這些問題？」好不容易出院返家，怪事有增無減。尤金似乎記不得朋友的臉，和人交談常會雞同鴨講。有好幾個早上，他起床後，走進廚房，開火炒蛋煎培根，然後重回床上，打開收音機。四十分鐘後，他重複一模一樣的事情：起床、炒蛋煎培根、回到床上、開收音機。接著，他再重複一次。

這次，貝弗麗趕緊求助專家，其中一位是對失憶學有專精的研究人員，任職於加州大學聖地牙哥分校。這也是爲何貝弗麗與尤金會在一個晴朗的秋天，到大學校區內平凡無奇的建築物內，緊握彼此的手，緩步於走廊上。他們被帶到一間小型的檢查室。不久，尤金開始與操作電腦的年輕女子聊天。

尤金一邊指著那位女子的電腦，一邊說：「在電子業打滾這麼多年來，我對這台機器仍是讚嘆不已。我年輕時，那玩意兒是用好幾個一百八十多公分高的機櫃承裝，龐大體積霸占了整個房間。」

那位女士不發一語，繼續敲她的鍵盤。尤金自顧自笑了。

他接著道：「這些電路板、二極體、三極體，實在令人難以置信。我在電子業上班的時候，這玩意兒可是用好幾個高達一百八十多公分的機櫃承裝。」

一位專家走入檢查室，自我介紹後，問尤金年紀多大了。

尤金回答：「嗯，我想想。應該是五十九或六十歲吧？」其實，當時他已經七十一歲。

那位專家開始在鍵盤上打字。尤金對他投以微笑，指著那台電腦道：「這玩意兒實在太了不起。我在電子業上班的時候，它可是用好幾個高達一百八十多公分的機櫃承裝！」

這位專家是賴瑞・斯奎爾（Larry Squire），時值五十二歲。他花了三十年的工夫，以神經解剖學（neuroanatomy）角度探究記憶力。他專精於人腦如何儲存記憶。這次與尤金攜手合作，期望爲他個人及後繼數百位學者打開一道大門，開啓新的扉頁。多虧這些學者，我們對習慣運作的原理有了全新的認知。斯奎爾的研究顯示，即便有人連自己年紀這種小事都記不住，但無損他培養複雜程度超乎想像的習慣（不久你就會了解，大家每天皆仰賴大同小異的神經作業系統過生活）。斯奎爾與其他學者的研究將揭開潛意識的面紗，讓我們明白，潛意識的各種機制會影響我們大大小小的決定。這些決定看似經過深思熟慮，看似合情合理，實際上卻是衝動的產物。多數人鮮少意識這種衝動的存在，也不甚了解。

斯奎爾與尤金見面之前，已花了幾週研究他的腦部影像。掃描結果顯示，尤金頭顱內的傷多半集中在頭中央方圓五公分的區域。病毒幾乎讓他大腦顳葉內側全部受損。科學家推測，顳葉內側的細胞負責各種認知工作，諸如回憶往事、控制情緒等等。該病毒破壞力之大，原在斯奎爾的意料之中，因為病毒性腦炎的確會毫不留情、奇準無比地吞噬人體組織。不過讓他訝異不已的是，這張影像看起來竟如此熟悉。

三十年前，斯奎爾在麻省理工學院念博士班時，曾參與一個團隊，共同研究代號「H. M.」的個案。H. M. 可說是醫學史上最廣為人知的案例。H. M. 的真名為亨利・摩萊森（Henry Molaison），但他生前，科學家刻意隱藏他的眞實身分。H. M. 七歲時④被一輛腳踏車衝撞，⑤頭直接重摔在地。⑥不久，他癲癇發作，會突然失去意識。他十六歲第一次出現嚴重癲癇，整個腦部都受到嚴重影響，之後，他一天會失去意識達十次之多。

十七歲左右，H. M. 對人生絕望透頂。任何抗癲癇藥物都無濟於事。他十分聰穎，⑦但始終找不到一份穩定的工作，仍與父母親同住一個屋簷下。H. M. 渴望一個正常人的生活，因此求助於一位醫師，這醫師對實驗成敗的忍受力超過對醫療疏失的恐懼感。當時文獻記載，人腦所謂的海馬迴區可能與癲癇發作有關。該醫師向 H. M. 表示，手術過程需要鑽入他的頭部，⑧掀開腦部前葉，然後用一根小管子⑨抽出腦內海馬迴及其周遭組織。H. M. 應允。

醫師在一九五三年動刀，H. M. 康復後，癲癇發作頻率降低不少。然而，他的腦袋也經歷了一場巨變。H. M. 知道自己的名字，也知道母親是愛爾蘭人。他還記得一九二九年股市大崩盤，以及諾曼第登陸的相關報導。但是，在此之後發生的任何事情（也就是他手術前十年的一切記憶、經歷、磨難），他全忘得一乾二淨。有位醫生拿撲克牌和數字組合給 H. M. 看，測試他的記憶力，結果發現，任何新資訊停留在 H. M. 腦裡的時間不超過二十秒。

從手術當天一直到二〇〇八年過世，他見到的每個人、聽到的每首歌、走進的每間房間，對他而言都是全新的體驗。他的腦袋彷彿凍結。每天，他看著別人拿著黑色長型塑膠盒，對著電視螢幕一按即可換台，而他百思不得其解。他會一而再、再而三向他的醫生和護士自我介紹，⑩每天不下十幾次。

斯奎爾向我說：「我熱中研究 H. M.，因爲若要研究人腦，我認爲從記憶著手不失爲一個實實在在、令人振奮的方式。我從小在俄亥俄州長大。我記得讀國小一年級時，老師把蠟筆發給每位小朋友。於是，我開始將各種蠟筆的顏色攪和在一塊，看會不會變成黑色。爲何我有這段記憶，卻記不得那位老師的長相？爲何我的腦袋瓜可以決定某個記憶比另一個更重要？」

斯奎爾收到尤金腦部的影像，比對後發現和 H. M. 的影像十分雷同，因而非常吃驚。兩人的腦部中間都出現核桃般大小的空洞。尤金的記憶與 H. M. 的記憶一樣，皆已消失不見，彷彿被橡皮擦抹得一乾二淨。

然而，斯奎爾仔細檢查尤金之後，發現尤金與 H. M. 有顯著差異。大家與 H. M. 見面幾分鐘之後，就會發現他不太對勁；但是尤金能接續對方的談話、正常行動，若不留意，很難察覺他有什麼異狀。H. M. 動完手術的後遺症太過嚴重，因此終其一生必須住院。反觀尤金，他能回家與妻子同住一個屋簷下。H. M. 無法和人正常對話，但尤金非常擅長主導話題，每次都能將對話導引至自己熟悉的主題，諸如人造衛星（因為他曾在航太工程公司擔任技術人員）、天氣等等，而且話匣子一開就講個不停。

斯奎爾一開始要尤金回顧他的年輕歲月。尤金說，他在加州中部一個小鎮長大，曾在商船公司上班，年少時去過澳洲旅行。他過去的經歷若發生在一九六〇年以前，他幾乎都記得，但是只要斯奎爾問及一九六〇年之後的事，尤金便會禮貌性地轉移話題，稱他記不得近期發生的事。

斯奎爾讓尤金做了一些智力測驗，發現他的智能還不賴（以一位有三十年記憶空白的人而言）。此外，尤金仍保有他年輕時的所有習慣。因此，每次斯奎爾遞給他一杯水，或是稱讚他回答十分詳細時，他都會說聲謝謝，並且回過來讚美斯奎爾。只要有人走進他們的實驗室，尤金都會自我介紹並問候對方。

但是，當斯奎爾請尤金背一串數字，或描述實驗室外面的走廊，尤金記住新資訊的時間大概都只有一分鐘。把他孫子的相片給他看，他壓根兒認不出他們是誰。斯奎爾也問尤金是否記得自己生過病，結果他對患病、住院一事完全沒有印象。事實上，尤金也記不得他得了失憶症。他腦海中的自己不曾出現失憶。正因他忘了自己腦袋受過傷，所以不覺得自己有何異樣。

見面之後，斯奎爾對尤金做了不少實驗，測試尤金記憶力的底線。尤金夫婦也由普拉亞德雷遷往聖地牙哥，住在女兒家附近。為了實驗，斯奎爾經常拜訪尤金夫婦。有一天，斯奎爾叫尤金畫一張家裡的平面圖，結果尤金連基本的配置圖都畫不出來，標不出廚房與臥室的位置。斯奎爾問他：「你一早起床之後，怎麼走出房間？」

尤金說：「哎呀，我也不太清楚。」

斯奎爾用筆記型電腦記錄要點。當他埋首打字時，尤金變得心不在焉，先是環顧四周，繼而起身離開座位，穿過走道，打開浴室的門。過了幾分鐘，他沖了馬桶，打開水龍頭，雙手往褲子一擦，然後走回客廳，重新坐在斯奎爾身旁。坐下後，他耐心地等候下一個問題。

尤金明明畫不出自家的平面圖，卻能不經思索找到浴室的位置，這到底是怎麼回事？當時無人追問。其實這問題連同其他類似的問題，將引導我們走向發現之路，改寫我們對習慣力量的認知，⑪並點燃科學革命之火，網羅數百名研究人員參與其中，讓他們終於有機會了解影響人們生活的各種習慣。

尤金坐在桌子前，望著斯奎爾的筆記型電腦。

他指著那台電腦說：「這眞是太了不起了。我在電子業上班的時候，這玩意兒大到必須裝在好幾個一百八十多公分高的機櫃裡。」

●●●

尤金夫婦搬到新家後的頭幾週，貝弗麗每天帶尤金出門散心。醫生提醒她，適當的運動對尤金十分重要。此外，若尤金整天待在家裡，會沒完沒了重複一直問她同樣的問題，簡直讓她抓狂。因此每天早上、下午，她都帶著尤金在鄰近的街道上散步，隨時隨地陪在尤金身旁，路線也都一成不變。

醫生曾提醒貝弗麗，務必時時刻刻看著尤金，否則一旦他走失，絕對找不到回家的路。但是有天早上，貝弗麗梳洗換衣時，尤金悄悄從前門溜了出去。由於尤金習慣在家裡東晃西蕩，所以貝弗麗一開始並未發現異狀，過了一陣子才發現他不見了。她急得有如熱鍋上的螞蟻，急忙奔出家門，在街上東尋西找，但未見尤金身影。她衝到鄰居家，猛拍對方玻璃，心想鄰居的房子與她家差不多，或許尤金分不出差異而走了進去。她狂按鄰居電鈴，按到有人出來應門，但尤金卻不在裡面。她跑回街上，邊跑邊大喊尤金的名字。貝弗麗心急如焚，淚水流個不停，心想：要是他走到馬路車陣中怎麼辦？他能告訴別人自己家的地址嗎？她在外頭待了十五分鐘，不停地找人，最後決定回家，打電話向警方報案。

貝弗麗一衝進家門，便發現尤金坐在客廳的電視機前，看著《歷史》頻道。尤金不解老婆何以淚流滿面。他不記得自己出去晃了一圈，不知道自己去了哪裡，不解貝弗麗爲何如此心焦。然後，貝弗麗瞥見桌上有一堆松果，應該是出自街尾某個鄰居家院子的松樹。她近看發現尤金的手指沾到樹的汁液，所以黏黏的。這下她才確定，尤金剛剛眞的一個人出門散步，並順手撿了些紀念品回家。

他竟能找到回家的路。

之後尤金每天早上都出門散步，雖然貝弗麗一再勸阻，但白費口舌。

貝弗麗跟我說：「我叫他待在家裡，但過沒幾分鐘，他就忘了。有幾次他出門散步，我就跟在後頭，確定他不會走丟。所幸他每次都順利回到家。」有時，他會帶著松果或石頭回家。有次，他帶回一個皮夾；另一次，他帶回一隻小狗。但他完全不記得這些東西從何而來。

斯奎爾與他的助理聽聞尤金散步的事之後，心想尤金的腦袋裡勢必發生了一些事，這些活動無關乎他的意識記憶，於是他們設計了一項實驗。有天，一名斯奎爾的助理親自登門拜訪尤金，請他繪出家附近的街區，但是他畫不出來。助理遂請他指出家在街上的位置，他在紙上胡亂畫了幾筆，不久便忘了該做什麼。接下來，助理請他指出哪道門通往廚房，他四下看了一眼，說不知道。最後助理問尤金，若他肚子餓了怎麼辦，他馬上起身，走進廚房，打開廚櫃，拿出一罐堅果。

接下來一週，尤金散步時多了一位同伴。他們花十五分鐘在四季如春的南加州土地上散步，聞著撲鼻而來的花香。一路上尤金鮮少說話，但一定由他帶路，而他似乎很清楚該怎麼走，所以從未開口問路。他們行經尤金住處附近的轉角時，同行夥伴問他住在哪裡，他只說：「我不知道。」然後走上通往他家大門的人行道，開了前門，走進客廳，打開電視。

斯奎爾認定，尤金的確吸收了新資訊。然而新資訊究竟儲存在他腦袋裡的哪一區？尤金無法說出廚房在哪兒，卻能找到堅果的位置。他無法指出住家的位置，卻能找到回家的路。斯奎爾想知道，在尤金受損的腦袋裡，新的活動模式到底怎麼形成？

二

在麻省理工學院「腦部與認知科學」系所裡，成立了許多實驗室。這些實驗室在門外漢看來，像是迷你版的手術觀摩教室，裡面有許多迷你手術刀、迷你鑽子、裝在機器手臂上的迷你鋸子（寬約零點六公分）。連手術台都小了好幾號，彷彿爲了孩童身材的外科醫生量身訂做。這裡的手術室皆保持在攝氏十五點五度左右的恆溫狀態，因爲室溫低有助於研究人員控制手指動作，執行精細的動刀過程。在實驗室裡，神經科學家麻醉老鼠後，切開老鼠的頭顱，將小之又小的感應器植入腦部，感應器能記錄腦部最細微的變化。老鼠清醒後，不知已有數十個袖珍線路宛如蜘蛛網一般分布在牠們的腦袋裡。

在研究習慣何以形成的領域，這幾間實驗室成了引發一場科學革命的重鎮。在此展開的各項實驗，得以解釋尤金（也包括你、我每一個人）是怎麼發展出應付每天生活所需的行爲模式。這些實驗室裡的老鼠讓我們了解，即便只是刷牙、倒車等日常例行活動，我們腦袋一樣會進行繁複的過程。對斯奎爾而言，這些實驗室功不可沒，解釋了尤金如何成功培養出新的習慣。

一九九〇年代，約莫尤金發高燒住院期間，麻省理工學院的研究人員開始著手研究習慣。他們對於一個名爲基底核（basal ganglia）的神經組織極爲好奇。人腦可以想像成一顆洋蔥，由一層又一層細胞構成。最外面、最接近頭蓋骨的細胞，從進化的觀點來看，是最後才新增在人腦上。無論是天馬行空想像新產品，或聽朋友講笑話而大笑，都是腦部外層皮質在發揮作用。最複雜的思考與認知都在這裡進行。

在腦部深處、接近腦幹的位置，亦即腦與脊柱相交處，仍保有較古老、原始的結構。這部分控制人體自主行爲，諸如呼吸、吞嚥，或是有人突然從樹叢跳出來，我們會有的驚嚇反應。靠近頭顱的正中央，有一個高爾夫球大小的組織，⑫在魚類、爬蟲類、哺乳類動物的腦裡也能找到類似的組織。長久以來，科學家懷疑由細胞構成的橢圓形⑬基底核可能是導致帕金森氏症等病症⑭的罪魁禍首。但僅僅是懷疑，尙無法清楚了解源由。

一九九〇年代初期，麻省理工學院研究員開始覺得奇怪與不解，想知道基底核是不是影響習慣的關鍵。他們發現，基底核受傷的動物，能力突然出現問題，諸如學不來怎麼走出迷宮，或是記不住打開食物容器的方式。⑮研究員遂著手實驗，利用全新微技術，鉅細靡遺觀察實驗鼠從事數十種習以爲常的慣性活動時，腦部發生的變化。透過手術，每一隻老鼠的頭顱裡都裝了類似搖桿的東西，以及數十條細金屬線。然後將手術「改裝」過的老鼠放入T字型迷宮，並在左邊那一端置入巧克力。

迷宮的設計⑯讓每隻老鼠的起點位於隔板後面，洪亮的喀嚓聲一響，隔板才會打開。一開始，老鼠聽到喀嚓聲，看著隔板消失後，通常就在中間的走道上來回走動，嗅聞著角落，並撕抓牆壁。老鼠似乎聞到巧克力的味道，但還想不出辦法發現它。老鼠到了T型的叉路口，往往會右轉，離巧克力越來越遠，過了一陣子才回頭往左邊探索，但不知何故偶爾會停下來一會兒。多數老鼠最後能成功找到巧克力。不過從老鼠摸索的過程中，看不出明顯的行爲模式，牠們每一隻在迷宮裡左彎右拐、橫行直走，似乎是不經思考、隨意而行的結果。

不過細究老鼠腦部活動後，發現完全不是這麼回事。每隻老鼠在迷宮裡橫衝直撞時，其實腦部——尤其是基底核——非常活躍。每次老鼠嗅聞著空氣或撕抓牆壁，腦部活動便異常活絡似乎在分析各種沒聞過的味道、沒見過的景象、沒聽過的聲音。老鼠在迷宮遊走時，從頭到尾都在處理與分析資訊。

研究員一而再、再而三重複實驗，觀察每隻老鼠重複在同一個迷宮陣走了數百遍之後腦部活動的變化。一系列行爲上的改變慢慢浮現。老鼠不再嗅聞角落，也不再轉錯彎。牠們在迷宮裡穿梭自如，速度越來越快。不過腦部則出現令人意外的發展：老鼠一旦能在迷宮裡熟門熟路走動，

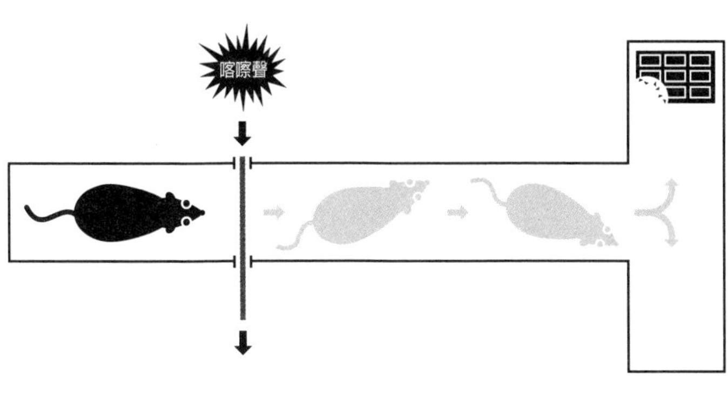

心智活動便隨之下降。越來越熟悉並習慣路徑後，每隻老鼠越來越不動腦思考。

老鼠一開始在迷宮內摸索時，腦力似乎得全開，努力分析所有新資訊。但是在迷宮重複跑了幾天之後，老鼠再也不需撕抓牆壁或嗅聞氣味，因此掌控撕抓和嗅聞兩個動作的腦部活動便會停止。老鼠無需選擇該左轉或右轉，所以腦部的決策中心不再活動，只需回想哪個路徑是通往巧克力的捷徑。短短一週，腦裡連管理記憶的區域都停擺。老鼠已將迷宮的路徑全然內化，根本無需動腦思考。

腦部活動監測發現，被內化的行爲（跑直線、左轉、吃巧克力），皆仰賴基底核。老鼠越跑越快，腦部活動卻越來越少，此時基底核這個體積小小的古老神經結構似乎接手主導一切。老鼠動腦回想並執行某些行爲模式時，基底核扮演非常關鍵的角色。換句話說，即使腦部其他區域皆進入休眠，基底核仍能牢記習慣。

欲了解上述腦部的活動，⑰請參照下頁圖左。圖中顯示，老鼠初次進入迷宮時，腦部的活動從頭到尾都非常活躍。

一週後，老鼠已相當熟悉迷宮的路徑，該怎麼走全憑習慣，所以在迷宮穿梭時，腦部就歇息了（請見下頁圖右）。

腦部會將一系列動作轉化爲自動、無需思考的慣性行爲。此一

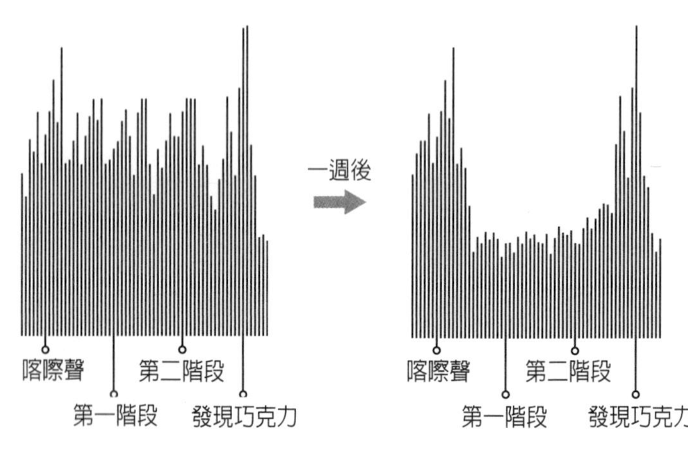

過程，心理學稱爲「集組」（chunking），而這正是習慣形成之本。⑱我們每天的生活皆倚賴數十個甚或數百個大大小小的行爲集組。有些集組很簡單：將牙刷放入口中刷牙之前，會自然而然先把牙膏擠在牙刷上。有些集組較爲複雜，例如穿衣打扮、爲孩子做飯等等。

幾百萬年前演化而成的一小塊組織，竟能將繁複的一系列動作變成習慣，實在令人嘆爲觀止。倒車離開車庫正是一例。剛學會開車時，這動作需要全神貫注：打開車庫、開車門、調整座椅、順時鐘轉動鑰匙啓動引擎、調整車內及兩側的後視鏡、瞻前顧後確定車道沒有阻礙物、將腳置於剎車踏板、將排檔切到倒車的R檔、腳離開剎車板、心裡估算車庫與街道之間的距離、手調控輪胎方向、眼睛注意路上往來車輛、計算後視鏡內的影像與保險桿、垃圾筒、圍籬之間的實際距離、然後對油門與剎車稍微施點力、（十之八九）會拜託副駕座乘客停止調整收音機收訊。

而今駕輕就熟之後，幾乎不經思索，便能順利倒車出庫上路，因爲該行爲模式已成習慣。

每天早晨，許多人不需動腦思考，便能一氣呵成完成這

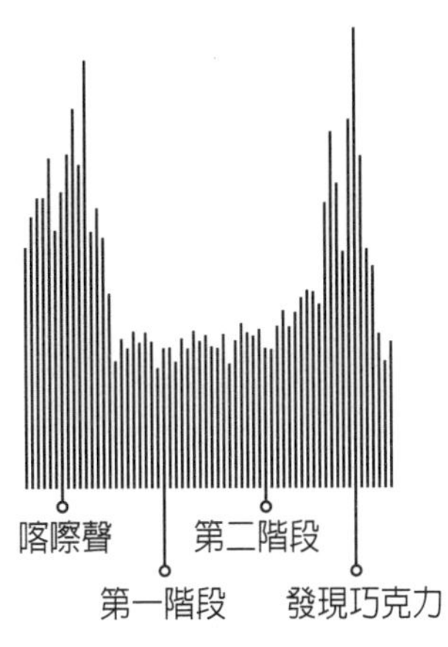

麼高難度的精巧動作。當我們一取出車鑰匙，腦部基底核就開始運作，並啓動儲存於腦中有關倒車的習慣。一旦習慣動了起來，我們腦袋的灰質部分就得以歇工，或想其他事情。

如科學家所言，習慣之所以浮出，是因人腦不想太操勞，老是在找辦法減少工作負荷。人腦會盡可能將所有例行行爲變成習慣，這種「好逸惡勞」的本能是人類進化的一大優勢。腦若夠靈光，就無需太大，頭因而變小，分娩的過程就更容易，有助降低嬰孩與產婦的死亡率。有效率的腦袋讓我們不必一直動腦，碰到該怎麼走、該吃什麼等基本動作，無需一直苦思，所以有多餘的腦力發明矛槍、灌溉系統，乃至飛機、電動遊戲等等。

但這種省力模式並非萬無一失。一旦我們的腦袋在不該歇工的時候突然停擺，我們可能會因小失大，比如沒注意到藏在樹叢中的猛獸，或開車上路時沒發現飛奔的來車。因此，人腦基底核有一套系統，能機靈地分辨何時該讓習慣接手主宰行爲。這套系統會在一系列行爲的集組開始與結束時發生作用。

要了解該系統的運作，請再仔細觀察上圖有關老鼠慣性

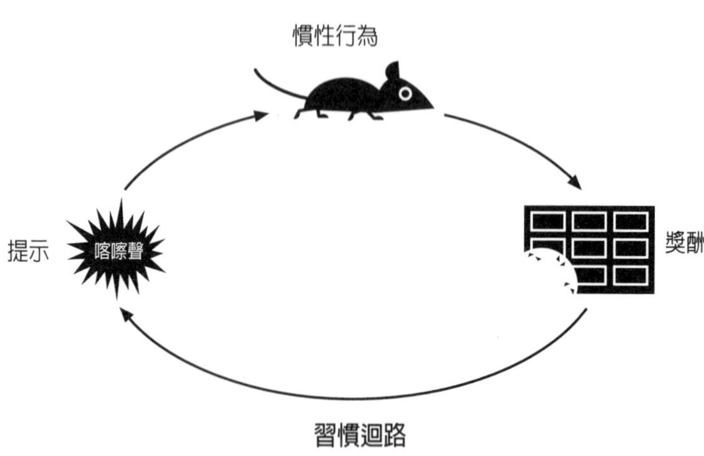

行爲的神經模式圖，可發現老鼠在迷宮起點聽到喀嚓聲，以及在尾聲發現巧克力時，腦部活動均非常活躍。

老鼠在找巧克力的始末，腦活動達到高峰，因爲得判斷何時該把掌控權讓位給習慣，以及得決定該用哪一種習慣。舉例而言，在隔板後面的老鼠無法得知隔板另一頭到底是牠熟悉的迷宮，還是充滿危機（如有隻虎視眈眈的貓正等著牠自投羅網）的陌生環境？爲解決這種不確定感，老鼠一開始會努力尋找提示訊號，以確知該用哪一種習慣模式。在隔板後面，老鼠若聽到喀嚓聲，便曉得此時該用「迷宮習慣」；若聽見貓叫聲，便會採取其他習慣。在活動的尾聲，當獎酬出現時，腦部會再度甦醒、趨於活躍，確認過程中發生的一切悉數在預料（記憶）之中。

整個過程在我們腦部構成了一個三段式迴路。首先，「提示」彷彿一個開關，告訴腦部此時可進入自動化模式，並指定使用哪種習慣。再來是「慣性行爲」，那是可能跟生理、心理或情緒有關的行爲。最後，「獎酬」能讓腦了解，這套迴路值不值得記憶，以備未來不時之需（請見上圖）。

提示、慣性行爲、獎酬所構成的三段式習慣迴路，會隨時間過去而越來越自動；提示與獎酬也變得牢不可分，直到你產生強烈的期待與渴望。最後，不管是在低溫的麻省理工學院實驗室裡，或是在自家的車道上，習慣於焉而生。⑲

●●●

習慣並非命定。接下來兩章將闡明，人其實可以忽略、改變、替換習慣。習慣迴路存在於人腦是一個重大發現，因爲它點出一個淺顯易懂的事實：習慣成形後，人腦便停止全心全意參與決策過程，要嘛開始打混摸魚，要嘛將注意力轉移到其他任務。所以除非一個人刻意「對抗」某個習慣（或是意識到其他新習慣存在），否則該行爲模式會自然而然啓動上路。

不過只要了解習慣的運作模式，並明白習慣迴路的架構，便能輕易掌控習慣。一旦將習慣拆解成零件，便能輕鬆擺布、操控這些零件。

麻省理工學院神經學家安．葛瑞碧（Ann Graybiel）多次主持與基底核相關的實驗。她對我說：「我們團隊做了多次實驗，不斷訓練老鼠在迷宮裡跑動，直到養成習慣。接著我們會變更獎酬的位置，破壞牠已養成的習慣。某天，我們又把獎酬換回原處，老鼠走進迷宮後，舊習立刻復萌，可見舊習絕不會全然消失，它會轉譯成腦部結構可解讀的符碼，並儲存於其中。對於人類而言，這乃是個天大的優勢。試想，若你每次度假回來，都得再學一次開車，會是何等麻煩。但問題在於，人腦對於習慣並無好壞之分，⑳換言之，若你有個惡習，這惡習便會潛伏在腦袋裡，隨時等著被提示訊號與獎酬喚醒。」

這不難解釋人們爲何不易養成運動的習慣或改變飲食的習慣。若我們常賴在沙發上而不願出去跑步，或每次經過甜甜圈店就忍不住打牙祭，這類行爲模式一旦形成，便永遠印記在腦中。同理，倘若能在神經系統裡建立新的模式，使它凌駕在舊的行爲之上（亦即我們能穩穩掌控習慣迴路），便能強迫惡習隱身在暗處，如同莉莎・艾倫結束開羅行之後的諸多作爲。研究指出，一旦建立新的習慣迴路，外出慢跑、拒吃甜甜圈等行爲便會和其他習慣一樣自然而然地發生。

少了習慣迴路，生活中大大小小的瑣事便都需要思考，我們的腦袋說不定會忙到當機。因受傷、疾病而基底核受損的人，通常心智活動會癱瘓，連基本的生活小事都做不好，諸如開門、要吃什麼等等。他們喪失分辨輕重的能力，導致巨細不分。舉例而言，一項研究顯示，基底核受損的病患無法辨別他人臉部的表情，不知對方表情是恐懼或嫌惡，因爲他們不確定到底該聚焦在對方臉部的哪個位置。少了健康的基底核，我們無法存取數百種每天賴以維生的習慣。今早，你會停下來決定先綁左腳還是右腳的鞋帶？你會遲遲無法決定要先刷牙再洗澡，還是先洗澡再刷牙嗎？

當然不會，因爲這些都已成習慣，因此不費吹灰之力。只要基底核健康正常，提示訊號維持不變，所作所爲多半不經思考（雖然度假時可能穿不一樣的衣服，可能調整早上刷牙的時間，但這些都是不經意而非刻意之舉）。

然而人腦一味倚賴自動自發的慣性行爲可能會招致危險。倚賴習慣有好有壞，利弊參半。以尤金爲例，喪失記憶的他，多虧習慣，得以重新站起來，但也因爲習慣，一切都不剩，再度回到原點。

三

記憶專家斯奎爾深入研究尤金後，深信尤金病後仍持續學習新行爲。尤金的腦部掃描圖顯示，他的基底核並未被病毒性腦炎所傷，因此儘管腦部受損，但說不定可以繼續活用「提示—慣性行爲—獎酬」的習慣迴路。這個古老的神經作業模式是否能給個答案，解釋尤金何以能一個人在居家附近散步，或找得到廚房櫥櫃裡的堅果？

斯奎爾設計了一項實驗，確認尤金是不是學了新習慣。他準備十六樣不同的物品（顏色鮮豔的塑膠玩具），一一貼在長方型厚紙板上，然後兩兩成對、分成八組，每一組有一個爲甲、一個爲乙，並隨機選出一個㉑在底部貼上「正確」字樣的貼紙。

研究員讓尤金坐在桌前，給他一組物品，請他二選一，然後將選中的物品翻面，看紙板上是否黏了「正確」的貼紙。這活動是在測驗受試者的記憶力。幾輪下來，正常人多半能記得哪樣物品貼了「正確」的貼紙，畢竟一共只有十六樣，而且兩個一組固定配對。八到十天後，連猴子都能百分之百記住貼上「正確」貼紙的物品。

反觀尤金，雖然一試再試，但連一個「正確」物品都記不得。研究人員讓他一週做兩次同樣的測試，同時每天讓他看四十組東西，一連持續數月。

實驗過了幾週，在某次實驗開始前，一位研究人員問尤金：「你知道今天爲什麼坐在這兒嗎？」

尤金道：「我不知道。」

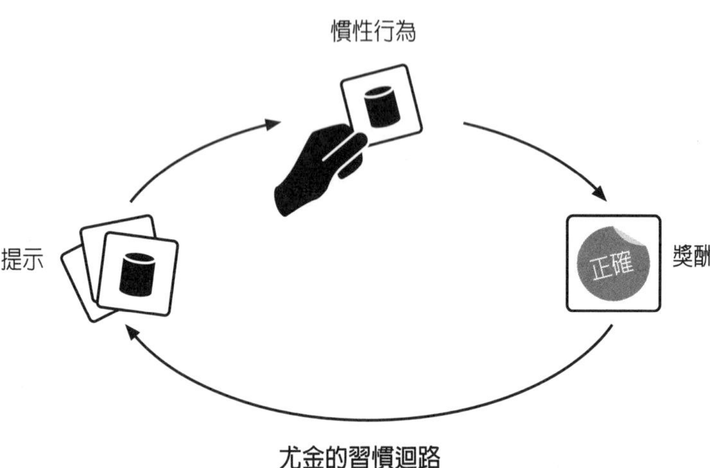

尤金的習慣迴路

「我要給你看一些東西，你知道爲什麼嗎？」

「我是不是要對你形容這些東西？還是要解釋它們的用途？」尤金根本記不得之前實驗的內容。

但是一週週過去，尤金的表現開始有了起色。訓練二十八天後，尤金能選對百分之八十五的東西；訓練三十六天後，能選對百分之九十五的東西。有次測驗後，尤金望著研究人員，對於眼前的成功不敢置信。

尤金問她：「我怎麼辦到的？」

研究人員說：「說說看你的腦袋發生了什麼事。你有沒有告訴自己『我記得自己看過那樣東西』？」

「沒有。」尤金說，同時指著自己的頭，「可能是這兒的緣故吧，我的手就自己伸過去了。」

然而在斯奎爾看來，這現象十分合理。首先，尤金接收了提示訊號：東西兩兩固定搭配。再來是慣性行爲：他要選出一樣東西，看底部是否有貼紙，即使他不曉得爲何要這麼做。最後是獎酬：發現「正確」的貼紙後，他內心的滿足感油然而生。習慣迴路於焉成形

爲了證實這的確是習慣迴路，斯奎爾又做了另一項

實驗：將十六樣東西一股腦擺在尤金面前，再請他把「正確」的物品集中在一堆。

尤金毫無頭緒，不知從何開始。他說：「哇，這麼多東西，怎麼可能記得住？」他伸手拿了一樣東西，準備翻過來看，但立刻被研究人員制止，表示他不能這麼做，因爲這次的任務是把貼上「正確」貼紙的東西集中於「一堆」。爲何他想把每樣東西都翻過來看呢？

他說：「我想，大概是出於習慣吧。」

新的要求他做不來。這些東西若不依習慣迴路擺給他看，對他而言沒有任何意義。

這正是斯奎爾想要的答案與證據。這些實驗證明，即使尤金對實驗要求或東西的記憶力只有短短幾秒鐘，但仍能養成新的習慣。這解釋了尤金何以每天早晨出門散步後能順利回家。轉角的某幾棵樹、某些郵箱的位置，都可充當提示訊號。他每次出門，這些提示訊號固定不變，因此尤金雖認不出自家房子，但習慣使然，次次讓他找到回家之路。同理，即使尤金不餓，但一天可連吃三、四次早餐。只要正確的提示出現，諸如收音機廣播或早上透進窗戶的光線，尤金便會自然而然照著基底核的劇本，演出相同的劇碼。

尤金還有數十個未被他人發現的習慣，直到周遭人開始花心思發掘才一一浮現。舉例而言，尤金的女兒常順道回娘家問候父母。她會先在客廳與父親聊個幾句，接著到廚房找母親談天，最後在門口對父母揮手道別。她準備離開時，尤金已忘了剛剛才和女兒話家常，因此開始生悶氣，心想：她竟然沒與我說話就要離開。不久，尤金也忘了生氣的理由，但是慣性的情緒反應已被挑起，所以火氣一時半刻消不下去。氣到臉紅脖子粗的他不解自己在氣什麼，只能靜待怒火降溫。

貝弗麗對我說：「有時候，他還會猛敲桌子、大聲咒罵。如果你問他爲何生這麼大的氣，他會告訴你：『我也不清楚，但我就是氣到不行！』」甚至，他會踹椅子，或臭罵進房間安慰他的人。幾分鐘後，他就會面露微笑開心地談論天氣。她說：「只要他一生氣，就得給他時間，等他氣消。」

斯奎爾的新實驗還證明了一件事：習慣脆弱得不堪一擊。若將提示尤金的訊號稍加改變，他的慣性行爲就會徹底瓦解。有幾次他在住家附近散步，因爲街景發生了變化，市府正在整修街道，或狂風將枝葉吹落了一地，這時儘管他的家已近在咫尺，但尤金還是迷了路，直到好心的鄰居帶他回家。若女兒離家之前與他聊個十秒鐘再走，他慣發的怒火便不再發作。

斯奎爾在尤金身上所做的種種實驗㉒改寫了科學界對腦部活動的認知，並向世人清楚地證明，人就算記不得上了什麼課、做了什麼決策，還是能夠學習，能不知不覺地下決定。尤金的例子告訴我們，習慣的重要性不輸記憶與理智，它是我們行爲舉止的根本。我們也許記不得左右自己習慣的前因後果，不過只要這些習慣一進駐腦中，便會影響我們的一舉一動——多半是在不知不覺的情況下。

●●●

斯奎爾針對尤金的習慣發表了首篇論文，出版後，「習慣學」躍升爲一門顯學。杜克大學、哈佛大學、加州大學洛杉磯分校、耶魯大學、南加州大學、普林斯頓大學、賓州大學的學者，以及英國、德國、荷蘭等地的學院，還有寶僑、微軟、谷歌（Google）等各大企業的研發人員，都傾力深入探索習慣牽涉的神經學與心理學面向、習慣的優劣、習慣形成的原因，以及扭轉習慣的方法。

學界人士了解，基本上任何東西都可以充當提示的訊號。提示可以是視覺上的刺激，諸如巧克力棒、電視廣告等等；某個地點、某段時間、某種情緒、一連串的思緒、某些人的陪伴，也都能是引發行爲模式的提示。行爲模式可以非常複雜，也可以十分單純（比如某些與情緒相關的慣性行爲可說來得快、去得快，簡直以毫秒計算）。獎酬也是五花八門，包括滿足生理感官的食物或毒品，也可以是心理上的回饋，譬如隨他人讚賞或自我吹捧而來的榮譽感。

幾乎每項實驗都能印證斯奎爾的發現：習慣強而有力，卻也脆弱易摧；習慣會自然而然不知不覺出現，卻也能刻意培養；習慣常未經同意便自行探出頭來，卻也能被拆卸、重新組裝。習慣左右生活的程度遠超乎我們想像：我們的腦袋會緊攀著習慣不放，對其他（包括基本常識）視而不見。

舉例而言，有研究員與美國「酒精濫用暨酒精中毒研究所」（ＮＩＡＡＡ）合作進行一組實驗，訓練老鼠對提示有反應，直到老鼠習慣在提示訊號出現後按下操控桿爲止，食物則作爲犒賞老鼠的獎酬。接著，研究員對食物下毒，讓老鼠吃了會生重病；或是將地板通電，讓想爬過地板拿到獎酬的老鼠觸電。老鼠因而知道食物和籠子十分危險，看到碗裡被下了毒的食物，或是通電的地板時，牠們會退避三舍。然而，老鼠一看到之前舊的提示訊號，即便正在嘔吐或遭遇電擊，仍會不經思索地按下操控桿、吞下食物、爬過地板。老鼠的習慣已經深植腦中，[23]不想照做也不行。

我們不難在人類的世界中找到類似例子。譬如速食。你工作了一整天，正在開車回家的路上，車上孩子各個飢腸轆轆。你心想，好吧，就去麥當勞或漢堡王，反正只吃這麼一次而已。餐點便宜又好吃，一餐的加工肉、薯條、汽水對健康無傷大雅吧，又不是餐餐都吃速食。

不過習慣往往未經我們同意便出來作怪。研究顯示，一般家庭並不「想」定期到麥當勞或漢堡王報到。不過提示與獎酬催生而出某種習慣後，原本一個月吃一次速食的模式，漸漸變成一週一次，再來就是一週兩次，直到孩子吃了太多漢堡、薯條至健康亮起紅燈爲止。北德州大學與耶魯大學的研究人員㉔試圖了解美國家庭爲何越來越常去速食店，結果發現了一連串的提示訊號與獎酬。大多數消費者不知道這些提示與獎酬影響了自己的消費行爲與習慣。換言之，研究人員發現了誘發吃速食的習慣迴路。

每間麥當勞的外觀大同小異。麥當勞刻意將每間餐廳的建築、服務生對顧客的應答一一標準化，這些恆常不變的提示訊號轉而刺激或誘發顧客的飲食習慣。麥當勞旗下一些連鎖店甚至卯足勁在獎酬下工夫。例如，標榜薯條只要一碰到舌尖便會迅速在口中融化，讓顧客馬上嘗到難以抗拒的鹹酥滋味。獎酬讓腦裡的享樂中樞開始活動，讓好滋味的模式烙印在記憶裡。此行銷手法若能讓顧客的習慣迴路牢不可破則更好。㉕

然而就連這些讓人開心的習慣也十分脆弱、無法持久。若某家速食店結束營業，曾習慣在那家店面消費的家庭往往改在家裡用餐，而不是換到另一家速食店繼續吃漢堡或薯條。小小一個變化就能打破或結束一個習慣模式，只是我們鮮少注意習慣迴路的存在，所以不知該如何控制它。學習觀察生活周遭的提示與獎酬，便能改變我們的習慣模式。

四

二〇〇〇年左右，尤金已發病七年，生活已然找到一種平衡。他每天早上都會散步。他愛吃啥就吃啥，不會忌口，有時一天還會吃上五、六餐。他的太太知道，電視只要轉到《歷史》頻道，不論是重播還是新節目，尤金都會安坐在他的單人椅上，目不轉睛看著。其實他根本分不出節目有何差異。

年紀愈長，尤金的習慣開始對生活造成負面的影響。他常久坐不動，有時一看電視便是好幾個小時（因為他絕不會覺得節目無趣），因此醫生不禁擔心，尤金的心臟可能會出毛病。醫生對貝弗麗說，尤金必須厲行健康飲食。她試過很多次，仍難以改變他進食的次數以及吃的東西。尤金也記不得貝弗麗對他的告誡。冰箱裡放了很多蔬菜水果，尤金會把東西一樣一樣翻出來，直到找到蛋和培根為止。這就是他的慣性行為。上了年紀，尤金的骨質脆弱疏鬆，很多醫生提醒他走路時要更加謹慎小心。然而在他想法裡，老覺得自己比實際年齡年輕二十歲，因此不記得要小心翼翼走路。

斯奎爾向我說：「我一輩子熱中研究記憶。然後我遇見E.P.，見證到，即便失憶還是能活得精采。即便記憶全部消失，人腦還是具備神奇力量，能找到幸福快樂。

「但是人卻難以關閉對習慣的記憶，這些習慣最終可能對自己不利。」

尤金年事越來越高，貝弗麗試著應用她對習慣的了解，協助尤金避開一些麻煩。她發現安排新的提示，便能改變尤金最糟的習慣模式。她不再把培根放入冰箱，尤金遂不再一天吃好幾次有害健康的早餐。她把沙拉放在他椅子旁，他偶爾便吃一些。吃沙拉成了習慣後，他便不再去廚房找零嘴吃。因此，他的飲食逐漸改善。

身旁的人極力協助尤金，但他的健康仍持續走下坡。有一年春天，尤金正在看電視，突然大叫一聲。貝弗麗衝了進來，只見他的手緊貼胸前。她趕緊叫了救護車，到了醫院，醫師診斷尤金是輕度心臟病發。此時，他的胸口已經不疼，但不想躺在病床上。當晚尤金一直想把貼在胸前的監視片拔掉，以便翻身好眠，結果警報聲大響，護士馬上趕了過來。他們把貼片重新黏好，警告他若再不配合、亂扯貼片，就把他四肢綁起來。但是警告徒勞無功，因爲他聽聽就忘了。

然後尤金的女兒卡蘿・蕾斯（Carol Rayes）對一位護士說，若尤金肯乖乖坐著不動，就試著稱讚他，每次看見他就一直誇獎他。卡蘿對我說：「我們想讓他覺得有尊嚴與面子。我們會對他說：『老爸，你不扯動這些玩意兒，就能爲科學界做一件偉大的事。』」於是護士開始對他好言好語、百般呵護，讓尤金非常開心。幾天後，護士對他有什麼要求，他都乖乖照做。一週後，尤金出院返家。

過了幾年，二〇〇八年秋天，尤金在客廳走動時，不小心絆到火爐凸出的地方而跌了一跤，髖骨骨折。醫院內，斯奎爾與研究團隊非常擔心，怕他可能出現恐慌症，因爲他不知自己身在何處。所以他們在尤金的床邊留了紙條，說明發生了什麼事，並把他孩子的照片貼在牆上。妻子與小孩也每天都來探望他。

然而尤金一點也不擔心。他從未問自己爲何住院。斯奎爾說：「人生至此，他似乎對於所有無常與不確定都能處之泰然。十五年前，他喪失了所有記憶，自此他的腦袋彷彿知道，有些事他永遠不會了解，並欣然接受這樣的安排。」

貝弗麗每天去醫院看他。她說：「我跟他聊了很久，告訴他我愛他，和他分享孩子的近況，聊著我們一同度過的美好時光。我指著相片，談到他過去多受人愛戴與崇拜。我們結婚五十七年了，其中有四十二年過著實在且正常的婚姻生活。有時候，我覺得很難受，因為我渴望喚回過去的尤金。但是，至少我知道他即使失憶也還是開心。」

幾週後，女兒來醫院探望他。她一到病房，尤金便問她：「妳有什麼計畫嗎？」她推著輪椅，帶著尤金到病房外散心，兩人坐在草坪上。尤金說：「今天天氣眞不錯！妳說是嗎？」女兒向尤金聊到她小孩的事，接著他們一起跟狗玩耍。她心想，過不久他應該就可出院回家。太陽即將西下，她帶他走回病房。

尤金雙眼直視著她，然後突然對她道：「我很幸運，能有妳這麼一個女兒。」這句話嚇了她一跳。她忘了上次不知是什麼時候父親對她說過如此窩心的話。

她說：「我很幸運，你能做我的父親。」

他說：「哇！今天天氣眞不錯！妳覺得今天天氣如何？」

那天半夜，凌晨一點，貝弗麗的電話突然響起。醫生說，尤金心臟病嚴重發作，醫療團隊已用盡各種方法想挽回他一命，但回天乏術。他走了。死後，他被學者所推崇，他的腦部掃描影像成為許多實驗室、醫學院的研究對象。

貝弗麗告訴我：「我確知，他若知道自己對科學的貢獻，會十分驕傲自豪。婚後不久，他曾告訴我，想在有生之年完成一件重大的事。他辦到了。只是他一點也記不得。」

2 大腦的渴求

如何建立新習慣？

一

二十世紀初，企業界名人克勞德・霍普金斯（Claude C. Hopkins）的一位友人上門有事請託。朋友透露，他發現了一項了不起的新產品，肯定能在市場大賣。新產品是一種帶有薄荷清香和多泡沫配方的新牙膏，他稱之「白速得牙膏」（Pepsodent）。不過目前幾位出資者似乎不太可靠，其中一位捲入數筆土地交易糾紛，另一位據悉與黑道掛勾。但友人向他保證「白速得」鐵定是搖錢樹，只要霍普金斯同意替該牙膏製作全國行銷廣告。①

廣告業是當時快速發展的新興產業，再早個數十年，廣告幾乎不存在。而霍普金斯是這行的頂尖高手，廣告作品往往一鳴驚人。他成功說服美國人大量購買施麗茲（Schlitz）啤酒，誇口這家啤酒商使用「高熱蒸氣」消毒酒瓶，其實其他廠商也用相同的方法，但他刻意不提。此外，他不顧歷史學家多次抗議，以「埃及豔后也愛用」的廣告標語，吸引數百萬婦女成爲棕欖香皀的粉絲。「爆麥花」（Puffed Wheat）紅遍全國也歸功於他宣傳得方，他稱麥粒是「從槍管發射而出」，直到體積膨脹爲正常的八倍大。舉凡桂格燕麥片、固特異輪胎、必勝地毯清潔機等等，都在他生花妙筆之下，從無名小卒搖身變爲家喻戶曉的熱賣商品，也讓他賺進大把鈔票。霍普金斯的暢銷自傳《我的廣告人生》（*My Life in Advertising*）甚至以大篇幅描述他的錢多得實在花不完。

霍普金斯最得意的成就是自創一套定律，能讓消費者不知不覺養成新習慣。這套定律不僅協助產業轉型，之後更變成各行各業的金科玉律，包括商人、教育改革家、公衛專家、政治人物、企業執行長等等，無不受益。直到今天，小自我們購買清潔用品，大至政府根除流行疾病所用的工具，在在看得到霍普金斯定律的影響，它們可是培養全新慣性行爲的基礎與核心。

不過，當初那位友人委託霍普金斯幫白速得牙膏製作廣告時，這位廣告巨擘顯得意興闌珊。在美國，國民口腔健康不佳早已不是祕密。國家越富裕，人民攝取的甜食和加工食品就越多。②美國政府爲第一次世界大戰招兵買馬時，發現很多士兵蛀牙嚴重，官員因而提出警告，稱口腔衛生好壞將危及國家安全。

然而，霍普金斯明白，賣牙膏其實是賠本生意，結果只會血本無歸。市面上，大批推銷員挨家挨戶兜售成分不明的牙膏粉或萬能潔牙產品，但泰半因業績慘澹而破產。

追根究底發現，儘管美國人口腔問題嚴重，但鮮少人有刷牙習慣，③因此願意花錢購買牙膏的消費者少之又少。

稍加考慮後，霍普金斯拒絕友人的請託，決定續拍香皀和麥片的廣告就好。他在自傳裡寫道：「我不知該怎麼讓無知的大衆了解牙膏深奧的理論。」不過這位朋友毫不氣餒，一再回來拜託他，並善用霍普金斯不服輸的個性，以激將法成功說服這位廣告人點頭。

霍普金斯寫道：「我最後同意接拍這個廣告，條件是讓我認購大量的員工股票選擇權，並同意讓我六個月後行使權利。」朋友同意他開出的條件。

這是霍普金斯一生中最明智的投資。

兩人合作五年期間，白速得牙膏在霍普金斯廣告推波助瀾下，成爲全球最知名的產品。同時，刷牙風氣也以驚人的速度拓展到全美。過沒多久，包括好萊塢知名童星秀蘭鄧波兒與男星克拉克蓋博在內，不約而同炫耀一口「白速得得意的笑」（Pepsodent smile）。④一九三〇年左右，中國、南非、巴西、德國等任何看得見霍普金斯廣告的地方，都買得到白速得牙膏。⑤調查顯示，白速得牙膏推出首支廣告十年後，逾半數美國人養成了刷牙習慣。⑥因爲霍普金斯，美國人養成了每天刷牙的習慣。

霍普金斯稍後得意洋洋地透露，成功的祕訣在於找到有利某種習慣形成的提示訊號和獎酬。其影響力無遠弗屆，廣泛應用於電玩遊戲、食品公司、醫療院所、乃至全球的業務與行銷。尤金·保利讓我們認識習慣迴路，而霍普金斯讓我們一窺新習慣如何生根茁壯。

究竟霍普金斯做了什麼？

他創造了「渴望」，渴望正是提示和獎酬得以發揮作用的幕後功臣，它提供動力給習慣迴路。

●●●

在廣告界，霍普金斯過人之處（或註冊商標）是他能夠找出簡單的誘因，說服消費者每天非用他的產品不可。以桂格燕麥片爲例，他強調這是一種可讓消費者從早到晚活力奕奕的食品，不過每早都得吃上一碗。而他強力兜售的藥水則可治癒腹痛、關節疼痛、皮膚疾病以及各種「婦女毛病」，不過得在症狀一出現就立刻服用。自此，大家每早猛吞燕麥片，或是一覺得身體有丁點不適或疲憊，就猛灌裝在褐色瓶子裡的藥水（無巧不巧，每個人每天至少會疲憊一次）。

因此，若要成功促銷白速得牙膏，霍普金斯必須找出足以說服消費者每天使用牙膏的誘因。他參考厚厚一疊牙科教科書。他在自傳中寫道：「那些書枯燥透頂，但我在其中一本發現，牙齒表面會長一層黏斑，我稱之爲『膠膜』。這個發現讓我靈機一動，決定在廣告裡把牙膏塑造成『美的製造者』，專門用來對付霧狀膠膜。」

霍普金斯集中火力於膠膜之際，卻枉顧另一個事實：膠膜原本就長在牙齒表面，長期以來並未構成人類困擾。不管吃什麼，也不論一天刷幾次牙，牙齒表面就是會有這層薄膜。⑦大家向來不在意薄膜，老實說也無需在意，因爲只要吃顆蘋果、用手指來回揉搓牙齒、刷牙、用力漱口，就可去掉薄膜。牙膏完全無助於去除黏斑。當時一位口腔權威明白指出，所有牙膏都無效，尤其是白速得。⑧

不過霍普金斯並未因此打退堂鼓。他決定把去黏斑作爲誘發刷牙習慣的提示訊號。不久，各大城市均可看到白速得牙膏廣告。

其中一個廣告寫道：「用舌頭舔一舔牙齒，你會感覺一層薄膜附在牙齒上——這就是牙齒變黃、蛀牙的元兇。」

另一個廣告寫道：「看吧，周遭每個人都有一口潔白美牙。」並附上美女露齒微笑的圖片。「數百萬人改用全新潔牙方式。女人何苦忍受牙齒上的黏垢？讓白速得解決你的煩惱！」⑨

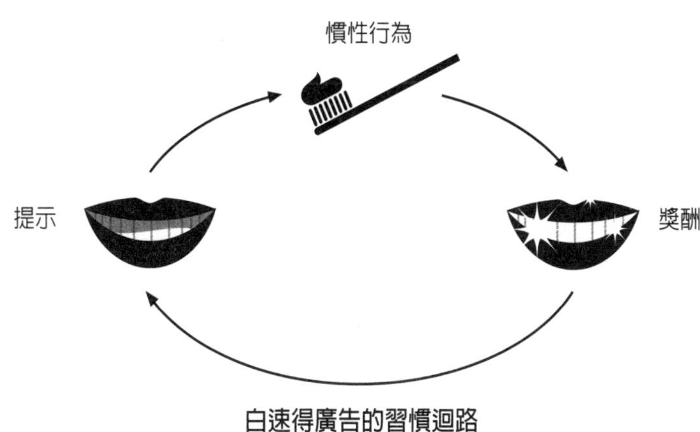

白速得廣告的習慣迴路

上述廣告出奇制勝處在於把牙齒上的黏斑作為提示訊號。黏斑每個人都有，不可能注意不到。廣告叫大家用舌頭舔一遍牙齒，基本上大家都會乖乖照做。舔了之後，便會感覺黏斑的確存在。霍普金斯掌握的提示訊號簡單易懂，所以消費者一經廣告提點，便自然而然地依樣畫葫蘆。

再者，霍普金斯端出的獎酬非常誘人。畢竟，誰不想變得更美、更帥？誰不想擁有傾倒眾人的笑容？只消用白速得牙膏輕鬆刷幾下，就能見到速效，何樂不為？

白速得廣告問世後，一週下來，銷量毫無動靜，第二週也是。不過第三週，產品突然暴紅，訂單如雪片般飛來，多到讓廠商應接不暇。三年後，白速得外銷到國際市場，在西班牙、德國、中國都見得到在地語言版的廣告。不到十年，白速得榮登全球最暢銷商品之一，⑩並在美國持續熱賣，業績三十年來長紅不墜。⑪

白速得牙膏問世之前，僅百分之七的美國人花錢購買牙膏。霍普金斯的牙膏廣告上路後，短短十年，該數據飆升到百分之六十五。⑫第二次世界大戰結束，士兵多半已養成每天刷牙的習慣，所以新兵牙齒好壞，不再讓軍方頭痛。

「白速得幫我賺進百萬美金。」這款牙膏上市數年後霍普金斯寫道。他透露成功關鍵在於「能夠精確掌握大衆心理」，而這全賴兩大基本原則：

一，找出簡單又醒目的提示訊號。

二，清楚界定獎酬內容。

霍普金斯篤定地說，只要掌握上述兩原則，一切就像變魔法。以白速得牙膏爲例：他靠著提示訊號（牙齒上的黏斑）、獎酬（一口美牙），成功說服數百萬人養成每天刷牙的習慣。直到今天，霍普金斯的理論依然是行銷教科書裡的主角，也是數百萬個廣告活動的基調。

相同的原理也見於數千種的行爲與習慣——通常大家並未意識到自己亦步亦趨重複著霍普金斯的公式。多項研究顯示，成功養成運動習慣的人之所以不會半途而廢，是因他們設定了提示訊號：一下班回家就去跑步；訂出獎酬：喝杯啤酒或整晚毫無罪惡感地賴在沙發看電視。⑬減肥研究也顯示，若想養成健康的飲食習慣，必須跟著提示訊號走：進餐前先擬好菜單與菜色；輔以獎酬：若能說到做到，就犒賞自己一點小禮物。⑭

霍普金斯在他著作中寫道：「廣告成爲一門科學的時代終於來臨。廣告曾被視爲豪賭，但只要指揮得當，就可成爲最安全的商業活動。」

上述談話既膨風又誇大。後續研究發現，霍普金斯揭櫫的兩大原則其實不足以帶出新習慣或新行爲，其實還需要第三個原則——這原則既隱約又難捉摸，連霍普金斯自己都沒發現。第三個原則足以解釋一切，包括：爲何無法抗拒甜甜圈的誘惑？爲何能不費吹灰之力養成晨跑習慣？

二

在一間沒有窗戶的小房間裡，幾位科學家以及寶僑公司行銷主管圍著一張斑駁的桌子而坐，大家看著一份訪談記錄，受訪對象是一個養了九隻貓的女子。終於，有一人道出大家的心聲。

「若我們被開除，結果會如何？」她問：「保全警衛會來盯著送我們出去嗎？我們事前會收到警告嗎？」

小組團隊負責人、同時也曾是公司裡最被看好的明日之星德瑞克・史提姆森（Drake Stimson）盯著她瞧，說：「我不知道。」他頂著一頭亂髮，雙眼盡顯疲憊。「我沒想過情況會變得這麼糟，之前他們還告訴我，能夠負責這份專案代表我升官了。」

當時是一九九六年。圍著桌子而坐的團隊發現，儘管霍普金斯對廣告效益說得斬釘截鐵，但是產品賣或不賣完全沒有道理、也無科學性可言。專案團隊任職的寶僑是全球最大的家用消費品公司，旗下產品包括品客洋芋片、歐蕾保養品、Bounty 廚房紙巾、封面女郎彩妝（CoverGirl）、朵恩洗碗精（Dawn）、汰漬洗衣精與柔軟精、金頂電池等等多達數十種品牌與產品。寶僑從消費市場蒐集的資訊與數據居同行之冠，並根據複雜的統計分析，設計各種行銷手法與促銷活動。寶僑非常擅長行銷，光是洗衣精市場，全美每兩人就有一個人使用寶僑產品，⑮每年營業額逾三百五十億美元。⑯

史提姆森的團隊被委以重責，替寶僑最有潛力的新品設計廣告，不過現在小組的前途岌岌可危，與失敗僅一線之隔。寶僑已投資數百萬美元研發一款除臭噴霧劑，號稱能對付沾黏在各種布料的臭味。在這間沒有窗戶的小房間裡，科學家和行銷主管各個愁眉苦臉，不知該用什麼方法讓消費者愛上並願意花錢購買。

這款噴霧劑是三年多前一位化工技術人員在實驗室鑽研羥丙基時，無心插柳的結果。這位技術人員是老菸槍，身上與衣服都是甩不掉的菸味。有天他做完羥丙基的實驗回到家，妻子在門口相迎。

「你戒菸了嗎？」她問。

「沒有。」他道，心中納悶妻子怎會這麼問，難道是妻子以退爲進的伎倆？爲了讓他戒菸，妻子對他恩威並施了多年。

「奇怪，你身上竟然沒有菸味。」她說。

隔天，他回到實驗室，開始試驗羥丙基對各種味道的成效。實驗室擺了幾百個裝著布料的瓶子，每種布料各沾一種味道，包括溼透的狗毛、雪茄、浸過腳汗的臭襪子、中國菜、發霉衣物、髒毛巾等。他把羥丙基加入水中，噴灑在這些布料上，發現羥丙基分子會吸附這些味道。布料上的水霧一乾，異味也跟著消失。

這位科學家將無心插柳的發現告知公司主管，主管們欣喜若狂。多年來的市場調查顯示，消費者一直在找一種可以去除臭味的產品——不是掩蓋臭味，而是徹底讓臭味消失不見。某個小組團隊發現多數受訪者在酒吧或派對待了一晚，回到家習慣將襯衫和長褲晾在戶外。其中一位女性受訪者說：「回家之後，我渾身都是菸味，但我可不想每次離開夜店後都得把衣服送去乾洗。」

寶僑從這些訪談中嗅到一絲商機，決定改良羥丙基，將它變爲公司的生財利器，整個計畫被公司列為最高機密。寶僑砸重金，花了數百萬美元，終於研發出無色無味、幾乎可除任何臭味的絕佳配方。除臭劑沿用的科技非常先進，連美國航太總署後來都愛上它，每次太空梭自太空返回地球，太空總署就用這款除臭噴霧劑清潔太空梭內部。該產品最大優點是製造成本極低，使用後不留污漬，還可讓發臭的沙發、有異味的舊夾克、沾到穢物的汽車內部，完全不留味道。這個計畫賭注雖大，但寶僑似已勝券在握，等著賺進數十億美元，而今只差臨門一腳——畫龍點睛的行銷廣告。

寶僑決定將除臭劑取名「芳必適」（Febreze），⑰年僅三十一歲的青年才俊史提姆森受邀領導廣告團隊。史提姆森擁有數學及心理學背景，身材挺拔，英俊帥氣，下巴堅毅有型，嗓音溫柔，對飲食十分挑剔與嚴格，例如有次他對同事說：「我寧可小孩抽大麻，也不准他們吃麥當勞。」進入寶僑之前，他在華爾街工作了五年，負責替客戶設計數學模型，以利顧客挑選股票。遷居到寶僑總部所在的辛辛那提後，他肩負多條重要產品線，包括邦氏（Bounce）防靜電柔軟紙、汰漬柔軟精等等，但除臭劑和衣物清潔劑完全是兩回事。這是寶僑開闢全新產品線的大好機會——消費者的購物車裡今後將新增一樣前所未見的日用品。史提姆森唯一要做的就是想辦法讓消費者愛上芳必適，養成非用它不可的習慣，那麼芳必適就會掀起搶購潮。這聽起來不是什麼太困難的工程吧？

史提姆森和他的團隊選了若干城市先試水溫，包括鳳凰城、鹽湖城、波伊西（愛達荷州首府）。他們飛到這些城市贈送試用品，要求到試用者家中訪問用後心得。過了兩個月，他們訪問了數百戶家庭，直到在鳳凰城遇到一位國家公園巡警才有了突破。這位年近三十的女子一個人獨居，主要工作是設陷阱誘捕不小心跑到沙漠外的動物，諸如土狼、浣熊等，偶爾還會抓到美洲獅。臭鼬當然是常客，數量多得不得了，常在被捕的時候對她噴「毒氣」。

「我目前單身，但我很想找一個人共組家庭。」這位巡守員在自家客廳對著史提姆森一夥人說道。「我約會對象不少，我想我還滿有魅力吧，加上機智風趣，應該是個不錯的對象。」

但她透露，她的戀愛之路非常坎坷，因爲她一切東西都有臭鼬的味道。從屋子、卡車、衣物、靴子、雙手、家裡的窗簾、甚至連她的床，都有臭鼬的味道。她想盡各種辦法要除掉這臭味：用特殊的香皀和洗髮精、點精油蠟燭、花大筆金錢添購地毯清潔機，但全是白費力氣。

「出去約會的時候，只要聞到一丁點彷彿是臭鼬的味道，我就會非常神經質。」她道：「我心想，他會不會聞到？萬一他到我家，立刻想逃走怎麼辦？」

「去年我和一個很棒的男子約會了四次，我眞的很喜歡他，一直想邀他來我家。有天，他終於肯來我家，而且一切都非常順利。但隔天他告訴我，他想要『休息一陣子』。他用詞很委婉，但我不禁懷疑，是味道的關係嗎？」

「所幸妳有機會試用芳必適。」史提姆森說：「妳覺得效果如何？」

她看著他，激動地哭了。

「我想要感謝你們，」她說：「這個噴霧劑改變了我的人生。」

她一拿到芳必適的試用品，立刻回家對著沙發、窗簾、地毯、床套、牛仔褲、制服、車子等猛噴。用完之後，她又立刻要了一罐，噴在所有東西上。

「之後我邀請朋友來家裡坐坐，」她繼續道：「他們什麼都沒聞到，臭鼬味終於消失了。」

說到這裡，她已經泣不成聲，史提姆森團隊有一位同事拍著她的肩，安慰她。「真的非常感謝你們，」她道：「我現在非常輕鬆自在，謝謝你們，這個產品對我太重要了。」

史提姆森嗅了嗅客廳，發現完全沒有味道。這東西能讓我們大賺一筆，他心想。

史提姆森一行人回到寶僑總部後，開始研擬廣告行銷策略，決定凸顯除臭後的輕鬆自在感，一如上述那位公園巡警所言。他們將芳必適的角色與功能定位於：擺脫尷尬異味的幫手。史提姆森團隊的每個人，各個熟悉霍普金斯的廣告原理（它們也充斥於商學院的教科書）。大家一致同意，芳必適的廣告必須化繁爲簡：找出顯而易見的提示訊號，並明白訂出獎酬。

他們設計了兩款電視廣告。第一個廣告裡，一位女子表達對餐廳吸菸區的看法，稱每次只要在那裡用餐，外套都會沾滿菸味。接著朋友告訴她，只要噴灑芳必適，身上菸味立刻清潔溜溜。提示訊號：菸味。獎酬：衣服臭味煙消雲散。在第二個廣告裡，一名女子對於愛犬蘇菲慣坐在沙發上頭疼不已，「蘇菲身上永遠都有狗味，」但用了芳必適，她說：「家具完全聞不到蘇菲的味道！」[18] 提示訊號：寵物味，多達七千萬養寵物的家庭一定很熟悉這種味道。[19] 獎酬：家裡沒有狗味。

一九九六年，一些搶先試用芳必適的城市出現了芳必適的電視廣告。此外，史提姆森團隊繼續贈送試用品，請人挨家挨戶將廣告單塞到信箱，並付費請賣場把堆積如山的芳必適擺在收銀台附近的顯眼處。接下來大家一心坐等收成，計畫怎麼花掉大筆的紅利和獎金。

一週過去、兩週過去，然後是一個月、兩個月。銷售量一開始雖略有起色，但隨著時間過去，業績每況愈下。公司大感緊張，趕緊派人到各賣場研究到底出了什麼問題。到了賣場，看到架上一排排的芳必適原封不動。工作人員開始進行家訪，徵詢收到免費試用品主婦的意見。

「喔，那個呀！」其中一個家庭主婦告訴寶僑的研究員：「那個噴霧劑！我想起來了，我找找看……」她跪在廚房地板上，在流裡台下面的櫃子裡翻箱倒櫃。「我用了一陣子，之後就忘了這回事。我想它應該在這櫃子裡某個地方。」接著她站起身，對研究員道：「也許在壁櫃吧。」她走到另一邊，打開櫃子的門，挪開幾支掃把。「找到了！在這裡！就放在後面！幾乎沒用多少呢，你們想拿回去嗎？」

芳必適根本派不上用場。

對史提姆森而言，這簡直是災難。和史提姆森有瑜亮情結的幾個高階主管蠢蠢欲動，準備拿他的失敗開刀。史提姆森聽到一些耳語，有人似乎正積極遊說高層封殺芳必適，然後把他下放到冷門部門，負責尼基．克拉克（Nicky Clarke）美髮產品系列，該產品乏人問津的程度堪稱民生用品的西伯利亞。

其中一個部門的總經理召開了緊急會議，稱必須想辦法在董事會召開之前，減少芳必適的虧損，以免董事問東問西。史提姆森的直屬長官大力為他求情，稱：「他們還有機會扳回一城，至少先請那些博士找出問題在哪裡。」寶僑不久前才以高薪網羅一批出自史丹福大學、卡內基美隆大學等頂尖學府的專家，都是鑽研消費心理學。最後部門總經理同意再給芳必適一些時間。

因此一批研究員加入史提姆森的團隊，訪談更多試用者。⑳ 芳必適無法成功出擊的第一道蛛絲馬跡現蹤於鳳凰城市郊。一名女子養了九隻貓，團隊還沒走進她的屋子，就聞得到貓臭味。但屋內倒是整齊清潔，她說自己多少有些潔癖，每天都會用吸塵器吸地板，也不喜歡開窗，以免灰塵飄進屋裡。史提姆森一行人進入客廳，也就是貓兒活動起居之處，聞到陣陣惡臭，有一個人實在受不了而吐了。

「妳平常怎麼對付這些貓臭味？」一位研究員問她。

「這不是什麼大不了的問題。」她說。

「你通常多久會注意到這股臭味？」

「大概一個月一次吧。」她答道。

聽到這個答案，研究員面面相覷。

「你現在有聞到臭味嗎？」又一位研究員問。

「沒有。」她答道。

類似對話也發生在數十個臭味薰天的受訪家庭。大家似已習慣生活中的臭味，久而久之不聞其臭。若一個人跟九隻貓同住，自然對貓味沒那麼敏感。若有抽菸的習慣，嗅覺多少會受損，因此聞不到菸味。味道很奇妙，就算再強烈的味道，只要長期暴露其中，「如入鮑魚之肆，久而不聞其臭」。史提姆森這下懂了，知道何以芳必適乏人問津。誘發使用習慣的提示訊號——臭味——對最需要芳必適的人而言竟然不存在。這些人聞到臭味的次數之低，不足以讓他們養成每天使用除臭劑的習慣。久而久之，芳必適被塞到儲櫃最裡面的角落。這個產品最大的潛在消費者對生活中的臭味渾然不覺，自然收不到提醒他們客廳該噴除臭劑的提示訊號。

史提姆森團隊回到總部後，聚在沒有窗戶的小會議室裡開會，一再分析那個養了九隻貓女人的訪談記錄。其中一人問史提姆森，若他被開除怎麼辦？史提姆森把頭埋進手裡，心想若他無法把芳必適賣給那個養了九隻貓的女人，那麼他還能賣給誰？少了提示訊號誘發使用動機，或是最需要芳必適的消費者對於獎酬無動於衷，史提姆森團隊該怎麼做，才能讓消費者養成新習慣？

三

劍橋大學神經科學教授沃夫藍・舒茲（Wolfram Schultz）的研究室並不是特別講究或豪華。同事對他的辦公桌各有不同的形容：有人說那是一個讓文件莫名其妙永久失蹤的黑洞；有人說那是讓有機物孳生的最佳培養皿，數年來細菌恣意繁殖擴散。當舒茲難得想整理或打掃桌面時，他不用噴霧劑或清潔劑，而是沾溼紙巾用力一抹。衣服聞起來有菸味或貓味，他也完全沒注意、不在乎。

然而，舒茲近二十年來的實驗徹底改變我們對提示、獎酬、習慣三者互動的看法。他解釋何以某些提示和獎酬更能發揮影響力，他以科學化的路徑圖解釋白速得牙膏爲何能夠大賣，爲何一些減肥族和運動迷能夠立刻改變習慣，以及讓芳必適轉敗爲勝的祕訣。

一九八〇年代，舒茲加入研究猴腦的團隊，觀察猴子如何學會指定的動作，諸如扯拉環、解開鉤子等等，希望找出猴子學習新動作時會動到大腦哪些區域。

「有天我突然注意到一件事，讓我非常感興趣。」舒茲告訴我。他生於德國，說英語的腔調類似演員阿諾史瓦辛格。「我們觀察到有些猴子喜歡蘋果汁，有些喜歡葡萄汁，所以我想知道，那些猴子的腦袋究竟在想些什麼？爲什麼不同的獎酬影響大腦運作的方式也不同？」

舒茲開始進行一連串實驗，希望進一步了解獎酬在神經化學層次的影響力與重要性。拜科技日新月異之賜，一九九〇年代左右，他的實驗室設備已和麻省理工學院相去不遠。只不過他對老

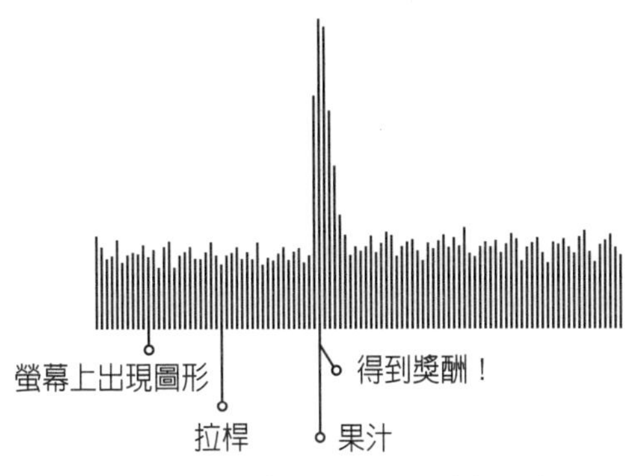

朱利歐嚐到果汁時的腦部反應

鼠沒興趣，卻對猴子情有獨鍾。朱利歐（Julio）是一隻重四公斤的獼猴，有雙淡褐色眼睛，腦袋裡插入極薄的電極片，因此舒茲可以觀察牠腦部的神經元活動。㉑

某天，舒茲把朱利歐放在燈光昏暗的房間，讓牠坐在椅子上，並打開電腦螢幕。朱利歐每次看到螢幕上出現彩色圖形，包括黃色螺旋、紅色曲線、藍色直線等等，就得碰一下拉桿。只要牠看到圖形出現並碰觸拉桿，一滴黑莓汁就會從天花板垂下的管子裡滴出來，流到牠嘴裡。

朱利歐喜歡黑莓汁。

一開始，朱利歐對於螢幕上的圖案興趣缺缺，泰半時間都在椅子上不安地動來動去，試圖掙脫椅子的束縛。但是，第一滴果汁出現後，朱利歐就變得非常專注。重複了數十次之後，朱利歐漸漸明白，螢幕上的圖形是提醒牠啓動某種行爲模式（碰觸拉桿）的提示訊號，有行動才有獎酬（黑莓汁），因此牠開始全神貫注盯著螢幕，不再動來動去。黃色曲線一出現，牠伸手碰觸拉桿。看到藍色直線在螢幕上一閃，牠猛地抓住拉桿。嘗到滴下來的果汁，牠會心滿意足地舔舔嘴唇。

如上圖所示，舒茲發現朱利歐的腦部活動有固定的模式與

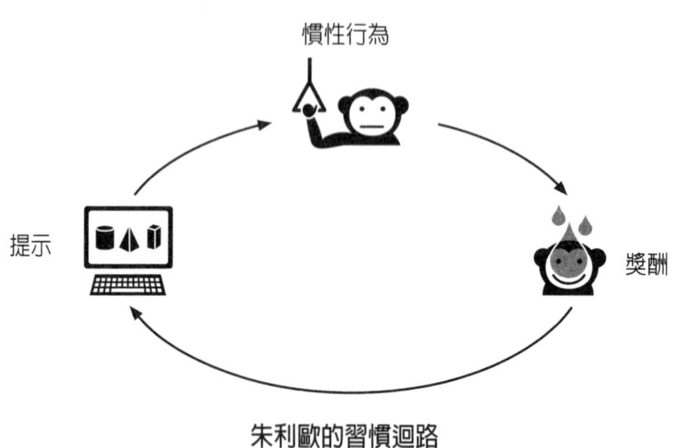

朱利歐的習慣迴路

常規。每次朱利歐得到獎酬，腦部活動會變得非常活躍，似乎暗示牠現在很開心。㉒將該腦部神經元活動圖形訴諸文字，說穿了意思就是：「我得到獎酬！」

舒茲讓朱利歐不斷重複相同的實驗，並記錄牠每次的神經反應。每當朱利歐喝到果汁，連結牠腦部電極片的電腦就會出現「我得到獎酬！」的圖案。根據神經學理論，朱利歐的行為已化為一種習慣。

不過，舒茲最感興味之處在於，實驗持續進行之際，結果也跟著改變。獼猴越來越熟練這種行為後，亦即該習慣越來越定型，朱利歐的大腦便會開始期待喝到黑莓汁。舒茲的觀測儀顯示，朱利歐一看到螢幕上出現圖形，喝到果汁前的腦子就會出現和「得到獎酬！」一樣的腦部活動圖（請見下頁）。

易言之，螢幕圖形不只是「碰觸拉桿」的提示，也是預告朱利歐腦子出現愉悅反應的前兆。朱利歐只要一看到黃色螺旋或紅色曲線，立刻會期待得到獎酬。

舒茲後來稍稍調整了實驗內容。之前的實驗裡，朱利歐只要扯一下拉桿就可以喝到果汁。現在，就算朱利歐的

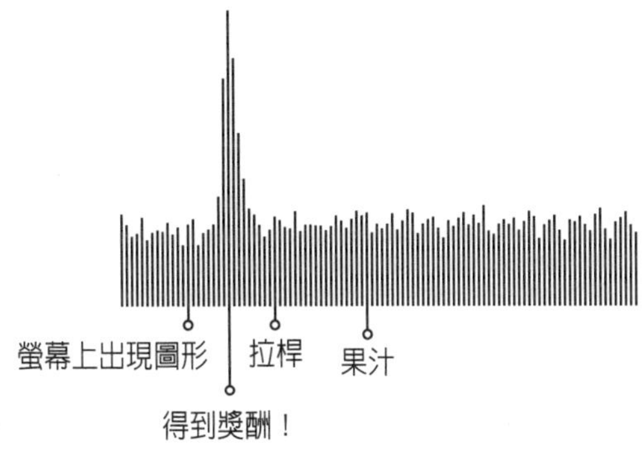

朱利歐喝到果汁之前就出現「得到獎酬！」反應

行爲完全符合要求，但是獎酬變了，偶爾牠會喝不到果汁，或是喝到果汁的時間延後，或是喝到的果汁甜度只有之前的二分之一。

若沒喝到果汁、或喝到的時間延後、或發現果汁被稀釋，朱利歐會非常生氣，發出不高興的聲音，或變得無精打采。這時舒茲看到朱利歐的大腦出現新的活動模式：渴望。朱利歐滿懷期待想喝到果汁，最後希望卻落空，腦中跟慾望或沮喪相連的神經反應會活躍起來。朱利安一看到提示，便一心期待果汁帶來的愉悅感。但若未喝到果汁，這種愉悅感會轉變爲一種渴望，一旦渴望無法被滿足，朱利歐就會生氣或沮喪。

其他實驗室的猴子也出現類似的神經反應模式。其他猴子受過類似訓練，只要看到螢幕上出現圖形，就開始期待喝到果汁。接下來，研究員改變一些實驗內容，試圖讓猴子分心。研究員打開實驗室的門、讓猴子可以出去和其他同伴玩樂，或是在實驗室的角落放些食物，若猴子放棄實驗，就吃得到這些東西。

對於尚未養成習慣的猴子來說，這些分心的小把戲在牠們身上的確奏效。牠們會溜下椅子，義無反顧走出實驗室，因爲牠們腦子尚未對果汁有所渴望。不過，一旦猴子養成了習慣，亦即牠們腦子對獎酬已有所期待，這些把戲對他們就毫無吸引力。這些猴子會持續盯著螢幕，一次又一次拉下拉桿，完全不在乎角落的食物或放風出去玩的機會。有所期待和有所渴望是很強烈的心理感受，因此猴子會繼續黏著電腦螢幕不放，就和賭徒不斷玩吃角子老虎、輪光全部家當也不願離席是一樣的道理。㉓

這些實驗解釋了習慣的力量有多大：習慣會啓動神經的渴望反應。大部分時候，這種渴望都是以緩慢速度漸漸成形，所以我們不會注意它的存在，或它對我們的影響。但是，只要讓提示和獎酬有所交集或產生聯想，腦子就會潛意識形成渴望，啓動習慣迴路轉個不停。康乃爾一位研究員從「肉桂捲天堂」在購物中心的店面位置，發現人們對食物和氣味的渴望非常強烈，足以改變行爲。在購物中心，通常賣吃的都會開在美食街，但「肉桂捲天堂」卻刻意開在遠離其他同業的地方。㉔爲什麼？因爲「肉桂捲天堂」的老闆希望肉桂捲的香味毫無窒礙地飄散到每個走道、每個角落，讓逛街的人潮不知不覺升起想吃肉桂捲的渴望。等到消費者轉個彎、看到「肉桂捲天堂」的招牌時，大腦對肉桂捲的渴望已如猛獸般令人難以招架，下一步就是想也不想掏出皮夾，滿足口腹之慾。一旦有了渴望，習慣迴路就會轉個不停。㉕

舒茲對我說：「我們的大腦並沒有內建程式，讓我們一看到甜甜圈就自動想吃甜食。不過，一旦大腦知道那個盒子裡裝著可口的甜食或其他碳水化合物，就會開始期待甜食帶來的快感。腦袋會催著我們靠近甜甜圈，若我們沒把甜甜圈吃進肚裡，心裡會非常失望、沮喪。」

若想進一步了解其中道理，先看一下朱利歐習慣成形的方式。一開始，牠看到螢幕上出現一個圖形：

提示

過了一陣子，朱利歐學會只要看到圖片，代表該啓動慣性行爲。所以，牠扯了拉桿：

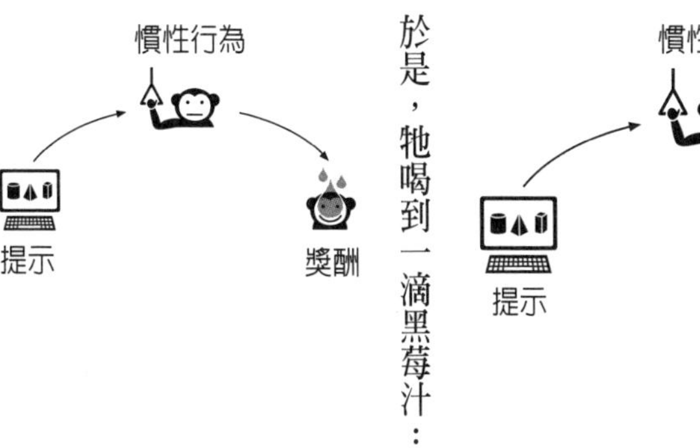

於是，牠喝到一滴黑莓汁：

這是基本學習模式。朱利歐看到提示訊號，腦子開始渴望喝到果汁，習慣於焉形成。當腦子有了渴望，朱利歐的行爲與反應會自動出現。牠會被習慣牽著鼻子走：

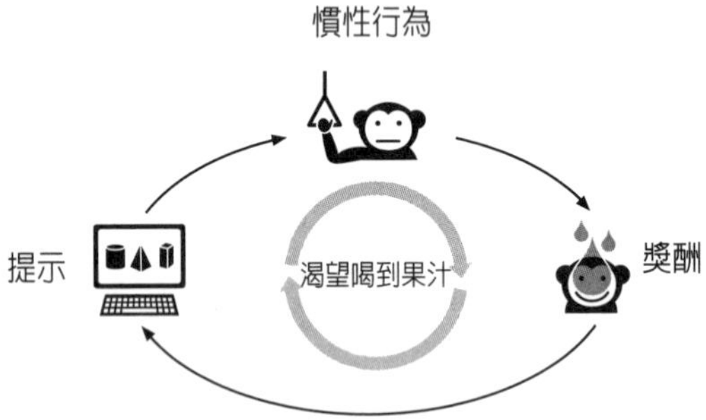

慣性行為
提示
渴望喝到果汁
獎酬

朱利歐的習慣迴路

新習慣就是這樣養成：結合提示、慣性行爲、獎酬，然後創造渴望，打開習慣迴路的開關。[26]

以抽菸爲例：當抽菸者看到提示，如一包萬寶龍，大腦就會開始渴望尼古丁的刺激。

光是看到香菸，就足以讓大腦迫不及待想吸入一口尼古丁。若香菸遲遲沒有出現，渴望會越來越強烈，直到抽菸者不加思索地抽出一根菸。

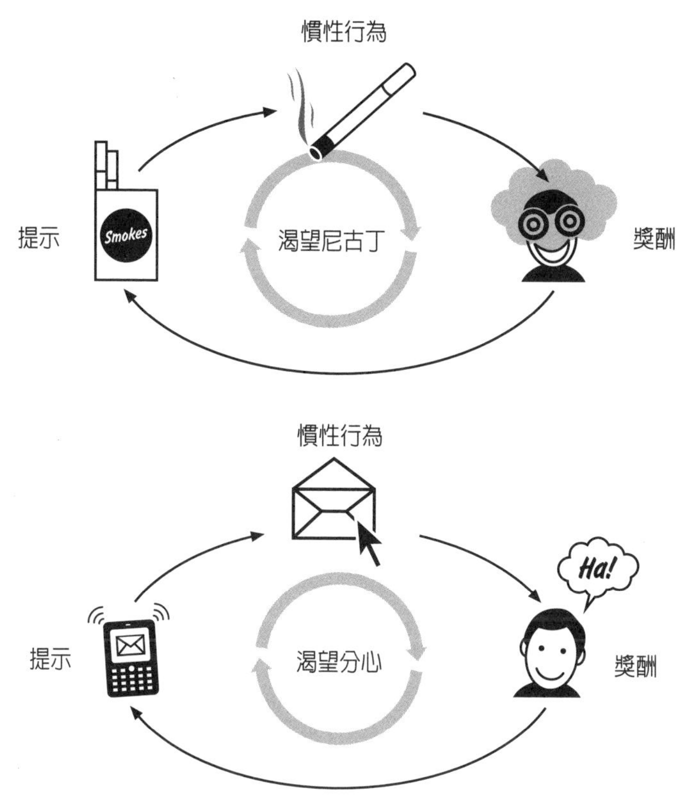

我們也可以拿電子郵件爲例。當電腦的提示鈴響，或是智慧型手機震動，表示收到新訊息時，大腦會對「打開電子郵件以便讓自己短暫分心」產生期待與渴望。這份期待與渴望若不被滿足，會越來越強烈，不久可看到整間會議室充滿焦躁不安的主管，一直在桌子下偷偷檢視嗡嗡響的手機。其實與會主管心裡都明白，有些訊息無關緊要，可能只是他們心愛球隊最新的比賽分數罷了。(反過來說，若叫主管把手機關了，也就是消除提示訊號，大家就能專心工作，完全不會想去檢查收信匣。)

科學家研究酗酒者、老菸槍、嗜吃者等成癮人士的大腦，分析在根深柢固的渴望下，他們的腦神經活動有何改變與反應。腦神經活動包括了大腦結構和神經傳導物質。密西根大學兩位研究員的報告指出，牢不可破的習慣會產生類似成癮的反應，換言之，「渴望會進一步變成沉迷不悟的飢渴」，強迫大腦進入自動反應模式，「即使我們知道那些渴望對自己有負面影響，例如失去名譽、工作、房子甚至家庭，也在所不惜」。㉗

然而，這種死心眼的飢渴並不能完全掌控我們。下一章會提到哪些機制可幫助我們忽略並抵抗誘惑。但若想眞正駕馭習慣，我們必須了解哪一種渴望會逼我們做出非理智行爲。若不知道大腦期待什麼，我們會像購物中心裡漫無目標的人群，被一股看不見的力量吸引到「肉桂捲天堂」。

●●●

爲了進一步了解渴望對習慣養成的影響力，先想像一下運動習慣養成的過程。二〇〇二年，新墨西哥州立大學一群研究人員想了解爲什麼人有運動的習慣。㉘他們訪問了兩百六十六位對象，大部分受訪者每週至少運動三次。研究人員發現，很多人是突然心血來潮開始慢跑或舉重，也有人是突然多出閒暇時間，或想紓解生活中突如其來的壓力。無論動機爲何，他們持續運動（亦即養成了習慣）都是因爲渴望某種獎酬。

在一組受訪者中，有百分之九十二的人表示持續運動是因運動讓他們「感覺很棒」——他們漸漸對運動後腦內分泌的腦內啡和其他神經化學物質有所期待與渴望。在另一組受訪者中，百分之六十七的人表示運動讓他們有「成就感」——這些人渴望每天追蹤記錄進步所帶來的勝利感，

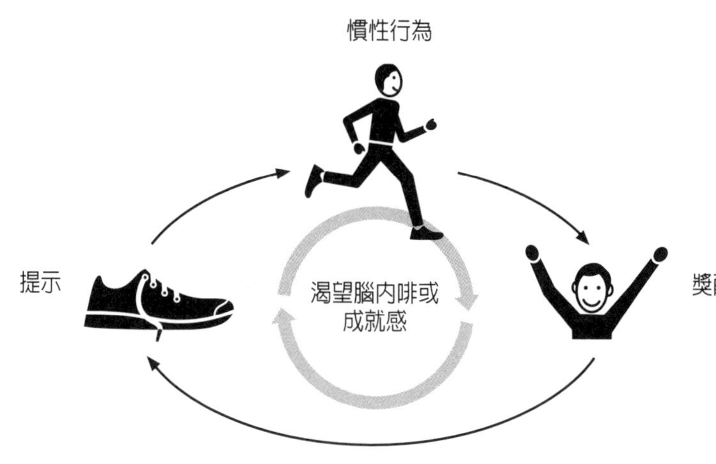

而這種自我犒賞讓運動變成每天例行的習慣。

若你有意開始每天晨跑的習慣，你必須選定一個簡單的提示（例如吃早餐之前綁好鞋帶、把慢跑衣擺在床邊等等），清楚的獎酬（例如中午吃一頓大餐、記錄慢跑的里程數讓自己有成就感，腦內啡因慢跑而加速分泌）。不過，大量研究顯示，只有提示和獎酬尚不足以讓新習慣持之以恆，還必須讓大腦對獎酬有所期待——渴望腦內啡分泌或建立成就感——才能每天早上自動自發繫好鞋帶、出門慢跑。除了催生慣性行爲，提示訊號也必須誘發對獎酬的渴望。㉙

神經科學家舒茲說完渴望出現的前因後果，接著我對他說：「我想問你一個切身的問題。我有個兩歲的小孩，每次在家餵他吃晚餐，多半是炸雞塊之類的速食，我自己也會不知不覺跟著吃，這已變成了習慣，害我體重直線上升。」

「每個人都會這樣。」舒茲說。他有三個小孩，現在都已長大成人。他們還小的時候，他也會不自覺吃掉他們的餐點。他告訴我：「我們或多或少跟那些猴子一樣，看到桌上有雞塊或薯條，就算不餓，腦子也會有所期待。我們的腦子湧起一股渴望。老實說，我根本不喜歡速食，但不知怎的，突然難以抗拒想吃一口的衝動。一旦吃進肚裡，渴望獲得了滿足，心裡非常開心。說起來有點丟臉，但這就是習慣運作的方式。」

「我想我該對此心懷感謝，」他道：「因爲我也用同一套方式培養許多好習慣。我辛苦工作，因爲我期待發表成果時的成就感。我運動，因爲我期待揮汗之後的愉悅感。我只希望自己精進挑選好習慣的功夫。」

四

史提姆森的團隊結束和養貓女的談話之後，跳脫之前的管道，向不同團體尋求協助，並大量閱讀舒茲等人的實驗報告，還請哈佛商學院的教授拿芳必適廣告對受訪者做心理測驗。他們訪問了一個又一個消費者，希望找出線索，讓芳必適成爲消費者日常的慣用品。

有天，他們訪談斯科茨代爾（Scottsdale，鳳凰城附近的小城市）郊區一位女士，年約四十多歲，有四個小孩。她家很乾淨，但也不是完全一塵不染。讓研究團隊驚訝的是，她對芳必適愛不釋手。

「我每天都用芳必適。」她告訴研究團隊。

「眞的嗎？」史提姆森問道。這家看起來不像有臭味或異味的困擾，既沒有養寵物，也沒有人抽菸。「爲什麼？你想除掉什麼臭味嗎？」

「我沒有用它來除臭，」她說：「你們知道嘛……我有兒子，他們正値青春期，若我不清理他們的房間，房間就會像學校更衣室，有一股悶臭味。但我並不是爲了除臭才用芳必適。我習慣掃完一個房間後，就用芳必適噴幾下。對我而言，完美的收尾就是在一切塵埃落定後，讓每樣東西散發好聞的味道。」

研究團隊要求看她怎麼打掃房子。在臥室，她先整理床鋪，拍鬆枕頭，把床單的四個角拉整好，然後拿出芳必適，朝平整的棉被噴幾下。接著到客廳，她用吸塵器吸地板，將孩子的鞋子收到鞋櫃，把茶几擺正，然後朝著清潔溜溜的地毯噴幾下芳必適。「這感覺很好，對吧？」她說：「拿出芳必適噴個幾下，就像慶功一樣，慶祝自己掃完一個房間了。」照她使用芳必適的次數，史提姆森估計她每兩週就得買一瓶。

寶僑之前曾到消費者家裡錄製打掃的影片，多年下來，已累積至少數千小時的帶子。研究人員回到辛辛那提總部後，花了一整晚觀看那些錄影帶。隔天早上，一位科學家召集了芳必適團隊。他對著大家播放一段影片，影片中的女主角二十六歲、有三個孩子，她正在整理床鋪。她鋪好床單，擺好枕頭，然後笑著離開房間。

「你們看到了嗎？」那個研究員興奮地問。

他接著播放另一段影片，主角是一位年輕的褐髮女子，她鋪上彩色床單、將枕頭拍鬆放好，然後對著自己的傑作滿意地笑了。「又出現了！」那位研究員說。下一段影片土角穿著運動服，正在打掃廚房，擦完流理台後，她放鬆地伸了個懶腰。

研究員看著同事們。

「你們看到了嗎？」他問。

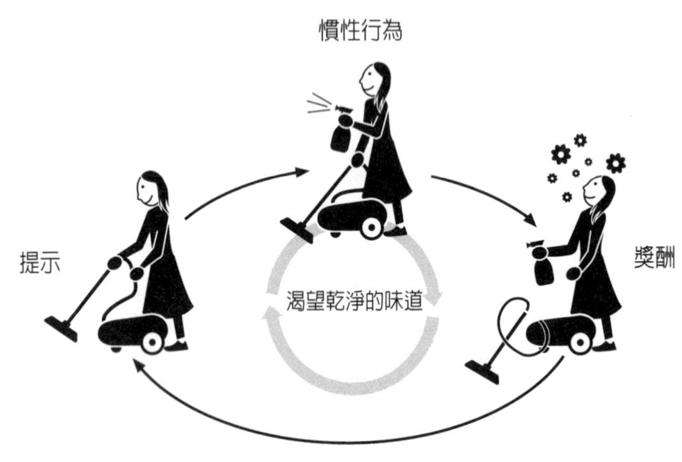

使用芳必適的習慣迴路

「打掃完畢，他們每個人都會做某個放鬆的動作或開心的表情，」他說：「我們可以利用這點作為廣告的基調！把芳必適作為清潔工作的完美收尾，而非開頭的序幕，大家認為如何？把芳必適塑造成可讓打掃更有趣的妙方，各位說好不好？」

史提姆森團隊又再做了一次實驗。之前，產品的廣告主打除臭功能，而今他們重新印製外包裝，圖案是一股清新的空氣從開著的窗戶飄進來。此外，產品的配方添加了香精成分，所以芳必適不只能中和臭味，還有自己獨特的香味。他們也推出全新的電視廣告，廣告裡一名女子鋪好床、洗好衣服，拿起芳必適對著床鋪與衣物噴。之前的廣告標語是「趕走布料上的臭味」，現在則改為「讓生活的味道煥然一新」。

每一項調整均在呼應消費者每天得因應的提示訊號：打掃房間、整理床鋪、吸淨地毯等等。不管是哪一種提示，芳必適都成了一種獎酬：完成清潔工作後，空氣將瀰漫一股清新味。最重要的是，每個廣告經過微調後，均能誘發腦子興起一股渴望：清潔工作結束後，每樣東西看起來或聞起來都很棒。說來諷刺，這些改變與初衷剛好相反。芳必適一開始的定位是除臭，現在則完全易位，不再是消除布料臭味的萬靈丹，而成了空氣清新劑，是一切清理乾淨之後的完美句點。

新廣告和新包裝上路之後，研究團隊再度拜訪消費者，發現一些家庭主婦開始對芳必適的味道有所期待、渴望。一名女子說，若芳必適用完了，她會在衣物上改噴一些稀釋的香水。「若做完家事沒聞到香味，我會覺得好像沒洗乾淨。」她告訴團隊。

「那位苦於臭鼬味的公園巡警讓我們一開始就走錯了方向，」史提姆森對我說：「她讓我們以為芳必適成功的關鍵在於除臭，但是誰會承認自己家裡臭氣薰天？我們完全弄錯了方向，沒有人渴望無味的生活。很多人花了三十分鐘打掃後，反倒渴望聞到空氣中散發好味道。」

芳必適在一九九八年夏天重新推出，兩個月內業績倍增。一年後，芳必適的銷售額已達兩億三千萬美元。㉚其他類似產品陸續出爐，包括空氣芳香劑、芳香蠟燭、洗衣精、廚房噴霧劑等等，每年銷售額超過十億美元。最後寶僑還是跟消費者言明，芳必適除了讓空氣清新，也有除臭的功能。

史提姆森升官，研究團隊也得到豐厚的紅利與獎金。習慣的黃金法則奏效了。他們找到簡單又顯著的提示，並清楚定義獎酬。

直到他們想出方法激發渴望——每樣東西聞起和看起來一樣棒——才讓芳必適成功大賣。渴望是建立全新慣性模式很重要的一環，不過製作白速得廣告的霍普金斯並未注意到這點。

五

霍普金斯晚年常到各地巡迴演講，演講主題「科學廣告的法則」吸引上千人聆聽。演講台上，他常自比爲華盛頓和愛迪生，對人類的未來充滿瘋狂的奇想（每次都會提到飛天車）。但他從未提及渴望或是習慣迴路賴以建立的神經學。不過話說回來，麻省理工學院研究員和劍橋大學教授舒茲進行的實驗，是七十年以後的事。

既然霍普金斯並未洞燭機先，爲什麼他能成功推廣刷牙的習慣？

其實，他的確用到了麻省理工學院和舒茲發現的原理，只是當時沒有人注意罷了。

霍普金斯在回憶錄裡憶及製作白速得廣告的經歷時，並非毫無隱瞞。他吹噓自己是將牙齒上的膠膜視爲絕佳提示的第一人，誇口稱自己是第一個替消費者清楚點出獎酬（亮麗的牙齒）的廣告人，但其實他並非這些手法的原創者。以下是其他品牌牙膏刊登在報紙與雜誌的廣告，它們早在霍普金斯知道白速得之前就存在了。

在白速得牙膏問世之前，已有「薛福德醫師乳狀牙膏」（Dr. Sheffield's Crème Dentifrice），它的廣告詞寫著：「這款牙膏含有可除去牙垢的特殊成分，防止牙垢在牙齦上殘留。」以及：「清掉那層污垢！」

霍普金斯鑽研牙科教科書時，發現了一則廣告，上面寫著：「有層薄膜遮住了你潔白的琺瑯質，消你毒牙膏（Sanitol Tooth Paste）可去除污垢，短時間內重現白皙！」

另一則廣告還寫著：「美麗笑容的魅力來自亮麗的牙齒。美麗、光滑的牙齒才是美女吸引人

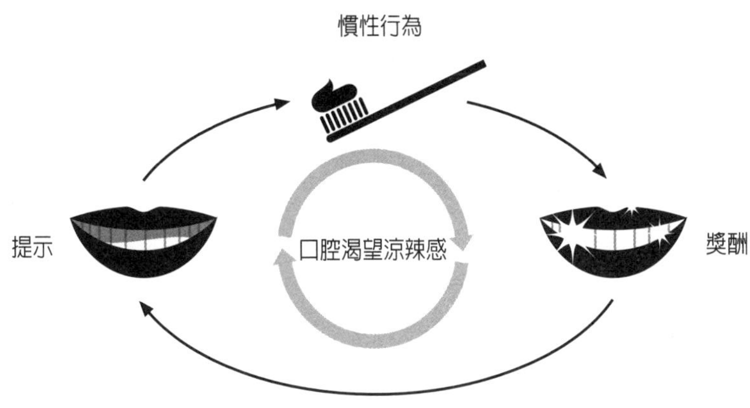

使用白速得的「真正」習慣迴路

的祕訣，請使用ＳＳ亮白牙膏（S. S. White Toothpaste）！」

其他數十則廣告也用了類似手法，時間都在霍普金斯推出白速得牙膏廣告之前。這些廣告一致強調去除污垢，還你漂亮白皙的牙齒，但是都未對消費者產生效用。但霍普金斯一推出白速得廣告，立刻造成搶購。到底白速得廣告有什麼特別之處？

霍普金斯成功的關鍵和朱利歐扯拉桿、主婦做完家事噴灑芳必適的原因如出一轍——讓人湧起一股渴望。

霍普金斯的回憶錄裡完全未提及白速得牙膏的成分，但根據這款牙膏的專利申請文件以及公司的檔案記錄，該牙膏的成分包括檸檬酸、薄荷油以及其他化學成分，完全不同於其他品牌。[31]白速得發明人添加這些成分，是爲了讓牙膏散發清新味，沒想到收到意外之效。這些含刺激物的化學成分，會在舌頭和牙齦留下微嗆的冰涼感。

白速得成爲牙膏市場龍頭之後，其他競爭品牌紛紛網羅研究員分析它成功的原因。調查發現，消費者若忘了使用白速得，很快便會想起來，因爲他們念念不忘嘴裡那股清涼、嗆辣味。他們期待那種刺激感。若口中少了那種感覺，他們會覺得牙齒不夠乾淨。

霍普金斯賣的不是美麗的笑容，而是殘留在口腔裡的一種感覺。消費者期待口腔有股涼辣味道，將那股味道和口腔清潔與否連上等號，如此一來，刷牙就成了每天的習慣。

其他公司發現這個祕密之後也開始跟進。不到十年，幾乎所有品牌的牙膏都含有刺激牙齦的化學成分。白速得銷量不再一枝獨秀，被其他品牌後來居上。直到今天，幾乎所有牙膏都含有刺激性成分，添加它們的唯一目的就是讓你刷牙後口氣清新潔爽。

「消費者需要某種訊息，證明所購產品有效。」歐樂B和佳潔士兒童牙膏的品牌經理崔西・辛克萊（Tracy Sinclair）對我說：「我們製造的牙膏有各種口味，藍莓也好，綠茶也罷，只要刷完牙能夠讓口腔有股清涼感，大家就會覺得牙齒刷得夠乾淨。其實清涼感不代表牙膏優於其他品牌，但足以說服消費者這款牙膏有效。」

任何人都可以利用這套基本公式建立新的習慣。想要增加運動次數嗎？先選好提示訊號，例如起床後立刻去健身房；訂出獎酬，例如運動完可以喝一杯水果冰沙。接著，想像喝下飲料的感覺，或是腦內啡帶來的身心舒暢感，讓自己對獎酬有所期待。有了渴望，每天去健身房再也不是難事。

想要建立新的飲食習慣嗎？美國有個「全國體重控制登記中心」（National Weight Control Registry），超過六千名減重三十磅（約十四公斤）以上的人登錄註冊，研究員細究這些成功節食人士到底養成了哪些習慣，結果發現，百分之七十八的人每天有吃早餐的習慣。[32]不過，成功減重的人多半還會預設獎酬，告訴自己只要嚴守節食計畫就能獲得獎酬：可能是一套比基尼泳裝，可能是每天站上體重計看著數字降低所帶來的成就感。這些獎酬都經過仔細挑選，一心想要得到不可，所以當誘惑或讓人分心的東西出現時，他們不爲所動，依舊專注於對獎酬的渴望。渴望彷彿強化成輕微的上癮症。研究顯示，對獎酬的渴望讓節食者得以抗拒誘惑，嚴守節食計畫。渴望啓動了習慣迴路。㉝

對企業而言，了解渴望的原理是一項革命性突破。我們每天該做的例行公事中，多數不會變成習慣。我們該注意每天攝取的鹽分、應該多喝水、多吃蔬菜、少碰高熱量食物，也該每天補充維他命、擦防曬乳。尤其最後一項，最能說明何以這些例行公事未能變成習慣。每天早上塗抹一點防曬乳，可以大幅降低罹患皮膚癌的風險。然而，在美國，每個人都有刷牙習慣，卻有不到百分之十的人每天擦防曬乳，㉞到底爲什麼？

因爲人們沒有每天擦防曬乳的渴望，當然就無法養成習慣。有些公司正在嘗試解決這個問題，他們想要在防曬乳裡添加讓肌膚涼爽舒暢的配方，或是能夠讓使用者感覺一擦就見效的東西。他們希望防曬乳能像牙膏一樣，讓消費者心升渴望，牙膏讓消費者期待口腔有股清涼感，就是這股渴望與期待，提醒消費者該刷牙了。企業已將這一套手法應用於其他數百種產品。

「泡沫是很大的獎酬，」品牌經理辛克萊說：「其實洗髮精不需要泡沫，但消費者期待洗頭的時候出現很多泡沫，人們對洗衣精也有相同的期待。至於牙膏，現在幾乎每個品牌的牙膏都會添加發泡劑。泡沫沒有清潔的功效，但人們就是喜歡嘴裡充滿泡沫。一旦開始期待泡沫出現，人們就會漸漸養成刷牙的習慣。」

渴望驅動習慣。只要理解點燃渴望的機制，想建立或培養新習慣並不困難，這是近百年來不變的眞理。每天晚上，數百萬人渴望唇齒間的清涼感而刷牙；到了早上，數百萬人渴望腦內啡分泌而穿上慢跑鞋。當他們回到了家，清理完廚房、掃完臥室之後，會習慣拿起芳必適朝空中噴個一兩下。

3 扭轉習慣的黃金律

爲何轉變會發生？

一

遠在球場一端的計時鐘顯示比賽還剩十八分十九秒，坦帕灣海盜隊的新任教頭東尼・鄧吉（Tony Dungy）這時勉強看到一絲曙光。坦帕灣海盜隊是美國美式足球聯盟（NFL）吊車尾、也是職業美足史上的爛球隊。①

一九九六年十一月十七日，週日傍晚時分，②坦帕灣海盜隊奮戰去年進入超級盃的勁旅聖地牙哥電光人隊。坦帕灣海盜隊以十六比十七落後一分，整場比賽一路處於挨打。老實說，豈止這場比賽似已無望，整個賽季也是輸得一塌糊塗，甚至過去十年來盡嘗敗績。十六年來，海盜隊在西區賽事不曾贏過一場比賽。海盜隊上一次風光拿下勝利賽季，現役許多球員根本還在念小學。截至目前爲止，今年賽季的成績是二勝八輸。其中一場比賽，他們對上另一支爛隊伍底特律雄獅隊，結果底特律雄獅隊以二十一比六的成績痛宰坦帕灣海盜隊。事後球評戲稱雄獅隊讓「沒救的球隊」更「沒救」。③三週之後，海盜隊再次遭雄獅隊痛宰，比數拉大至二十七比零。一位報社專欄作家開始揶揄海盜隊爲「美國的橘色門墊」④（譯注：因該隊的球衣是橘色，以此暗喻它老是墊底）。ＥＳＰＮ預測，一月才上任的教頭鄧吉大概撐不到年底就得捲鋪蓋走路。

然而，站在邊線盯著球員擺出陣式準備下一次進攻的鄧吉，預感太陽即將破雲而出。他維持一貫的表情：比賽時不露聲色是他的鐵則。賽局終於出現了變化，而他這幾年的努力終於有了成果。就算五萬五千名滿懷敵意的觀眾對他噓聲不斷，但他看到了其他人都忽略的盲點。他看到鐵證，證明他的盤算與布局奏效了。

●●●

爲了取得總教練這份工作，鄧吉似乎等了一輩子。十七年來，他擔任助理教練遊走於各球場，一開始跟著明尼蘇達大學校隊，然後陸續是匹茲堡鋼鐵人隊、堪薩斯酋長隊，之後返回明尼蘇達，加入維京人隊。過去十年，鄧吉共參與四次面談，應徵ＮＦＬ隊伍總教練一職。四次面談，卻次次碰壁。

一部分問題出在鄧吉的教育與訓練理念。面談時，鄧吉不厭其煩解釋他的主張，稱改變球員的習慣是贏球的不二法門。他說球員經過訓練後，每次上場比賽，一切反應都是不假思索、都是習慣動作，完全不用分神決定這或決定那。只要球員養成正確的習慣，球隊鐵定贏球。對此，他敢打包票。

鄧吉解釋道：「冠軍隊伍不會獨樹一幟，他們做的事跟大家一樣，差別在於他們不思不想，出手之快，令其他球隊根本來不及反應。常勝軍所作所為完全出於習慣。」

球隊老闆接著問：你要如何培養球員全新的習慣？

鄧吉的回答千篇一律：喔，我不會指導他們學習新的習慣。球員花一輩子磨練出來的習慣讓他們得以擠進ＮＦＬ。沒有選手會因爲新教頭的幾句話，而拋棄已定型的行爲模式。

換句話說，鄧吉不會要求球員學習新習慣或新模式，但他會改掉球員的舊習慣，要成功改掉他們的舊習，祕訣就在善用已存於球員腦袋的現成習慣迴路。依據習慣成形的三步驟，鄧吉只挑中間的步驟（慣性行爲）下手。他根據過往經驗得知，⑤想要說服一個人接納新的行爲模式，較容易的做法是讓開頭（提示）與結尾（獎酬）保持原狀或對方熟悉的模式。

鄧吉的教戰手冊完全符合改掉舊習的金科玉律：不勝枚舉的研究證實，這個公式確實是催生改變的有力工具。畢竟壞習慣不可能連根拔除。

因此，要改掉舊習，必須讓提示與獎酬維持原狀，但加入新的慣性行爲。

黃金律簡單地說就是：沿用相同的提示訊號、相同的獎酬，就可看到慣性行爲與行爲模式出現變化。幾乎所有行爲都可加以改造，只要提示訊號和獎酬維持原狀。

這個黃金律已被用於協助治療酒癮、病態性肥胖、強迫症和數百種自殘行爲。只要理解黃金律的道理，就可幫助患者改變習慣。舉例而言，想戒掉吃零食的習慣，必須以新汰舊，但新習慣必須能夠呼應誘發舊習的提示訊號和獎酬。而老菸槍若犯了菸癮，忍不住想哈根菸時，必須有可取代點菸動作的其他習慣。否則，節食、戒菸常流於紙上談兵、淪爲口號。

鄧吉向球隊經營者前前後後說了四遍鄧吉版的習慣論，對方也禮貌性地聽了四遍，感謝他抽空來應徵，然後另請高明。

扭轉習慣的黃金律

你無法根除壞習慣，只能改變它

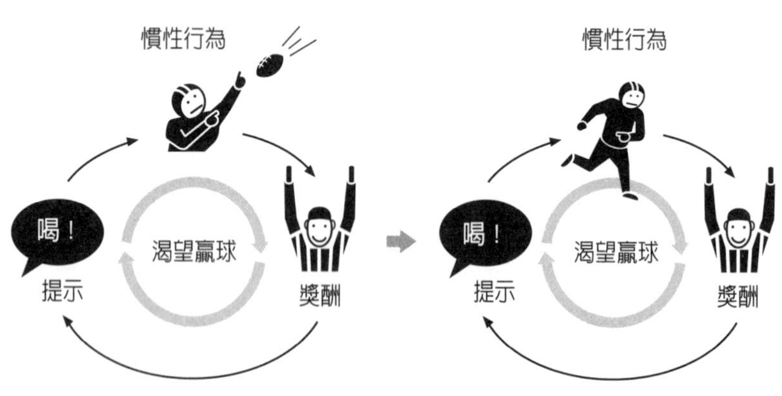

運用黃金律：

用原來的提示，獎酬維持原狀，改變慣性行為

一九九六年，戰績一塌糊塗的坦帕灣海盜隊打電話給鄧吉。他飛到坦帕灣接受面試，再次對經營者攤開他贏球的計畫。面談隔天，鄧吉接到獲聘通知，總算如願當上總教練。

鄧吉信奉的這套習慣論終於讓海盜隊改頭換面，成爲NFL的常勝軍。鄧吉成了NFL史上唯一連續十年帶領球隊打進季後賽的總教練，也是第一個贏得超級盃的非裔總教練，是美國職業運動史上備受敬重的人物之一。他指導球隊的策略廣被應用於NFL球隊以及其他大大小小運動，也爲我們如何改變生活習慣點亮了一盞明燈。

但這是後話。此時此刻，人在聖地牙哥的鄧吉一心一意只想贏球。

●●●

鄧吉站在邊線位置，抬頭看了看計時鐘：剩下八分十九秒。整場比賽下來，坦帕灣海盜隊一直在後苦苦追趕聖地牙哥電光人隊，也一再錯失扭轉賽勢的大好機會，若不能穩住防守，這場比賽穩輸無疑。現在輪到電光人隊進攻，球在二十碼線，四分衛史丹・亨福瑞（Stan Humphries）準備帶領大夥兒衝鋒陷陣，一舉拿下這場比賽。比賽計時開始，亨福瑞就定位，等著搶接來自中鋒的傳球。

但鄧吉並未注意亨福瑞，而是看著自家球員排出的防守陣式，這個陣式費了大家數月練習才搞定。傳統上，美式足球的戰術不外乎佯攻虛擊、假動作欺敵、反將對方一軍、誤導對手等等。贏球的教練通常擁有厚厚的一本教戰手冊，或是愛用最複雜的戰術，但是鄧吉不玩這一套。他對錯綜複雜或混淆視聽的戰術不感興趣。海盜隊擺出的防守陣式，對任何人來說一看就知道他們會出哪一招應戰。

鄧吉之所以這麼做，是因爲他不需刻意誤導或欺敵，只要讓自家球隊出手比誰都快就夠了。一場美式足球比賽，失之毫秒足以左右輸贏，大意不得。鄧吉不教球員各式各樣的陣式，只要他們專精於兩三種，然後讓他們反覆練習，直到反應到了自動自發不加思索的程度。這招若能奏效，[6]海盜隊的移動速度之快，會讓其他球隊望塵莫及。

然而這招得奏效才行，否則一切都是空談。球員若還是習慣想東想西、多所猶豫、對自己的直覺打上問號，他這套理論與訓練將土崩瓦解——目前爲止，海盜隊仍是一盤散沙。

然而，海盜隊球員在二十碼線擺出的防守陣式，似乎有些不一樣之處。就拿站在起攻線、擺好三點姿勢的防守邊鋒雷根・歐普蕭（Regan Upshaw）爲例。他並未左顧右盼，以求掌握起攻線前後的種種狀況，而是遵照鄧吉的吩咐，全神貫注於幾個提示訊號。首先，他盯著眼前進攻線鋒外側的腳（發現他腳尖向後，代表他準備後退幫四分衛擋人）。接下來，歐普蕭細看對方線鋒的肩膀（發現向內微彎），再觀察線鋒與其他球員之間的距離（結果比預期近了點）。

受過反覆訓練的歐普蕭，完全不需經過思考，就知道應該如何因應這些提示訊號。簡言之，他完全照著平日養成的習慣做出反應。

聖地牙哥的亨福瑞靠近起攻線，先看一眼右方，再瞥一眼左邊，喊出進攻的口令，然後接住中鋒傳來的球。他後退五步，挺直身軀，轉頭尋找可接球的隊友。進攻至此已過了三秒，全場觀眾與轉播攝影機緊盯著四分衛的一舉一動。

因此，大多數人都未發現海盜隊做了什麼。亨福瑞接到球的瞬間，歐普蕭立刻有了動作。起攻後第一秒，他朝右猛地跨過起攻線，速度快得讓負責開路的前鋒線員來不及阻擋。第二秒，他往前衝四大步，快得讓人看不清他的腳步；第三秒，他朝亨福瑞的位置逼近三大步，移動路徑讓電光人隊的線員無從預測。

進入交鋒第四秒，亨福瑞四周突然出現空檔，沒有人掩護。他稍作遲疑，用眼角餘光瞄了歐普蕭一眼——就在這個時候，他開始思考，而這正是他的敗筆。

亨福瑞注意到菜鳥邊鋒布萊恩・羅奇（Brian Roche）遠在前方二十碼。另外一位接球員距離他較近，並朝亨福瑞揮手，示意他傳球過來。這時短傳才是安全牌，但備受壓力的亨福瑞瞬間分析了局勢，最後手臂奮力一揮，把球長傳給羅奇。

這個匆促的決定正是鄧吉等候多時的契機。球飛入空中的那一刻，海盜隊的安全衛約翰・林奇（John Lynch）開始移動。林奇負責的工作簡單明瞭：起攻一開始，立刻跑到某個定點等待提示訊號出現。其實在比賽進行中要球員對瞬息萬變的賽勢即時做出反應，壓力之大可想而知，但鄧吉對林奇訓練有加，已讓他一上場就能進入自動反應的程度。因此，當球一離開四分衛的手，距離羅奇只有十碼的林奇，虎視眈眈地等待機會上門。

球在空中飛旋，林奇解讀他看到的提示訊號：進攻四分衛面罩與雙手的方向，兩個接球員之間的距離，所以林奇可以搶在球落點尚不明朗之前，便已開始移位。羅奇往球的方向疾馳，卻被林奇捷足先登，順利攔截取得控球權。羅奇還來不及反應，林奇已全力衝往電光人的達陣區，隊友也各自站在絕佳位置，負責幫他開路，推開途中的障礙。林奇就這樣一路前進十碼、二十碼，直到接近二十五碼才被推擠出界。這次攻防從頭到尾只花了十秒鐘。

兩分鐘後，海盜隊達陣，整場比賽首次領先聖地牙哥電光人隊；五分鐘後，他們射門得分。比賽進入尾聲，電光人隊試圖力挽狂瀾，卻備受海盜防守球員阻撓。最後，海盜以二十五比十七擊敗電光人隊，成爲該賽季令人跌破眼鏡的大黑馬。

比賽結束，鄧吉與林奇一同離開球場。踏進通往休息室的窄長通道時，林奇說：「這次比賽感覺似乎不太一樣。」

「我們開始相信。」鄧吉回答。

二

欲了解鄧吉如何透過改變舊習達到改造球隊的目的，我們必須把眼光放在體育界之外。一九三四年，遠在紐約下東城一個髒亂的地下室，誕生了有史以來規模最大、最成功的習慣改變大計。

一位男子坐在地下室，⑦他叫比爾・威爾森（Bill Wilson），⑧三十九歲，有長期酗酒的毛病。數年前，威爾森到美國麻薩諸塞州新貝福市參加軍官訓練營，受訓學習操作機關槍，然後前往法國參加第一次世界大戰。在訓練營裡，他接觸了此生第一滴酒精。基地附近的顯赫家族時常邀請軍官共進晚餐。一個週日夜晚，威爾森受邀參加派對，餐點包括乳酪麵包和啤酒。二十二歲的他從未喝過酒，但基於禮貌，不得不喝掉手裡的酒。過了幾週，威爾森又受邀出席一場盛宴。男士穿著燕尾服，女子放電展風情。接待賓客的男管家遞了一杯布朗克斯雞尾酒給威爾森，杯裡混了琴酒、苦艾酒和柳橙汁。威爾森事後回憶，不過小啜一口，⑨宛如喝下長生不老藥。

一九三〇年代中葉，威爾森自歐洲返美，婚姻破碎，玩股票賺的錢也自人間蒸發，他開始每天喝酒，一喝就是三瓶。十一月一個冷颼颼的下午，他心情沉重地打發時間，一位老酒友打電話來。威爾森邀請他來家裡坐坐，⑩並準備一大桶添了鳳梨汁的琴酒。他替老友斟了一杯。

老友辭謝，稱他滴酒不沾已兩個月了。威爾森嚇了一跳。這位老友開始敘述他與酒精奮鬥的歷程，稱他以前曾在俱樂部因酒醉而大打出手，害他丟掉工作；透露自己以前無論怎麼戒，就是克制不了酒癮。他去過戒酒中心、呑過藥丸、信誓旦旦向太太保證再也不碰酒、加入戒酒團體，結果沒一個奏效。威爾森很好奇，不知他怎能兩個月不沾酒？

「我信了教。」他答道。接著和威爾森大談有關地獄、誘惑、罪惡、魔鬼的存在。「承認自己被魔鬼附身了，誠心誠意把生命交付給上帝。」

威爾森覺得朋友腦袋八成有問題。他後來如此形容老友：「去年夏天還在發酒瘋；而現在呢，我想，他開始瘋宗教了。」待朋友離去，他一個人解決整桶雞尾酒，倒頭就睡。

一個月後，一九三四年十二月，威爾森掛號住進位於曼哈頓高級區的查爾斯·B·唐氏毒癮暨酒癮治療醫院（Charles B. Towns Hospital for Drug and Alcohol Addictions）。醫生每小時幫他注射迷幻劑「顛茄」，當時此藥廣泛用於治療酗酒。施打後，威爾森躺在一個小房間的床上，腦袋遊走於意識的邊緣。

接下來威爾森全身開始抽搐，這段苦不堪言的插曲成了日後大家聚在餐廳、里民活動中心、教會時，津津樂道的話題。施打顛茄後，一連幾天，他不斷出現幻聽與幻想。伴隨退癮而來的劇痛，彷彿蟲子在皮膚上鑽動。他頻頻嘔吐，身體虛到幾乎動彈不得，但疼痛難當，身體忍不住痙攣扭動。「若這世上有上帝，請祂顯靈吧！」威爾森對著空蕩蕩的房間嘶喊。「我發誓，要我做什麼事都好。什麼事都好！」威爾森事後寫道。⑪他哀求神憐憫的瞬間，一道白光映照滿室，疼痛感頓然褪去，他宛若站在山顛。「迎面一股風襲來，一股充滿靈氣而非空氣的風，席捲我全身，我掙脫束縛重獲自由。狂喜一點一滴慢慢消散。我躺在床上，但剛剛好像進入另一個世界，一個意識清楚的嶄新世界。」

自此以降，威爾森拒酒精於千里之外。直到一九七一年因肺氣腫病逝，威爾森長達三十六年全心投入於成立、興建與推廣「戒酒無名會」（Alcoholics Anonymous，簡稱ＡＡ）。該組織是全球規模最大、名氣最廣、成效最佳的習慣改造組織。

每年約兩百一十萬染上酒癮者向戒酒無名會求助。⑫透過該組織的協助，多達一千萬人戒酒成功。不過戒酒無名會並非萬靈丹，不保證人人都能成功擺脫酒癮。成功率之所以難以掌握，因爲參與者一律匿名，但仍有數百萬人⑬向戒酒無名會致謝，感謝它拯救了他們一命。該組織廣爲人知的十二步驟（the Twelve Traditions）已成各界師法對象，大量應用來治療暴食、賭癮、舉債、性成癮、毒癮、病態性囤積症、自殘、菸癮、電玩癮、情緒依賴以及其他數十種破壞性行爲。由此可見，戒酒無名會的十二步驟不啻是催生改變最強而有力的公式。

戒酒無名會的成績與貢獻超乎預期，因爲其做法幾乎毫無科學根據，也無法在多數被認可的療法中找到學理基礎。

酗酒當然不只是個習慣問題。它牽涉生理、心理甚至基因。戒酒無名會之所以引人注目，⑭是因其療法並非直搗精神或生化等引發酗酒的原因。事實上，戒酒無名會的做法似乎完全迴避科學，也不理會醫學研究結果，也不使用精神科醫生推薦的介入療法。*

戒酒無名會的做法⑮側重於改變誘發酗酒行爲的諸多習慣。戒酒無名會其實彷彿一台巨型機械，專門調整與改變習慣迴路。雖然和酒癮相關的習慣較爲極端，但該會提供的課程與步驟證明，幾乎所有習慣——即便是最頑固的習慣——都能被調整與改變。

●●●

威爾森創立戒酒無名會之前，並未參考學術期刊或諮詢醫生意見。成功戒酒幾年後，某晚，他坐在床上，⑯匆匆提筆寫下現今廣爲人知的十二步驟。選擇十二這個數字，⑰靈感來自耶穌基督的十二門徒。戒酒無名會的課程不只缺乏科學根據，有一些聽起來簡直莫名其妙。

舉例來說，戒酒無名會堅持酒癮患者「九十天內必須參與九十次聚會」——何以是九十天？

似乎找不出任何道理。再者，第三步驟⑱強調靈性，指出酒癮患者可透過「下定決心，將自我意志與生命託付給我們所認識的上帝」，達到戒酒的目的。十二個步驟中，共有七點提及上帝或

---

*習慣與成癮行爲之間的界線不易清楚界定。舉例來說，美國成癮藥物研究學會（American Society of Addiction Medicine）將成癮行爲定義爲：「顯著的慢性疾病，牽涉獎酬、動機、記憶、腦部迴路等……成癮行爲反映以下特點：行爲失序、渴望、無法節制、人際關係欠佳。」

一些研究員認爲，根據前述定義，我們怎能說每週花一千五百美元購買古柯鹼不對，而每週花同樣價格喝咖啡卻可被接受。每天下午固定喝一杯拿鐵的人，旁觀者也許覺得這人染上需要治療的上癮症，因爲習慣性買這種高價咖啡反映他「行爲失序」。同理，一個寧願去跑步也不要和孩子共進早餐的人，算不算是運動成癮？

許多研究人員表示，行爲成癮仍是個複雜難解的課題，尚未被透徹理解，但大部分行爲模式確實是習慣驅使。毒品、香菸、酒精等物質會造成生理依賴，但只要中斷使用，生理的渴望就會迅速消失。例如，對尼古丁上癮的抽菸人士，一旦血液裡的化學物質消散後，菸癮也會跟著消失。這段等待時間約一百小時（從抽完最後一根菸算起）。菸癮元兇其實並非尼古丁，而是習慣行爲作祟。舉例而言，一個月後某天早晨，你又想哈一根菸，但生理上你並沒有抽菸的需求，只不過是因爲你對於早晨吞雲吐霧的無比快感留存著美好記憶。醫療研究指出，針對那些被視爲成癮行爲的習慣問題來修正提示訊號和獎酬，具有非凡的療效。（值得注意的是，使用鴉片類化學物質會造成長期的生理成癮。一些研究指出，少部分族群可能天生傾向使用容易上癮的化學物質，即便透過行爲介入療法也無從改變。不過，引發長期生理成癮的藥物種類不多，經過統計，天生傾向使用易上癮化學物質者比一般酒癮患者和藥癮者來得少。）

觸及靈性。但弔詭的是，威爾森大半輩子敵視或不屑宗教組織。戒酒無名會的聚會沒有固定的時間表或課程，通常由一位成員帶頭，分享自己的故事，其他人再陸續加入發表意見。沒有專業人士在場引導談話過程，也幾乎毫無規則規範聚會模式。過去五十年來，精神病學與成癮研究進步飛快，主要受益於行爲科學、藥理學的研究成果，以及人類對於大腦更深一層的認識。然而，戒酒無名會的做法彷彿凝固在時間河裡，未與時俱進。

由於做法不夠嚴謹，⑲戒酒無名會飽受學者和研究員詬病。強調靈性層面的部分，讓許多人認爲該會形同異端教派。不過，過去十五年來，外界對戒酒無名會的評價已然改觀。現在研究員認爲戒酒無名會的做法有值得借鏡學習之處。哈佛大學、耶魯大學、芝加哥大學、新墨西哥大學等數十個研究中心發現，戒酒無名會的做法有一套言之成理的論述，與鄧吉教練使用的訓練法類似。他們的研究成果支持扭轉習慣的黃金律：戒酒無名會成功之道，在於讓酒癮患者應用同樣的提示訊號，享受同樣的獎酬，但調整了慣性行爲。

研究人員說，戒酒無名會的做法之所以有效，是因爲它逼著大家找出愛喝酒的提示訊號與獎酬，然後協助有酒癮毛病的人培養全新行爲模式。霍普金斯設計白速得廣告時，藉由新增渴望，誘發消費者養成刷牙的新習慣。但若想改變舊習，必須顧及根深柢固的舊渴望，因此得續用原來的提示和獎酬，但加入了新的行爲模式，一樣可滿足渴望。

拿戒酒無名會第四個步驟（勇於剖析自身的言行舉止）和第五個步驟（向上帝、向自己、向他人坦承所犯的訛誤）爲例。新墨西哥大學研究員傑・史考特・塔尼根（J. Scott Tonigan）說：「光看這兩個步驟的文字敘述並不明顯，不過酒癮患者若想認眞完成這些步驟，就必須列表釐清所有引發酗酒衝動的誘因。」⑳塔尼根研究戒酒無名會已逾十載。「實際列表後，就會知道自己爲什麼喝酒。向別人坦承自己的缺點與不好的一面，有助於搞清楚自己失控、失措的源頭。」

戒酒無名會接著要求酒癮患者認眞思考喝酒帶給自己什麼獎酬，以及到底是什麼樣的渴望驅動喝酒的習慣迴路。結果發現，多數人並不想醉得不省人事。多數人貪杯是爲了逃避現實、放鬆心情、呼朋引伴、舒緩緊張、宣洩情緒等等。爲了忘憂解愁，他們也許會想喝一杯雞尾酒，但不見得想喝到酩酊大醉。酒精引發的生理反應鮮少是酒癮患者期待的獎酬。

研究酒癮患者腦部活動的德國神經學家伍夫・穆勒（Ulf Mueller）說：「酒精和貪歡、享樂脫不了關係，但喝酒的動機可能是想遺忘某事或是滿足其他渴望。這種以紓解爲目的的渴望，相較於以生理歡愉爲目的的渴望，引發腦部活動的部位截然不同。」

爲了讓酒癮患者得到類似在酒吧得到的獎酬，戒酒無名會設計了一套聚會分享系統，讓成員定時聚會，並指派一位「輔導員」協助小組裡每位酒癮患者。輔導員彷彿酒保，協助酒客排憂解勞、轉念或淨化內心負面情緒。需要紓解壓力的成員，可以和輔導員談心或參加小組聚會，而不是跟酒友把酒言歡。

塔尼根說：「戒酒無名會強迫你培養新的行爲模式，取代每晚喝一杯的慣性。透過聚會，你可以放鬆心情，傾吐讓人心煩意亂的事。總之，提示訊號與獎酬維持不變，變的只是行爲模式。」

二〇〇七年，穆勒和馬德堡大學的同事實驗㉑發現，刺激酗酒者貪杯的提示訊號與獎酬竟可以平移到新的行爲模式上。他們邀請五位戒酒多次的酗酒者參與實驗，將微電子設備植入他們腦裡。這些人均在戒酒中心待了六個月以上，但還是戒酒失敗，其中一位甚至求助於戒酒中心六

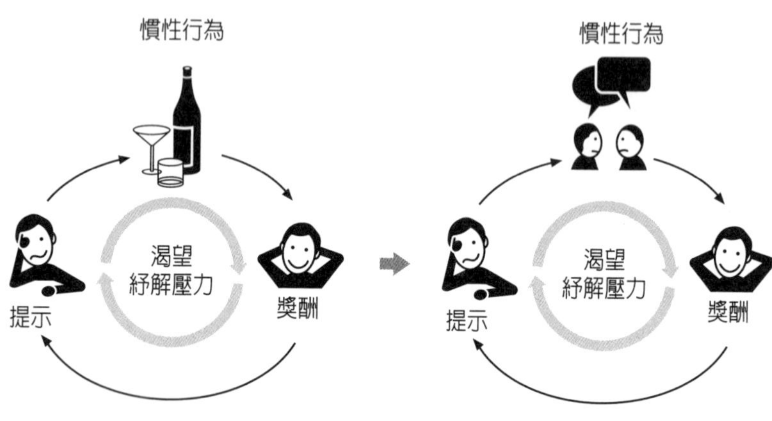

沿用舊的提示，提供舊的獎酬，插入新的慣性行為

十多次。

微電子儀器植入腦部的基底核，正是麻省理工學院研究員發現習慣迴路之所在。這些儀器會釋放脈衝，阻斷神經系統分泌誘發習慣性渴望的傳導物質。植入手術完成後，研究人員讓受訪者接觸會讓酒癮發作的提示訊號，例如啤酒的照片，或是在前往酒吧的路上。正常情況下，他們絕不可能抗拒酒精的誘惑，但這下因爲腦裡的裝置「壓抑」了神經系統送出的渴望感。所以他們連一滴酒也沒碰。

穆勒說：「一位受訪者透露，我們研究員一開啓他腦袋裡電子裝置的電源，想喝酒的渴望立刻煙消雲散。一關閉電源，飲酒的渴望又立刻回來。」

不過打消酒癮患者腦神經系統送出的渴望感，仍不足以根除酗酒的習慣。手術後沒多久，其中四位實驗對象又恢復喝酒，通常是因爲壓力過大，而喝酒是他們平常應付焦慮的慣性動作。不過，一旦學會改用其他行爲模式因應壓力，戒酒一定成功。一位實驗對象加入戒酒無名會，其他人則接受戒酒治療。一旦他們改用了其他行爲模式面對壓力和焦慮，成效斐然。曾向戒毒中心報到六十多次的酗酒男再也不碰酒精；兩位自十二歲開始喝酒、十八歲開始天天酒不離口的酒癮患者，已長達四年飲酒不過量。

上述研究和扭轉習慣的黃金律有諸多交集：即使酒癮患者接受腦部手術，但刺激他們喝酒的提示訊號、以及得到獎酬的渴望感並未消失，隨時等著伺機而動。唯有在提示訊號與獎酬維持不變的前提下，培養或開發新的行爲模式，才能永久根除舊習。「有一些人的大腦對酒精重度上癮，只能透過手術才能治療，但無論如何，他們都需要學習新的生活方式。」穆勒道。

戒酒無名會使用類似的介入方式，在舊有的習慣迴路裡，插入新的慣性行爲，只是做法緩和許多。科學家慢慢了解戒酒無名會的運作方式，也開始應用戒酒會的方法改掉其他習慣問題，諸如兩歲小孩鬧脾氣、性成癮、輕微的不自主抽搐等等。戒酒無名會的做法越來越普及，也被改良成療法，用以矯正所有壞習慣。

●●●

二〇〇六年夏，二十四歲研究生曼蒂（Mandy）[22]踏進密西西比大學[23]的諮詢中心。曼蒂長期有咬指甲的習慣，常咬到指甲溝流血不止。很多人偶爾也會咬指甲，但對於有咬甲癖的人而言，問題非常嚴重，不可小覷。曼蒂會把整片指甲咬到和皮膚分家，指尖都是血痕和痂塊。手指因爲缺乏指甲保護，不僅變得不靈活，指尖也常感到刺癢，表示神經已經受損。咬指甲的毛病已影響她的社交生活。因爲不好意思，所以只要朋友靠近，她就習慣把手插在口袋裡。約會時，老是分神地緊握雙拳。爲了改掉這個習慣，她曾塗上嘗起來糟糕透頂的指甲油，或是發狠誓，要自己拿出魄力，從現在起絕不再咬指甲。但她一開始做功課或看電視，指甲不知怎的又放到嘴裡。

諮詢中心轉介曼蒂㉔給一位心理系的博士生，他正在研究一種療法，名爲「習慣反轉訓練」（Habit Reversal Training，簡稱ＨＲＴ）。他對於改掉習慣的黃金律瞭若指掌，知道若要改掉曼蒂咬指甲的習慣，必須協助她培養新的行爲模式。

他問曼蒂：「把手指挪近嘴邊，用牙齒啃咬之前，妳有什麼感覺？」

曼蒂說：「手指會稍稍緊繃，甲溝這裡會有一點痛。有時候我會用大拇指按摸各個指甲的甲溝，檢查有沒有肉刺，只要感覺卡到什麼東西，就把手指放進嘴裡開始啃咬，直到咬完十根手指所有粗皮爲止。只要開始啃咬指甲，就覺得非啃完十根不可。」

請病患仔細描述刺激自己咬甲習慣的做法，就叫「認知訓練」（Awareness Training），和戒酒無名會堅持酒癮患者找出刺激酒癮的提示訊號，兩者有異曲同工之妙。這是反轉訓練的第一步。曼蒂咬指甲前感到指甲緊繃，正是刺激咬牙習慣的提示訊號。

負責治療曼蒂的布萊德‧杜福恩（Brad Dufrene）表示：「多數人的習慣已養成多年，所以鮮少注意誘發習慣的導火線。我曾治療口吃病患，我問他們講哪些字或是哪些情境會讓他們口吃，沒有人回答得出來，因爲他們早就不去注意這種事了。」

接著，治療師要求曼蒂說一下自己爲什麼習慣咬指甲。一開始，她說不上來自己爲什麼這麼做。之後治療師漸漸明白，曼蒂開始咬指甲，就是她覺得無聊的時候。治療師把曼蒂置於常見的生活情境中，包括看電視或寫作業，果然她開始啃咬指甲。她把指甲咬過一輪後，會短暫地企及一絲成就感，而這就是習慣給她的獎勵——她渴望這種生理上的刺激感。

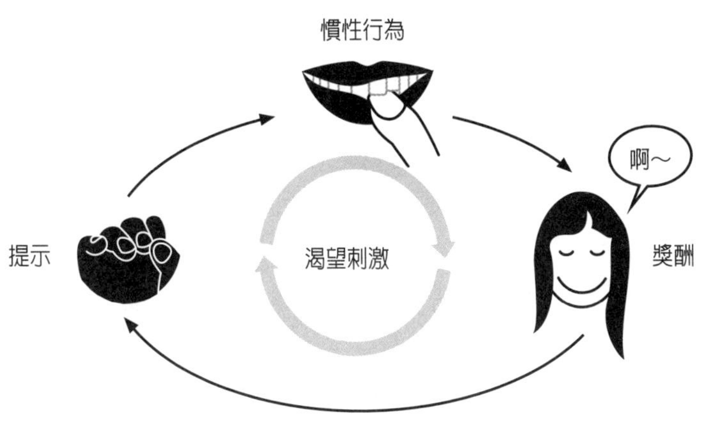

曼蒂的習慣迴路

療程第一階段結束後，治療師交代曼蒂回家得做功課：隨時帶著一張索引卡，每次提示訊號出現（指甲開始緊繃），就在索引卡上打一個勾。一週後曼蒂回診，索引卡共打了二十八個勾。此時，曼蒂已能敏銳察覺咬指甲之前的感受。她也清楚上課和看電視時，這種感受出現了多少次。

治療師接著教導曼蒂「對抗反應」（Competing Response，簡稱CR）。他告訴曼蒂，只要感到手指緊繃，立刻把手放進口袋、用大腿壓住、抓支筆（或任何東西都好），總之就是不可讓牙齒靠近指甲。然後，曼蒂得想出又快又有效的生理性刺激，譬如搓揉手臂、用指關節叩擊桌子等等。

所以，提示和獎酬不變，變的只是慣性行爲。

他們在診療室練習了三十分鐘後，治療師交代曼蒂回家後得做另一個功課：感覺手指緊繃時繼續在索引卡上打勾，但只要她成功以其他生理性刺激取代啃咬指甲，就在索引卡上畫個斜線。

曼蒂一週後回診，治療師發現她只咬了三次指甲，

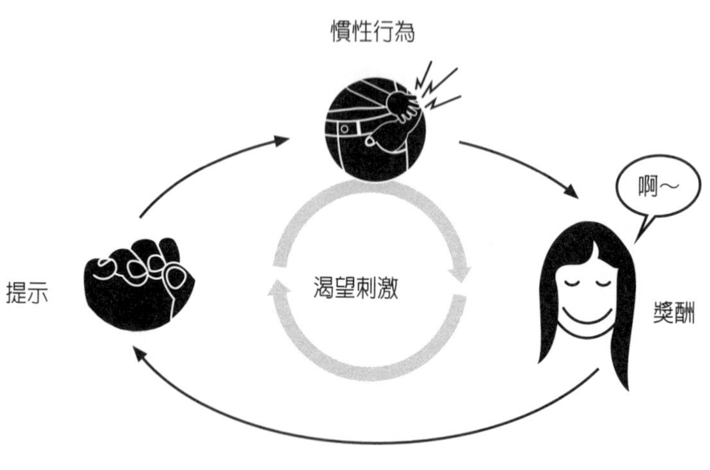

曼蒂的新習慣迴路

共用了七次「對抗反應」。曼蒂決定獎酬自己：她跑去做指甲。至於索引卡還是隨身攜帶。一個月後，咬指甲的習慣不見了，反倒是對抗反應成了自動自發的慣性行爲。舊習慣至此被新習慣取而代之。

反轉訓練專家奈森・阿茲林（Nathan Azrin）㉕說：「這一切簡單得令人不可置信。只要察覺習慣的運作方式，以及清楚知道提示訊號和獎酬是什麼，你已成功了一半。你也許覺得改掉舊習沒那麼簡單，不過大腦裡的程式的確可以重新編寫，重點是抽絲剝繭，仔細剖析。」*

今天，反轉訓練㉖被用於治療說話或肢體上的不自主抽搐㉗、憂鬱症、菸癮、賭癮、焦慮、尿床、拖拖拉拉、強迫症等問題。反轉訓練的治療明白揭露了習慣的基本精神：我們並不知道也未察覺渴望駕馭了行爲，直到我們認眞剖析與尋找潛藏的渴望。曼蒂從未發現，咬指甲的惡習竟然是出自渴望獲得生理上的刺激。等她清楚了自己的習慣迴路，就能輕鬆找到和咬指甲一樣獎酬的新慣性行爲。

假設你想戒掉上班吃點心的習慣。請問，你吃點心得到的獎酬是消除飢餓感，還是讓自己擺脫無聊？若吃點心是爲了讓自己短暫放鬆，當然可以輕易找到新的慣性行爲，例如趕緊去散個步、允許自己上網三分鐘等，一樣可以達到短暫放鬆的目的，卻不會害你腰圍變粗。

如果你想戒菸，請捫心自問：因爲喜歡尼古丁而抽菸？渴望獲得生理上的刺激？讓每日生活有重心？還是爲了社交？如果是爲了生理刺激而抽菸，研究報告指出，下午補充一些咖啡因有助於戒菸。近四十位成功戒菸的人士發現，㉘揪出刺激菸癮的提示訊號和獎酬，並找到提供類似獎酬的新行爲模式，諸如服用尼古清、快速做幾下伏地挺身、花幾分鐘伸展並放鬆身體，都能提高戒菸的成功率。

＊落實戒除習慣的計畫是一個知易行難的過程。表面上，戒掉吸菸、酗酒、暴飲暴食等根深柢固的習慣彷彿易如反掌，但若想徹底改變，必須付出心力，還得深刻理解誘發習慣的渴望。缺乏毅力的人無法改變習慣。沒有人光靠畫出一張習慣迴路圖就能成功戒菸。

不過，只要理解習慣的運作，這份認知有助於你掌握行爲模式。任何陷進癮症和自殘行爲的人都可多方求助於受過專業訓練的治療師、醫師、社工、神職人員等等。事實上，這些領域的專業人士一致同意，大部分的酒癮患者、吸菸人士與有著其他不良習慣的人，並未透過正式療程成功改變習慣，而是靠自己。多數病患之所以能獲得改變，靠的是思考、檢視習慣中潛藏的提示訊號、渴望、獎酬，設法以較健康的行爲模式取代原先殘害自我的習慣，即使當下尚未確切理解這麼做有何用處。理解驅使習慣的提示訊號和獎酬不能立刻解決習慣問題，但能提供方法，作爲擬議計畫的參考。

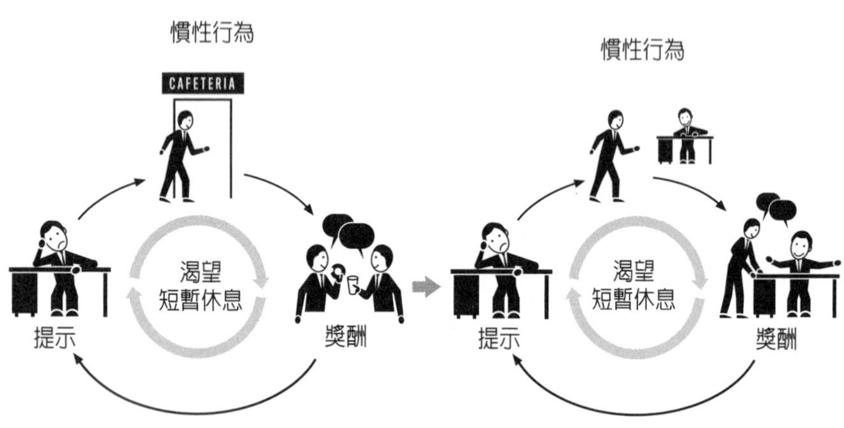
慣性行為
CAFETERIA
渴望
短暫休息
提示
獎酬
慣性行為
渴望
短暫休息
提示
獎酬

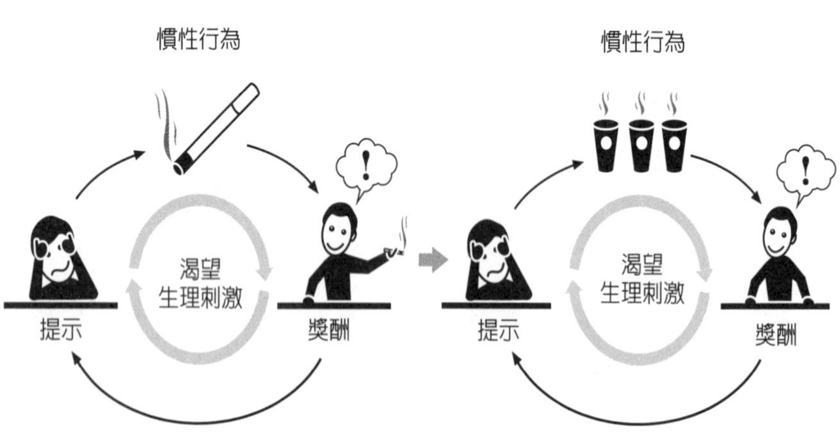
慣性行為
渴望
生理刺激
提示
獎酬
!
慣性行為
渴望
生理刺激
提示
獎酬
!

找出提示與獎酬，就可改變慣性行爲模式。至少，多數人是如此。不過有一些習慣還需靠另外一個要素才能成形：信任。

三

「這就是所有人都看衰我們的六個理由。」一九九六年，出任坦帕灣海盜隊總教練的鄧吉對球員道。賽季將在數月後開始，球員待在更衣室裡。鄧吉一一唸出報紙和廣播媒體提出的理論：坦帕灣海盜隊的經營管理一團糟、新任總教練的能力有待檢驗、球員缺乏紀律、坦帕灣市對球隊漠不關心、關鍵球員負傷、球隊缺乏才能。

鄧吉說：「剛才那六點是外界自以爲是的說法。現在我說的才是事實：沒有一支球隊會操得比我們更凶。」

鄧吉表示，他將修正球員的場上行爲，直到一切反應都自動化。他不相信海盜隊需要厚厚的戰術祕笈，也不覺得球員需要熟記數百種陣式。他只要球員掌握幾個重點動作，並練到萬無一失。

不過，美式足球要練到十全十美並非易事。鄧吉的助理教練荷姆・愛德華茲（Herm Edwards）說：「每一場球賽，每一次交鋒，都有球員凸槌。大部分的問題不在於球員的肢體動作，[29]而在於精神層面。」球員失誤正是他們開始想太多或質疑直覺的時候。鄧吉要徹底將抉擇這檔事踢出場外。

因此他要球員剖析自己目前的習慣，並接受新的慣性行爲。

首先，他觀察球隊目前練習的狀況。有天晨訓，鄧吉向球員喊道：「我們來走一遍『下防守陣式』。五十五號，你該看哪裡？」

「我看著跑衛和線衛。」外側線衛德瑞克・布魯克斯（Derrick Brooks）回答。

「你到底看到什麼？你眼睛看哪裡？」

「我觀察線衛的一舉一動，我盯著四分衛接球後，雙腳和臀部的動作，尋找起攻線裡的空檔，確認四分衛是否會傳球，確認他是否會把球傳到我這一側還是另一邊。」

在美式足球裡，這些視覺提示訊號又叫「焦點」，是每一次交鋒的關鍵。鄧吉別出心裁地把這些「焦點」視爲改變習慣的提示。他知道布魯克斯有時會在起攻時，遲疑過久（儘管只有一分鐘）。他考慮太多東西：進攻線衛有沒有脫離陣式？進攻跑衛的雙腳位置代表他要衝鋒還是要傳球？因爲要想一下，所以他的動作不夠快。

鄧吉希望改掉布魯克斯東想西想的習慣。和戒酒無名會的做法一樣，他沿用布魯克斯已經熟稔的提示訊號，但要他改用新的行爲模式，然後一練再練，直到新行爲模式變成直覺反應的習慣。

鄧吉吩咐布魯克斯：「我要你善用那些相同的『焦點』，但一開始，只要專心注意跑衛。沒錯，做得好，就是這樣。想都不要想。站定位置之後，才去盯四分衛。」

這種調整還算小，布魯克斯的眼睛只要盯著跟以前一樣的提示訊號即可。差別只在鄧吉不要他一心多用。鄧吉會在事前將提示依序編號，然後告訴布魯克斯看到某個提示時，應該選擇什麼方式因應。這套訓練法出眾之處在於，球員完全不用動腦決定。因爲一切都是直覺，無須花時間決定或選擇，布魯克斯的位移速度大幅提升。直覺反應久而久之便成了習慣。

每位球員都接受類似的指導，並反覆練習進攻與防守的陣式。花了將近一年時間，鄧吉這套習慣法才在球隊生根。一開始，海盜隊還是敗多於勝，而且輸球對象並非強敵勁旅。體育專欄作家忍不住批評：海盜隊幹嘛浪費那麼多時間練習不濟事的偏方？

不過球隊的表現漸有起色。球員終於將各招各式練到滾瓜爛熟、得心應手，所以一上場，直覺與習慣主宰了一切。到了第二年賽季，海盜隊一連拿下前五場比賽，並一路挺進季後賽，這可是十五年來第一次。一九九九年，他們拿下分區冠軍。

鄧吉帶領球隊的風格與方式漸受注意。體育台與採訪記者深受他吸引，著迷於他溫文儒雅的舉止、虔誠的宗教信仰、工作與家庭並重的生活態度。報章雜誌報導，球隊練習時，鄧吉會帶著兩個兒子艾瑞克與傑米一起到球場，共度親子時光。兩個兒子會在他的辦公室做功課，幫忙整理更衣室的毛巾。看來，勝利女神終於向鄧吉招手。

二〇〇〇年和翌年，海盜隊兩度打進季後賽。體育館週週爆滿，座無虛席。比賽實況播報員對海盜隊讚不絕口，稱超級盃門票非它莫屬。一切彷彿美夢成真。

●●●

海盜隊搖身變成超強勁旅，但是令人懊惱的問題也來了。球員表現固然可圈可點、嚴守紀律，不過一碰上壓力重重的關鍵時刻，[30]整個球隊軍心渙散、一敗塗地。

一九九九年，坦帕灣海盜隊在賽季連下六城，卻在分區冠軍賽飲恨，敗給聖路易公羊隊。二〇〇〇年，海盜隊只要再贏一場，就能打進超級盃，最後卻以三比二十一慘敗給費城老鷹隊。隔年悲劇重演，以九比三十一敗給宿敵費城老鷹隊，再次與超級盃無緣。

鄧吉對我說：「我們已練到爐火純青，一開始一路順暢，但是一碰上大比賽，一切訓練與工夫彷彿憑空消失。事後球員會說：『碰上關鍵時刻，我又回去用老方法。』或是：『我覺得應該再快一些。』這些話背後眞正的意思是，[31]大多數時候他們信任我的訓練法，不過一旦比賽進入輸贏的關鍵時刻，這些信任立刻崩盤。」

二〇〇一年賽季結束，海盜隊連續兩年錯失打入超級盃的機會，球隊總經理邀鄧吉到家裡。鄧吉把車停在一棵高聳的橡樹旁，走進總經理家，三十秒後被炒魷魚。

隔年，海盜隊如願贏得超級盃，仰賴的正是鄧吉傳授的陣式、經他調教的球員以及他磨練出來的慣性行爲。他盯著電視，看著新任教練高舉隆巴迪獎盃。可惜鄧吉已離開球隊，無法親至現場，共享勝利的光環。

四

約六十人坐在教堂裡聆聽一位男子講話，聽眾包括足球媽媽（譯注：指住在郊區的中產階級家庭主婦，成天忙著開車載送孩子往返學校、運動場，完全以孩子爲重心）、午休的律師、身上刺青已漸褪色的老人、穿著緊身牛仔褲的時髦年輕人。台上發表言論的男人肚子微凸，身上的領帶配淺藍色的雙眼，相得益彰。他看起來彷彿一位成功的政治人物，展現一股篤定可連任的魅力。

「我的名字是約翰，我是酒癮患者。」他說。

「嗨，約翰。」大家齊聲回應。

「第一次決定尋求協助是我兒子摔斷手臂。」站在講台上的約翰道。「當時我和一位女同事有了婚外情，她想斬斷這段關係，我心情不佳，到酒吧喝了兩杯伏特加，然後返回辦公室。中午和一位朋友出外用餐，兩個人都喝了不少啤酒。下午兩點左右，我和一位友人提早下班，找到一家推出『兩人同行一人免費』折價優惠的酒館，喝個痛快。那天輪到我去接小孩——此時太太還不知道我有小三——我離開酒館就開車去學校載他們。那條街我至少開過一千遍以上，但我卻在轉彎路口撞上『停』的交通號誌。我的車子衝上人行道，然後碰的一聲巨響，撞上停車號誌。我兒子山姆沒繫安全帶，猛然撞上擋風玻璃，並撞斷了手臂。他的鼻子撞到儀表板，血跡斑斑，擋風玻璃也裂了。我嚇壞了。就是這個時候，我決定尋求協助。

「我去一間診所接受治療。出院後，感到一切都非常美好。長達十三個月我滴酒不沾。我覺得生命重新掌握在自己手裡，我每隔幾天就會參加戒酒無名會的聚會。過了一陣子，我開始想：我可沒這麼軟弱，才不需要和一群酒鬼做朋友。因此我不再出席聚會。

「然後，我母親罹患癌症，她在我上班的時候打電話給我——這是我戒酒兩年之後發生的事。母親正從醫院開車回家，在電話裡她跟我說：『醫生跟我說，這病可以接受治療，但癌症已是末期。』電話掛斷後，我做的第一件事就是到酒吧報到。往後兩年我經常喝得酩酊大醉，喝到太太和我分居。有天，又輪到我去接小孩。老實說，那時我真得很慘，彷彿行屍走肉。有個朋友教我吸古柯鹼，每天下午我都在辦公室吸一回，但沒過五分鐘，我就忍不住又吸了一口白粉到喉嚨深處。

「總之，那天又輪到我去接小孩。開車前往學校的路上，我感覺自己清醒得不得了，好像站在世界之顚。接著，車開到路口碰上紅燈，我踩了煞車。一台大卡車從側面撞上我，衝撞力之大，我的車翻了過去。所幸我毫髮未傷。我從車裡爬了出來，試圖把車扶正，心想，應該可以趕在警察抵達之前順利開車回家。當然這只是我一廂情願。警察以酒駕罪名逮捕我，並指著全毀的副駕座給我看——那是山姆平常坐的位置。要是事發當時兒子坐在那裡，必死無疑。

「所以我又開始出席參加戒酒無名會的聚會。輔導人跟我說，不管你是不是覺得一切在自己掌控中，這些都沒有意義。若缺少一個『更高的力量』引導，若不承認自己渺小，一切都徒勞無功。一開始我覺得那全是胡扯——我是無神論。但我清楚，要是不做些改變，我會害死自己的孩子。所以我開始努力，逼自己相信有一個比自身強大的力量。結果奇蹟出現。我不知道那是上帝還是什麼，但這股力量協助我七年來保持清醒，讓我覺得不可思議。每天早上醒來，我並不是都能保持清醒狀態，我的意思是，這七年來我滴酒不沾，但有時早晨醒來會覺得自己快要崩潰。此時我會向『更高的力量』尋求慰藉，或打電話給我的輔導人。我們兩人不談酒癮，我們談人生、婚姻、工作。聊了一會兒後，我恢復力氣，腦筋也清醒許多，可以去沖個澡，開始一天的生活。」

戒酒無名會成功之道，全靠協助酒癮者培養全新的習慣。但十幾年前，這套根深柢固的理論開始出現裂痕，而酒癮患者約翰等人分享的故事，正是引發裂痕的原因。研究員發現，培養全新慣性行爲或許有助於戒酒，不過一旦面對排山倒海而來的壓力，譬如發現母親罹患癌症、婚姻失敗等等，已成功戒酒者往往故態復萌。學者不禁要問：汰舊習換新習的做法若甚具功效，爲什麼碰到關鍵時刻就沒輒了？爲了回答這個問題，研究員仔細剖析酒癮者的生命故事後發現，若只是以新換舊，新的慣性行爲無法長長久久。

加州「酒精研究中心」（Alcohol Research Group）有一群研究員從受訪者的談話裡發現一個共通性。酗酒者一再提及一件事：找到提示訊號、培養新的慣性行爲固然重要，但若少了另一個要素，新的慣性行爲無法紮根並持續。

在酒癮患者心裡，該要素就是相信上帝。

研究員並不喜歡這種解釋。上帝和靈修並非可實驗的假說。何況教會裡不也充斥虔誠的酒鬼？不過，與酒癮患者交談，有關靈修的論述卻不斷出現。因此，二〇〇五年，一群科學家和柏克萊大學、布朗大學、國家衛生研究院合作，請酒癮患者針對宗教和靈修的問題[32]發表看法，然後分析訪談內容，[33]看看宗教信仰和戒酒時間長短彼此是否有關聯。

他們發現到一個規律。資料顯示，酒癮患者以新習代替舊習後，通常能維持一段清醒時間，直到遭遇了令其招架不住的突發事件。此時，無論之前學了幾招新習，一部分人仍會恢復酗酒的舊習。

然而，包括約翰等人在內，相信他們的人生受到「更高的力量」左右，這些人較能撐過壓力的折磨，遠離酒精誘惑。

研究人員發現關鍵不在上帝，「相信與否」才是戒酒成敗的主因。人一旦學會相信一件事，這個修爲與習慣會擴及到人生其他面向，包括相信自己能夠改變。調整過的習慣迴路能否永久定型，取決於信任。

新墨西哥大學的研究員塔尼根說：「一年前我不會說這種話，可見我們的想法調整得有多快。你不一定要相信上帝，但你得相信一切會好轉。」

「就算幫一個人養成了好習慣，仍然無法根除當初誘發那人喝酒的誘因。任誰早晚都會有倒楣的一天，就算新的行爲模式也無法派上用場。若想徹底改變，必須相信自己不需要仰賴酒精也能應付壓力。」

讓酒癮患者聚在彼此信賴的環境裡（信任與相信正是十二個步驟的核心），戒酒無名會訓練與會者學習相信：相信戒酒無名會的課程確實有效，相信自己有能力改變。戒酒無名會的做法讓大家練習相信，相信一切終將漸入佳境，直到事情眞的好轉。

「在戒酒無名會的聚會裡，大家面面相覷，心想，若戒酒無名會的做法對那個人有效，對我應該也會成功。」酒精研究中心資深科學家李・安・卡司庫特斯（Lee Ann Kaskutas）說道。「團體和經驗分享擁有極大的影響力。一個人若是單打獨鬥，可能會懷疑自己能否改變，但身在一個團體裡，大家會說服你，停止疑神疑鬼。團體有助於增強信心。」

約翰欲離開戒酒無名會的聚會時，我問他爲何之前戒酒會失敗，第二次來戒酒才成功？他告訴我：「卡車意外發生後，我來參加聚會，看到有人徵求志工幫忙整理椅子，我舉手答應幫忙。收整椅子沒什麼大不了，最多五分鐘就弄完了，而且這件事不是爲了我自己，想到能助人，我非常開心。這個小小的舉手之勞帶領我踏上嶄新的道路。

「第一次參加聚會，我不願意把自己完全交付給戒酒無名會。再次回來，我心甘情願，願意開始相信。」

五

鄧吉被坦帕灣海盜隊炒魷魚不到一週，印地安納波利斯小馬隊的經營者致電鄧吉，在電話答錄機裡留下長達十五分鐘滿腔熱情的留言。印城小馬隊擁有NFL頂尖的四分衛培頓・曼寧（Peyton Manning），但這個賽季成績卻一敗塗地。球隊經營者不願再看到輸球，決定找人幫忙。鄧吉接受邀約，前往印城小馬隊擔任總教練。

他立刻展開同一套訓練計畫：包括改造小馬隊球員的慣性行爲模式，訓練他們使用舊的提示訊號改變習慣。第一個賽季，小馬隊以十勝六敗的成績打進季後賽。第二個賽季進步到十二勝四敗，只差一勝就可搶下超級盃資格賽。鄧吉的知名度跟著水漲船高。粉絲從各地蜂擁而至，還去參觀鄧吉慣去的教堂。他的兒子成爲小馬隊的跟班，固定出現在更衣室和足球場。二〇〇五年，他的長子傑米高中畢業，赴佛羅里達州念大學。

球隊贏球次數不斷攀高，不過老問題又來了。小馬隊整個賽季的表現展現紀律，屢戰屢勝，但一打進壓力沉重的季後賽，又開始作繭自縛。

鄧吉對我道：「在職業美式足球闖出名號，有很大一部分得靠相信。球隊打心底想要相信，但賽勢一緊繃，球員又縮了，用舊習慣打球。」

不負衆望，二〇〇五年的賽季，小馬隊拿下十四勝二敗，取得有史以來的最佳成績。

接著，悲劇降臨。

聖誕節前三天，電話在三更半夜響了起來。他太太接起電話然後遞給鄧吉，心想應該是球員打來的，但來電者其實是一位護士。她說，他們的兒子傑米今晚稍早被送到醫院，頸部有受到壓迫留下的傷痕。傑米的女友在他的公寓發現他上吊，皮帶緊勒著脖子。醫護人員火速送他就醫，㉞可惜藥石罔效。他的兒子走了。

牧師搭飛機趕來，與鄧吉和他家屬一同過聖誕節。牧師告訴他們：「人生已然變色，但你現在的感受不會永遠折磨你。」

喪禮過後幾天，鄧吉回到球場。他需要做些事讓他分心，太太和球隊也都鼓勵他返回工作崗位。鄧吉後來寫下這段回憶：「我深深受他們的愛與支持所感動。身爲一個團隊，我們總是互相扶持一起度過難關；而現在，我比以往更依賴他們。」

小馬隊第一次輸掉季後賽，提早結束賽季。目睹鄧吉經歷這段劇變的球員向我透露：「事情有些不一樣了。我們陪著教練度過這段痛苦的經驗，所有球員都想盡份心力幫助他。」

若說鄧吉兒子的死影響了成績，是過度簡化的說法，甚至是胡謅，儘管鄧吉說過家人對他的重要性甚於一切。球隊開始爲下個賽季展開訓練，這時球員似乎有些不一樣了。整個球隊毫無保留接受鄧吉的打法與看法，這可是前所未見的現象。他們開始相信鄧吉。

談到鄧吉喪子後那段時期，要求匿名的球員對我說：「前幾個賽季我一直擔心合約和薪資的事情，教練辦完喪禮返回球隊後，我想盡我所能減輕他的痛苦，我毫無保留地投入球隊練習。」

另一位球員跟我說：「有些男人喜歡擁抱彼此，但我不是這樣的人。我長達十年沒抱兒子了。但教練一回來，我走過去緊緊抱著他，因爲我希望他知道我挺他。」

鄧吉的兒子過世後，球隊的打法開始改變。球員對於鄧吉訂下的戰術展現十足的信任。球隊在二〇〇六年賽季開打前的練習與攻防練習，表現非常嚴謹、非常精準。

「多數球隊其實都不算眞正的團隊，只不過是把幾個球員湊在一起罷了。」另一位球員告訴我。「但我們成了貨眞價實的團隊。這感覺棒透了。教練是點燃這一切的火花，但這並非完全爲了他。教練回來後，我們感到球員間彼此信任，比以往更能通力合作。」

小馬隊生出信心，一股從悲劇昇華而出的信任感。球員信任鄧吉的戰略，相信自己能贏球。不過不一定非要發生憾事，才能相信或生出信心。

一九九四年，哈佛大學做了一項研究，㉟對象是人生遭遇巨變的人。研究人員發現，有些人經歷離婚或致命病魔折騰等悲劇後，徹底改變自己的習慣。其他人則是目睹朋友受苦受難後，有所改變，一如小馬隊球員目睹鄧吉喪子後的表現。

其實不需要發生悲劇才能逼人改變。人之所以改變，其實是因爲融入群體，和大家打成一片。一位女子表示，報名參加一門心理學課程，認識一群出色的學生，因而改寫了她一生。她對研究人員表示：「這門課打開了潘朵拉的盒子，讓我不願再與現況妥協，因爲徹頭徹尾變了。」另一個男子則說，有幸遇到新朋友，讓他可以練習怎麼過群體生活。他說：「努力在群體裡克服內向性格的時候，我覺得自己根本就在演戲，那是別人，不是我。」但是在團體協助下，演戲的感覺不見了。他開始相信自己並非害羞的人，結果他眞的擺脫了內向的個性。加入團體，給自己一個改變的機會，改變就有可能成眞。多數成功徹底改變自我的人，很少是因爲遭遇到人生巨變，或面臨人生的十字路口，反而是因爲加入社群團體（有時可能只是多了一個伴），讓改變不再遙不可及。一位女子對研究員說，掃完廁所一天後，她的人生徹底改觀；此外，與掃廁所的同仁花了數週討論該不該和丈夫離婚，讓她的人生有了顏色。

參與研究的心理學家陶德・海瑟頓（Todd Heatherton）表示：「看著改變發生在別人身上，似乎更爲可信。」

怎樣才能讓自己相信？沒有人能說得清楚。爲什麼一個女人在心理學課堂上遇到一群人，就能說服她改變思維？爲什麼小馬隊的球員因爲教練兒子過世而凝聚向心力？許多人向朋友大吐苦水，抱怨自己苦悶的婚姻，但還是和老婆過一輩子；許多球隊看著教練經歷苦痛，卻未能上下一條心。

至少我們清楚，若要永久改變習慣，就得相信改變不是遙不可及。戒酒無名會的做法成效卓著，仰賴的是團體的力量，靠著群衆說服個體學習相信。只要大家彼此幫忙，一樣可發揮宏效。在團體中，人較容易相信。

●●●

傑米去世十個月後，二〇〇六年賽季拉開序幕。小馬隊一路過關斬將，連勝九場，最後取得十二勝四敗的成績。他們挺進季後賽，接著打敗巴爾的摩烏鴉隊，首次取得分組冠軍。距離超級盃獎盃，只差分區冠軍一役。鄧吉曾與分區冠軍擦肩而過了八次。

二〇〇七年一月二十一日，小馬隊和新英格蘭愛國者隊交手。愛國者隊曾硬生生連兩次擋住小馬隊進入超級盃。

小馬隊一開始狀況良好，不過到了上半場快進入尾聲時，開始出現崩解跡象。球員害怕失誤，進退失守；或是急著求勝，無法專心。他們不再仰賴新習慣，反而開始東想西想。眼看小馬隊不像話的擒抱造成攻守交換。四分衛曼寧的傳球被攔截，反而被敵隊達陣。愛國者隊把比數拉開大到二十一比三——史上沒有任何隊伍曾在分區冠軍錦標賽成功演出這麼大差距的逆轉勝。看來，鄧吉領軍的球隊又要吞敗了。[36]

半場休息時，球員陸續走進更衣室，鄧吉要大家集合。球場轟隆隆的噪音穿透緊閉的門，但裡面一片寂靜。鄧吉看著他訓練出來的球員。

他們必須相信，他說。

「我們以前遇過類似的狀況——而且是對上同一個隊伍——那是二〇〇三年。」鄧吉說。那場比賽，小馬隊只差一碼就贏了，就差那最後一碼。「把彈藥備足，因爲這次輪到我們贏了。這是屬於我們的勝利，我們的光榮時刻！」[37]

下半場小馬隊回復到之前幾場比賽的水準。他們專心致志，注意各自該負責的提示訊號，做出相對應的反應。他們細心對付每一次交鋒，充分展現過去五年來練習的成果。下半場開場，輪到他們第一次進攻，立刻以十四次交鋒進犯至七十六碼並達陣。三分鐘後輪他們持球，且再次得分。

第四節結束前，雙方互有得分，小馬隊勉強把比分拉成平手，卻尚未進一步突破。比賽剩餘三分四十九秒，新英格蘭愛國者隊得分，領先小馬隊三分，比數到了三十一比三十四。小馬隊拿到球，開始前衝。十九秒內他們衝了七十碼，進入達陣區，整場比賽首次領先，比數爲三十八比三十四。此時計時鐘顯示剩餘六十秒。只要鄧吉的隊伍成功阻止敵隊達陣，勝利就屬於他們。

比賽倒數六十秒，卻如永恆般漫長。

以前，愛國者隊的四分衛湯姆・布萊迪（Tom Brady）根本花不到六十秒就能得分。果然交鋒開始沒多久，布萊迪成功領軍移動了半場的距離。比賽剩餘十七秒，敵隊處於可輕鬆發動攻勢的位置，看來已準備好發動突襲，再次讓鄧吉揹龜，摧毀小馬隊的冠軍夢。

當湯姆・布萊迪接近起攻線，小馬隊防守球員已各就各位。防守角衛馬林・傑克森（Marlin Jackson）站在起攻線後方十碼處，盯著自己該注意的提示訊號：敵隊線衛之間的距離、跑衛的姿勢與重心。這兩個提示訊號會告訴傑克森，敵方會採取傳球給隊友的進攻戰術。湯姆・布萊迪一拿到球，立刻後退準備傳球，但傑克森早他一步移位。布萊迪手臂一彎，準備拋球，目標是二十二碼外的接球員。接球員的位置靠近中場，四下無人防守。要是他拿到球，極可能接近得分區，甚至達陣得分。眼看球飛過球場，傑克森依循習慣朝特定角度全力奔馳。他繞過敵方接球員的右肩，衝到他前面，球也剛好在同一時間到位，傑克森成功截到球，跑了幾步後滑倒著地，緊緊把球抱在胸前。這次交鋒花不到五秒鐘。比賽結束，鄧吉與小馬隊獲得勝利。

兩週後，小馬隊贏得超級盃。也許只是運氣好，也許他們奪冠的時間到了，理由五花八門。但鄧吉的球員會說，因爲他們相信。因爲堅信，所以平常反覆練習直至直覺反應的行爲與習慣，可以堅持到最後一分鐘，即便面對排山倒海而來的壓力也面不改色。

「我們很榮幸爲我們的領導人、總教練鄧吉贏得總冠軍。」賽後，曼寧抱著隆巴迪獎盃對著群眾說。

鄧吉轉身面向太太。「我們做到了。」他說。

習慣如何改變？

可惜，我們沒有一套明確的步驟保證可適用於每個人。我們知道習慣根深柢固，只能改變不能根除。我們知道，改變習慣的最佳辦法就是應用反轉習慣的黃金律——維持同樣的提示、提供同樣的獎酬，就能插入新的行爲模式。

但這樣還不夠。想要新習慣長長久久，人必須相信有改變的可能。但這改變往往得靠團體與社群的協助，靠大家幫忙，才有相信的力量。

若你想戒菸，得養成或找到新的行爲模式與習慣，滿足抽菸的渴望。加入互助團體，成員可能是一群成功的戒菸人士，或是一群能說服你遠離尼古丁的人，只要感到意志不堅，就去求助某個團體。

若想減肥，先分析自己的習慣與行爲模式，搞清楚每天到底爲什麼得離開辦公桌出去吃點零食才會開心。然後找個人跟你一起散散步，在辦公室（而非在咖啡館）聊八卦談是非，或參加以減重爲主的互助團體，或多親近重視養生的人（這些人隨時帶著蘋果而非洋芋片）。

證據很明顯：想要改變習慣，必須找到替代舊習的行爲模式或習慣。加入某個互助團體，跟著大家一起全心努力改掉舊習，成功的機率會大增。再者，必須相信人可以改變；而相信得靠他人幫忙，即便只是兩人的團體也沒關係。

改變並非遙不可及的夢想。嗜酒如命的人可以戒酒；老菸槍不必一輩子吞雲吐霧；輸家敗將終有登上冠軍寶座的一天。你可以改掉咬指甲、吃零食、對孩子大吼大叫、挑燈夜戰、擔心雞毛蒜皮小事等諸多壞習慣。科學家發現，不只個人能受惠於習慣改變，公司、組織、社群等也受益良多（後續幾章就會說明）。

第二部　成功組織的習慣

4 核心習慣

哪些習慣最重要？

一

一九八七年十月，一個刮大風的日子，一群華爾街頂尖投資人與股票分析師聚於紐約曼哈頓一家高檔飯店，準備和美國鋁業公司（Aluminum Company of America，簡稱美鋁）的執行長見面。美鋁的產品五花八門，從賀喜巧克力的包裝錫紙、可口可樂錫罐的原料以及固定人造衛星組件的螺栓等等，無不出自美鋁。①

美鋁創辦人在一個世紀之前，自製了一套煉鋁的作業流程，自此，美鋁成爲全球最大的煉鋁公司，吸引不少在座人士投資數百萬美元購買美鋁股票，每年享有穩定報酬與收益。不過過去一年，投資人開始抱怨投資報酬效益不佳。美鋁管理階層一再出錯，自作聰明地擴廠、增加新品生產線，結果造成客戶流失以及營收下滑，讓競爭對手捷足先登。

因此美鋁董事會宣布撤換經營團隊時，大家明顯都鬆了口氣。不過大家似乎放心得太早了，獲悉新任執行長由曾在政府擔任官僚的保羅·歐尼爾（Paul O’Neill）接掌後，投資人不禁開始緊張，畢竟在華爾街，沒有多少人聽過這號人物。美鋁將這次會面安排在曼哈頓一家高檔旅館的宴會廳，美鋁的投資大戶爭相與會，想要進一步認識他。

將近中午時分，歐尼爾上台。他五十一歲，身穿灰色直條紋西裝，繫上大紅色領帶，頭髮灰白，身材挺拔。他精神奕奕、腳步輕快地走上台，對著觀衆露出熱情的笑。他正派、篤定、自信，十足執行長的模樣。

然後他開口發言。

「我希望和各位談談勞工安全。」他說，「每一年，不少美鋁員工因爲傷勢過重，不得不請一天假。我們公司的勞安記錄在美國平均水準之上，尤其考量到我們員工的工作條件，包括得接觸一千五百度的高溫金屬、可能慘遭斷臂的機器，安全措施的確做得不錯，但仍然不夠好，我打算讓美鋁成爲全美最安全的公司，打算以零工傷爲目標。」

與會人士聽了不免困惑。按常理，這類會議通常照既定腳本進行，內容不脫：新任執行長先自我介紹，並調侃自己一番，稱自己一路混到哈佛商學院畢業，繼而進入正題，承諾提振企業營收、降低支出成本。接下來抱怨剝皮拔毛的萬萬稅、營業法規等等，偶爾也會興沖沖提到自己在離婚官司上與律師交手的第一手經驗。最後結語則充斥各式各樣潮詞，諸如綜效、最適化、合作競爭等等。最後投資人便可安心地回自己的辦公室，深信資本主義可再安全地撐過一天。

不過，歐尼爾對於獲利與營收隻字不提，未細數各式各樣的稅，沒有講到「利用校準達到雙贏綜效市場的優勢」。從他針對勞工安全的談話，在座人士心想他大概是個循規蹈矩、依規定辦事的執行長，更糟的是，他搞不好是民主黨員。投資人腦裡盡浮現一些讓人害怕的夢魘。

「在我進一步闡述之前，」歐尼爾道：「我想點出這間宴會廳緊急安全出口的位置。」他手指著宴會廳的後面。「後面有兩扇門，萬一眞的發生火災或其他緊急事故，你們可以不慌不忙地走出宴會廳，下樓到大廳，然後離開這間飯店。」

全場鴉雀無聲，僅隱約聽到窗外車水馬龍聲。安全？火災逃生門？這在開大家玩笑嗎？有一位投資人知道歐尼爾一九六〇年代曾在華府工作，心想這傢伙是不是嗑了太多藥，腦袋秀逗了。

最後有人舉手，詢問美鋁太空部門的庫存，另外一人則問及美鋁的資金比。

「我想你大概沒聽懂我說的話。」歐尼爾道：「若你想了解美鋁的營運，你得細看我們工作場所的安全數據。我們成功降低職災率，絕非因爲其他執行長加油打氣或胡亂吹噓的結果，而是因爲公司員工同意致力於更大的使命。他們全力以赴，培養可爬上巔峰的習慣。安全就是彰顯我們公司不斷進步、不斷改掉舊習的指標。而大家也應該據此評斷我們公司的表現。」

會場投資人爭先恐後竄逃而出。其中一人跑到大廳，用公用電話打給二十位大客戶。

「我跟客戶說：『美鋁董事會找了一個發瘋的嬉皮掌舵，他會搞垮這家公司。』」那人接著道：「我叫他們立刻賣掉手中持股，以免其他與會券商捷足先登，打電話叫客戶趕緊拋售美鋁股票。

「那是我踏進投顧生涯以來，給客戶最糟糕的一次建議。」

歐尼爾上台不到一年，美鋁的營收寫下新高。二〇〇〇年，歐尼爾自美鋁退休，當時美鋁每年淨收入是他上台之前的五倍，市值也飆升了二百七十億美元。投資人若在歐尼爾受雇當天對美鋁投資一百萬美元，光分紅就有一百萬美元入袋，而美鋁股價也在他擔任執行長期間大漲了五倍。

不僅公司成長快速，美鋁也是全球數一數二最安全的公司。歐尼爾接掌之前，美鋁旗下各個工廠，每週至少發生一次意外。他上台厲行安全措施之後，有些工廠連續幾年沒傳出員工因為意外而必須損失一個工作天的憾事。美鋁的員工工傷率降到全美平均值的二十分之一。

到底歐尼爾是怎麼讓美鋁這隻既龐大又笨重的大象搖身成為賺錢機器？讓這個潛藏巨大工傷危機的公司轉型為安全堡壘？

原來，他是集中火力改掉某個習慣，然後看著改變產生的漣漪效益擴及整個公司。

「我知道美鋁必須轉型。」歐尼爾對我說。「但是你不能用命令逼員工改變，這不是大腦運作的方式。所以我先從專注一件事開始。若能先動搖圍繞某件事打轉的相關習慣下手，它產生的漣漪就會擴及整個公司。」

歐尼爾深信，有些習慣影響力之大足以啓動一連串的連鎖反應，彷彿火車頭，開到哪個部門，就能帶動其他習慣跟著改變。換言之，進行企業與人生再造時，有些習慣的重要性高於其他習慣。我們稱這些習慣為「核心習慣」，它們會影響人們的工作、飲食、玩樂、生活、消費、溝通。核心習慣揭開某個行動或作業的序幕，假以時日，該行動或作業將改寫一切。

核心習慣主張，成功不見得仰賴把每件事都做對，而應找出少數幾個關鍵的優先事項，加以組織，變成火力十足的火車頭。本書第一部分解釋習慣的運作原理，以及培養或改變習慣的方式。然而，該從何著手？答案在於了解核心習慣：攸關成敗的習慣一旦開始質變，足以擺脫或重新培養其他的行為模式。

核心習慣解釋了菲爾普斯（Michael Phelps）何以能成為奧運泳賽的常勝軍，還有一些大學生的表現爲何能優於其他同學。核心習慣也說明了何以有些人經過多年努力減肥無效，卻突然掉了十八公斤，工作更有效率，並兼顧事業與家庭，及時趕回家吃晚飯陪小孩。核心習慣同時也點出美鋁爲何能成爲道瓊工業指數表現最優的股票之一，並成爲全球最安全的工作場所。

●●●

美鋁有意延攬歐尼爾出掌執行長時，一開始他意願不高。一來他已家財萬貫，再者他的妻子喜歡康乃狄克州，不想移居別地。他們夫妻倆對於美鋁總部所在的匹茲堡非常陌生，不過他並未立刻婉拒美鋁，而是請對方給他一些時間考慮。爲了能盡快下決定，他詳列清單，把接受該職後最優先的工作事項一一列出來。

歐尼爾是列清單的信仰者。他靠列表規畫與組織人生。當年在加州州立大學弗雷斯諾分校就讀時，他花了三年多一點便完成學業，同時半工半讀，每週打工三十小時。歐尼爾習慣將這輩子以及在高位欲成就的事項一一列於清單，希望「有所不一樣」。一九六〇年大學畢業後，在一位朋友鼓勵下，歐尼爾決定申請到聯邦機構實習，繼而參加聯邦公職人員考試，當年應考者多達三十萬人，第一關筆試後，只剩三千人可參加第二關口試，最後僅三百人錄取，歐尼爾是其一。②

他在退伍軍人管理局擔任中階主管，必須學習如何操作電腦系統。工作期間，歐尼爾始終維持列清單的習慣，記錄哪些專案較爲成功，哪些承包商能準時交差，哪些又常拖延。他表現優異，每年都升官。他不僅在退伍軍人管理局官運亨通、平步青雲，也因爲清單每每能抓出問題要害並找到解決方式，名聲如雷貫耳。

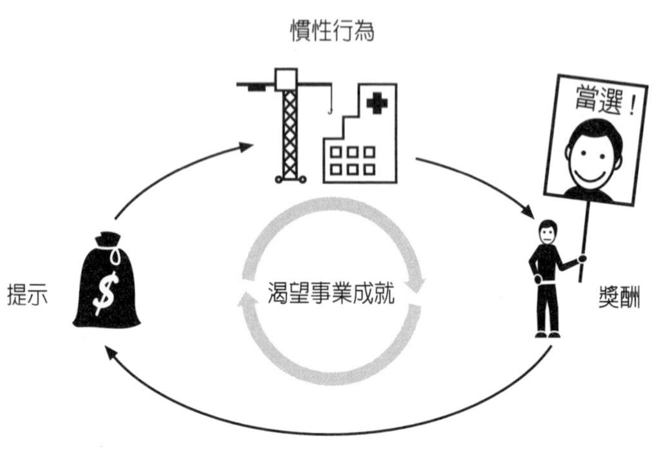

一九六〇年代中葉，華府亟需這類專業人才。羅伯特・麥克納瑪拉（Robert McNamara）延攬一群年輕數學家、統計員、電腦程式設計師，讓五角大廈氣象一新。詹森總統安插了數名自己屬意的年輕人才，歐尼爾因此進入行政管理與預算局，這個聯邦機構是華府極具影響力的行政機構之一。不到十年，歐尼爾出任副局長，年僅三十八歲的他突然成爲華府最具分量的人士之一。

這時歐尼爾正式接受組織習慣的教育與洗禮。他的首要工程是設計一套分析架構，研究政府的健保支出。沒多久他就發現，健保支出理應照著法律條文或細思過的先後順序來撥款，孰料整個撥款卻是被不符常理的組織作業流程牽著鼻子走，其中不乏慣性動作。官僚與政客懶得做決定，盡是回應一些直覺式慣性標準動作釋出的訊號，希望因此獲得獎酬，諸如升遷或成功連任。這就是習慣迴路，影響多達數千人以及數十億美元。

舉例而言，第二次世界大戰結束後，國會通過興建社區醫院一案。二十五年之後，社區醫院還是一間又一間蓋，每次國會議員編列一筆預算挹注健保財務，官員與政客立刻動土開工，其實新醫院所在的社區根本不需要更多的病床，但大家不在乎，因爲有了新大樓，政治人物才能邀功，才能爭取選票，才能連任，而這才是重點所在。③

歐尼爾對我說，聯邦公職人員「花幾個月討論用黃色或藍色的帘子，辯論病房應該裝一台或兩台電視，護理站該怎麼設計，盡是芝麻蒜皮的瑣事。幾乎沒有人質問社區到底需不需要一間醫院。政客與官僚習慣靠蓋醫院解決一切醫療問題，議員便可邀功，稱：『這是我做的！』雖然荒謬，但是每個人一再重複做同樣的事」。

研究員發現，幾乎每個受訪的組織與公司都出現組織習慣。「個人有個人的習慣，團體也有團體的習慣。」經濟學者傑佛瑞．霍奇森（Geoffrey Hodgson）寫道。他終其一生致力研究組織行爲模式，說：「慣性行爲與慣例等同組織的習慣。」④

歐尼爾認爲，這類習慣危險重重。他說：「基本上大家不做決定，取而代之的是不需思考的慣性動作。」不過在可嗅到改變氣氛的組織與機構，良好的組織習慣的確締造斐然的成績。

美國航太總署若干部門決定走出新格局，刻意改變慣性行爲，藉此鼓勵工程師勇於涉險。無人駕駛火箭發射時不幸爆炸，部門主管反而鼓掌喝采，希望員工了解，他們已盡了力，最後雖以失敗收場，但無須爲此自責。久而久之，每次只要花大錢打造的太空設備爆炸，整個任務管制中心就報以熱烈掌聲。這成了航太總署的組織習慣。⑤

再舉一九七〇年成立的美國環保署爲例，首任署長威廉．拉寇夏斯（William Ruckelshaus）特意營造組織風氣與習慣，希望轄下立法人員耳濡目染之下能更積極執法。每次律師建請對觸法者提告或祭出大執法時，⑥雖然要先獲上級核准，但基本上上級都會核准，這讓立法者清楚明白：在環保署，積極作為才會受到獎勵。一九七五年左右，環保署每年頒布逾一千五百條新法。⑦

一九七七年，在華府工作十六年之後，歐尼爾打定主意離開。華府一職，每天工作十五個小時，每週工作七天，四個小孩都是老婆獨力拉拔長大，對此她再也忍無可忍。歐尼爾辭去官職，轉往全球最大紙漿紙業製造公司「國際紙業」服務，最後當上董事長。

華府一些老同事剛好在美鋁出任董事，並積極物色新執行長，不約而同想到歐尼爾。這下他又開始列清單，一一點出走馬上任後哪些是重點事項。

當時美鋁陷入低潮。外界批評該公司員工不夠機敏，產品品質低劣。不過「品質」、「效率」未高居歐尼爾清單的榜首。像美鋁這種歷史悠久的大型企業，不可能像按開關一般說變就變，也不可能期待員工一夕之間改頭換面，工作更認真有效率。之前執行長規定員工非拿出改善成績不可，結果造成一萬五千名員工罷工。勞資關係惡化到極點，勞方甚至在停車場擺了假人模特兒，打扮成主管模樣，放火燒了洩憤。「美鋁並非讓人開心的大家庭。」曾走過那一段時期的員工告訴我。「反倒更像曼森家族（Manson family，譯注：一九六〇年代惡名昭彰的邪教集團），只不過美鋁多了滾燙熔金。」

歐尼爾若同意接受美鋁延攬，清單上的改革要務必須獲得每個人一致同意，包括工會與高階主管。他得找出能團結公司上下的焦點，讓他有周旋的籌碼，才能改變公司上下的作業與溝通方式。

「我從基本面著手。」他對我說：「大家下班時，應該和上班時一樣四肢健在，對吧？大家不該擔心為了養家活口而葬送一條命吧？所以我決心聚焦於：改變每個人的安全習慣。」

歐尼爾在清單的首要事項上寫下「安全」，並訂出大膽目標：零工傷。沒有任何工作傷害，毫無討價還價的餘地。他會不惜任何代價，朝目標全力衝刺。

歐尼爾決定接受美鋁延攬。

●●●

「我很高興在這裡和大家共事。」歐尼爾走馬上任之後數月，在田納西州冶煉工廠視察時，對著擠滿會場的勞工說道。並非事事一帆風順。華爾街對美鋁前景依舊提心弔膽。工會對新執行長多所疑慮。一些副總對於與執行長一職失之交臂仍耿耿於懷。歐尼爾倒是不為所動，繼續暢談員工安全。

「我很樂意和大家一起協商事情。」歐尼爾道。他正展開全國工廠視察之旅，繼而將走訪遍及海外三十一個國家的工廠。「不過有件事，我絕不會和各位討價還價，那就是安全。我不想聽到任何人跟我說我們未採取適當措施來保障大家不受傷。關於安全，各位若想和我爭、和我辯，必輸無疑。」

這招著實高明。想當然，關於勞工安全的重要性，沒有人和歐尼爾唱反調。工會多年來爭的就是改善工安規範。管理階層也無人異議，畢竟工人受傷一定會影響產能與士氣。

不過歐尼爾提出零工傷計畫時，多數人不解他背後更大的企圖心：大手筆整頓美鋁，規模之大堪稱美鋁歷來之最。保護美鋁員工的關鍵，首要掌握傷害發生的原因。要了解原因，得細究製

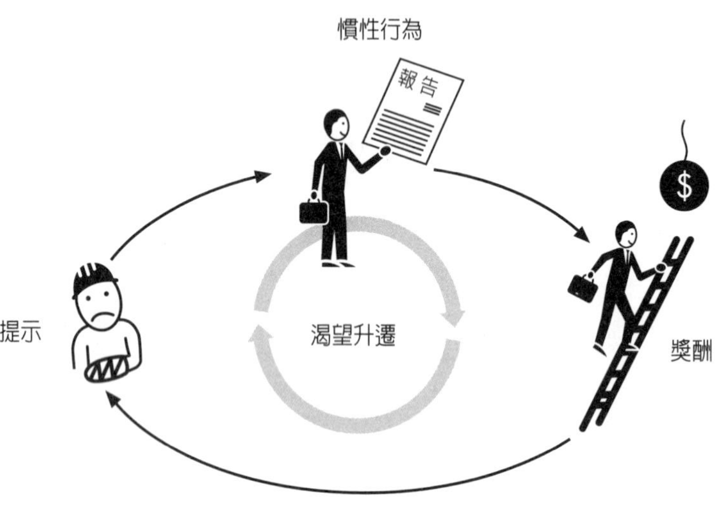

美鋁的組織習慣迴路

造過程哪裡出了差池。要了解哪個螺絲鬆了，必須安排人員，教育員工何謂品管、何謂最有效的作業方式，藉此減少出錯的頻率。出錯率降低，安全性自然提高。

易言之，爲了保護員工，美鋁必須成爲全球頂尖、最具效率的鋁業公司。

歐尼爾的安全計畫實際上是以習慣迴路爲範本。他掌握了簡單的提示：員工受傷。然後貫徹慣性標準動作：⑧只要有人受傷，⑨該員工所屬單位的總經理必須在二十四小時之內向歐尼爾報到，並提出計畫，保證不會再發生員工受傷的憾事。最後祭出獎酬：唯有擁抱這套制度的人可獲升遷。

部門總經理是忙人。不過只要傳出員工受傷，他們得在二十四小時之內向歐尼爾報到，換言之，他們必須在意外發生之後，立刻連絡副總。副總平時得和現場經理不斷熱線。平日一旦現場經理發現問題，會立刻派人，提醒員工提高警覺，同時將建言表張貼在附近。因此副總向總經理提交報告時，可參考意見箱裡各種現成的意見與方案。要成功做到這點，各部門必須建立全新溝通系統，讓最低層員工的意見可以在最短時間內直抵高層主管。美鋁層級分明、一絲不苟的編制必須徹底改變，始能適應歐尼爾對安全的要求。他在美鋁建立了全新的企業習慣。

安全模式一改變，美鋁其他面向也以驚人速度質變。數十年來工會力抗的規定（諸如評量每個員工的產能），突然之間被勞工擁抱，因爲這類評量有助大家找出生產過程中鬆脫的環節，以免安全亮起紅燈。而高階主管長期以來反對的政策（諸如授權員工在作業亂了步調時，自行關閉生產線），突然之間也被資方接納，因爲這是阻止或預防工傷的最佳辦法。不僅美鋁改頭換面，安全習慣甚至影響若干員工的生活。

「兩三年前，我坐在辦公室，看著窗外那座位於第九街的橋梁。當時橋上數名工人正在作業，但未切實遵循正確的安全措施。」現爲美鋁安全主任的傑夫・夏奇（Jeff Shockey）說。有一位工人站在護欄的頂端，另外一個工人抓著他的腰帶。他們身上沒有任何安全吊帶或繩索。「他們任職的公司和我們公司毫無來往，但是我不假思索，立刻離開辦公桌，走下五層樓階梯，走上橋告訴那些工人：嘿，你們在拿生命開玩笑哦。你們得使用安全吊帶與防護裝備。」他們告訴我，主管忘了攜帶這些器具。夏奇遂打電話給在地的「職業安全與衛生署」，告發那位主管。

「另外一位高階主管告訴我，有天他住家附近止在進行道路挖掘工程，但挖好的深溝卻沒有架設溝箱來保護，因此他立刻下車，替在場每個人上了一課，強調正確施工的重要性。雖然此舉頗爲突兀，但是安全不容犧牲。現在再碰到這類事情，我們會不假思索立刻糾正。」

歐尼爾從未保證保障員工安全可以改善美鋁營收。不過，他在全公司上下貫徹全新慣性行爲後，陸續出現成本下降、品質提升、產能大幅躍進。在金屬熔煉過程中，若滾燙熔液不小心噴濺燙傷了員工，公司會重新設計澆注系統，此舉不僅降低工傷次數，也降低原物料的噴濺量，替公司省了一筆支出。若機器一再當機故障，公司會汰舊換新，除了降低員工斷臂的風險。產品品質也跟著提升，因爲器械故障是導致品質低劣的主因。

研究發現，類似蝴蝶效應也出現在其他數十多種情境，包括個人的生活。

以過去十年來針對運動如何影響每日慣性行爲的多項研究爲例，[10]人們開始養成規律運動的習慣後，儘管只是一週一次，也能改變其他多項不相關、無交集的生活模式，而且改變是潛移默化、不知不覺的。有運動習慣的人通常吃得較健康，工作產能也高。他們不常抽菸，對於同仁與家人較有耐心。他們較少刷信用卡，也比較沒有壓力。雖然不是百分之百清楚箇中原因，但是多數人認爲，運動是核心習慣，可以帶動廣泛而全面的改變。羅德島大學研究員詹姆斯・普洛夏斯卡（James Prochaska）說：「運動會擴散或延伸，讓人能更輕鬆地培養其他好習慣。」

多項研究文獻顯示，[11]習慣一起吃晚餐的家庭，小孩完成家庭作業的能力較強，在校成績較好、較能控制情緒、較有信心。每早有鋪床疊被的習慣，[12]工作產能與產率較高，較能正面思考，較有毅力嚴格執行預算而不超支。其實，不是因爲家庭晚餐或疊被導致好成績或停止揮霍，而是第一步改變起了連鎖反應，讓其他好習慣跟著生根定型。

若能專心改變或培養核心習慣，就能帶動廣泛的改變。不過找出或定位核心習慣並不容易，得知道從何找起，說穿了就是深入分析自己或公司的特質與特色。核心習慣提供學術文獻所謂的

「小贏」，因爲他們能協助其他習慣開花結果，也能協助營造文化與風氣，讓改變具有傳染力，快速擴散至各個層面。

誠如歐尼爾以及其他多位專家所見，了解習慣的原理與實際應用，兩者存在著鴻溝，成功跨越需要一點巧思。

二

二〇〇八年八月十三日早上六點半，已進駐北京奧運選手村的菲爾普斯被鬧鐘叫醒，開始一天的例行活動。

他套上運動褲，到餐廳用餐。他已在本週稍早的幾場比賽拿下三面金牌——至今生涯的第九面，這天則還有兩場賽事等著他。七點左右，[13]他在自助餐廳吃著賽前餐：雞蛋、燕麥、四杯補充精力的奶昔。這也是未來十六小時預計消耗六千卡路里的第一餐。

菲爾普斯的第一場賽事是他最有把握的強項「兩百公尺蝶式」，預計十點登場。在槍響之前兩個小時，他開始一系列伸展操，一路從手臂、背部到腳踝（他的腳踝非常軟，可以展延九十度，不輸芭蕾女星腳尖點地的功力）。八點半，他跳入池裡，先游個幾回暖身，然後是八百公尺混合式、六百公尺踢水、四百公尺雙腿夾浮板漂游、兩百公尺蛙式，以及一系列二十五公尺衝刺，以利心跳加速。整套練習下來剛好是四十五分鐘。

九點十五分，他離開泳池，穿上特製的泳衣 LZR Racer（俗稱鯊魚衣），泳衣非常貼身，需要二十分鐘才能將身軀擠進薄衣裡。然後他戴上耳機，聽著嘻哈音樂，等著出賽。

菲爾普斯七歲開始游泳，藉此消耗過剩的精力。他因為精力旺盛，讓母親與老師頭疼不已。當地游泳教練鮑伯．波曼（Bob Bowman）看到菲爾普斯修長的上半身、大手、偏短的雙腿（可減少在水中的阻力），一眼就認定他是個冠軍選手。不過菲爾普斯容易情緒激動，每次賽前，無法心平氣和。他的父母正在辦理離婚，他對壓力束手無策。波曼送了一本教人放鬆的工具書給菲爾普斯的母親，請她每晚大聲唸給菲爾普斯聽。該書有一招是：「把右手緊握成拳頭，放開時，想像壓力隨之而逝。」菲爾普斯靠這方法，在睡前一一緊繃並放鬆身體每個部分。

波曼深信，泳將求勝的關鍵在於建立正確的慣性行為。他清楚菲爾普斯有泳將稱羨的一流體型，不過能夠擠進奧運賽事的選手，各個都有無法挑剔的體格與肌肉組織。波曼發現，菲爾普斯儘管年紀輕輕，卻有不服輸的好勝心，因此能成為絕佳運動員。不過話又說回來，頂尖運動員哪個不是有強烈的好勝心。

波曼之所以能讓菲爾普斯優於其他對手，習慣是最大功臣。拜習慣之賜，菲爾普斯成了泳池裡心智的巨人。波曼無須控制愛徒各層面的生活，只要針對若干習慣進行重點訓練，這些習慣無關游泳，卻與培養正確心態息息相關。他設計了一套練習操，協助菲爾普斯在賽前保持冷靜與專注，找出略高人一等的優勢，畢竟在運動場上，輸贏只是毫秒之差。

菲爾普斯十多歲時，每次練習結束，波曼要求他回家後要「觀看錄影帶，睡前看一次，醒時看一次」。

錄影帶並非指眞的影帶，而是用心在腦中顯現完美比賽的模樣。每晚睡前以及每早睜開眼，菲爾普斯想像自己從泳池跳台一躍而下，在泳池裡以慢速、十全十美的泳姿前進。他想像划動手臂的姿勢、泳池四周的牆壁、轉彎、終點線、身後的水渦、嘴唇浮出水面時噴濺的水滴、結束時摘掉泳帽的感覺。整個過程他躺在床上，閉上雙眼，「觀看」整個比賽、細查每個細節，一遍又一遍，直到牢記每個細節。

實際在泳池練習時，波曼命令菲爾普斯游出比賽的速度。他大叫：「播放錄影帶！」菲爾普斯盡最大之力，奮泳向前。整個過程幾乎給人反高潮的感覺（因爲勝券在握）。菲爾普斯在腦海演練多次，實際下水時，早將所有細節倒背如流。這招成功奏效，他越游越快，最後波曼只須在賽前對菲爾普斯耳語「備妥錄影帶」，菲爾普斯就會定下心，擊潰所有好手。

波曼在菲爾普斯的生活裡建立數個核心慣性行爲後，包括飲食、練習時間表、伸展操、睡眠等等其他習慣，似乎全都自動就定位。這些習慣何以如此有效？爲何能充當核心習慣？追根究底就是學術文獻裡所說的「小贏」。

●●●

小贏一如字面所言，是核心習慣得以帶動廣泛改變的一部分。大量研究顯示，小贏的威力與影響力之大，遠超過勝利與成就感本身。「小贏是穩定善用小優勢。」康乃爾大學一位教授寫於一九八四年。「每完成一次小贏，一切就開始動起來，爲另一個小贏預作準備。」⑭小贏會帶動深層的質變，⑮方式是化小優勢爲模式或習慣，久而久之讓大家深信，更大的成就與勝利近在眼前。

舉例而言，同志權益捍衛組織一九六〇年代末期開始爭取權益，對抗同性戀恐懼症，一開始的努力均以失敗告終。他們積極鼓吹修法，廢除起訴同志的法規，但悉數被州議會斷然駁回。教師設計課程，輔導同志青少年，卻慘遭革職，因為這些教師的努力意味同性戀應該被社會接納與擁抱。同志社群雄心勃勃的宏大目標[16]——終結歧視、不再受警方騷擾、說服「美國心理學會」取消同性戀是精神病的定義——似乎遙遙無期。

一九七〇年代初期，「美國圖書館協會」的同志解放專責小組（Task Force on Gay Liberation）決定縮小目標範圍，致力說服國會圖書館重新調整同志解放運動書籍的索書號，希望換掉原本的分類號 HQ 71-471[17]（「不正常性關係，包括性犯罪在內」），改以較不具歧視的類目。

一九七二年，國會圖書館接獲更改分類號的陳情信之後，同意換掉舊有的分類號，改以新增的分類號 HQ 76.5（「同性戀、女同性戀——同志解放運動、愛同志運動」）。雖然改變無足輕重，不過是換掉多年來書籍上架的老舊模式，但是成效卻令人振奮。國會圖書館新政策上路的消息傳遍全國，同志權捍衛組織受此激勵，開始一系列的募款行動。短短幾年，男同志政治人物紛紛出櫃，並在加州、紐約州、麻薩諸塞州、奧勒岡州參選公職，其中不少人表示，國會圖書館同意調整同志類書籍的索書號，不啻是替他們打了一劑強心針。此外，經過多年的內部辯論，美國心理學會一九七三年重新定義同性戀，同性戀自此不再被視為精神疾病——此舉為州議會的立法鋪路，規定不得因性傾向而有歧視或差別待遇，否則就是觸法。

一切均始於一次次的小贏。

「小贏的組合並非井然有序、直線式或一系列，也不是按部就班朝預設目標一步步靠近。」知名組織心理學家卡爾・維克（Karl Weick）說。「更常見的情況是七零八落散見各處……一如透過微型實驗，研究測試阻力與機會的內隱理論成立與否。透過一次次實驗，從中找到騷動出現之前隱而未見的資源與障礙。」

這正是發生在菲爾普斯身上的際遇。鮑伯・波曼一開始指導菲爾普斯時，他、菲爾普斯、菲爾普斯母親三人，一起鑽研如何培養「錄影帶」視像以及放鬆的核心習慣，當時波曼與菲爾普斯都對這樣的做法是對是錯毫無頭緒。波曼對我說：「我們一試再試，進行不同的嘗試，直到找出可行的辦法爲止。最後我們發現，最佳辦法就是專心於微不足道的成功時刻，然後將它變成心靈扳機與慣性行爲。每次賽前，我們會進行一系列的活動，目的是幫麥可建立勝利感。

「若你問麥可，賽前他腦袋都想些什麼，他會說，沒想什麼。其實這並非事實，更正確地說，應該是習慣接管了一切。比賽登場時，他已經完成了當天一半的計畫，每一步都高奏凱歌。拉筋伸展完全照計畫進行，暖身泳跟視像如出一轍，耳機播的也全是預錄音樂。實際比賽不過是當天慣性模式的活動之一，除了勝利，還是勝利。贏得比賽是自然而然、預料中的結果。」

回到北京奧運現場，時間是早上九點五十六分，距離正式比賽還有四分鐘。菲爾普斯站在跳台後面，蹬足跳了幾下。聽到播音員叫到自己名字時，站上跳台，然後再走下跳台，一如每次出賽的慣例。他揮動手臂三次，這是他十二歲開始出賽後每次必做的動作。接著再次站上跳台，擺出預備動作，聽到槍響，入水。

菲爾普斯一入水，立刻意識到不對勁。泳鏡竟然有水氣，不知水氣從泳鏡上面還是下面滲進來。[18]但他照常浮出水面，開始向前游去，希望問題不會太嚴重。

到了第二次轉身，視線越來越模糊。第三次轉身進行最後五十公尺衝刺時，泳鏡整個起霧，菲爾普斯什麼也看不到，既看不見泳池底部的水道線，也看不到終點牆面標示的黑色Ｔ字，無法計算還剩幾次划手才能抵達終點。對多數游泳選手而言，在奧運決賽不幸碰到「失明」，往往會驚慌失常。

菲爾普斯鎮靜如常。

除了泳鏡起霧，其他一切全照計畫進行。泳鏡起霧只是無傷大雅的突槌，畢竟事前已預作了準備。波曼有次叫菲爾普斯在密西根一個泳池摸黑練習，心想他必須爲任何意外預作準備。菲爾普斯進行視像時，曾預演過類似意外，知道泳鏡起霧時，該如何因應。

在最後五十公尺，菲爾普斯估算自己還要划手幾下——十九、二十或二十一下吧。他開始數數，全身放鬆，全速前進。在距離終點二十五公尺，他開始加速。終點前的最後衝刺，他爆發力十足，讓他得以傲視其他參賽選手。在第十八下划手，他心想應該快碰到泳壁。他聽得見觀眾吶喊聲，但他看不見，不知道他們是爲他加油，還是爲其他選手打氣。十九下，二十下，看來他還得再划一下，一如他腦部播放的影像。在第二十一下，他將手臂伸到最大距離，成功碰觸池壁。他的時間算得剛剛好。摘掉泳鏡時，他抬頭看了看分數板，在自己名字旁邊寫著「世界記錄」。他又摘下一面金牌。

比賽結束，一位記者問他，摸黑游泳是什麼感覺。

「感覺彷彿在自己預料中。」菲爾普斯答道。這是小贏人生裡又一場勝利。[19]

歐尼爾掌舵美鋁六個月之後，有天三更半夜接到一通電話。亞歷桑納州工廠一位經理慌張告知，一台擠壓機出了問題，無法正常作業，一位員工努力搶修，他年紀輕輕，才進公司幾週，因爲公司的醫療保險涵蓋他懷孕的妻子，所以他非常看重這份工作。

他跨過擠壓機四周的黃色安全護欄，穿過凹槽，發現一鋁片卡住一百八十公分長的機械臂，他用力把該鋁片扯了出來，成功修好機器，身後的機械臂旋即恢復轉動，朝他的頭部一敲，導致頭骨粉碎，當場喪生。[20]

十四小時之後，歐尼爾命令該工廠所有主管以及匹茲堡總公司的高階主管，出席緊急會議。一整天，藉由圖表與錄影帶，不厭其煩還原意外現場，找出數十個造成員工罹難的人爲疏失：包括兩位經理眼睜睜看著死者跨過護欄而未出面阻止；培訓時未強調員工無須爲機器故障負責；未指示員工，動手維修機器之前應先知會經理；未安裝感應器，所以工人踏進凹槽時，機器無法自動停止作業。

「我們害死了這個員工。」一臉沉重的歐尼爾道。「是我領導無方，是我害死了他。身居指揮鏈要津的各位，因爲疏失，害死了他。」

在座所有主管心中一驚，心想，沒錯，意外的確發生了，但意外與悲劇畢竟是美鋁的常態。美鋁是大型企業，員工每天接觸熱滾滾的金屬與危機四伏的機器。高階主管比爾・歐魯克（Bill O'Rourke）說：「保羅是外行領導內行，所以他提出安全第一時，懷疑聲四起。我們心想，新官上任三把火，幾週之後他就會轉移焦點，不過那場會議彷彿替大家洗了腦。他對安全絕非只是虛應故事，往往三更半夜還提心弔膽地睡不著覺，擔心素未謀面員工的安危。從那時開始，改變之輪開始轉動。」

會議結束不到一週，美鋁所有工廠的安全護欄重新漆上亮黃色，新政策陸續出爐。經理告訴員工，不要害怕提出維修方面的建議。相關規定清楚而明白地讓員工知道，員工不得冒險維修機器。警覺性提高之後，工傷率在短期之內顯著下降。美鋁品味了小贏。

歐尼爾再度出擊。

「我要恭賀各位，成功降低意外事故，儘管只花了短短兩週。」他在流通於全公司上下的備忘錄上寫道。「我們不該因爲循規蹈矩或降低意外事故而得意忘形。我們該爲救人一命而慶幸。」員工將這段話影印下來，貼在自己的置物櫃。一名煉鋁廠員工將歐尼爾的肖像製成壁畫，並將上述談話刻在壁畫之下。誠如菲爾普斯的例行練習無關游泳，而與勝利息息相關；歐尼爾對安全所做的諸多努力彷彿滾雪球，啓動改變之輪，但隨之而來的改變無關安全，卻攸關轉型。

歐尼爾對我道：「我對時薪員工說：『若主管未切實遵守安全規定，打電話到我家，這是我家的電話號碼。』員工開始和我電話熱線，但是他們不談工安意外，反而提了更多出色的想法。」

美鋁旗下生產房屋鋁板的工廠，多年來一直走不出困境。主管無法掌握消費者喜歡的顏色，導致產品與市場脫節。他們花了數百萬美元請顧問提供意見，幫忙敲定鋁板的顏色。六個月之後，倉庫堆滿「法拉利黃」的鋁板，但是一夕之間，供不應求的卻是「森林綠」。一位低層員工的建議直接進了總經理辦公室，稱應集合所有噴漆機器，不僅可加速抽換色料的時間，也更能靈活因應顧客需求。一年之內，鋁板的獲利倍增。

小贏始於歐尼爾對安全的重視，結果卻改變了公司氣氛，五花八門的新點子應運而生。一位美鋁主管告訴我：「這位員工十年來一直有此想法，但並未告訴任何一位主管。然後他心想，既然公司一直徵求員工對安全的意見與想法，何不將這異類想法告訴高層呢？我們彷彿獲高人指點，喜獲樂透中獎號碼。」

三

歐尼爾年輕時在政府機關任職，並設計了一套公式，分析聯邦的健保支出。當時嬰兒死亡率居高不下最讓官員頭痛，美國已是全球數一數二的富國，但嬰兒死亡率竟高於歐洲大部分國家與南美若干國家，尤以郊區最為嚴重，㉑不足一歲而死亡的嬰兒人數高得嚇人。

歐尼爾得負責找出原因。他要求好幾個聯邦機構開始分析嬰兒死亡數據，每次有人交差，他就會拋出另外一個問題，藉此深入掌握問題的根本肇因。每次有人完成分析，進入歐尼爾的辦公室交差，歐尼爾便用各種問題逼問他們，沒完沒了的問題逼得大家抓狂，而他一心只想知道得更多更深入，以求釐清眞相。(「我欣賞保羅．歐尼爾，不過你現在付再多錢給我，都不足以說服我再次替他工作。」一位官員對我說。「他這個人每聽到一種回答，一定會逼大家為這答案再苦幹二十小時。」)

舉例而言，一份研究建議，早產是造成嬰兒夭折的最大原因。母親懷孕期間營養不良，導致嬰兒早產。因此要降低嬰兒死亡率，得改善孕婦飲食。簡單的道理，對吧？不過為杜絕營養不良，女性必須在懷孕「之前」改善飲食。換言之，政府必須在女性性生活活躍之前，對女性進行營養教育。所以官員必須爲中學開設營養課程。

不過，歐尼爾追問如何開設這些課程時發現，郊區的中學教師多半不熟悉基礎生物學，無法勝任營養學老師，所以政府必須更改準教師在大學的受教方式，讓他們擁有更紮實的生物學基礎，當了老師後才有能力教導十幾歲青少女營養學，讓他們開始有性生活之前，吃得更健康，成年後身體有充分的養分孕育下一代。

和歐尼爾共事的官員終於找出嬰兒死亡率居高不下，肇因於教師培訓不足。若徵詢醫師或公共衛生官員的意見，鐵定沒有人建議應該從改善教師程度著手。他們一定找不到兩者之間的關聯。不過，大學生修生物學，以後當了老師就可以將知識傳授青少年，青少年吃得更健康，數年後就能生出更勇健的小孩。美國目前嬰兒的死亡率相較於歐尼爾當年新官上任，大幅降低了百分之六十八。[22]

歐尼爾降低嬰兒死亡率的努力與經驗，點出核心習慣誘發改變的第二式：創造有利其他習慣開花結果的基礎與架構。以早產兒夭折爲例，改變準教師在大學受教的課程，系列連鎖反應隨之而起，最後點點滴滴影響了郊區少女的學習方式以及懷孕時期的營養觀。歐尼爾習慣性逼迫其他官員追根究底，直到挖出問題的病根，此舉改寫了政府思索問題（如嬰兒死亡率）的角度與方式。

同理亦可印證於一般人的生活。舉例而言，大約二十年前，傳統認知主張，減重最佳方式莫過於徹底改變生活方式。醫師嚴格要求胖哥胖姐控制飲食，去健身房揮汗運動，定期參加心理輔導（甚至是每天報到），改變日常習慣（如爬樓梯取代搭電梯）。這派思維認爲，唯有徹底改變生活，壞習慣才會「改邪歸正」。

不過長時間實驗與分析後發現，上述方法多半以失敗收場。胖哥胖姐爬了幾週的樓梯，好不容易撐到月底，最後仍嫌麻煩而棄守。一開始雖能克制飲食並加入健身房，㉓但這股拚勁彷彿過眼雲煙，無法持久，結果故態復萌，恢復以往不忌口、久坐不動的行爲模式。一下子被要求改變這麼多，當然不易夙夜匪懈、堅持到底。

二〇〇九年，一群接受國家衛生研究院資助的研究員發表了一篇全新減重法的研究報告。㉔他們訪問了一千六百位肥胖病患，請他們聚精會神把吃進肚裡的東西一一記錄下來，每週至少記錄一天。

萬事起頭難。受訪者一開始要嘛忘了攜帶筆記本，要嘛吞了點心，卻忘了記錄。不過隨著時間，大家慢慢養成一週記錄一天的習慣，有時則不只記錄一天。許多受訪者開始了每天撰寫飲食日記的功課，久而久之養成了習慣，接著出現令人意想不到的結果。

他們分析登錄在日記裡的項目，繼而看出之前未意識到的慣性模式。有人發現，他們習慣在早上十點左右補充點心或零嘴，因而每早「補食」時間一到，便改以蘋果或香蕉取代。其他人則利用飲食日記，計畫下一餐的菜單與食譜，因此晚餐時間一到，他們就照著之前所擬的菜單進食，既吃得健康，又能遠離冰箱的垃圾食物。

這些研究員之前並未給這些肥胖病患任何行爲上的建議，只要求他們每個人每週撥出一天，寫下那天所吃的東西。不過飲食日記這個核心習慣，幫其他習慣打下了基礎與架構，讓其他習慣易於開花結果。研究進行到第六個月，習慣撰寫飲食日記的受訪者，甩掉的肥肉是其他受訪者的兩倍。

一位受訪者告訴我：「沒過多久，飲食日記深烙在我腦裡。我開始以不同的角度與架構思考三餐與食物，不再覺得消沉與憂鬱。」㉕

類似情況也發生在歐尼爾掌舵的美鋁。一如飲食日記提供了有利其他習慣生根的架構與基礎，歐尼爾推動的安全習慣也爲美鋁開創新氣氛，有利催生其他行爲與習慣。歐尼爾上任沒多久，罕見舉動之一是，規定遍及全球的辦公室都得與電子網路連線。回顧一九八〇年代初期，當時個人桌上型電腦與大型國際網際網路連線的現象尚不普及。歐尼爾認爲自己的決定合情合理，稱如此才能打造即時安全數據系統，讓經理與主管參考並互給意見。結果，美鋁發明了第一套名副其實的跨全球企業電子郵件系統。

歐尼爾每早都會上網，並傳訊息確定其他每個人也都在上線。一開始，這套網路以討論安全問題爲主，慣用了電子郵件後，大家開始張貼各式各樣的資訊，諸如在地的市況、銷售配額、營運問題等等。高階主管按規定每週五得交一份報告，讓全公司上下參閱。巴西一位經理利用這套網路寄了一份鋼價變化數據給在紐約的同事。紐約同事利用這份數據，立刻在華爾街幫公司賺了不少銀子。過沒多久，大家利用這套網路進行各式各樣的討論與溝通。「我上傳了一份意外報告，知道每個人都會閱讀，繼而一想，何不上傳定價資訊、其他公司的內幕情報等等？」一位主管對我道。「彷彿我們擁有了祕密武器，對手想都想不透。」

待網路百花齊放，美鋁早已就緒，做好收割的準備。歐尼爾貫徹的核心習慣——員工安全——創造了有利其他作業（電子郵件）的平台與架構，領先其他對手數年之久。

一九九六年左右，歐尼爾掌舵美鋁將近十載。他的領導風格成了哈佛商學院與甘迺迪政府學院的教材。他一再被點名是出任商務部長或國防部長的口袋人選。美鋁員工與工會對他讚不絕口。在他督軍下，美鋁股價漲了逾兩倍。他成了全球公認的成功典範。

一九九六年五月，美鋁在匹茲堡市中心召開股東大會，進入問答階段時，本篤教會修女瑪麗·馬格麗特起身，指責歐尼爾公然說謊。她代表一個社會公益團體，該團體關注美鋁在墨西哥阿庫尼亞分工廠的勞工薪資與工作條件。她指責歐尼爾，稱歐尼爾大讚美鋁安全措施之際，墨西哥的勞工卻飽受危險氣體之害。

「妳說的不是事實。」歐尼爾道。他從筆電裡叫出該工廠的安全記錄。「妳看吧？」他道，在座股東可清楚看見該工廠的安全報告、符合環保規定報告、員工滿意度調查，各個都得到高分。該工廠的負責人羅伯特·巴頓（Robert Barton）是美鋁數一數二資深高階主管。他已進入該公司數十年，敲定數個大規模合作事業。馬格麗特對著在座股東表示，不要相信歐尼爾說的話，說罷便坐下。

會議結束，歐尼爾邀請馬格麗特到他的辦公室。她所屬的教派擁有美鋁五十股股份，努力了幾個月順利爭取到與會權與投票權，希望表決通過檢討墨西哥工廠作業的決議案。歐尼爾問了一下馬格麗特，知道她並未親訪美鋁任何一家工廠。為了安全起見，歐尼爾派了公司人力資源負責人與總顧問飛往墨西哥，調查事情眞相。

兩位主管飛抵工廠，調閱阿庫尼亞工廠的記錄，發現工廠一直未將意外報告送交總公司。股東會議登場前幾個月，該工廠一棟廠房冒出有害氣體。由於這事並不嚴重，工廠負責人巴頓請人安裝了通風設備，將有害氣體抽到室外。因為吸入毒氣而生病的員工，一兩天之後便完全康復。

不過巴頓並未將員工生病一事呈報總公司。

兩位主管返回匹茲堡，將調查結果告知歐尼爾。歐尼爾問：「鮑伯・巴頓知道員工生病這件事嗎？」

「我們並未和他見面，不過顯然他清楚來龍去脈。」

兩天後，巴頓被炒魷魚。

外人對巴頓的際遇感到震驚，畢竟報導文章曾多次提到他是美鋁最有價值也最具分量的高階主管之一。他一離開，幾個大型的合資企業深受打擊。

不過在美鋁內部，沒有人覺得意外。畢竟歐尼爾塑造的企業氣氛與文化，不容知情不報。

「是巴頓自己開除了自己。」他的同仁告訴我。「他根本沒有其他退路或選擇。」

核心習慣激勵廣泛改變的第三式：建立文化，以利新價值深植企業。核心習慣讓開除高階主管這類讓人左右為難的抉擇變得更輕鬆、更容易。高階主管所作所為抵觸企業文化，當然非走不可。有時候，這些文化會以特定字彙形諸於外，久而久之，這些字彙就和該企業連上等號。在美鋁，「核心計畫」、「安全原則」等慣用字彙彷彿百寶箱，裡面應有盡有，涵蓋各種主題，包括優先要務、目標、思考方式等等。

歐尼爾告訴我：「開除一位服務多年的資深主管，對另外一家公司而言可能困難重重，對我則否，因爲企業價值主導一切。巴頓之所以走路，是因他知情不報，剝奪其他人從中學習的機會，而剝奪其他人學習機會可是犯了公司大忌。」

自核心習慣延伸而出的文化存在於每個組織，不管領導人知情與否。舉例而言，研究員分析西點軍校學生時，會檢視他們的在校成績、體能、軍事技能、自制力等等。研究員將上述條件與學生後來能否順利畢業做了一番比對後發現，這些條件均不如所謂的「硬頸精神」（grit）㉖來得重要。所謂硬頸精神是指「面對挑戰不屈不撓，即使遇到挫折、逆境、障礙，也繼續保持努力與熱情」。㉗

硬頸精神到底從何而來？其實它出自學生自創的文化，而這文化往往出自西點軍校灌輸的核心習慣。一位學生告訴我：「讀這間學校非常辛苦。第一年暑假又叫『野獸訓練營』，學生被操得生不如死，因此大批學生在開學前紛紛打退堂鼓。」

「不過我在訓練營結交了一群死黨，大家說好，每天早上聚會一次，確定各個鬥志高昂。每當我覺得沮喪或不安，便找他們幫忙，確信他們會替我打氣。我們只有九個人，自稱九劍客。沒有他們支持，我大概連一個月也撐不下去。」

在西點表現優異的學生，入學時即已具備多項訓練有素的心理與生理習性，不過這些習性不足以支撐他們至畢業。爲求成功，他們需要一套核心習慣，諸如每天和志同道合的死黨聚會，藉此補充能量克服未來的挑戰。核心習慣之所以能改造我們，因爲這些習慣塑造了風氣與氛圍，讓大家在難以抉擇或猶豫不決時，重拾可能會棄守的原則或價值。

二○○○年，歐尼爾自美鋁退休後，答應加入新任總統小布希的團隊，擔任財政部長。*兩年後他離職，而今大部分時間用於指導醫院，藉由改善員工安全、培養核心習慣，協助醫院降低醫療疏失。此外，他也擔任多家企業的董事。

全美的公司與組織前仆後繼落實核心習慣的概念。在IBM，魯・葛斯特納（Lou Gerstner）一開始極力催生的核心習慣是針對研究與銷售的慣性行爲。在麥肯錫顧問公司，核心習慣是口徑對內，廣泛檢討與批評每一項計畫，以求精益求精、更上一層樓。在高盛，風險評估已成核心習慣，每個決定都是深思熟慮的結果。

在美鋁，歐尼爾的精神繼續發酵。即使他已離職，公司的工傷率仍持續下降。二○一○年，百分之八十二的美鋁工廠未因工傷而損失一天的勞動成本，接近歷史新高。其實，軟體公司工程師、電影動畫公司繪圖員、會計公司稅務員的工傷率反而高於美鋁熔鑄廠的工人。

美鋁主管傑夫・夏奇說：「我升任工廠經理的第一天，開車到停車場，看到最靠近正門的停車格均漆上了主管的職銜，指名誰可停這、誰可停那。位高權重的人，享有最佳停車位置。我做的第一件事就是指示維修經理，把漆在地上的職銜全部塗掉。今後，誰最先到工廠，誰就能停在最佳位置。我要讓每個人明白：大家都是工廠的重要人物。這是延伸保羅對員工安全的精神與態度。此舉替工廠注入了活力。過沒多久，大家到廠時間越來越早。」

＊歐尼爾擔任財長期間，表現不如在美鋁出色。他一上任，立刻著手改善勞工安全、創造就業機會、落實長官責任制、消弭非洲貧窮等計畫。不過歐尼爾的政治觀和小布希總統不同調，而且帶頭反對布希的減稅提議。二〇〇二年底，他被迫辭職。歐尼爾對我說：「我覺得有利經濟的正確政策，卻和白宮的主張格格不入。這對財長可不是好消息，所以我被解雇了。」

5 星巴克與讓人成功的習慣

如何讓意志力自動運作？

一

崔維斯·李奇（Travis Leach）九歲的時候，第一次目睹父親嗑藥過量。他們全家剛安頓到一條狹窄巷子尾的小公寓，最近他們常常搬家，每次接到強制搬遷的通知，就會把全部家當丟進黑色塑膠袋，然後在半夜匆忙離開。房東說深夜有太多人在他們家進進出出，擾人清夢。

他們還住在舊家的時候，有時他放學會發現，家裡每個房間都打掃得乾乾淨淨，剩菜被好好包起放在冰箱，一包一包的辣醬和番茄醬也都整整齊齊裝在保鮮盒裡。每次看到這種景象，崔維斯就知道他的父母又暫時拋下海洛因，改吸食安非他命，一整天處於瘋狂打掃的狀態。這往往不是什麼好事。家裡一團亂、爸媽眼睛半開半閉躺在沙發上看卡通的時候，他反而比較有安全感。海洛因的作用消退不會帶來亂七八糟的事。

崔維斯的父親是個喜歡烹飪的和善好人，除了在海軍待過一陣子外，一輩子都住在加州洛代離父母不到幾英里的地方。崔維斯全家搬到小巷子公寓時，崔維斯的母親因爲持有海洛因與賣淫而正在坐牢。崔維斯的雙親基本上是功能性成癮者，全家人維持了表面上的正常。每年夏天他們都會去露營，而大部分的星期五晚上，全家人也會參加崔維斯哥哥姊姊的壘球比賽。崔維斯四歲的時候跟著爸爸去迪士尼玩，樂園員工幫他照下人生第一張照片。家裡的相機已經在幾年前賣給當鋪。

父親嗑藥過量的那天早上，崔維斯和哥哥正在客廳的毯子上玩。每天晚上他們會把毯子鋪在客廳地板上，然後就在那上面睡覺。崔維斯的父親正準備做鬆餅。在那之前，他帶著裝著針筒、湯匙、打火機和棉花棒的襪子走進浴室。過了一陣子，他走出浴室，打開冰箱拿蛋，然後就倒在地上。孩子們衝到冰箱旁的時候，父親身體抽搐，臉色發青。

崔維斯的哥哥姊姊以前看過父母嗑藥過量的樣子，知道怎麼處理。哥哥把父親翻過來，讓臉朝上。接著姊姊掰開他的嘴，防止舌頭堵住喉嚨，然後她叫崔維斯到隔壁向鄰居借電話打一一九。

「我叫崔維斯，我爸暈倒了，我們不知道發生了什麼事，他沒有呼吸。」崔維斯對警局接線生說謊。他才九歲，不過他知道父親爲什麼昏迷不醒，但他不想在鄰居面前說出來。三年前，他父親一個朋友注射毒品後，死在他們家地下室。救護人員帶走那個人的時候，崔維斯和姊姊壓住門，讓推床可以通過，當時鄰居目瞪口呆看著他們，其中一個人親戚的兒子跟崔維斯同班，事情很快傳遍全校。

崔維斯掛掉電話，走到巷尾等救護車。父親那天早上在醫院接受治療，下午在警局被起訴，晚上的時候又回到家。那天他做了義大利麵。幾個星期後，崔維斯度過十歲生日。

●●●

崔維斯十六歲的時候從高中輟學。「我再也受不了別人叫我娘娘腔。」他說。「我再也受不了人們跟著我回家，朝我丟東西。每件事都壓得我喘不過氣。一走了之是比較簡單的解決辦法。」崔維斯搬到南方兩小時車程外的夫雷士諾，找到一份洗車廠工作，後來因爲不服從命令被開除。之後他又在麥當勞和好萊塢影視租片店找到工作，但遇到態度不佳的客人時（「我要的是牧場醬，你白癡啊你！」）他就會失去控制。

「滾出我的車道！」他對著點餐車道上的女人大吼，把雞塊扔到她車上。經理把他拉進去。有的時候他會過度沮喪，班上到一半就開始哭泣。他經常遲到、曠職。早上的時候，他會對著鏡子裡的自己狂吼，要自己振作一點、把一切吞下去，但他沒有辦法與人相處，也不夠堅強，沒有辦法忍受每天都會遇到的責罵與侮辱。收銀機前隊伍排得太長、經理大聲斥責他的時候，他的手就會開始發抖，整個人無法呼吸。他忍不住想，爸媽開始吸毒的時候，是不是就是這種感覺，這種對生活全然無助的感覺。

好萊塢影視的一個常客慢慢和崔維斯熟起來。一天，他建議崔維斯到星巴克工作：「我們要在華盛頓堡開新分店，我會是那家店的副經理。你去應徵吧。」一個月後，崔維斯成爲早班店員。

那件事發生在六年前。如今二十五歲的崔維斯是兩家星巴克分店的經理，底下掌管四十位員工，每年負責超過兩百萬美元的營收。他的年薪是四萬四千美元，擁有四〇一K退休金帳戶，而且沒有負債。他上班從來不曾遲到，也不會在工作的時候心情沮喪。他的一位員工因爲顧客對她大吼大叫而哭起來的時候，他把她帶到一邊。

崔維斯告訴她：「圍裙就是妳的盾牌。不管誰說了甚麼都不能傷害妳。妳會和自己想的一樣勇敢。」

崔維斯是在星巴克的訓練課程學到那一課。從他上班的第一天起，在整個他當員工的期間，他一直在接受一項教育課程。課程的規畫十分完善，完成整套課程還可以取得大學學分。崔維斯說那個訓練課程改變了他的人生。星巴克教他如何生活、如何讓自己專心、如何準時上班，以及如何控管自己的情緒。最重要的是，那個課程教他意志力。

他告訴我：「星巴克是我一生中遇到最重要的事。這間企業是我的大恩人。」

●●●

對崔維斯以及其他成千上萬的人來說，星巴克如同其他少數企業，成功傳授了這種學校、家庭、社區都沒有教的生活技能。星巴克目前有十三萬七千名員工，超過一百萬人在這家企業工作過。從某個意義上來說，星巴克現在是全美國最大的教育機構。所有的員工光是在工作的第一年，就要花五十個小時以上的時間待在星巴克的課堂，在家還要再多花數十小時研讀星巴克的工作手冊，而且還要跟星巴克指派給他們的導師談話。

這個教育課程的核心在於密集關注一個非常重要的習慣：意志力。許多研究顯示，一個人要能成功，意志力是最重要的核心習慣。①舉例來說，賓州大學的研究人員在二〇〇五年做過一項研究，他們測量一百六十四名八年級學生的ＩＱ以及其他因素，像是利用自我控制測驗評估他們展現多少意志力，然後加以分析。

展現高意志力的學生比較可能在班上得高分，也比較可能進入入學標準嚴格的學校。他們比較不常缺課，而且比較少看電視、花較多小時做功課。研究人員表示：「高度自律的青少年在所有的學業表現變項，表現都超過較爲衝動的同學。自律程度能預測學業表現的程度高過ＩＱ。此外，自律還能預測哪些學生能夠在學年之中改善成績，ＩＱ則沒有辦法預測……自律對於學業表現的影響力高過智力天賦。」[2]

賓州大學的研究人員安琪拉・杜克沃斯（Angela Duckworth）告訴我，研究顯示，幫助學生成功、增強意志力最好的辦法，就是習慣成自然。「有的時候很能自制的人看起來不需要花什麼力氣就能自制，但那是因爲他們已經讓自制變成一種自發行爲。他們不需要用頭腦想，意志力自然就會發生。」

對於星巴克來說，意志力不只是學術上一個引人入勝的問題。一九九〇年代星巴克大張旗鼓準備擴張的時候，主管已經體認到如果要成功，就必須營造一種喝一杯咖啡要四美元也很合理的環境。公司必須訓練員工，讓員工在遞拿鐵與司康點心的時候，也能帶來一點愉悅的心情。因此，星巴克很早就開始研究怎麼樣能教導員工控制自己的情緒，讓他們嚴格自制，服務每一位客人的時候都能神采奕奕。星巴克必須訓練櫃台人員拋開自己的私人問題，否則某些員工的情緒不可避免會影響他們對待顧客的態度。相反的，如果員工知道如何保持專注與遵守紀律，那麼就算是在輪班八小時的尾聲，也能夠提供星巴克顧客所期待的高品質快餐服務。

星巴克花了幾百萬美元研發訓練員工自制的課程。主管撰寫的工作手冊[3]其實是教導如何讓意志力成為員工生活習慣的指南。星巴克能從一間「夜已眠」的西雅圖公司，變成一家有一萬七千多家分店、年營收超過百億美元的巨人，那些課程是部分原因。

所以星巴克究竟是怎麼做的？他們如何聘用像崔維斯那樣的人（藥物成癮人之子、高中輟學生、沒辦法自我控制以致保不住麥當勞的工作），然後訓練到可以領導數十位員工，並且掌管每個月營收達幾十萬美元的分店？崔維斯究竟學到什麼？

二

每個走進凱斯西儲大學那個實驗地點的人都同意一件事：餅乾聞起來好香。餅乾剛剛出爐，像小山一樣堆在桌上的碗裡，而且裡頭還有巧克力脆片。餅乾旁則是一碗小蘿蔔。每天的實驗過程中，飢腸轆轆的學生走進來，坐在兩種食物前面，然後在不知情的情況下，參與了測試意志力的實驗。這個實驗將扭轉人們對於自制力作用方式的認知。

當時學術界沒有多少深入的意志力研究。心理學家認為，這類主題屬於所謂的「自我規範」（self-regulation）的面向，但這並不是一個很多人感興趣的領域。一九六〇年代有個著名的實驗，史丹佛的科學家測試一群四歲孩童的意志力。孩子們被帶進一個房間，實驗人員給他們看棉花糖和其他很多的點心，然後告訴他們，他們可以現在就吃一個棉花糖，或是如果他們能夠等個幾分鐘，等一下可以吃兩個，接著研究人員離開房間。有些孩子受不了誘惑，大人一離開房間就馬上吃掉棉花糖。百分之三十左右的孩子則可以忍住自己的衝動，十五分鐘後研究人員回來的時候，得到雙倍點心。等待期間，實驗人員在雙面鏡後觀察孩子的一舉一動，留心觀看那些孩子擁有足夠的自我控制能力，可以贏得第二個棉花糖。

幾年後，他們追蹤多位參與此次實驗的孩子，現在他們都進了高中。研究人員詢問他們的學校成績與大學入學SAT測驗分數，維持友誼的能力，以及「解決重大問題」的能力。研究人員發現，相較於其他所有的人，四歲時能夠延遲滿足自己最長時間的孩子，他們的學業成績最好，而且SAT分數平均高出兩百一十分。他們比較受歡迎，也比較少吸毒。這似乎是在說，如果你在學齡前就知道如何避免棉花糖的誘惑，長大後也會知道怎麼樣讓自己準時進教室與寫完功課，而且也會知道如何交朋友與抗拒同儕壓力，能夠忽視棉花糖的孩子似乎擁有自我規範的技巧，讓自己的一生擁有優勢。④

科學家開始做相關實驗，試圖找出如何幫助孩子增加自我規範的技巧。他們發現，教孩子簡單的竅門，像是靠畫圖來分散自己的注意力，或是想像棉花糖的外面有一個框框，讓棉花糖感覺比較像是一張照片，而不是眞正的誘惑，可以幫助他們學習控制自己。一九八〇年代出現一個被廣爲接受的理論：意志力是一種可以學習的技能，可以用教寫數學題與教「說謝謝」的同樣方法教給孩子，但這類研究很少有補助，意志力這個題目並不流行。許多史丹佛的科學家改從事其他領域的研究。

然而，馬克．穆拉文（Mark Muraven）等一群凱斯西儲大學的心理學博士候選人在一九九〇年代中期發現這些實驗，他們開始問先前的實驗似乎沒有回答的問題。穆拉文認爲「意志力是一種技能」模型未能提出讓人完全信服的解釋，因爲畢竟技能是一種每天都很穩定的東西。如果你星期三擁有煎蛋捲的技能，星期五還是會煎。

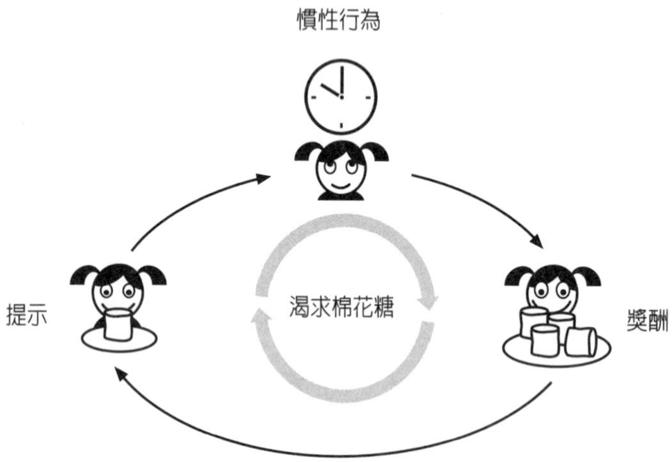

當孩子學習延遲渴求的習慣……

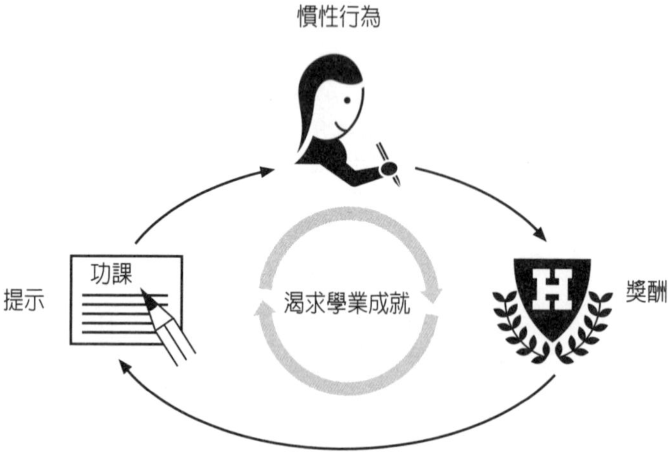

慣性行為

功課

提示

渴求學業成就

獎酬

相關習慣影響到生活其他面向

然而，以穆拉文個人的經驗來說，他覺得自己好像經常會忘記如何讓意志力發揮作用。有的時候晚上做完一天的工作回家後，他可以毫無困難去慢跑，然而有的時候他怎麼樣都提不起勁，只能賴在沙發上看電視，就好像他的腦袋（或至少是負責叫他運動的那部分的腦部）忘記如何召喚意志力以及把他推到門外。在某些日子，他會遵循健康飲食，但在某些疲累的日子，他會衝到自動販賣機前，用糖果和洋芋片餵飽自己。

穆拉文好奇，如果意志力是一種技能，爲什麼意志力不會每天保持穩定？他懷疑意志力還有先前實驗沒有披露的一面，但這要如何在實驗室裡測試出來？

●●●

穆拉文的解決辦法是在實驗室裡擺一碗剛烤好的餅乾與一碗小蘿蔔。整間房間基本上放著一個裝著雙面鏡的櫃子，還有一張桌子、一張木椅、一個手搖鈴和一台小烤箱。他們找來六十七位大學生參與實驗，並要求他們禁食一餐。大學生一個接著一個坐在兩個大碗前面。

研究人員告訴所有的學生：「這個實驗的目的是測試味覺。」這不是眞的。這個實驗的目的其實是迫使學生（但只有部分學生）使用他們的意志力。爲了達成實驗目的，他們請一半的大學生吃餅乾，不要管小蘿蔔；另一半的大學生則請他們吃小蘿蔔，不要管餅乾。穆拉文的理論是忽視餅乾很難，需要意志力才能做到。另一方面，忽視小蘿蔔則幾乎不費吹灰之力。

研究人員告訴受試者：「記住，只能吃你被指定的食物」，然後離開房間。

只剩自己一個人的時候，學生開始吃東西。負責吃餅乾的人宛如置身天堂，負責吃小蘿蔔的人則痛苦萬分，可憐的他們必須強迫自己忽視熱烘烘的餅乾。研究者利用雙面鏡觀察到一位負責吃小蘿蔔的受試者拿起一塊餅乾聞了聞，好像很想吃的樣子，然後又放回碗裡。另一位受試者則一把抓住好幾塊餅乾，放下，然後舔了舔融化在手指上的巧克力。

五分鐘後，研究人員再次進入房間。穆拉文假設，此時小蘿蔔組的意志力已經因爲必須吃苦澀蔬菜與忽視眼前甜食被消磨殆盡，餅乾組則幾乎沒動用多少自制力。

研究人員告訴每一位受試者：「我們必須等十五分鐘，讓你剛才吃的東西的感官記憶消退。」她要他們完成一個益智遊戲打發時間。遊戲看起來很簡單：一筆畫一個幾何圖案，鉛筆不能離開紙張，同樣的線不能走兩次。研究人員說，如果你不想玩了就搖鈴。並暗示這個遊戲一下子就能完成。

事實上，那是個無解的題目。

這個遊戲的目的不是打發時間，而是實驗最重要的部分。要能不放棄這個益智遊戲一直玩下去，需要強大的意志力，特別是每次試、每次失敗的時候。科學家想知道，已經因爲必須忍住不吃餅乾而耗費衆多意志力的學生，會不會比較快放棄這個遊戲？換句話說，意志力是否爲有限的資源？

研究人員待在雙面鏡後面觀察。先前負責吃餅乾的學生帶著絲毫未損的充沛自制力開始玩遊戲。一般來說，他們看起來都很輕鬆。其中一個人試著用很直接的方法走，只要碰壁就重走一遍，然後又一遍，然後又一遍。有些人在研究人員要他們停止之前，試了半小時以上。平均來說，餅乾組的人會花近十九分鐘試著完成那個益智遊戲，然後才搖鈴。

意志力已經耗盡的小蘿蔔組情況則完全不同，他們一邊試著解謎，嘴裡一邊碎碎念，心情沮喪。一位受試者抱怨這整個實驗是在浪費時間，有些受試者把頭放在桌上並閉上眼睛，其中一個人在研究人員再次進入房間時對她咆哮。平均來說，小蘿蔔組只花了大約八分鐘就放棄，堅持的時間比餅乾組少百分之六十。最後研究人員問他們感覺如何的時候，小蘿蔔組中的一個人說自己「受夠了這個愚蠢的實驗」。

穆拉文告訴我：「讓人們用一點意志力忽視餅乾之後，我們讓他們進入一種更快放棄的狀態。我們試驗過這個點子後，出現了兩百多個類似的研究，那些研究都發現同樣的事。意志力不只是一種技能，那是一種肌肉，就像是手臂或腿上的肌肉，用得愈多就會愈累，所以還要用在其他事情上面的時候，就剩得更少。」

研究人員在此一發現的基礎上，解釋各式各樣的現象。有些人認爲這可以幫忙解釋，爲什麼有些各方面都很成功的人士會屈服於外遇的誘惑（外遇很可能發生在晚上忙了一整天、意志力已經消耗在工作上後），或是爲什麼優秀的醫生會做出愚蠢的決定（這種事大多發生在醫生完成一個需要高度集中精神的冗長複雜任務後）。⑤穆拉文告訴我：「如果你想做一件需要意志力的事，像是下班後去跑步，你在白天的時候就必須儲備意志力肌肉的精力。如果你太早就因爲無聊的工作用完意志力，像是寫電子郵件或是填複雜又無聊的支出明細表，等你回到家的時候，所有的力氣早就耗盡。」⑥

但這個類比能延伸到什麼程度？鍛鍊意志力肌肉會讓肌肉更強壯，就像啞鈴可以讓二頭肌更強壯一樣嗎？

●●●

二〇〇六年的時候，兩位澳洲研究人員梅根・奧登（Megan Oaten）與肯・陳（Ken Cheng）試著回答那個問題，他們設計了一個意志力健身實驗，募集二十四位年紀介於十八歲到五十歲的自願者參加爲期兩個月的健身計畫，⑦參加者必須循序漸進增加舉重、阻力訓練與有氧運動的運動量。一週又一週，參加者強迫自己增加運動次數，每次上健身房都需要動用愈來愈多的意志力。

兩個月後，研究人員檢視參加者生活中的其他面向，了解在健身房用上更多意志力的時候，是否會讓參加者在家中也擁有更多意志力。實驗開始前，大部分的受試者都承認自己是沙發馬鈴薯。兩個月過後，他們的體態自然而然變好，但他們人生的其他面向也變得更健康。他們在健身房待的時間愈久，吸菸量愈少，攝取的酒精、咖啡因、垃圾食物量也愈少。他們花更多小時在家裡做正事，更少小時看電視，沮喪程度也下降。

奧登與陳猜想或許那些結果與意志力無關。會不會運動就是會讓人更快樂、更不想吃速食？

所以他們設計了另一項實驗。⑧這次他們找來二十九位自願者參加一項爲期四個月的金錢管理計畫。他們訂定儲蓄目標，要求參加者拒絕奢侈享受，像是在餐廳用餐或看電影。參加者必須詳細記錄自己買的每一樣東西。一開始的時候，參加者覺得很麻煩，但漸漸地他們運用自律精神記下每一筆消費。

計畫進行的時間愈長，參加者的財務情形也跟著改善。更令人驚訝的是，這些參加者吸的菸以及攝取的酒精與咖啡因量同樣也減少了：他們平均每天少喝兩杯咖啡、兩杯啤酒，吸菸者則少抽十五根菸。⑨他們吃的垃圾食物變少，工作與念書也更有效率。實驗結果如同先前的運動研究：人們在生活的某部分增強意志力肌肉時，像是健身房或金錢管理計畫，那份力量會延伸到他們的飲食或工作努力的程度。意志力一旦增強後，就會影響所有層面。

奧登與陳又做了一項實驗。他們招募四十五位學生參加課業加強計畫，⑩計畫的重點是養成讀書習慣。不出所料，參加者的學習技巧進步了。另外，學生的吸菸量、飲酒量與看電視的時間也減少。他們增加運動量，同時也吃得更健康，雖然這項課業計畫完全沒有提到這些事。這次實驗的結果同樣是意志力肌肉增強後，好習慣似乎也延伸到學生生活的其他部分。

達特茅斯大學的意志力研究人員陶德・海瑟頓⑪說：「你學會強迫自己上健身房、開始做作業、吃沙拉不吃漢堡的時候，發生的其中一件事是你開始改變你的思考方式。參加者更能控制自己的衝動，學習如何讓自己不去注意誘惑。一旦進入意志力的軌道，腦袋就被訓練幫助你專注在目標上。」

目前有數百位研究者正在研究意志力，幾乎各主要大學都有這樣的研究。費城、西雅圖、紐約等地的公立學校與特許學校已經開始把意志力加強課程納入學校課程。教導自我控制是「知識即力量計畫」（Knowledge Is Power Program，簡稱KIPP，成員爲全美低收入戶學生特許學校）學校的辦學理念（一間費城KIPP學校給學生寫著「不要吃棉花糖」的衣服），很多這類學校已經大幅提升學生的考試成績。⑫

海瑟頓說：「那就是為什麼讓孩子上鋼琴課或參加運動那麼重要。這跟培養優秀音樂家或五歲大的足球明星無關。你學習強迫自己練一個小時或跑十五圈的時候，就是在增加自我規範的力量。一個能在五歲時追著球跑十分鐘的孩子，六年級的時候能夠準時寫作業。」⑬

意志力研究成為科學期刊與新聞熱門主題的同時，相關研究也開始慢慢進入美國企業。星巴克等企業（Gap 服飾、沃爾瑪連鎖店、餐廳，以及其他所有依賴初階員工的企業）全都面對一個同樣的問題：不論他們的員工有多想好好工作，很多還是失敗，因為他們缺乏自我約束的能力。他們上班遲到，對著奧客發飆，工作環境所發生的不愉快事件會讓他們分心，或是讓他們深陷其中。他們會無故辭職。

過去十多年來，克莉絲汀・戴普提（Christine Deputy）協助監督星巴克的訓練課程。戴普提表示：「對很多員工來說，星巴克讓他們接觸到生平第一次的專業訓練。如果父母、老師一輩子都在告訴你該做些什麼，然後突然間顧客對著你吼，老闆又忙到沒辦法指導你，你可能會感到無法解決排山倒海的壓力。很多人無法跨過那個轉換，所以我們試著找出如何讓員工擁有他們在高中沒學到的自律。」

然而，雖然「小蘿蔔與餅乾」研究提供了與自制力相關的發現，星巴克等企業試著把研究結果運用在工作場所時則遭遇問題。企業贊助減重課程，⑭讓員工免費成為健身房會員，希望成效也會擴及員工販售咖啡的方式，結果參加的人只有小貓兩三隻。員工抱怨，工作一整天後還要聽課或到健身房運動，實在很困難。穆拉文說：「如果有人在工作的時候就無法自律，大概也很難要他們下班之後參加增強自律能力的課程。」

然而星巴克下定決心解決這個問題。公司在二〇〇七年的擴張高峰，一天開七家新分店，[15]一星期要聘用一千五百名新進人員，訓練這些員工提供優質的顧客服務是刻不容緩的事：他們除了必須準時上班、不可以對客人發脾氣、要帶著笑容服務所有人，還必須記住每個人點的東西。如果可能的話，最好還能記住每位顧客的名字。人們期待一杯昂貴咖啡送上來的時候會讓人心情愉悅。前星巴克總裁霍華德・畢哈（Howard Behar）告訴我：「我們不是服務人群的咖啡店，而是提供咖啡的『人的事業』。我們的整體企業模式建立在出色的顧客服務。沒有出色的顧客服務，我們什麼都不是。」

星巴克發現，解決之道在於把自律變成一種組織習慣。

三

一九九二年，英國一位心理學家走進兩間蘇格蘭最忙碌的骨科醫院，徵求六十位病患參加一項實驗，希望透過這項實驗，闡明如何讓高度抗拒改變的人增加意志力。[16]

參加的病患平均年齡六十八歲，大部分年收入低於一萬美元，學歷都在高中以下。這些病患最近全部接受過髖關節或膝關節置換手術，不過由於貧窮、教育程度不高，許多人都等了好幾年才能動手術。他們是退休人士、高齡技工與店員，處於人生的最後階段，而且大多不想重新來過。

髖關節與膝關節置換術的復原之路十分艱辛。手術過程必須切斷關節肌肉、鋸開骨頭。復原的時候，就算是最小的動作（像是在床上動一下或彎曲關節）也會帶來劇痛。然而，病患從手術醒來後，幾乎就必須馬上開始運動。他們必須在肌肉與皮膚的傷口癒合前，就開始移動雙腿與臀部，否則疤痕組織會堵塞關節，讓關節失去靈活性。此外，如果病患不開始運動的話，可能會有血栓風險，但由於實在太痛，很多人常常不去復健。病患常常會拒絕遵循醫囑，老年人尤其如此。

這項蘇格蘭研究的參與者是最可能不做復健的類型。進行這項實驗的科學家想了解，是否有可能幫助這些人控制他們的意志力。手術過後，她給每位病患一本寫著詳細復健行程的小冊子，小冊子的後面是十三張副頁，一星期一頁，上面有空白處與填寫指示：「本週我的目標是。請明確寫下你會做什麼。範例：如果本週你要散步，請寫下散步地點與時間。」科學家要求病患在每一頁寫下明確計畫，接著比較兩組人員的復原情形，一組是寫下目標的病患，一組是拿到相同小冊子但沒有寫下任何東西的病患。

給人們幾張空白的紙，就想改變他們的術後復原速度，聽起來很荒謬，但三個月後研究人員探訪那些病患的時候，卻發現兩組病患之間有著極大的差異。在小冊子裡寫下計畫的人開始散步的速度，快沒寫的人近兩倍。他們開始無須他人協助就自己上下椅子的速度則快幾乎三倍。相較於沒有事先寫下計畫的人，他們開始自己穿鞋、洗衣、做飯的時間也較快。

心理學家想了解原因。她檢視這些人的小冊子後發現，幾乎所有的空白頁都被填滿最日常的復健明確細節，例如一位病患寫上：「我明天會走路去公車站牌迎接太太下班。」然後又寫下他會何時出門、路線是什麼、他會穿什麼衣服、如果下雨的話他會穿哪件外套，以及萬一疼痛讓人

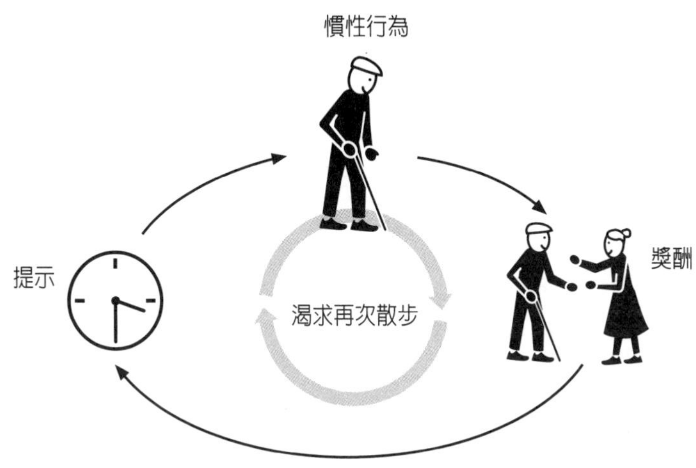

病患設計意志力習慣，幫助自己克服痛苦的轉折點

無法承受，他要吃什麼藥。另一位病患在類似的實驗，則寫下一連串每次進浴室的時候，他會做什麼運動的明確行事曆。第三位則一分鐘、一分鐘寫下在街區散步的時候他要做什麼。

心理學家檢視這些小冊子的時候，發現許多計畫都有一些共同點：那些計畫詳細記錄病患在某個預定計畫的特定時刻，他們準備怎麼做，像是會在進浴室的途中運動的那位男士，知道自己每次從沙發站起來的時候，都會像一場酷刑，所以他寫下應對那個疼痛的計畫：馬上自動跨出第一步，才不會想要再次坐下。到公車站牌等妻子的那位病患害怕下午時分，因為每天那個時候他要進行最漫長、最痛苦的散步，所以他詳細寫下每個可能碰到的障礙物，並事先寫下解決辦法。

換句話說，那些病患的計畫都與「轉折點」有關，他們知道他們的疼痛感在哪些時候會最強（也就是最容易放棄的時刻），他們是在告訴自己要怎麼樣度過那些難關。

他們每個人都運用直覺，採取廣告大師霍普金斯販售白速得牙膏的相同原則。他們找出簡單的提示與明顯的獎勵，例如到公車站牌接太太的男人找到一個簡單的提示：三點半了，她正在回家的途中！然後他清楚定義自己的獎勵：親愛的，我到了！走到一半想放棄的時候，那位病患會忽視那個誘惑，因爲他已經讓自律變成一種習慣。

沒有理由其他病患（沒有寫下康復計畫的人）不能有同樣的行爲。所有的病患在醫院都聽過同樣的勸戒警告。他們全都知道自己要復原就得運動，他們全都花幾星期參加復健。

然而，沒有寫下任何計畫的病患卻處在非常不利的位置，因爲他們從來沒有事先設想如何克服疼痛的轉折點，他們不曾刻意計畫養成意志力的習慣。就算他們想在街區走一走，走幾步路痛到不行的時候，他們的決心就離他們而去。

● ● ●

星巴克讓員工免費上健身房與減重工作坊，希望能藉此增加他們的意志力。這個方法失敗後，主管決定他們需要採取新方法。他們開始更仔細觀察店裡究竟會發生什麼事，結果發現員工就和蘇格蘭的病患一樣，碰到轉折點的時候就會表現不佳。他們需要組織習慣來讓他們更能喚起自律能力。

星巴克主管判定，從某個層面來說他們對於意志力的設想完全錯誤。他們觀察後發現，喪失意志力的員工在平日大部分的時間，工作都沒有問題。在平常日，缺乏意志力的員工的工作表現與其他人沒什麼不同，但有的時候那些員工會失去控制，自制力消失得無影無蹤，特別是如果面對了壓力或不確定的情況，像是碰到咆哮的客人時，一個平常很鎮定的員工可能會情緒爆發。一群不耐煩的顧客也可能讓店員不知所措，突然間快哭出來。⑰

員工真正需要的東西是如何處理轉折點的明確指示，某種類似於蘇格蘭病患小冊子的東西，也就是他們的意志力肌肉無力的時候，可以遵循的固定流程。因此，星巴克制定新的訓練教材，詳細寫出員工在遇到困難的時候，應該採取什麼固定步驟。新手冊教導員工如何應對特定的提示，像是大吼大叫的顧客或大排長龍的結帳人潮。經理用角色扮演的方式訓練員工，直到員工能夠自動反應。公司找出明確的獎勵，⑱像是感激的顧客或經理的稱讚，得到這些獎勵的時候，員工就知道他們做得很好。

星巴克提供自己的員工意志力習慣迴路，讓他們知道如何處理不愉快的時刻。

例如崔維斯開始在星巴克工作的時候，他的經理立刻教他那些習慣。他告訴他：「這份工作最困難的地方在於處理憤怒的顧客。如果有人因爲飲料弄錯，跑來把你罵得狗血淋頭，這個時候你的第一個反應是什麼？」

崔維斯說：「我不知道。我猜我會有點害怕，或者我會生氣。」

崔維斯的經理說：「那是很自然的反應，但我們的工作是提供最優質的顧客服務，即使有壓力的時候也是一樣。」經理翻開星巴克手冊，讓崔維斯看一個有很多空白處的頁面。上面寫著：「顧客不開心的時候，我的對策是……」

經理說：「你可以利用這本工作手冊設想不愉快的情形，然後寫下應對計畫。我們有一種方法叫做拿鐵法（LATTE）。我們傾聽（Listen）顧客的聲音，表示我們聽到了（Acknowledge）他們

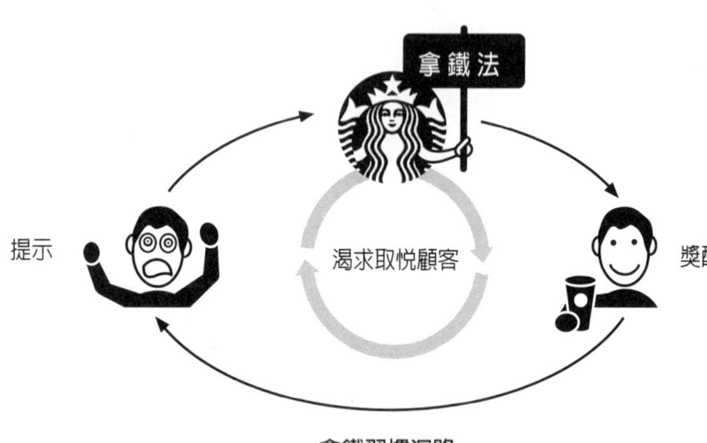

的抱怨，並採取行動（Take action）解決問題。我們謝謝（Thank）他們，然後解釋（Explain）爲什麼會發生那個問題。⑲

「現在請你花幾分鐘的時間，寫下一個處理憤怒顧客的計畫。記得要用拿鐵法，然後我們來角色扮演一下。」

星巴克有多套固定流程，教導員工在面對壓力轉折點的時候應該如何應對，像是遇到批評時的「什麼、什麼、爲什麼法」（What What Why），以及店內忙碌時的「了解、發現、回應」（Connect, Discover, and Respond）點餐法。學習而來的習慣可以幫助店員判斷兩種顧客，一種是急著要咖啡的人（「行色匆匆、講話急促的顧客，他們的樣子可能不太耐煩，或是眼睛盯著錶」），一種是需要一點溫暖問候的人（「一個知道其他店員名字的常客，這種客人通常每天會點一樣的飲料」）。整本訓練手冊裡有許多空白頁，員工可以寫下計畫，預先準備自己要如何克服轉折點，然後他們可以演練那些計畫，一遍又一遍練習，直到他們不用思考就能反應。[20]

意志力就是這樣變成習慣：事先選擇某個特定行爲，然後轉折點來臨的時候就進行那套慣性行爲。蘇格蘭病患塡寫小冊子或崔維斯學習「拿鐵法」的時候，他們事先決定要如何對提示（疼痛的肌肉或憤怒的顧客）反應。提示出現的時候則出現慣性行爲。

星巴克不是唯一運用類似訓練方法的企業，例如世界最大稅務金融服務公司德勤管理顧問的員工會接受一個名爲「重要時刻」（Moments That Matter）的訓練，訓練重點是處理轉折點，像是客戶抱怨費用、同事被開除，或是某位德勤顧問犯錯的時候。以上這些時刻都有預設好的慣性行爲：好奇探究、說其他人不願意說的話、運用「555法則」，以引導員工做出他們應有的反應。儲物用品連鎖店「貨櫃商店」（Container Store）的員工光是在進公司第一年，就要接受一百八十五小時以上的訓練，學習認出轉折點，像是憤怒的同事或壓力過大的顧客，此外他們還要學習慣性行爲，像是安撫顧客或排解糾紛。舉例來說，如果他們看到一位顧客走進來的時候看起來壓力過大，員工會馬上請他們想像家中他們想要整理的地方，然後描述如果每個東西都歸位了，他們會有什麼感覺。「貨櫃商店」執行長告訴記者：「有客人跑來告訴我們：『這比看我的心理醫師有用。』」[21]

四

從某些角度來看，讓星巴克成爲巨人的霍華・舒茲（Howard Schultz）[22]與崔維斯的生長背景十分類似。舒茲在紐約布魯克林的公共住宅區長大，他和父母、兩名手足住在一個兩房公寓。七歲的時候，父親因爲腳踝受傷，丟掉尿布送貨的工作，全家生計頓時陷入困境。父親腳傷痊癒後，開始了一連串的低薪工作，舒茲告訴我：「我父親自尊受挫，從來沒有找到自己的路，我感覺他的人生原本還有更多可能性。」

舒茲的學校是個擁擠、鬧哄哄的地方，孩子們在柏油操場上玩著美式足球、棒球、壘球、拳擊球、摑球，以及任何他們想得出來的遊戲。如果你的隊輸了，可能要排一個小時才能再玩一次，所以舒茲讓自己的隊無論如何每次都要贏。他會帶著手肘與膝蓋上的血痕回家，母親則會用溼布輕輕幫他擦拭，告訴他：「你永遠都不能放棄。」

舒茲的好勝心讓他拿到大學美式足球獎學金（他後來下巴受傷，再也沒有出賽），拿到傳播學位，最後在紐約市找到一份全錄的推銷工作。他每天早上醒來後會拜訪一間新的中城商業大樓，搭電梯到頂樓，然後一間一間敲門，禮貌詢問是否有人對碳粉或影印機有興趣。接著他會搭電梯到下一樓，再次一間間詢問。

一九八〇年代早期，舒茲爲一家塑膠產品製造商工作。他注意到西雅圖一家沒什麼名氣的零售商訂購了數量不尋常的咖啡濾杯。他飛到西雅圖，愛上那家公司。兩年後，他聽說當時只有六家分店的星巴克要出售的時候，他向身邊所有人借錢，買下了星巴克。

那年是一九八七年。三年內，星巴克變成八十四家店。六年內，星巴克擁有超過一千家分店。今日的星巴克則在五十多國擁有一萬七千間分店。

爲什麼舒茲後來的人生如此不同於操場上其他孩子？他的老同學們今天有的是布魯克林區的警察與消防員，有的在坐牢，他則身家超過十億美元，還被譽爲二十世紀最偉大的執行長。他是從哪裡找到那股決心、那種意志力，從公家住宅爬上私人飛機？

舒茲告訴我：「我也不曉得。我的母親總是說：『你會是第一個上大學的人，你會成爲專業人士，你會讓我們全都以你爲榮。』她會問三個小問題：『你今天晚上要讀什麼書？你明天要做什麼？你怎麼知道考試已經準備好了？』這些問題訓練我設定目標。」

舒茲說：「我真的很幸運，而且我真心相信，如果你告訴人們他們擁有成功的特質，他們會證明你是對的。」

舒茲專注於員工訓練與顧客服務，讓星巴克成爲世界上最成功的企業。多年來他親自參與公司幾乎所有層面的營運。二〇〇〇年的時候他累了，把日常營運事務交給其他主管，那也是星巴克開始走下坡的時候。幾年內顧客開始抱怨飲料與顧客服務的品質。星巴克的主管忙著瘋狂擴張，常常無視於那些抱怨。員工愈來愈不開心，調查顯示人們開始把星巴克和「不熱的咖啡」與「假笑」連上等號。

看到這種情況，舒茲在二〇〇八年重新擔任執行長。他的第一要務是重新調整公司的訓練計畫，再次把重心放在幾件事上，包括加強員工（星巴克把員工稱爲「夥伴」）的意志力與自信。舒茲告訴我：「我們必須贏回顧客與夥伴的信任。」

大約在同一時期，一批新的研究開始出現。那些研究用較爲不同的角度來看意志力的科學。研究人員注意到有些人跟崔維斯一樣，非常容易就能養成意志力的習慣，有些人則不管接受多少訓練與鼓勵，還是很難辦到。究竟是什麼原因造成這種差異？

凱斯西儲大學的穆拉文那個時候已經成爲紐約州立大學阿爾巴尼分校的教授，[23]他把大學生集合在一間房間，裡面放著剛烤好的熱餅乾，然後要他們忽視那些餅乾。一半的受試者得到彬彬有禮的對待，研究人員告訴他們：「我們要麻煩您一件事，請不要吃那些餅乾好嗎？」接著她說明這次的實驗目的，解釋這是爲了評量他們抵抗誘惑的能力，同時還感謝他們撥出時間參與這次的實驗。「如果您對於我們如何能改進這項實驗有任何意見或想法，請讓我們知道。希望您能協助我們讓這項實驗趨於完美。」

另外一半的受試者則沒有這種待遇，只有冷冰冰的命令。

研究人員告訴他們：「不准吃那些餅乾。」她沒有解釋實驗目的，沒有說好話，也沒有對他們的意見表示任何興趣。她叫他們遵守指令，告訴他們：「我們現在開始。」

研究人員離開房間後，有五分鐘的時間兩組學生都必須忽視熱餅乾，結果沒有任何人屈服於誘惑。

然後實驗人員又回來，要每位學生看著電腦螢幕。螢幕設定每五百毫秒就會閃過一個數字。實驗人員要求受試者每次如果看到「6」後面接了「4」，就按一下空白鍵。這已經成爲測量意志力的標準做法：留心一連串閃過的無聊數字所需的注意力，近似嘗試解開無解的謎題。

得到和善對待的學生表現良好。電腦閃過數字「6」又閃過「4」的時候，他們按下空白鍵。整整十二分鐘內，他們都能保持專注。雖然他們必須忽視餅乾，他們還有意志力可以用。

被粗魯對待的學生表現則極爲差勁。他們一直忘了按空白鍵，他們說他們累了，不能專心。研究人員判定粗魯的命令已經讓他們的意志力肌肉疲累。

穆拉文開始探索，爲什麼得到溫和對待的學生擁有較多意志力，他發現關鍵差異在於他們在當中感受到的控制感。穆拉文告訴我：「我們一次又一次發現同樣的結論。人們被要求做需要自制力的事情時，如果他們認爲自己是爲了個人理由而做，也就是如果他們覺得那是一種選擇，或是他們開心做的事，因爲可以幫助他人，那麼那件事就沒有那麼累人。如果他們覺得他們沒有自主權，只是在遵守命令，他們的意志力肌肉會很快疲累。在兩種實驗情況下，學生都忽視餅乾，但學生被當作小齒輪而不是人的時候，就需要多很多的意志力。」

這個發現對公司組織來說有著重要意義。只要給員工主導感，讓他們覺得自己可以掌控事情、有眞正的決策權，就可以大幅提升員工爲工作投入的精力與專心程度。研究人員曾於二〇一〇年在一間俄亥俄州製造廠進行研究。[24]生產線的員工得到授權，可以替自己的時間表與工作環境定下小幅度的決定。他們自己設計制服，也可以決定班表，其他事情則完全不動，所有的製造流程與薪資保持不變。兩個月內，那間工廠的生產力提升兩成，員工不但縮短休息時間，也較少犯錯。給員工掌控感改善了他們帶到工作上的自制力。

星巴克也學到相同教訓。今日星巴克努力讓員工更有權責感。公司讓員工重新設計咖啡機與收銀機的擺放位置，另外員工可以自己決定如何與顧客打招呼、商品應該如何陳列。店經理常常花好幾個小時的時間，和員工討論冰沙機應該擺在哪裡。

星巴克副總裁克利斯・恩斯柯夫（Kris Engskcv）說：「我們開始要求夥伴運用他們的智慧與創造力，而不是告訴他們『從箱子裡把咖啡拿出來，把杯子擺這裡，給我遵守這個規定。』人們想要掌控他們的人生。」

星巴克的離職率下降，顧客滿意度提升。舒茲回來後，星巴克每年營收激增十二多億美元。

五

崔維斯十六歲的時候，母親告訴他一個故事。當時崔維斯還沒輟學，也還沒開始替星巴克工作。那一天他們在車上，崔維斯問爲什麼他沒有更多兄弟姊妹。他的母親總是試著對孩子完全坦白，她告訴他，其實他出生兩年前她懷過孕，但不得不墮胎。母親解釋，那個時候他們夫婦倆已經有兩個孩子，而且染上毒癮，他們不認爲自己有辦法再養一個孩子。一年後她懷了崔維斯，她也想過放棄他，但她無法承受再次墮胎，最後決定讓事情順其自然，於是崔維斯來到人世。

崔維斯說：「她告訴我，她犯過很多錯，但生下我是她人生遇過最美好的事。如果你的父母是毒蟲，你在成長過程會知道，你無法指望他們提供一切你需要的東西，但我眞的很幸運，我遇到的老闆給了我我欠缺的東西。如果我的母親和我一樣幸運，我想她的人生會很不同。」

崔維斯與母親談過那件事的幾年後，父親打電話告訴他，母親手臂重複注射毒品的地方血液感染，崔維斯馬上開車衝回洛代，但他抵達的時候，她已經陷入昏迷，半小時後醫院拿掉維生器，她就此離開人世。

一星期後，崔維斯的父親因爲肺炎住院。他的肺已經無法作用。崔維斯再次開車到洛代，但他抵達急診室時已是晚上八點零二分，一名凶惡的護士告訴他，已經過了探病時間，明天再來。

當時那個場景從此一直在崔維斯的腦海裡盤旋不去。那個時候他還沒加入星巴克，還沒學會控制自己的情緒。後來的許多年他一直在練習控管情緒，但當時的他還沒有那樣的習慣。在他原本的世界，身旁的人嗑藥過量，車道上會出現失竊車輛、一名護士就讓人感覺是無法穿越的障礙。現在當他回想人生，回想自己走了多遠，他驚奇自己怎麼有辦法在那麼短的時間內，就走得那麼遠。

崔維斯告訴我：「如果父親晚一年走，一切就會不一樣。」如果時間晚了一年，他就會知道怎麼樣讓自己鎮定下來，好好懇求那名護士。他會知道要告訴她，他知道那是她的職責所在，然後溫和有禮地請求通融。要是再晚一年，他就能進到醫院，但當時他放棄並默默走開。「我告訴她：『我只想跟他說一下話。』結果她說：『人沒醒講什麼話，已經過了探病時間，明天再來。』我不知道要回什麼，我覺得自己好渺小。」

崔維斯的父親在那天晚上去世。

每年到了父親的忌日，崔維斯會早早起床，洗一個特別長的澡，仔細計畫當大行程，然後開車上班。他永遠都準時到達。

6 危機就是轉機

領導人如何經由意外來打造習慣？

一

病患被推進羅德島醫院（Rhode Island Hospital）手術室時，已經陷入昏迷。他下巴脫垂、眼皮閉合、嘴部上方隱約可看見呼吸管管頭。護士爲他接管，準備在手術時強制把空氣送進肺部。他的一隻手垂在推床邊，皮膚上滿是肝斑。

病患是一名八十六歲的老人。三天前他在家中跌倒，之後就無法保持清醒與回答問題。①他的妻子最後終於叫了救護車。急診室的醫生問老人發生了什麼事，但他每次回答到一半就睡著。掃描腦部後原因揭曉：老人摔倒的時候，腦部組織撞擊到頭骨，造成所謂的「硬腦膜下血腫」。血液聚集在他的顱腔左側，壓迫到頭骨內脆弱的組織膜。液體已經累積近七十二小時，控制呼吸與心跳的腦部區域開始出問題。必須抽出積血，否則老人性命不保。②

當時羅德島醫院是全美頂尖的醫療機構，不但是布朗大學的主要教學醫院，也是新英格蘭東南唯一的一級創傷中心。在綠草如茵、高聳磚造建築物內，醫師執行著最新醫療技術，用超音波摧毀病患體內腫瘤。二〇〇二年的時候，羅德島醫院的加護病房名列「美國全國醫療照護聯盟」全美最佳名單。③

然而老人抵達醫院的時候，羅德島醫院還以另一件事聞名：一個內部充滿緊張關係的地方。護士與醫師之間有著逐漸升高的濃厚敵意。二〇〇〇年的時候，護士公會投票決議罷工，抱怨他們被迫長時間危險工作。三百多名護士站在醫院外，手上的標語寫著「拒絕奴隸制度」與「他們不能奪走我們的自尊」。④

一位護士回想，當時他告訴記者：「這個地方有的時候很糟糕，醫生會讓你覺得你毫無價值，好像你是可以用過就丟的東西，好像你應該感激可以在他們後面收拾殘局。」

醫院的行政人員最後終於同意限制護士的強制加班時間，⑤但緊繃的醫護關係仍然持續升高。幾年後，一名外科醫師準備進行例行腹腔手術時，一名護士要求「作業靜止期」。大部分的醫院都有類似的標準暫停程序，醫師與其他醫院人員會利用這段時間避免醫療錯誤。⑥羅德島醫院那名護士堅持進行「作業靜止期」，特別是先前一位醫生不小心移除了一個小女孩的扁桃腺，但其實她應該動的是眼部手術。「作業靜止期」原本的用意是及早發現錯誤。

在那場腹腔手術，手術室護士要求醫療團隊聚集在病患旁，先進行「作業靜止期」，討論他們的開刀計畫，結果醫生往門外走。

醫生告訴護士：「妳來指揮好了，我要到外面打通電話。準備好了再叫我。」

護士說：「您應該留在這裡一起確認。」

「妳處理就好。」醫生走向門外。

「醫生，我覺得這樣不妥當。」

醫生停下腳步看著她：「如果我需要妳他媽的告訴我意見，我會問妳。以後不准再質疑我的權威。如果妳不能做好妳的工作，給我滾出我的手術室。」

護士主持「作業靜止期」，幾分鐘後叫醫生回來，手術順利進行。那名護士從此再也不反駁醫生。手術忽視其他安全守則的時候，她也不再吭聲。

一名二〇〇五年左右在羅德島醫院工作的護士告訴我：「有些醫生還好，有些則是怪物。我們都說羅德島醫院是間玻璃工廠，因爲感覺所有的東西隨時都可能碎掉。」

爲了處理這種緊張關係，護理人員設計出一套非正式的原則：一套專屬於這間醫院的習慣。他們用這套原則來迴避最明顯的衝突，例如護士永遠都會重複確認常出錯的醫生開的處方，然後悄悄輸入正確劑量；他們會多花時間把病歷表的字跡弄工整，以免外科醫生匆忙間開錯刀。一名護士告訴我，他們有一套互相警告的顏色代號：「我們在白板上用不同顏色寫上醫生的名字。藍色代表『好人』，紅色代表『混蛋』，黑色代表『不管你做什麼，絕對不要違背他們，否則他們會讓你腦袋搬家』。」

羅德島醫院是一個充滿腐蝕文化的地方。這間醫院跟美鋁公司不同。美鋁仔細訂定了工安核心習慣，而且愈來愈成功。羅德島醫院的習慣則是用匆忙中想出的方案，讓護士處理醫生的傲慢。醫院的慣性行爲沒有經過仔細思考，而是直到浮現有害模式才偶然發生，並在私底下的耳語警告中傳遞出去。這種情形會發生在未能謹慎計畫關鍵習慣的所有組織。如同選擇正確核心習慣能帶來驚人改變，錯誤的核心習慣也會帶來災難。

羅德島醫院的習慣內爆時，造成可怕的錯誤。

●●●

急診室醫護人員看到八十六歲硬腦膜下血腫病患的腦部掃描時，馬上急電神經外科醫生。醫師收到訊息的時候，正在進行一場例行脊椎手術，但他馬上離開手術台，用電腦螢幕查看老人的掃描。外科醫生要助手（一名專科護理師）到急診室，讓老人的太太簽下手術同意書。醫生完成脊椎手術，半小時後，老人被推進同一間手術室。⑦

幾名護士緊急把昏迷的老人放上手術台。一名護士拿起老人的手術同意書與病歷表。「醫生，同意書上沒寫血腫在哪裡。」護士說。他匆匆翻閱資料，文件沒有清楚寫上刀要開在老人頭顱的哪一側。⑧

每間醫院都依賴文件來引導外科醫生。開任何刀之前，病患本人或家屬應該簽署文件，同意每一個步驟與確認細節。情況混亂的時候，可能同時有十幾名醫生與護士在急診室與復原室處理病患，此時同意書可以讓人知道現在該做什麼。如果沒有簽好名的詳細同意書，沒有人可以進手術室。

外科醫生說：「我剛才看過掃描，是右側頭部。如果我們不快一點，他會死。」

護士說：「也許我們應該再看一次片子。」他走向電腦終端機。為了安全起見，醫院的電腦閒置十五分鐘後會自動鎖住，至少要花一分鐘才能登入並讓螢幕顯示病患的腦部掃描。

醫生說：「我們沒有時間，他們告訴我他情況很糟，我們必須釋放腦壓。」

護士問：「如果我們找家屬呢？」

「妳想找，就打電話給該死的急診室找家屬！在妳打電話的同時，我要救這個人的性命。」

醫生一把抓住文件，在同意書上潦草寫下「右」，然後簽下姓名縮寫。

「好了，」他說，「我們必須馬上開刀。」⑨

那名護士已經在羅德島醫院工作一年，了解這間醫院的文化，知道走廊的大白板上這位醫生的名字常常是用黑色筆寫的，警告護士要小心。大家清楚知道這種情況有條不成文的規定：外科醫生永遠會贏。

護士放下表格，站到醫生旁。醫生把老人的頭放在支架上，準備對右側頭骨動刀。他們剃掉老人的頭髮，在頭部施予抗菌劑。此次的開刀計畫是打開頭骨並吸出腦部上方積血。醫師切開一片頭皮，讓骨頭露出來，接著把鑽子對準白骨，施力直到頭骨「啵」一聲打開。接著他又開了兩個洞，在老人頭骨上鋸下一塊三角形。下方是硬腦膜，也就是包覆著腦部的半透明膜。

「天啊！」一個人叫出聲。

底下沒有血腫。他們開錯邊了。

外科醫生大吼：「我們必須把他轉過來！」⑩

三角形頭骨被放回去，用小型金屬板與螺絲固定住，然後是縫合頭皮。病患的頭被轉到另一邊，然後再次剃頭、清潔、切割、鑽孔，直到能拿起一塊三角型頭骨。這次血腫很明顯，劃開硬腦膜的時候，一個深色腫塊像濃稠糖漿一樣冒出血，醫師吸掉血，老人的腦壓馬上下降。原本應該費時一小時左右的手術，花了近兩倍時間。

手術過後，病患被送往急診室，但再也不曾恢復意識，兩星期後死亡。

後續調查認為無法判定確切死因，但病患家屬主張是醫療錯誤造成的傷口，讓老人原本就虛弱的身體無法負荷，他們認為是移除兩塊頭骨造成的壓力、延長的手術時間，以及無法及時吸除血腫，給了老人最後致命的一擊。他們主張要不是這個錯誤，老人可能還活著。醫院付了和解金，那名外科醫生從此不能在羅德島醫院執業。⑪

部分護士事後指出這樣的意外不可避免。羅德島醫院的院內習慣功能不彰，出現嚴重錯誤只是遲早的事。*當然，不只是醫院會培養出危險模式，我們在數百個產業、數千家公司都能找到具有破壞性的組織習慣。幾乎在所有的案例，這樣的情形之所以會發生，都是草率輕忽造成，領導人迴避思考組織文化，讓組織文化在無人引導的情況下自行發展。所有組織都有組織習慣，只是有些組織是刻意培養那些習慣，有些組織則沒有經過事先規畫，導致習慣時常在敵對或恐懼中發展出來。

但有的時候，即使是具有破壞性的習慣，也能由能夠把握正確時機的領導者導正過來。有的時候，正確的習慣能在水深火熱的危機中冒出頭。

二

《經濟改變的演化理論》（*An Evolutionary Theory of Economic Change*）一九八二年問世的時候，除了學界，沒有多少人注意到這本書。這本書平淡無奇的封面與讓人讀不下去的第一個句子，⑫幾乎像是在故意嚇退讀者（「本書將闡述市場環境中企業能力與行為的演化理論並建構與分析該理論的數個相關模型。」）。兩位作者是耶魯大學教授理查・尼爾森（Richard Nelson）與希德尼・溫特（Sidney Winter），他們先前最爲人所知的文章是一系列深入探討熊彼德理論的分析研究，內容難到就連大部分的博士生候選人都不會假裝自己懂。⑬

然而，在企業策略與組織理論的世界，這本書投下了炸彈。⑭經濟學教授開始在商學院與同僚討論這本書，也在會議上和執行長討論。很快地，主管開始在企業的世界引用尼爾森與溫特的話，如同在引述奇異（General Electric）、輝瑞藥廠（Pfizer）與喜達屋集團（Starwood Hotels）的特別案例一樣。

尼爾森與溫特花了近十年的時間檢視企業如何運作。他們在得出主要結論前，⑮辛苦研究過可以把人淹沒的資料。他們在書中指出：「大部分的公司行爲」可以說是「反映公司過去的一般習慣與策略定位」，而不是「決策樹遠端細枝詳細勘測的結果」。

如果改用理論經濟學圈以外的人看得懂的語言來說，意思是大部分的組織在下理性決策的時候，「似乎」經過謹慎的決策過程，但那完全不是公司運作實情。公司根據的其實是長期的組織習慣，而那些模式通常源自於數千員工各自的決定。⑯此外，這些習慣造成的影響，遠比先前我們所了解的深遠。

---

*本章的報導資料來源爲羅德島醫院事件相關員工多次訪談，部分人士提出不同版本敘述。院方代表與該外科醫師的詳細回應請見注釋。

舉例來說，一間服飾公司去年決定在目錄封面主打一件紅色羊毛衫。這看似是總裁仔細檢視銷售與行銷數字後下的決定，但事實上眞正的原因是他的副總裁常逛介紹日本流行趨勢的網站（上個春天非常流行紅色），公司的行銷人員也會定期詢問朋友那些顏色最「夯」。另外，剛從每年例行巴黎時裝秀回來的公司主管，報告他們聽說敵手的設計師正在採用最新紅色染料。這些小小的資訊、主管聊競爭對手八卦以及他們與朋友聊天等未經組織的行爲模式所造成的結果，和公司較爲正式的研究與商品開發慣性行爲混在一起，直到公司達成共識：今年會流行紅色。沒有任何一個人獨自做了經過仔細考慮的決定，各式各樣的習慣、程序、行爲集合在一起，直到紅色看起來像是無法避免的決定。

這些組織習慣（尼爾森與溫特稱爲「慣性行爲」）⑰舉足輕重。要是沒有這些習慣，大部分的公司永遠沒有辦法做任何事。習慣提供了數百個⑱公司必須遵守⑲的非成文規定，讓員工不需每個步驟都要請示就能嘗試新點子。這些組織習慣提供了某種「組織記憶」，⑳讓經理不需要每六個月就重新訂定銷售程序，每次有副總裁辭職的時候也不用驚慌。慣性行爲可以減少不確定性㉑：一項調查墨西哥與洛杉磯地震後復元工作的研究，發現救援工人的習慣（他們在每場災難中的習慣，包括雇用孩童在鄰居間傳遞訊息，建立溝通網絡）絕對必要，「沒有這些習慣的話，政策的訂定與執行將迷失在一堆細節之中」。

然而慣性行爲最重要的好處，㉒則是讓潛在的敵對團體或個人能夠在沒有組織的情況下休戰。

大部分的經濟學家習慣上把公司視爲桃花源，裡頭每個人都在追求一個共同的目標：盡量賺最多的錢。尼爾森與溫特指出，眞實的世界根本不是這樣。公司並不是一個每個人都會好好一起合作的和樂大家庭。大部分的工作環境都有勢力範圍，主管會爭權、爭功，他們通常會在暗地裡發起小型戰爭，讓自己的表現看起來優於敵人，讓敵人被比下去。不同部門會爭奪資源，砍殺對手以竊取榮耀。老闆會讓部屬自相殘殺，以防他們動搖自己的地位。

公司不是家庭，公司是內戰戰場。

然而即使企業會內鬥，大部分的公司相當平和地一年又一年順暢運作下去。這是因爲它們有慣性行爲（習慣），可以讓每個人暫時休戰，放下敵意，直到每天的工作做完爲止。

組織習慣提供了基本保證：如果你遵守既有模式，遵守停戰協議，你們之間的競爭就不會毀了公司，公司會財源滾滾，最後每個人都會致富。舉例來說，銷售員知道她可以給某些顧客大幅度的優惠，以爭取更多訂單，增加自己的獎金，但她也知道如果每個銷售員都給顧客大量折扣，公司會破產，那麼也就發不出獎金，所以慣性行爲出現了：銷售員每年一月會集合在一起，協商最多只能給多少折扣以保護公司利潤，最後年終的時候每個人都能加薪。

又或者想打擊副總裁的年輕主管只需要悄悄打一通電話給大客戶，就能毀掉一筆生意，破壞同事部門，讓對方升遷無望。然而從事破壞的問題在於這件事可能對你個人有利，但通常對公司不利。所以大部分的公司都有不成文的約定：你可以野心勃勃，但如果做得太過分，同事會群起圍攻你。另外一方面，如果你專心壯大自己的部門而不給敵手挖洞，久了之後你可能被解決掉。[23]

尼爾森與溫特指出，慣性行爲與休戰提供一種粗糙的組織正義，有了它們，公司內的衝突通常「大體來說會遵循可預測的途徑，限制在能與每日慣性行爲配合的一定範圍……一般的工作量

慣性行為讓員工休戰，以完成工作

會被完成，責備與讚美會以一般頻率出現……沒有人試著讓組織這艘船急轉彎來把敵人拋出船外」。㉔

大部分的時候，慣性行爲與停戰能發揮完美功效。當然，員工仍會彼此競爭，但因爲有組織習慣，鬥爭會限制在一定範圍，公司業務會蒸蒸日上。

然而，有的時候光是停戰協議還不夠。有的時候動盪的和平會如同所有的內戰一樣具有破壞性。羅德島醫院就親自體驗過這件事。

●●●

你辦公室桌子深處的某個角落，大概有一本進公司那天拿到的手冊，裡面有支出表、休假規定、保險方案以及公司組織圖。色彩鮮艷的圖表告訴你不同的健保計畫、可能派上用場的電話號碼，以及使用電子郵件與參加四〇一K退休計畫的辦法。

現在想像一下，如果有新同事請你指教如何才能在公司裡生存下去，你給的建議很可能在手冊裡找不到。你給的訣竅會是誰可以信任、誰的祕書比老闆有力、如何對付公司的科層體制讓事情能辦好。這些訣竅都是你每天仰賴以存活下去的習慣。如果你能以某種方式用圖表畫出所有的工作習慣，以及它們所代表的非正式權力結構、關係、盟友與衝突，然後把你和同事畫的圖疊在一起，就會得出一張公司的祕密架構地圖，找出「誰知道如何讓事情發生」以及「誰似乎永遠都搞不清楚狀況」。

尼爾森與溫特提出的慣性行爲，以及慣性行爲帶來的停戰協議，對各行各業來說都很重要，像是荷蘭的烏特列支大學曾經研究時裝設計產業的慣性行爲。每位時裝設計師如果要生存下去，就必須擁有一些基本技能：首先他們必須擁有創意與時尚設計的天分，但如果要成功，光有這些還不夠。[25]成敗取決於設計師的慣性行爲：他們是否擁有能在批發商存貨賣完前取得絨布的系統、找到最佳拉鍊與鈕扣裁縫師的程序、十天而不是三星期內將洋裝送到店內的例行程序。時裝產業十分複雜，缺乏正確程序的新公司會困在物流問題裡。發生這種事的時候，有沒有創意不再重要。

那麼哪些新進設計師最可能擁有正確習慣？答案是達成正確停戰協議、找到正確盟友的設計師。[26]停戰協議十分重要，能夠成功的新時裝品牌，通常領導人都是好聚好散離開其他時裝公司的人。

有些人可能認爲尼爾森與溫特在寫一本枯燥的經濟學理論，但他們眞正給大家的是如何在美國企業生存的指南。此外，這套理論還解釋了爲什麼羅德島醫院會出那麼大的錯。醫院的慣性行爲讓護士與醫生間產生不寧靜的和平，像是白板、護士間私底下相互警告等習慣，提供了基本的停戰。這些脆弱的協議讓組織在大部分的時間能夠運作，但停戰協議要提供眞正的正義才能持久。如果停戰協議不公，不是眞正的和平，那麼在最需要慣性行爲的時候，慣性行爲通常會失靈。

羅德島醫院的關鍵問題，在於護士是唯一放棄權力以求取停戰的一方。花雙倍力氣確認病患用藥、多花力氣謄寫字跡清楚的病歷表的人，都是護士。醫生壓力過大的時候，都是護士承受他們發洩出來的怒氣，也是護士幫忙區分仁君與暴君醫生，讓其他人知道如果你在開刀房開口，哪些醫生會容忍建議，誰又會暴跳如雷。醫生通常不會花功夫記住護士的名字。一名護士告訴我：「醫生是老大，我們只是小嘍囉，我們夾著尾巴求生存。」

羅德島醫院的停戰協議只有一方在遵守，所以在關鍵時刻（像是外科醫生匆促下決定、護士試著介入的時候），原本能阻止意外發生的慣性行爲就失效了，八十六歲老人的腦袋被開錯邊。

有的人可能會建議，解決方法是達成較爲公平的停戰協議。如果醫院領導階層能用更理想的方式分配權力，可能會出現更爲健康的權力平衡，護士與醫生會被迫彼此尊重。

那是個不錯的起點，不幸的是那樣還不夠。打造成功組織不僅僅是平衡權力的問題。組織要能運轉，領導人必須培養習慣，達成各方平衡的眞正和平，而且很弔詭的是，同一時間又必須讓大家清楚知道誰才是老大。

三

四十三歲的菲利浦・布利克（Philip Brickell）[27]是倫敦地鐵員工。一九八七年十一月的那個傍晚，他人在國王十字站的洞穴狀大廳。他在收票的時候，一名通勤的乘客打斷他，告訴他附近一

個手扶梯底部有一張正在燃燒的衛生紙。㉘

國王十字站是倫敦地鐵站裡最大、最重要、人潮最擁擠的一站，深不見底的手扶梯、行人通道、地鐵隧道構成一座迷宮，有些地方有近百年的歷史，而這一站的手扶梯又是以體積龐大與年代久遠出名。有些手扶梯有五層樓深，由木板與橡膠扶手組成，也就是數十年前的手扶梯材質。每一天，六條地鐵線上超過二十五萬名乘客會經過國王十字站。傍晚的尖峰時刻，地鐵站售票大廳人群如潮水般匆匆湧進湧出，他們頭上的天花板被重漆過太多次，沒有人記得原本的色調。

那名乘客所說的起火衛生紙，位於連接皮卡迪里線、車站最長的手扶梯底部。布利克馬上離開售票亭，搭手扶梯到達月台，找到正在悶燒的衛生紙。他用捲起的雜誌滅火，然後返回崗位。

布利克沒有繼續追查。他沒有試著找出爲什麼衛生紙在燃燒，也沒有追查那會不會是從車站其他地方更大的火勢裡飛出來的東西。他沒有告訴別的地鐵員工這件事，也沒有打電話給消防局，因爲消防安全由另一個部門負責，而倫敦地鐵部門之間壁壘分明，布利克知道最好不要踩到別人的地盤。此外，就算他眞的調查是不是可能發生了火災，他也不會知道要向誰報告他的發現。倫敦地鐵嚴格規定指揮系統如果沒有上司的直接授權，任何人不准聯絡其他部門。此外，倫敦地鐵員工一代代傳下的慣性行爲告訴他，不管發生任何事，絕對不能在地鐵站大聲說出任何與「火」有關的字，否則通勤者會開始恐慌。事情不能那樣處理。

倫敦地鐵由某種理論上沒人看過或讀過的手冊所掌控，而事實上根本沒有那種東西，只有型塑所有職員生活的不成文規定。數十年來，倫敦地鐵都由「四大巨頭」掌控：土木工程部長、訊號工程部長、電子工程部長與機械工程部長。而這四大巨頭各自的部門內，還有敵意重重、唯恐

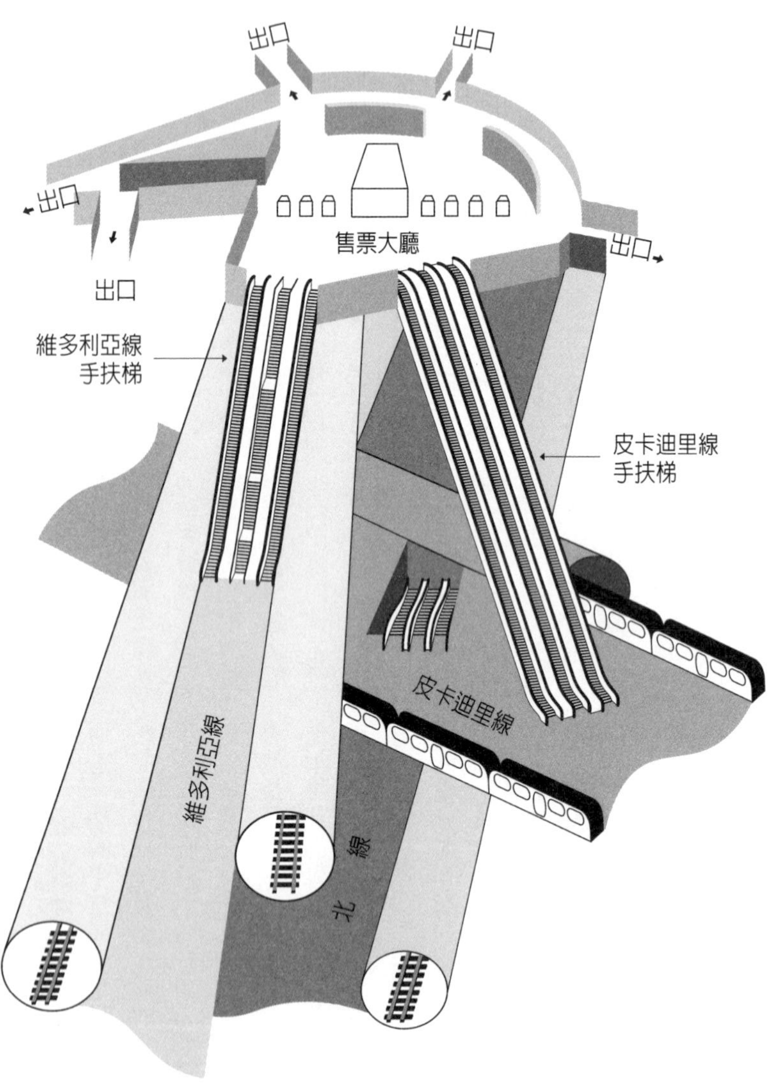
出口
出口
出口
出口
出口
售票大廳
維多利亞線
手扶梯
皮卡迪里線
手扶梯
皮卡迪里線
維多利亞線
北
線

失去權力的大小主管。列車能夠準時到站，是因爲一萬九千名地鐵員工齊心協力在一個脆弱的系統裡合作。這個系統每天輸送成千上萬的乘客與列車，而中間由數十人、有的時候甚至是數百名員工經手。但那樣的合作需要依賴四大部門間權力的平衡，而裡頭的小主管又需要依靠職員遵循的數千個習慣。這些習慣讓四大巨頭與他們的副官達成停戰協議，而那些停戰協議產生的政策又告訴布利克：找出火災不是你的工作，不要越線。

一名調查員事後評論：「就算是最高層級的主管也不可能擅自進入別人的領域，因此工程主管不會去管負責日常營運的員工在消防安全與疏散程序方面，是否接受了足夠的訓練，因爲他認爲這些事是營運理事會的管轄範圍。」

所以布利克沒有通報任何著火衛生紙的事。要是換一個場景，這可能是個不重要的細節，但在這個案例，衛生紙是從一場隱藏大火中跑出的小燃料，是一個溜出來通報的警訊。這團衛生紙讓人看到，如果停戰協議的設計有問題，即使是權力完美平衡的停戰協議也可能造成非常危險的結果。[29]

布利克回到售票亭十五分鐘後，另一名乘客通報他在搭乘皮卡迪里線上行電梯時看到一縷煙。此時國王十字站的安檢人員克利斯多夫・海斯（Christopher Hayes）終於起身調查。第三名乘客也看到煙，還看到手扶梯階梯下方有火光，他按下緊急暫停鈕，叫大家趕緊離開手扶梯。一名警員看見手扶梯長長的通道裡有一點模糊的煙，在手扶梯的下半部，火焰開始冒到階梯上。

然而安檢員海斯並沒有打電話給倫敦消防隊。他自己沒有看到任何煙，而倫敦地鐵另一個不成文的規定是，除非百分之百必要，否則絕對不能聯絡消防部門。發現煙的警察知道他應該通報總部，但他的無線電在地下無法使用，所以他走上通往地鐵站外的長長樓梯，呼叫他的上司，最後他的上級長官終於通報消防部門。晚上七點三十六分，也就是乘客向布利克通報有東西在燃燒的二十二分鐘後，消防隊接獲通知：「國王十字站發生小火。」警員站在車站外用無線電通報的時候，通勤民眾擠開他進入車站。他們匆忙走進車站，進入深入地底的隧道，一心一意想回家吃晚飯。

幾分鐘後，他們許多人將命喪黃泉。

●●●

晚上七點三十六分，倫敦地鐵員工用繩子圍住皮卡迪里線的手扶梯，要民眾改走樓梯。新列車幾分鐘就來一班，乘客下車的列車月台滿滿都是人。樓梯底部開始堵塞。

安檢員海斯走進皮卡迪里線手扶梯機械室的通道。黑暗中，有一套專門用來撲滅手扶梯火災的灑水系統操控裝置。那套裝置是幾年前裝的，先前另一個車站曾經失火，一連串的報告嚴重警告突然失火的危險性。超過二十幾項的研究與申誡都指出倫敦地鐵缺乏火災準備，應該訓練員工使用每個地鐵月台都配備的灑水系統與滅火器。兩年前，倫敦消防隊副助理警司曾經寫信給鐵路營運主管，投訴地鐵人員的安全習慣。

那封信說：「本人高度關切，在此大力疾呼……一定要清楚指示員工，一旦發生任何可能的火災跡象，必須立即通報消防隊。此事攸關救人性命。」

然而安檢員海斯從來沒看過那封信，因為那封信寄給了另一個部門，不是他的部門，而倫敦地鐵從來沒有重定政策，讓大家配合消防隊的警告。國王十字站的地鐵員工沒有半個人知道如何使用那套手扶梯灑水系統，而且也沒有使用滅火器的權利，因爲那由另一個部門掌管。海斯完全忘記有那套灑水系統，倫敦地鐵的停戰協議確保每個人知道自己的身分，但除了每個人該知道的事之外，沒有留下任何空間讓人知道其他的事。海斯跑過灑水系統操縱裝置，沒有多看一眼。

等他抵達機械室，高溫讓他幾乎無法動彈，火勢已經大到無法撲滅。他跑回大廳，大廳裡民眾在售票機前排隊購票，幾百個人想通過擁擠的大廳，準備走向月台或出車站。海斯找到一名警察。

他告訴他：「我們必須停下列車，疏散這裡所有人。火勢已經無法控制，所有地方都會燒起來。」

晚上七點四十二分，乘客通報著火衛生紙近半小時後，第一名消防員抵達國王十字站。他進入售票大廳，看見濃密的黑煙竄上天花板，手扶梯的橡膠扶手正在燃燒。刺鼻的橡膠燒焦味傳開的時候，售票大廳的通勤者開始發現事情不對勁。消防員試圖撥開群眾，所有人爭先恐後往出口逃。

地鐵站下方大火正在延燒。手扶梯現在整個燒起來，過熱氣體往手扶梯通道上方竄，聚集在天花板處，而那裡有二十層舊油漆。幾年前，倫敦地鐵的營運主管曾經提出那些舊油漆可能造成火災風險。他說，或許在漆新油漆之前，應該先清除先前的舊油漆？

然而，油漆規定不歸他管，而由維修部門負責。維修部門主管彬彬有禮感謝同事的建議，然後告訴他如果想插手管別人部門的事，大家就走著瞧。

那名營運主管收回自己的建議。

過熱氣體聚集在手扶梯通道的天花板上時，所有的舊油漆開始吸收熱氣。每有一班新列車抵達，新一批的氧氣就被送進車站，讓大火愈燒愈烈。

晚上七點四十三分，一班列車抵達，售貨員馬克・席佛（Mark Silver）從車廂走出來。他馬上發現事情不對勁。空氣霧茫茫的，月台上滿滿都是人。黑煙飄到他站的地方，包圍停在軌道上的列車。他馬上衝回車廂，但車門已經關閉。他敲擊車窗，但地鐵有條不成文的政策：不能延遲發車，一旦車門關閉後就不能開啓。席佛與其他乘客大叫要駕駛員開門，訊號燈轉成綠色，列車開走，消失在通道。一名婦人跳上鐵軌，追在後頭尖叫：「讓我上去！」

席佛走下月台，月台上一名警察正在疏散皮卡迪里線手扶梯附近的民衆，要他們改走樓梯。一批批驚慌失措的民衆等著上樓，他們全都聞到煙味，所有人擠成一團。周圍的空氣很熱，可能是火，也可能是因爲人太多，席佛不確定原因。最後他終於抵達被停用的手扶梯底部。他走向上方售票亭，雙腿感覺到從四點五公尺多高、擋在他與皮卡迪里線隧道間的牆外傳來的熱度。他事後回想：「我抬頭看，牆壁與天花板發出嘶嘶聲。」

晚上七點四十五分，新一班抵達的列車送進另一陣強烈空氣。氧氣助長火勢，皮卡迪里線手扶梯「轟」的一聲，下方的火與上方嘶嘶叫的油漆讓天花板上的過熱氣體到達燃燒溫度，也就是所謂的「閃燃點」。在那一瞬間，通道裡所有的東西一下子引燃，油漆、木質手扶梯踏板、所有可燃物質通通開始燃燒。這一陣突然燒起來的力量，像是步槍槍管底部火藥爆炸一樣，開始把火沿著長長的通道往上推，大火一路延燒的時候，又吸收更多熱度與速度，直到一下子衝出隧道，燒進售票大廳，然後又燒上金屬、瓷磚，以及人肉。大廳的溫度在半秒內飆高到一百五十度。一名站在一旁手扶梯的警察事後告訴調查人員，他看見「一道火焰往上衝，成爲一團火球」。那時大約有五十人在大廳。

地面街道上，一名路人感覺到地下道出口有一股熱氣爆出來，接著一個人搖搖晃晃走出來，他衝上前幫忙：「我的右手抓到他的右手，但我們的手碰在一起的時候，他的手又紅又燙，幾塊皮膚從我手中落下。」一名爆炸發生時衝進票廳的警察，後來躺在醫院病床上告訴記者：「一個火球擊中我的臉，我整個人倒在地上。我的手著火了，我的手在融化。」

他是最後一個活著離開大廳的人。

爆炸發生後不久，十幾輛消防車抵達現場，但因爲消防局規定，消防人員必須把水管接在街道上的消防栓，不能接在倫敦地鐵內的裝置，而且沒有任何地下鐵員工有站內配置圖，所有的平面圖都鎖在一間辦公室，不管是售票人員或車站經理都沒有鑰匙，最後花了好幾個小時才撲滅火勢。

凌晨一點四十六分大火終於被撲滅，距離發現燃燒的衛生紙已過了六小時。三十一人死亡，數十人受傷。

隔天一名躺在醫院病床上的二十歲音樂老師問：「爲什麼他們直接把我送進火裡？我看到他們在燃燒，我聽見他們在尖叫。爲什麼沒有人出來主持一切？」㉚

要回答這些問題，我們必須先了解倫敦地鐵靠了哪些停戰協議才能運轉：

售票員被警告他們的職責完全只限於售票，所以如果看到正在燃燒的衛生紙，他們不敢提醒任何人，他們害怕越界。

地鐵站員工不曾接受訓練，不知道如何使用灑水系統與滅火器，因爲消防設備由其他部門負責。

倫敦消防隊曾經寄信提醒地鐵站潛在的火災風險，但地鐵安檢員從來沒有看過那封信，因爲那封信寄給了營運部門的主管，而那樣的資訊不會在部門間流通。

員工被告知除非到了萬不得已，不能聯絡消防隊，否則會讓通勤乘客不必要地驚慌失措。

消防隊堅持使用自己的街道消防栓，不理會售票大廳就有輸水管線，因爲他們被命令不得使用其他單位的設備。

從某方面來說，這些不成文的規定本身有幾分道理，像是售票員只能專心賣票、不可以做其他任何事（包括別管火災警訊）的習慣會存在，是因爲幾年前倫敦地鐵售票亭人手不足，員工一直離開崗位撿垃圾或告訴遊客要到哪裡搭車，結果售票口大排長龍，員工因此被命令待在自己的售票亭，好好賣票，其他什麼事都不要管。這個方法的確有效，售票口不再大排長龍。如果員工看到自己的售票亭外有什麼不對勁的事，那不屬於他們的職責，管自己的事就好了。

消防隊堅持用自家設備的習慣呢？那是源自於十年前的一場意外。當時另一個車站發生大火，結果消防隊因爲試圖把自己的水管接在不熟悉的管線上，浪費了寶貴時間。發生那次事件後，每個人都決定最好用自己習慣的設備就好。

換句話說，以上這些慣性行爲都其來有自，都是有原因的。倫敦地鐵系統太大、太複雜，必須有停戰協議移除潛在障礙才能順利營運。不同於羅德島醫院，倫敦地鐵的每一個停戰協議都帶來眞正的權力平衡，沒有任何一個部門占上風。

但死了三十一個人。

倫敦地鐵的慣性行爲與停戰協議表面上全都合乎邏輯，直到發生大火。火災發生時，一個糟糕的事實浮出檯面：沒有任何一個人、任何一個部門或任何一個四大巨頭爲乘客的安全負起最終責任。㉛

有的時候，雖然這樣可能不得人心，也可能威脅讓列車能夠準時進站的權力平衡，但某個優先事項（或是某個部門、某個人、某個目標）的位階必須高過其他所有東西。有的時候，停戰協議所帶來的危機，可能高過和平的重要性。

當然，這些話聽起來有點自相矛盾。組織怎麼有辦法養成能夠平衡權力的習慣，但在此同時又選出一個人或一個目標，並讓那個人或目標的重要性高過一切？護士與醫生要怎麼樣共享權力，但又讓大家明白誰才是老大？地下鐵系統要如何避免陷入地盤鬥爭，但又讓安全成爲最優先的事項，甚至不惜重畫彼此間的權力界線？

答案就在於抓住鄧吉接下敗績連連的坦帕灣海盜隊，以及歐尼爾接手搖搖欲墜的美鋁執行長一職時，他們所享有的優勢。答案也在於舒茲在二〇〇七年重返每況愈下的星巴克時，他如何把握時機。這些領袖全都抓住危機帶來的可能性。組織動盪不安的時候，正是組織的習慣弱化、可以分配權責與訂下更爲公平的勢力平衡的時機。事實上，危機十分珍貴，有的時候可以試著激起人們大難臨頭的感覺，而不要讓人覺得事件已經漸漸淡去。

四

頭部經歷烏龍手術的老人死於羅德島醫院四個月後，醫院另一名外科醫師犯下類似錯誤，替病患進行位置有誤的腦部手術。該州衛生局懲戒院方並罰款五萬美元。十八月後，一名外科醫生在動唇顎裂手術時，開錯一名孩童的唇部位置。五個月後，一名醫生開錯病人的手指。十個月後，鑽頭被留在一名男性病患頭裡。羅德島醫院爲了這些醫療疏失又被罰款四十五萬美元。㉜

當然，發生這類意外的醫療機構不只是羅德島醫院，但羅德島醫院的案例很不幸地成爲此類疏失的樣板。每次發生意外的時候，地方報紙會刊出詳情，地方電視台也會駐守在醫院外頭。後來全國性的媒體也加入。一家全國醫院評定機構的副主席告訴美聯社記者：「問題並沒有解決。」㉝記者宣布，該州醫療龍頭羅德島醫院處於混亂狀態。

一名護士告訴我：「我感覺好像在戰地工作一樣，醫生走向自己的車時，埋伏在一旁的電視台記者會突襲他們。一名小男孩請我幫他留意，不要讓醫生不小心在開刀的時候切下他的手。感覺所有事情通通失控。」㉞

排山倒海的批評聲浪與媒體的包圍，讓羅德島醫院產生一股危機感。㉟部分行政人員開始擔心醫院評鑑會有問題，有的人則變得防衛心很重，不滿電視台選中他們大肆報導。一名醫生告訴我：「我找到一個寫著『代罪羔羊』的小徽章，我想戴著去醫院，但我太太說這樣不妥。」

接著行政人員瑪莉・瑞奇・庫柏（Mary Reich Cooper）醫學博士說話了。庫柏在那名八十六歲病患去世前的幾星期成爲醫療品質長。庫柏和醫院各級行政人員開會的時候，告訴他們大家完全弄錯了看待眼前情況的角度。

她說，所有的批評都不是壞事。事實上，醫院得到了很少機構能夠得到的罕見機會。

庫柏告訴我：「我把這視爲一個好時機。長久以來，醫院一直試著解決這類問題但都失敗。有的時候人們需要被搖醒，所有負面的媒體曝光都是一次五雷轟頂，讓我們有機會重新檢視所有事情。」

羅德島醫院選了一天，讓那天全天的非急需手術全部停擺（這是一筆驚人的損失），然後把全部的人員集合在一起進行密集訓練課程，向大家強調團隊合作以及授權給護士與醫療人員的重要性。神經外科主任辭職，新的領導者被選出。羅德島醫院邀請由各醫療龍頭組成的「醫療照護改革中心」幫助自己重新設計手術預防措施。行政人員在開刀房裝上監視器，確認手術確實進行「作業靜止期」；㊱另外每次動手術的時候，都必須核對手術檢查表。如果有危及病患健康情事，所有的醫院員工都可以透過電腦系統進行匿名通報。㊲

其實這些措施有的在幾年前就有人提議要做，但每次都被擋下。醫生與護士不願意有人錄下他們動手術的過程，也不願意讓別的醫院告訴他們該怎麼做自己的工作。

但一旦危機感包圍羅德島醫院後，㊳每個人都變得更願意改變。

其他醫院也經歷過類似的轉變。㊴發生醫療疏失後，反而有辦法讓醫院的出錯率下降。要是換做幾年前，那樣的改善似乎根本不可能發生。這些醫院和羅德島醫院一樣，只有在出現危機感的時候才有可能改革，像是哈佛大學的教學醫院「貝斯以色列女執事醫學中心」（Beth Israel Deaconess Medical Center）在一九九〇年代晚期，經歷了一連串被報紙揭露的醫療錯誤與內部鬥爭，護士與行政人員在公聽會上難看叫囂。部分州政府官員曾經討論過強制關閉該醫學中心的幾個部門，直到它們能證明不會再出錯爲止。醫院遭受抨擊後，團結起來提出改變內部文化的方案，像是「定期檢視」（safety round），也就是每三個月由一位資深醫師負責探討某次手術或診斷，並在幾百名醫院同僚面前，深入詳細描述爲什麼那次會出錯或是差點出錯。

先前曾擔任貝斯以色列女執事醫學中心手術長的唐納・穆爾門博士（Dr. Donald Moorman）說：「公開承認錯誤是一件讓人非常痛苦的事。二十年前醫生不會肯做這種事，但現在醫院充滿著一股強大的恐慌感，就連最優秀的外科醫生都肯討論自己如何差點犯下大錯。醫療文化正在改變。」

●●●

好的領導者會抓住危機帶來的轉機，重新塑造機構習慣，像是美國航太總署的行政官員多年來都試著改善署內的安全習慣，但當挑戰者號太空梭在一九八六年爆炸之前，一切的努力都徒勞無功。[40]發生爆炸悲劇後，該組織得以重新改造署內強制執行品質標準的方式。飛機駕駛員也是一樣。他們花了多年時間試圖說服飛機製造商與飛航管制員，希望他們重新設計駕駛員座艙的配置以及航管員的溝通方式。後來西班牙小島特內里費島在一九七七年因爲跑道錯誤造成五百八十三個人喪生之後，[41]五年內駕駛艙的設計、跑道流程、飛航管制通訊的固定程序，全都經過大改造。

事實上，危機是非常珍貴的契機，有智慧的領導者通常會故意延長危機感。國王十字站大火過後的處理方式就是這樣。火災發生五天後，英國大臣指定特別調查員戴斯蒙・芬納（Desmond Fennell）調查這起事件。芬納從訪談倫敦地鐵的領導階層著手，並且馬上發現其實所有人都知道消防安全是個嚴重問題，而且已經知道好幾年，但什麼事都沒有改變。有些行政主管提議過新的階層組織，以明確規範火災防治的責任歸屬問題。其他行政主管則提議過給車站經理更多權力，讓他們可以溝通部門間的歧異，但那些改革措施從來不曾成真。

芬納自己提出改變的建議時，他發現某些阻礙開始浮現：有的部門主管拒絕承擔責任，有的主管開始扯後腿，私下威脅下屬。

所以芬納決定讓他的調查成爲媒體關注的焦點。

他召開爲期九十一天的公聽會，揭露倫敦地鐵忽視衆多風險警告。他暗示新聞記者，每次通勤者搭乘地鐵時都身處重大危險。他交叉詢問多位目擊者，目擊者表示對倫敦地鐵來說，爭奪地盤比通勤者的安全重要。最後的報告在火災發生近一年後出爐，長達兩百五十頁，嚴厲控訴倫敦地鐵是因爲無能的官僚主義而陷入癱瘓的組織。芬納寫道：「一開始這只是在調查某個晚上的事件，」但調查報告的「範圍必須擴大到檢視整個體制。」最後他寫下一頁又一頁尖銳的批評與建議，主要大意是倫敦地鐵的組織大多不是無能就是腐敗。

芬納的報告立即得到驚人回響。通勤者包圍倫敦地鐵辦公室，組織的領導階層被炒魷魚。一連串的立法通過，倫敦地鐵的文化爲之一變。在今天，每個車站都有一個主要負責乘客安全的經理，只要出現一點點可能發生危險的跡象，所有職員都有義務通報。所有的列車仍然準時到站，但倫敦地鐵的習慣與停戰協議，已經調整到足以清楚表明誰要為火災防治負起最終責任，而且每個人都有權利行動，不管他們可能會踩到誰的地盤。

不管是無心之過還是出於疏忽，如果組織習慣已經引發有害的停戰協議，所有的公司都有可能做到這樣的轉變。有問題習慣的公司不會因為領導人一聲令下就變好。有智慧的主管會尋找危機時刻或製造危機感，讓眾人感覺「有些事必須改變」，直到每個人終於準備好大幅改造自己每天的行為模式。

榮曼・伊曼紐爾（Rahm Emanuel）在二〇〇八年全球發生金融危機、自己剛被任命為白宮幕僚長的時候，曾經在主管會議上指出：「此次危機讓我們有機會做到你們以前做不到的事。」不久，歐巴馬政府說服國會改變心意，通過總統提出的七千八百七十億美元振興方案。此外，國會還通過歐巴馬的健保改革法、重新修訂消費者保護法，並且批准其他多條法令，擴充兒童健康保險，賦予女性新管道控告薪資不平等。這是繼詹森總統「大社會計畫」與羅斯福「新政」以來最大的政策改革。這個改革之所以能夠發生是因為在一場金融大災難之後，立法者看見機會。

發生八十六歲病患死亡與其他手術失誤後，羅德島醫院也出現類似機會。二〇〇九年全面實施新的安全程序之後，醫院再也不曾發生手術開錯邊的錯誤，最近還贏得重症護理最高榮譽「明燈獎」，以及美國外科學院的癌症照護品質獎章。

更重要的是，羅德島醫院的護士與醫生都說，現在他們的醫院感覺像是一個完全不一樣的地方。

二〇一〇年時，一位名叫艾利森・沃德（Allison Ward）的年輕護士踏進開刀房，準備協助一場例行手術。她在一年前進入開刀房工作，所有人裡她最年輕、資歷最淺。手術開始前，整個手術團隊聚集在昏迷病患旁進行作業靜止期，外科醫生唸出手術檢查表，然後把列出所有步驟的表格貼在牆上。

他拿起手術刀前對大家說：「好了，最後一個步驟，在我們開始之前，有誰要提醒大家什麼事嗎？」

這位醫生動過數百次類似的手術，他的辦公室裡擺滿證書與獎章。

二十七歲的沃德說：「醫生，我想提醒大家，在進行第一與第二個步驟前，我們必須暫停。你剛剛沒有提到這件事，我只是想確定大家都記得這件事。」

要是在幾年前，說出這種話可能會讓她得到一頓痛罵，或甚至斷送她的職業生涯。

外科醫生說：「謝謝妳加上那一點，下次我會記得提到這件事。」

「好了，我們開始吧。」醫生說。

沃德後來告訴我：「我知道這間醫院經歷過一些艱困的時期，但現在大家完全願意合作。我們的訓練、所有的角色模範……這間醫院的整個文化現在專注於團隊合作。我覺得我什麼都可以說，這是一個很棒的工作場所。」

7 連鎖零售商搶先知道你要什麼

企業如何預測與操縱習慣？

一

安德魯・波爾（Andrew Pole）剛剛成爲美國零售業者塔吉特（Target）的資料專家。一天，幾個行銷部門同事到他桌前問了一個問題。波爾這一輩子就是爲了這種問題而生：

「你的電腦能不能在顧客不想讓我們知道的情況下，找出誰懷孕了？」

波爾是統計專家，從小到大都在利用資料了解人們。他生在美國農業州北達科他州一個小鎮，朋友參加四健會或組火箭模型的時候，他在玩電腦。大學畢業後，他先是取得統計學研究所學歷，然後又取得經濟學文憑。他的密蘇里大學經濟所同學大多跑去保險公司或政府部門工作，他卻選擇了不一樣的道路。他對於經濟學家如何利用模式分析解釋人類行爲，變得十分著迷。事實上，他還曾經親身進行幾個非正式的實驗：他辦了一場派對並調查每一個人喜歡的笑話，然後試著利用數學模型找出一個完美的笑話。他還試著找出準確數字，計算需要喝多少啤酒，才能讓自己鼓起勇氣在派對上找女生說話，但又不會喝過頭讓自己出糗（那項研究似乎每次都沒有令人滿意的結果）。

但波爾知道，比起美國企業用數據檢視民衆生活的方式，這些實驗只不過是小孩的把戲，所以他畢業後得知賀卡公司賀曼（Hallmark）在堪薩斯城徵求統計專家時，他寄出履歷。很快地，他每天的行程就是研究行銷資料，判定究竟是貓熊還是大象的生日卡片賣得比較好，以及「在外婆家的事不要說出去」這句話要用紅色還是藍色印會比較好笑。這簡直是天堂。

六年後，波爾得知塔吉特正在徵求處理電腦數據的人員，於是在二〇〇二年跳槽。波爾知道以資料蒐集的廣度來說，塔吉特是一座巨山。每年有數百萬的購物者走進塔吉特一千一百四十七家分店，並且交出超過太位元組（ＴＢ）的資料。大部分的人都不知道他們交出了自己的資料，他們用會員卡購物、兌換塔吉特寄來的折扣券、使用信用卡購物，渾然不覺塔吉特可以利用他們購買的品項，建立每個人的人口統計數據。

對統計員來說，這種資料是一扇神奇的窗，可以讓他們看見顧客的喜好。塔吉特賣的東西琳瑯滿目，雜貨、服飾、電子產品、草坪家具，無所不包。仔細追蹤人們的購買習慣後，公司的分析人員可以預測顧客家中正在發生的事。有人買了新毛巾、新被單、銀器、平底鍋、冷凍食品？他們大概最近新買了一棟房子，或是正準備離婚。推車裡裝滿殺蟲劑、兒童內衣、手電筒、一堆電池、家庭雜誌與一瓶白酒嗎？夏令營時間即將到來，老媽等不及了。

在塔吉特工作讓波爾有機會在自然棲息地裡，研究世界上最複雜的生物：美國購物者。他的工作是建立能夠爬梳數據的數學模型，判定哪些家戶有孩子、哪些家戶有單身主義者、哪些購物者熱愛戶外活動、哪些則比較愛冰淇淋與羅曼史小說。波爾的任務是成爲破解消費者習慣的數字解讀者，並進而讓他們購買更多東西。

接著在某個午後，幾個行銷部的同事來到波爾桌邊，說他們正試著依據顧客的購買模式，找出那些塔吉特的顧客有孕在身。懷孕婦女與新手爸媽是零售業者的聖杯，世界上沒有比他們更能帶來利潤的顧客，他們什麼產品都想買，而且對價格不敏感。家裡有嬰兒的人不只是買尿布與溼紙巾而已，他們精疲力竭，每次買奶瓶與配方奶粉的時候，還會順道買一切需要的東西，像是果汁、浴室衛生紙、襪子、雜誌。此外，新手父母．且開始在塔吉特購物後，好幾年內他們會一直回來。

換句話說，找出哪些顧客懷孕了，能爲塔吉特帶來數百萬美元進帳。

波爾對這個問題很感興趣。對統計算命師來說，還有什麼挑戰比這更棒？要回答這個問題不僅要鑽進購物者的腦袋，還必須鑽進他們的臥房。

完成此次任務時，波爾將學到重要教訓，了解窺伺人們最私密的習慣是一件危險的事，像是他將學到隱藏你知道的東西，有時和去知道那件事一樣重要，而且不是所有女性都對電腦程式檢視她們的生殖計畫感到興奮。

最後波爾會了解，不是每一個人都認爲數學讀心術很酷。

波爾告訴我：「我猜對外面的人來說，這有點像是全面監控的『老大哥』，讓有些人感到不舒服。」

很久很久以前，塔吉特這樣的公司絕對不會雇用波爾的同類。就算是很近期的二十年前，零售業者也不會做這種深入資料分析。當時不論是塔吉特或者是雜貨店、購物商場、賀卡公司、服飾店與其他企業，都試著用傳統方式鑽進消費者的腦袋：雇用模糊號稱能利用科學手法增加顧客消費的心理學家。

那些方法中，有些到了今天仍在使用。如果你走進沃爾瑪、零售商家得寶（Home Depot）或是家裡附近的商場然後仔細觀察一下，你將發現已經存在數十年的銷售伎倆，而每一個手法都在利用你的購物潛意識。

像是你購買食物的方式。

你走進雜貨店的時候，首先映入眼簾的可能是看起來很吸引人、堆得像小山的蔬菜水果。仔細想一想，農產品擺在門口其實不太有邏輯，因為這類東西如果放在手推車底部，其實很容易碰傷；理論上應該把蔬菜水果擺在靠近收銀檯的地方，也就是購物之旅要結束的時候。然而行銷人員與心理學家很早以前就發現，如果我們在「展開」購物之旅的時候，先放進一堆健康的食物，等一下經過多力多滋、奧利奧餅乾與冷凍比薩貨架時，我們買下這些東西的機率就會大增。先買冬南瓜會讓我們的潛意識覺得自己很崇高，等一下就會比較容易允許自己把一品脫的冰淇淋放進推車。

或是看看大部分的人在進商店的時候都會先右轉（你原本知道自己會先右轉嗎？有很高的機

率你會先右轉。數千小時的影帶顯示，購物者踏進前門後會立刻往右走）。由於人們習慣右轉，零售業者會把利潤最高的產品擺在商店右側，他們希望你一進門就馬上買那些東西。或是想一想穀片與湯類：它們不照字母排、似乎是隨機擺放的時候，我們直覺上會逗留久一點，多看一點選擇。所以你很少會看到「Raisin Bran」（葡萄乾穀片）會跟「Rice Chex」（格子穀片）擺在一起，得在架上找來找去，才能找到你要的穀片，而且可能一時受不了誘惑，又多拿一盒別牌的穀片。①

這些手法的問題在於，它們把所有的購物者都當成一模一樣的人。這些用來激發購買習慣的手法相當原始又一體適用。

然而，在過去二十年間，零售市場變得愈來愈競爭，塔吉特等連鎖店開始了解不能再依賴相同的老技倆。增加獲利的唯一方式，就是找出個別購物者的習慣，一對一銷售。企業必須訴諸消費者獨特的購買偏好，進行個人化的銷售。

在某種程度上，連鎖店會有這樣的認知，是因爲它們愈來愈意識到習慣是如何大大影響幾乎每一個購物決定。一連串的實驗讓行銷人員相信，如果他們能夠掌握某個購物者的習慣，他們想叫他們買什麼，他們幾乎就會買什麼。② 一項研究錄下消費者踏進雜貨店後的過程。研究人員想知道人們如何做出購買決定，尤其是帶著購物清單的購物者：理論上這些購物者已經事先決定好自己要買什麼。

研究人員發現，即使購物者已經事先列出清單，超過五成的購買決定，卻是由消費者看到架上產品的那一瞬間決定，因爲雖然購物者想做出最正確的選擇，他們的習慣卻強過他們寫下的購買計畫。一名購物者在店內購物的時候，對著自己喃喃自語：「我看看，這一區是洋芋片，要跳過。等一下。哇！樂事的洋芋片在特價！」③然後他在推車裡放了一包洋芋片。有些購物者會「月復一月」購買相同品牌，雖然他們承認自己根本不是很喜歡那樣產品。一名女性站在放著數十種咖啡品牌的架子前說：「我沒有很愛佛吉斯的咖啡，但我就是會買，你懂嗎？還有別的牌子嗎？」人們即使發誓要少買一點食物，每次買東西的時候，他們購買的數量還是會和從前差不多。

兩位南加州大學的心理學家在二○○九年寫下這樣一段話：「有的時候消費者的行爲像是習慣的產物，他們會自動重複過去的行爲，不太管眼前的目標。」④

不過這些實驗讓人訝異的地方，在於雖然每個人都依賴習慣來引導自己的購物行爲，每個人的習慣都不一樣。那位喜歡吃洋芋片的男性每次都會買一包洋芋片，但買佛吉斯咖啡的那位女性則從來不會經過洋芋片區。有人每次購物的時候都會買牛奶，雖然家裡還有很多。有的人永遠都會買點心，雖然他們說自己正在減肥。但買牛奶的人與點心成癮者通常不是同一批人。

每個人都有專屬的習慣。

塔吉特想要利用那些個人習慣，但如果每天有幾百萬人走進你的店，你要如何記錄那些人的偏好與購物模式？

你蒐集資料，蒐集數量龐大到幾乎難以想像的資料。

十多年前，塔吉特開始建立一個巨大數據庫，每位購物者都有一個識別碼：公司內部把這個識別碼稱爲「顧客ＩＤ號碼」。這些號碼可以記錄每個人如何購物。每次顧客用塔吉特發行的信用卡結帳、交給收銀員熟客卡、使用寄到家中的折價券、填寫問卷、郵寄退貨、撥打客服專線、打開塔吉特寄來的電子郵件、參觀塔吉特官網（Target.com），或是線上購買任何東西，公司電腦都會記錄下來。每一筆購買記錄都會連結到那位購物者的「顧客ＩＤ號碼」，所有買過的東西都會被記下來。

「顧客ＩＤ號碼」還連結了塔吉特從其他公司蒐集或購買而來的顧客基本資料，包括購物者的年齡、是否結婚生子、住在城市哪一區、開車到店裡要多久時間、預估收入、最近是否搬家、造訪過哪些網站、皮包裡放著什麼信用卡，以及家中電話與手機號碼。塔吉特可以購買各種資料，像是購物者的族裔、他們做過哪些工作、看什麼雜誌、是否曾經宣告破產、在哪一年購買（或失去）房子、大學畢業還是研究所畢業、是否偏好某些咖啡品牌、衛生紙、穀片或蘋果醬。

InfiniGraph 等公司專門兜售這類資料。它們「聆聽」消費者在網路留言板或網路論壇上的對話，並且追蹤人們提到他們喜歡哪些產品。一家叫做 Rapleaf 的公司販賣購物者資訊，像是他們的政治傾向、閱讀習慣、慈善捐獻、名下車輛數量，以及喜歡宗教新聞還是特價香菸。⑤其他公司則分析消費者放在網路上的照片，歸類他們屬於肥胖或過瘦、高或矮、毛髮濃密或禿頭，以及這些特徵可能讓他們想購買哪種產品。（塔吉特在一份聲明中拒絕吐露公司與哪些人口資料公司打交道，也不願意告知自己研究何種資訊。）

專門研究企業如何使用與分析資料的傑出學者湯姆・達文波特（Tom Davenport）說：「從前企業只知道顧客想讓他們知道的事，那個世界已經很遙遠。外面有太多資料，你想都想不到，而且每家公司都在買那些資料，因爲那是生存的唯一辦法。」

如果你每星期都會用塔吉特信用卡買一盒冰棒，而且通常是在平日的晚上六點半，另外你每到七月與十月就會購買大型垃圾袋，那麼塔吉特的統計師與電腦程式會判定你家有小孩、你會在

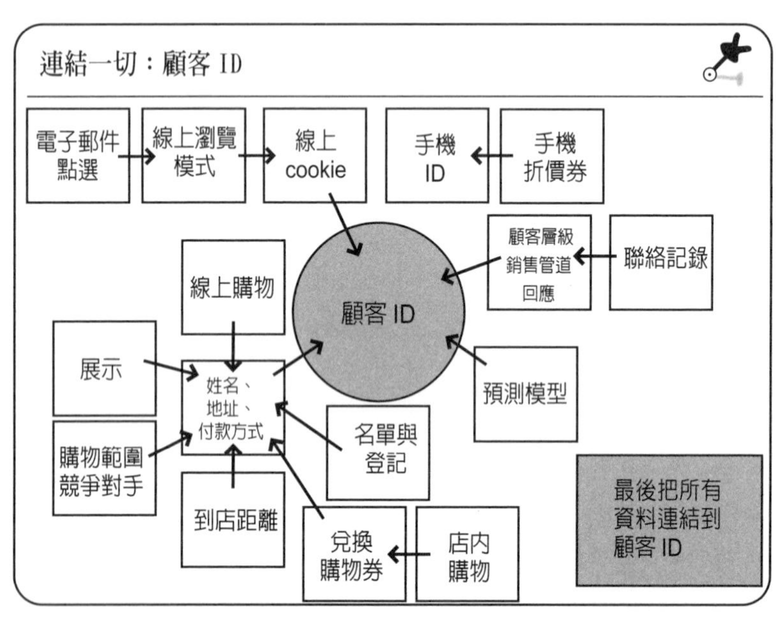

下班回家途中順道購買日用品，而且你擁有夏天需要除草的草坪以及秋天會落葉的樹。塔吉特會研究你其他的購物習慣，並且注意到你有的時候會在塔吉特買穀片，但從來不買牛奶，這代表你一定是在別的地方買，所以塔吉特會寄給你脂肪含量百分之二的牛奶優惠券，還會順道寄巧克力碎片、學校用品、草坪家具、耙子的折價券。另外，既然你可能想在工作一整天後放鬆一下，塔吉特也會寄給你啤酒優惠券。塔吉特會猜測你習慣性買些什麼，然後試圖說服你到塔吉特買。塔吉特有辦法量身打造廣告，寄給每個人不同的折價券，雖然你可能永遠都不會發現自己收到的傳單跟鄰居的不同。

波爾在二〇一〇年一場零售統計會議上告訴聽眾：「有顧客ID，我們就有你的姓名、住址、付款方式，我們知道你有塔吉特 Visa、轉帳卡，我們可以連結你在店裡買了什麼。」

塔吉特能夠把百分之五十左右的店內銷售連結到特定顧客、線上銷售則幾乎是百分之百，線上瀏覽大約是百分之二十五。

波爾在那場會議上放了一張投影片，⑥上頭是塔吉特蒐集哪些資料的範例。那張投影片被秀出來的時候，在場一名聽眾忍不住吹了一聲讚嘆的口哨（見上頁圖）。

然而這些資料有一個問題：如果沒有統計師解讀，光是數字沒有意義。對於外行人來說，兩個都買了柳橙汁的人看起來一模一樣，需要有數學家找出其中一人是爲孩子而買的三十四歲女性（因此可能適合寄給她《火車頭湯瑪士》DVD折價券），另一個人則是習慣在慢跑後買果汁的二十八歲單身漢（運動鞋大特價可能比較吸引他）。波爾與其他五十位塔吉特「顧客資料暨分析服務部門」同事，專門負責找出隱藏在事實裡的習慣。

波爾告訴我：「我們把這稱爲『顧客速寫』。我知道的事愈多，就愈能猜測一個人的購買模式。我不會每次都猜中你全部的事，但我對的比例會高過錯的比例。」

波爾在二〇〇二年加入塔吉特的時候，分析部門已經有電腦程式能夠找出那些家戶有孩子。每到十一月，塔吉特會寄給這些父母腳踏車與滑板車型錄。如果聖誕樹下擺了這些禮物，將會是一幅完美的景象。九月的時候，公司還會寄給他們學校用品折價券，六月則是泳池玩具。電腦會尋找四月購買比基尼的顧客，然後七月寄出防曬乳折價券，十二月寄出瘦身書折價券。如果塔吉特想要的話，也可以寄給每位顧客整本的產品折價券，而且公司相當確定他們一定會購買那些產品，因爲他們以前就買過同樣的東西。

塔吉特不是唯一想要預測消費者習慣的企業。幾乎所有大型零售業者都擁有試圖找出消費者偏好的「預測分析」部門，包括亞馬遜、百思買（Best Buy）、克羅格超市（Kroger）、橄欖園（Olive Garden）、安海斯—布希啤酒（Anheuser-Busch）、美國郵政、富達投資、HP、美國銀行、第一資本，以及其他數百家企業。「預測分析世界」（Predictive Analytics World）大會主席艾瑞克・席格爾（Eric Siegel）說：「但塔吉特一直是這方面最聰明的企業。數據本身沒有什麼意義，而塔吉特擅長問非常聰明的問題。」

不需要天才也能知道買穀片的人大概也會需要牛奶，但還有其他難度高出許多、可以帶來更多利潤的問題等著解答。

那就是爲什麼波爾得到新工作的幾星期後，他的同事問他有沒有可能就算顧客不想讓任何人知道她們懷孕了，公司還是有辦法知道。

●●●

加州大學洛杉磯分校客座教授艾倫・安德里亞森（Alan Andreasen）一九八四年發表過一篇論文，試圖回答一個基本問題：爲什麼有些人會突然改變他們的購物慣性行爲？

在那之前，安德里亞森的團隊花了一年時間在洛杉磯進行消費者電訪，詳細調查他們最近的購物之旅。有人接起電話的時候，科學家會問他們一堆問題，包括他們買什麼品牌的牙膏與肥皂，以及他們的偏好是否曾經改變。他們一共訪問近三百名民眾。他們得到的答案與其他研究者類似：大部分的人日復一日購買相同品牌的穀片與洗衣精，習慣是至高無上的主宰。

除了有的時候它們會失靈。

像是安德里亞森訪查的人之中，百分之十點五的人在最近六個月換過牙膏品牌。超過百分之十五的人開始購買新品牌洗衣精。

安德里亞森想知道爲什麼這些人脫離了慣常模式。他的發現就此成爲現代行銷理論的基礎：人們經歷人生重大事件時，比較可能改變購買習慣，例如人們結婚後比較可能開始購買不同種類的咖啡。他們搬新家時，比較可能購買不同種類的穀片。離婚的時候，他們開始購買不同品牌啤酒的機率也比較高。⑦經歷人生重大事件的消費者常常沒注意到或不關心自己的消費模式有所轉變，然而零售業者會注意，而且他們相當關心。⑧

安德里亞森在論文中提到，「改變居住地、結婚或離婚、失去或轉換工作、家中出現新成員或舊成員離開」等人生改變會讓消費者較爲「無法抵擋行銷人員的介入」。

所以對於大多數的人來說，什麼是人生最重大的事件？什麼事件會造成最大的突變，讓人「無法抵擋行銷人員的介入」？答案是新生兒。對於多數顧客來說，沒有什麼會比新生兒的降臨帶來更大的轉變，結果就是相較於幾乎其他所有成人生活的階段，新手父母的習慣在那個時刻最具彈性。

所以懷孕婦女是企業金礦。

新手父母會買很多東西：尿布與紙巾、嬰兒床與包屁衣、毛毯與奶瓶。塔吉特等商家販售這些東西可獲得高額利潤。二〇一〇年一項調查估計，一般父母在孩子過一歲生日前，會花上六千八百美元購買嬰兒用品。⑨

然而那只是購物冰山的一角而已。相較於商店利用新手父母改變購物習慣而獲得的利益，那些最初的開支簡直是小巫見大巫。如果精疲力盡的母親與睡眠不足的父親開始在塔吉特購買配方奶粉與尿布，他們也會開始在店裡購買自己的日用品、清潔用品、毛巾、內衣，以及其他無窮無盡的東西。對新手父母來說方便最重要。

波爾告訴我：「一旦我們讓他們開始跟我們買尿布，他們也會開始買其他所有東西。你衝進店裡找奶瓶，然後你經過柳橙汁的時候，你也會抓一瓶。喔，我想看的新DVD在那裡。很快地，你開始跟我們買穀片和紙巾，然後一直回來。」

新手父母非常脆弱，大型零售業者會不擇手段找到他們，包括跑到產房，即使它們的產品和嬰兒完全無關也一樣。紐約一家醫院提供每位剛當媽媽的人一袋禮物，裡面有髮膠、洗面乳、刮鬍膏、精力棒與洗髮精樣品，還有一件軟棉T恤。另外，袋子裡還有線上照片沖洗服務、洗手乳以及當地一家健身房的折價券。袋內的確有尿布與嬰兒乳液的試用品，但相較於其他非嬰兒用品的數量，可以說是不成比例。全美五百八十家醫院的新手媽媽會收到迪士尼送的禮物，迪士尼在二〇一〇年成立一個新的行銷部門，專門瞄準家中有嬰兒的父母。寶僑、嬰兒用品玩具店費雪（Fisher-Price）與其他企業也有類似的贈品計畫。迪士尼預估北美新生兒市場一年市值達三百六十三億美元。⑩

但對塔吉特等業者來說，在產房找到新手媽媽從某個角度來說太遲了。送進產房的時候，那些新手媽媽已經在所有人的雷達上。塔吉特不想和迪士尼或寶僑競爭，它要勝過它們。塔吉特的目標是在寶寶誕生之「前」就開始對父母行銷：這也就是爲什麼波爾的同事那天要請教他預測懷孕的演算法。如果他們能提早在婦女懷孕進入第二期（譯注：十四至二十八週）的時候就找出她們，就可以搶在所有人之前攻占她們。

唯一的問題在於找出哪些顧客已經懷孕比想像中困難。產前派對登錄制度（baby shower register）幫助塔吉特找出部分懷孕女性，而且更重要的是，這個登錄制度讓即將當媽媽的人自願把寶貴資料交給塔吉特，像是她們的預產期。如此一來，塔吉特就知道什麼時候要寄產前維他命或尿布折價券給她們，然而問題是只有一小部分的懷孕顧客會登錄資料。

另外還有一些顧客是塔吉特管理人員「懷疑」她們已經懷孕，因爲她們添購孕婦裝、嬰兒家具與整箱尿布。然而，「懷疑」與「知道」是兩回事。你怎麼知道買尿布的人是自己懷孕還是在買禮物給懷孕的朋友？另外，時機也很重要。寶寶出生前一個月有用的折價券，在寶寶出生後幾星期可能被扔進垃圾桶。

波爾的辦法是先從塔吉特的產前派對登錄制度下手，裡頭的資料能讓他觀察女性在快要臨盆時，購物習慣一般有什麼變化。登錄制度就像是波爾可以測試預感的實驗室。每位懷孕的母親會交出自己的姓名、配偶姓名以及預產期。塔吉特的資料庫可以把相關資料連結到家庭顧客ＩＤ，接著這些女性每次在店內或線上購物的時候，波爾都可以利用她們提供的預產期，分析她們在哪個懷孕期會買哪些東西。很快地，波爾找到模式。

他發現懷孕婦女的購物方式很好預測，乳液就是一例。很多人都會買乳液，但塔吉特的資料分析師注意到登記產前派對的女性，會在懷孕開始進入第二期的時候，購買不尋常的大量無香乳液。另一位分析師注意到在前二十週的某個時間點，許多懷孕女性會大量購買鈣、鎂、鋅等維他命。許多購物者每個月都會購買肥皂與棉球，但如果有人在買了乳液、鎂片與鋅片的幾個月後，突然開始購買大量無香味的肥皂與棉球，同時又買了手部殺菌產品與數量驚人的毛巾，代表她們快要生了。

波爾用電腦程式梳理這些資料後，找出二十五種左右的相關產品。一齊分析這些產品後，波爾就可以在某個意義上「一窺女性的子宮」。最要的是，波爾可以猜測這些女性處於哪個懷孕期，並預估她們的預產期。如此一來，她們快要進行下一次的採買時，塔吉特就可以寄出折價券。波爾大功告成的時候，他的程式幾乎可以幫所有的定期購物者打「懷孕預測」分數。

住在亞特蘭大、二十三歲的珍妮・沃德[11]買了可可油乳液、一個大到可以當尿布袋的包包、鋅片、鎂片，以及一塊亮藍色的小毯子？百分之八十七的可能性她懷孕了，而且預產期在八月底左右。布魯克林三十五歲的麗茲・亞特買了五包毛巾、一瓶「敏感肌膚用」洗衣精、寬鬆牛仔褲、含DHA的維他命，還買了很多潤膚乳？百分之九十六的機會她懷孕了，而且大約會在五月初生。舊金山三十九歲的凱特琳・派克購買兩百五十美元的嬰兒推車，其他什麼都沒買？她大概是在買朋友的產前派對禮物。除此之外，她的個人資料顯示她在兩年前離婚。

波爾把他的程式應用在塔吉特資料庫裡所有的購物者，跑完程式後，他得到一張清單，上頭有幾萬名可能已經懷孕的女性，塔吉特可以在她們的購物習慣特別有彈性的時候，寄給她們排山倒海的尿布、乳液、嬰兒床、紙巾、孕婦裝的廣告。這些女性只要有一小部分的人（或是她們的丈夫）開始在塔吉特購物，公司就可以增加幾百萬美元的獲利。

公司正準備大量寄出廣告的時候，行銷部門有人問了一個問題：如果這些女性發現塔吉特知道多少事情，她們會有什麼反應？

波爾告訴我：「如果我們寄給某個人一份寫著『恭喜迎接第一個孩子』的廣告目錄，而她們從來沒有告訴我們她們懷孕了，有些人會感到不舒服。我們堅守隱私權法，但即使遵循了法律，你還是可以做到讓人感到不安的事。」

這樣的顧慮的確有道理。波爾建立他的懷孕預測模型大約一年後，一名男子跑到塔吉特明尼蘇達州一家分店並堅持見經理。火冒三丈的他手裡抓著一份廣告。

他說：「我女兒收到這個東西。她還在念高中，你們居然寄嬰兒服和嬰兒床的折價券給她？你們是在鼓勵她懷孕嗎？」

經理不知道這名男子在說什麼。他看了一下廣告。的確，那是寄給那名男子的女兒，而且裡頭有孕婦裝與嬰兒家具的廣告，上面有微笑的嬰兒正在凝視媽媽的眼睛。

經理鄭重向對方道歉，幾天後又再次打電話致歉。

這次對方有點尷尬。

男子說：「我跟我女兒聊了一下，結果我家發生了一些我沒有完全留意到的事。」他吸了一口氣，「她八月要生了，我要向你們道歉。」

塔吉特不是唯一一家消費者有疑慮的企業，其他手法不那麼刺探隱私的企業也遭受抨擊，像是二〇一一年的時候，一名紐約居民控告麥當勞、CBS電視、馬自達汽車與微軟，他認爲這些公司聘用的廣告公司監控人們的網路使用行爲並側寫他們的購物習慣。[12]加州也有控告塔吉特、沃爾瑪、維多利亞的祕密以及其他連鎖零售業者的集體訴訟，這些公司要求顧客使用信用卡的時候也必須告知郵遞區號，然後又用這些郵遞區號查出他們的郵寄地址。[13]

波爾和他的同事知道，利用資料預測女性是否懷孕將會是潛在的公關大災難。因此，如果要把廣告送到懷孕婦女手上，但又不能做得太明顯，以免讓她們感覺被窺視，究竟要怎麼做？你怎麼樣能利用某個人的習慣，但又不能讓他們知道你正在研究他們生活中每個細節？*

二

二〇〇三年夏天，愛麗斯塔唱片（Arista Records）的行銷主管史帝夫・巴透斯（Steve Bartels）開始打電話給電台ＤＪ，告訴他們他們一定會愛上一首新歌：嘻哈團體「流浪者」的〈嘿，你好！〉（Hey Ya!）。

〈嘿，你好！〉是由全球廣受歡迎的樂團所演唱的一首節奏輕快的曲子，融合了放克、搖滾、嘻哈，以及一點大樂團的搖擺樂，電台從來沒有放過這種音樂。巴透斯告訴我：「我第一次聽那首歌的時候，兩隻手起雞皮疙瘩。那首歌聽起來就是會一炮而紅，就像每年猶太成人禮和學校舞會都會放的那種歌。」在愛麗斯塔的辦公室，主管在走廊上齊聲合唱〈嘿，你好！〉的歌詞「像搖拍立得照片一樣晃動」。主管一致同意，這首歌一定會爆紅。

那個預測當然不是只依靠直覺。當時唱片業正在經歷類似於塔吉特及其他產業的轉變期，走向數據導向。如同零售業者使用電腦運算來預測購物者習慣，音樂與電台主管也利用電腦程式預測聽眾習慣。西班牙一群人工智慧專家與統計師所合組的「複音ＨＭＩ」公司（Polyphonic HMI）設計了一個叫做「暢銷歌科技」（Hit Song Science）的程式。這個程式可以分析旋律的數學特性並預測歌曲受歡迎的程度。就節奏、音高、旋律、和弦進行與其他面向，比較一首歌和其他幾千首

「複音HMI」公司資料庫中的流行歌後，「暢銷歌科技」可以算出分數，預測一首歌會不會紅。⑭這個程式預測諾拉瓊斯的專輯《遠走高飛》會紅，而先前音樂產業人士大多不看好它（這張專輯後來大賣一千萬張，並贏得八座葛萊美獎）。另外，儘管DJ都存疑，這個程式還預測山塔那的〈我倆〉（Why Don't You and I）會大受歡迎（這首歌後來名列美國告示牌暢銷四十第三名）。

---

*本章的報導內容依據了十幾位現任與離職塔吉特員工的訪談，許多員工選擇匿名，他們害怕可能遭到公司解職或其他報復行爲。我們提供塔吉特機會檢視與回應本章報導，也請塔吉特顧客分析部門主管與我們進行公開訪談。塔吉特拒絕這項提議。除了兩封電子郵件外，公司也不願意回覆我們提出的事實確認問題。第一封電子郵件上寫著：「塔吉特的目標是始終如一做到『期待多一點、價格少一點』的品牌保證，透過提供出眾價值、不停歇的創新與卓越客户體驗，讓塔吉特成爲顧客偏好的購物地點。由於我們致力於這個目標，我們下了非常大的功夫了解顧客偏好。爲此，我們開發了數種研究工具，讓公司能夠了解不同顧客族群有哪些傾向與偏好。我們利用從這些工具得來的數據安排店內陳設、產品選擇、促銷活動與折價券。這類分析讓塔吉特能夠提供顧客最切合需要的消費體驗，例如進行店內交易時，我們的研究工具能夠依據個別顧客的消費，預測他們會喜歡的相關優惠，並與收據一起交給他們。此外，選擇性加入的方案，像是我們的嬰兒登錄方案，可以幫助公司了解隨著時間的變化，顧客需求有哪些改變，因此能夠提供新手媽媽省錢折價券。我們相信這些努力可以提供顧客更多他們需要與想要的塔吉特產品，讓他們直接受惠。在此同時塔吉特也受惠，我們的顧客忠誠度變強、購物頻率增多、銷售與獲利也同時提高。」第二封電子郵件寫道：「幾乎您所有的陳述都包含不確實的資訊，出版這些陳述會誤導大眾。我們不打算一一回應個別陳述。塔十特嚴肅看待法律責任並遵守所有相關聯邦與各州律法，包括受保護的健康資訊相關法條。」

公司主管用「暢銷歌科技」程式跑了〈嘿，你好！〉之後，得到很好的分數。事實上，這首歌得到的分數不只是很好，還是前所未有的高。演算結果顯示〈嘿，你好！〉會橫掃全世界。

二〇〇三年九月四日晚間七點十五分的熱門時段，費城暢銷四十WIOQ電台開始在空中播放〈嘿，你好！〉。那天晚上後，同一星期又播了七次，一個月內一共播了三十七次。⑮

當時阿比創市場研究公司（Arbitron）正在測試一個新技術，那項技術可以找出特定時段有多少人在收聽特定電台，以及播放某首歌的時候有多少人轉台。WIOQ電台也參與測試。電台主管深信〈嘿，你好！〉一定會讓聽衆黏在收音機旁。

然後資料回來了。聽衆不只不喜歡〈嘿，你好！〉，⑯還痛恨這首歌。近三分之一的人在聽到這首歌的前三十秒內就轉台，而且不僅是WIOQ的數據如此，芝加哥、洛杉磯、鳳凰城、西雅圖等全美各地的電台也都得到相同結果。只要〈嘿，你好！〉一播出，大批聽衆就轉台。

週末聽衆人數超過兩百萬的暢銷四十聯播電台主持人約翰・加拉貝丁恩（John Garabedian）說：「我第一次聽到這首歌的時候，我覺得滿棒的，但這首歌和其他歌聽起來不一樣，所以每次播的時候，有些人會抓狂。有人告訴我，那是他這輩子聽過最糟的歌。人們聽暢銷四十的原因是他們想要聽自己喜歡的歌，或是聽起來像他們喜歡的歌。如果有不一樣的東西跑出來，他們會感到不舒服。他們不想聽任何不熟悉的東西。」

愛麗斯塔唱片砸下很多錢宣傳〈嘿，你好！〉。對音樂與電台產業來說，這首歌一定得受歡迎。暢銷歌代表著金礦：不只是因爲人們會買暢銷歌，而是暢銷歌能讓聽衆拋下電動與網路，跑去聽收音機。暢銷歌可以在電視上幫忙賣跑車，還可以在流行服飾店幫忙賣衣服。流行歌是多種消費習慣的根源，廣告商、電視台、酒吧、夜店，甚至是蘋果等科技公司都要依賴暢銷歌。

結果這首萬衆矚目、電腦演算預測會是年度最紅的歌曲慘遭滑鐵盧。電台主管急著找出讓〈嘿，你好！〉變成暢銷歌的方法。⑰

●●●

自從有音樂產業以來，這個產業就一直被一個問題所擾：怎麼樣才能讓一首歌紅起來？但一直要到過去數十年，人們才開始尋求科學解答。先驅之一是曾任電台經理的李奇・梅爾（Rich Meyer）。他與妻子南茜（Nancy）在一九八五年的時候，在芝加哥家中地下室開了一間名爲「媒體基地」（Mediabase）的音樂排行追蹤公司。他們每天早上起床後，會拿起昨天好幾個城市錄下的電台錄音帶，然後計算與分析電台播放的每首歌曲。接著梅爾會公布每週通訊，追蹤那些歌曲受歡迎的程度有所提升或下降。

在創業的頭幾年，這份通訊只有一百名左右的訂戶，梅爾夫婦的公司一直處於苦撐狀態。然而，愈來愈多電台開始採用梅爾的看法來增加聽衆，特別是他們還研究了他解釋收聽趨勢的公式。梅爾的通訊（也就是媒體基地公司販售的資料）以及愈來愈壯大的數據顧問產業所提供的類似服務，整個改變了電台營運的方式。

梅爾最喜歡的一個難題，就是找出爲什麼在播某些歌的時候，聽衆似乎永遠不會轉台。DJ把這種歌稱爲會「黏」的歌。梅爾花了好幾年的時間，追蹤數百首這種會在腦海裡盤旋不去的歌曲，他想找出是什麼原理讓那些歌那麼受歡迎。他的辦公室到處都是分析這種黏歌特徵的圖表，他一直在尋找新方法來測量「黏度」。大約在〈嘿，你好！〉發行的時候，他實驗阿比創正在試跑的數據，看看能不能提得出新洞見。

當時有些最「黏」的歌會那麼黏原因很明顯，像是碧昂絲的〈狂愛〉（Crazy in Love）還有賈斯汀的〈小姐好辣〉(Señorita)一推出就大受歡迎，但這些是原本就成名的歌手所唱的好歌，會「黏」很自然。其他歌會「黏」的原因則沒有人眞的知道，像是二〇〇三年夏天，電台播送布魯・坎特兒的〈呼吸〉（Breathe）時，幾乎沒人轉台。這首歌讓人一聽就忘，只有規律節拍，DJ告訴音樂刊物，這首歌平淡到大部分的DJ不太情願播出。然而不知道爲什麼，每次電台播的時候，人們都會聽下去，即使後來民調人員發現，同一批聽衆說他們其實不是很喜歡那首歌。又或者是「關門合唱團」的〈沒有你〉（Here Without You）或是「魔力紅」樂團幾乎所有的歌也是這樣。這些樂團沒有特色到評論家與聽衆用新的音樂類別「洗澡搖滾」（bath rock）來形容他們溫溫的聲音，但每次電台播他們的歌時，幾乎無人轉台。

另外還有一些聽衆說他們非常不喜歡的歌，但還是很「黏」，譬如克莉絲汀和席琳狄翁的歌。一份又一份的調查中，男性聽衆都說他們痛恨席琳狄翁而且無法忍受她的歌，但每次電台播她的歌時，男性觀衆還是會聽下去。在洛杉磯市場，電台會在接近整點（也就是測量聽衆數量的時候）播放席琳狄翁的歌，因爲每次放都可以增加多達百分之三的聽衆，這在電台的世界是個很大的數字。男性聽衆也許會以爲自己討厭席琳狄翁，但每次她的歌播出，他們就黏住不動。[18]

一天晚上，梅爾坐下來聽一連串會「黏」的歌。他一首接著一首聽，聽了一遍又一遍，結果他開始發現這些歌有類似的地方。這不是說它們聽起來很像，因爲有些是抒情歌，有些是流行樂；它們讓梅爾覺得有那個類別會像的樣子，聽起來很耳熟，就像是電台播放的其他音樂一樣，但又多了一點修飾，更接近完美歌曲的中庸之道。

梅爾告訴我，「有時電台調查的時候會打電話給聽眾，它會播放一首歌的片段，然後聽眾會說：『那首歌我聽過一百萬遍，我不要再聽了。』但如果是在電台上播放，你的潛意識會說：『我知道這首歌！我聽過一百萬次！我可以跟著一起唱！』會『黏』的歌就是你期待在收音機裡聽到的歌。你的大腦偷偷想要聽那首歌，因爲那首歌太像所有其他你聽過和喜歡的歌，感覺歌就是要那樣。」

證據顯示，偏好聽起來「熟悉」的東西其實是神經的產物。科學家在受試者聽音樂的時候檢視他們的腦部，並追蹤哪些神經區域與理解聽覺刺激有關。聽音樂會觸發腦部衆多區域，包括聽覺皮質、視丘與上頂皮質區。[19]這些區域也與模式辨認有關，可以幫助腦部決定哪些接收到的東西要留意，哪些則可以忽略。換句話說，這些負責處理音樂的區域被設計成找出模式與尋找熟悉的東西。這合乎邏輯，畢竟音樂很複雜，幾乎每首歌都有數不清的音調、音高、重疊的旋律以及相互衝突的聲音。街上說話的人也是一樣。有太多資訊，如果我們的腦部無法只專注於某些聲音並忽視其他聲音，所有東西聽起來都會像是一堆噪音。[20]

我們的腦部之所以渴求熟悉的音樂，是因爲熟悉度可以讓我們專心聆聽，不會被所有出現的聲音拉走。麻省理工學院的科學家發現，行爲習慣可以讓我們免於疲於奔命，讓我們不用每天都做出無數決定。聆聽的習慣也是一樣。如果沒有這些習慣，我們星期六參加足球賽的時候，就會無法斷定我們應該專注在孩子的聲音、教練的哨子聲，還是熱鬧街道上傳來的噪音。聆聽習慣讓我們能夠不自覺地區分重要以及可以忽視的噪音。

那就是爲什麼聽起來「很熟」的歌曲會黏，即使先前從未聽過也是一樣。我們的腦袋天生偏好和我們已經聽過的東西很像的聲音模式。席琳狄翁出新歌的時候，那首歌聽起來與其他每首她唱過的歌都一樣，也和電台播放的大部分的歌一樣。我們的腦袋不自覺地渴求這種可辨識性，而那首歌就變得很黏。你或許從來沒參加過席琳狄翁的演唱會，但你會在收音機裡聽她的歌，因爲那是你開車上班時預期會聽到的東西。那些歌完美地配合了你的習慣。

這可以解釋爲什麼雖然「暢銷歌科技」程式與音樂主管都確定〈嘿，你好！〉會大紅大紫，這首歌在電台上播放的時候卻失敗了。問題不在於〈嘿，你好！〉是一首糟糕的歌，問題在於〈嘿，你好！〉不耳熟。電台聽衆不想要每次電台介紹新歌的時候，都做出有意識的決定。他們的頭腦想要跟隨習慣。大部分的時候，我們其實不會選擇我們喜歡或不喜歡一首歌，那會花太多腦力。我們其實是對提示(「這聽起來就像其他所有我喜歡的歌」)與獎勵(「跟著一起哼很有趣！」)做出反應。我們不經思考就跟著一起唱或伸手轉台。

就某方面來說，愛麗斯塔唱片與電台ＤＪ所面臨的問題，其實是波爾在塔吉特碰到的問題的一種變形。聽衆會很願意坐著聽完一整首他們可能說自己不喜歡的歌，只要那首歌聽起來像是他們以前聽過的東西就行。懷孕婦女很願意使用她們收到的折價券，除非那些折價券明顯讓她們知道，塔吉特正在暗中監視她們的子宮。那件事是不熟悉的，讓人有點毛骨悚然。收到一張讓妳清楚知道塔吉特發現妳懷孕的折價券，不符合顧客期待，這就像是告訴一名四十二歲投資銀行家他聽到席琳狄翁的歌會一起唱一樣，感覺就是怪怪的。

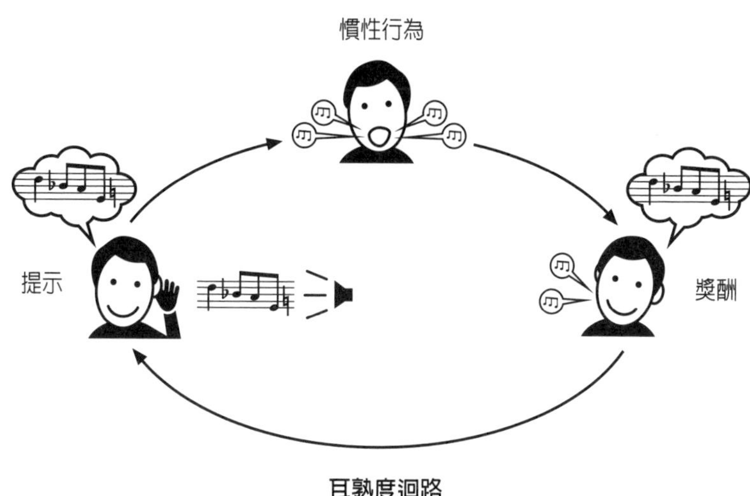

耳熟度迴路

所以DJ要如何說服聽衆不要轉掉〈嘿，你好！〉這樣的歌，直到那些歌變得熟悉？塔吉特要如何說服懷孕婦女使用尿布折價券，但又不會嚇到她們？

答案是新舊混搭，讓不熟悉的東西感覺熟悉。

三

一九四〇年代早期，美國政府爲了支援在二戰中奮勇作戰的部隊，開始把國產肉品送到歐洲與太平洋戰場，結果造成國內牛排與豬排供應量短缺。美國一九四一年底加入戰爭的時候，紐約餐廳開始用馬肉做漢堡，還出現了禽肉黑市。㉑ 聯邦官員擔心如果戰爭曠日廢時，全國民衆都會缺乏蛋白質。前美國總統胡佛在一九四三年一份政府宣導手冊中告訴國人：「隨著戰爭持續進行，這個問題在美國會愈來愈嚴重。我們農場人手不足，無法照顧家畜。除此之外，我們還必須供應英國與俄國。肉類與脂肪在這場戰爭是軍需品，就跟坦克與飛機一樣。」

美國國防部十分擔心這個問題，政府找來全美多位頂尖社會學家、心理學家與人類學家，包括後來會成為知名學者的人類學家瑪格麗特・米德（Margaret Mead）與社會心理學之父勒溫（Kurt Lewin），並交給他們一個任務：找出說服美國人吃內臟的方法。國防部希望在肋眼牛排與烤牛肉被送到海外後，讓家庭主婦烹煮富含蛋白質的肝臟、心、腰子、腦、胃與腸子給老公和孩子吃。

當時內臟在美國並不流行。一九四〇年代的中產階級婦女寧願挨餓，也不願意將動物的舌頭或腹部送上桌。被召集到「飲食習慣委員會」（Committee on Food Habits）的科學家於一九四一年第一次開會時，給自己設定的目標是用系統式的方式，找出美國人不願意吃動物內臟的文化障礙。最後他們一共發表兩百多篇研究，那些研究全都有一個類似的主要發現：要改變人們的飲食習慣，就必須讓陌生的東西變得熟悉，而要讓陌生的東西變得熟悉，就必須用平日的裝束偽裝陌生的東西。[22]

科學家的結論是，要說服美國人吃內臟與腰子，家庭主婦必須知道如何讓這些食材看起來、吃起來、聞起來盡量類似於家人期待在餐桌上看到的東西。舉例來說，軍需隊日用局（也就是負責餵飽軍人的那群人）在一九四三年開始提供新鮮包心菜的時候，部隊拒吃，結果軍隊餐廳把包心菜切碎煮熟，直到包心菜看起來就像軍人盤子裡其他所有蔬菜一樣，然後軍隊沒有異議就吃下去了。當今有位研究者評估當時的研究：「如果食物的準備方式類似於士兵先前的經驗，供應的方式也類似，則不論那種食物是否熟悉，士兵願意吃下去的可能性就會提高。」[23]

「飲食習慣委員會」得出結論，改變美國飲食的祕訣在於熟悉度。很快地，家庭主婦收到政府寄給她們的傳單：「每個丈夫都會很高興看到牛肉腰子派。」[24]肉店老闆也開始分發食譜，教大家悄悄在肉塊裡加進肝臟的方法。

二戰結束幾年後，「飲食習慣委員會」解散，但當時動物內臟已經完全融入美國人的飲食。一項研究顯示，戰爭期間內臟食用率上升百分之三十三。一九五五年的時候上升百分之五十。[25]腰子成爲餐桌上常見的菜色，肝臟則是慶祝時會出現。美國人飲食模式改變的幅度大到內臟已經成爲撫慰的象徵。

從那時起，美國政府進行了其他多項努力來改善民衆的飲食，像是鼓勵大家每天吃五種青菜水果的「每日五蔬果」運動，美國農業部則推出「食物金字塔」，另外還有低脂起司與牛奶的推廣。然而這些推廣都沒有依循委員會的發現，沒能把它們的推薦用已經存在的習慣僞裝起來，因此所有的推廣運動都失敗了。到了今天，美國政府推廣的飲食計畫中，只有一九四〇年代讓大家改吃內臟的運動仍然有成效。

相比之下，廣播電台與塔吉特等大型企業是聰明了一點。

●●●

DJ很快就發現如果要讓〈嘿，你好！〉紅起來，必須讓大家覺得這首歌很熟悉，而爲了讓大家熟悉，就得做點特別的努力。

問題在於「暢銷歌科技」等電腦程式擅長預測人們的習慣，但有的時候那些演算會發現還沒正式冒出檯面的習慣，所以當公司行銷我們尚未接受的習慣（或是更糟的，我們不願意承認的習慣，像是偷偷喜歡聽芭樂抒情歌），公司可能會關門大吉。如果雜貨店大聲宣揚：「我們有各式

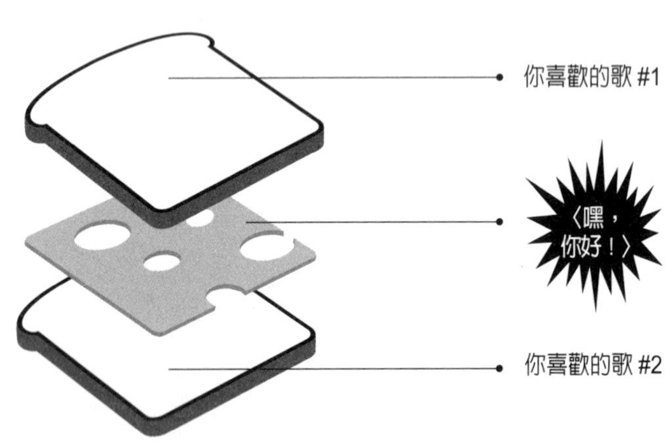

各樣的含糖穀片與冰淇淋！」購物者會保持距離。如果肉店老闆說：「我這裡有腸子，你們可以端上桌。」一九四○年代的家庭主婦可能會敬謝不敏，改煮焗烤鮪魚。廣播電台如果誇耀：「我們每半小時就放一次席琳狄翁的歌！」沒有人會轉到那台。所以相反地，超級市場老闆兜售的是蘋果與馬鈴薯（但他們讓你走向結帳處的時候，一定會經過M&M巧克力與哈根達斯冰淇淋），一九四○年代的肉店老闆不說那是肝臟，說那叫「新式牛排」。DJ則是默默把《鐵達尼號》主題曲加入歌單。

〈嘿，你好！〉必須成爲既有聆聽習慣的一部分，才能變成暢銷歌。要變成習慣的一部分，一開始必須小小僞裝一下，就像家庭主婦把腰子放進肉排，把腰子的外貌藏起來一樣。因此，費城WIOQ與美國其他地方電台DJ在播〈嘿，你好！〉的時候，開始把〈嘿，你好！〉夾在兩首已經流行的歌中間。電台顧問湯姆．韋柏斯特（Tom Webster）說：「現在這已經是經典歌單理論。播新歌的時候，要夾在兩首大家公認很紅的歌中間。」

然而DJ在播〈嘿，你好！〉的時候，前後播的可不是普通的流行歌，而是梅爾找出的「黏性特別」的歌，包括布魯・坎特兒、關門合唱團、魔力紅與克莉絲汀的歌（事實上，有些電台急切到同一首歌用兩次）。

舉例來說，WIOQ電台二〇〇三年九月十九日的歌單長這樣：

11:43　〈沒有你〉關門合唱團

11:54　〈呼吸〉布魯・坎特兒

11:58　〈嘿，你好！〉流浪者合唱團

12:01　〈呼吸〉布魯・坎特兒

十月十六日的歌單是：

9:41　〈快要窒息〉（Harder to Breathe）魔力紅

9:45　〈嘿，你好！〉流浪者合唱團

9:49　〈阻止不了我們〉（Can't Hold Us Down）克莉絲汀

10:00　〈假裝〉（Frontin）菲瑞（Pharrell）

十一月十二日：

9:58　〈沒有你〉關門合唱團

10:01　〈嘿，你好！〉流浪者合唱團

10:05　〈像我愛你〉（Like I Love You）賈斯汀

10:09　〈親愛男孩〉（Baby Boy）碧昂絲

韋柏斯特說：「歌單排列的重點在於降低風險。電台必須冒險播放新歌，不然的話人們會不再收聽，但聽衆眞正要的其實是他們已經喜歡的歌，所以你必須用最快的速度讓新歌感覺很熟悉。」

WIOQ電台九月初開始播〈嘿，你好！〉的時候，也就是尚未展開三明治攻勢之前，〈嘿，你好！〉出現時聽衆轉台率爲百分之二十六點六。〈嘿，你好！〉十月開始跟著「黏歌」一起播送的時候，「轉台係數」降到百分之十三點七，十二月的時候則降到百分之五點七。全美其他採用三明治攻勢的主要電台，轉台係數也呈現相同模式。

隨著聽衆反覆一直聽到〈嘿，你好！〉，這首歌就變得耳熟。這首歌一但流行起來，WIOQ電台開始一天播送達十五次之多。人們的〈嘿，你好！〉收聽習慣已經轉爲期待，甚至是渴求，出現〈嘿，你好！〉習慣。這首歌後來贏得葛萊美獎，賣出五百五十多萬張唱片，還替電台帶來幾百萬美元的進帳。愛麗斯塔唱片的行銷主管巴透斯告訴我：「這張唱片讓流浪者合唱團從此進入超級巨星名人堂。這張唱片讓嘻哈界以外的聽衆認識他們。這眞是讓人太有成就感，現在歌手放他們的歌給我聽的時候會說：這將會是下一個〈嘿，你好！〉。」

●●●

波爾打造了他的懷孕預測機，找出成千上萬可能懷孕的女性消費者。接著有人指出，有些女性（事實上是大部分）如果收到廣告後發現，很明顯地塔吉特知道她們的生育狀態，那麼她們可能會不太舒服，所以所有人都決定退一步，考慮一下他們的選項。

行銷部門認爲展開全國性行銷前，最好先進行一些小型測試。他們有辦法寄出特別量身打造的廣告給一小群顧客，所以他們從波爾的懷孕清單裡隨機選取女性顧客，然後寄出不同組合的廣告，看看購物者有什麼反應。

擁有波爾懷孕預測程式第一手資訊的塔吉特主管告訴我：「我們有能力寄給所有顧客一本為他們量身打造的廣告目錄：『這是你上星期買過的所有東西以及它們的折價券。』我們都是這樣行銷日常生活用品。

「然而，如果是懷孕相關產品，我們發現有些婦女的反應非常不好。所以我們開始在廣告裡混入我們知道懷孕婦女絕對不會購買的東西，讓嬰兒廣告看起來像是隨機出現。我們會在尿布旁擺除草機，嬰兒服旁擺酒杯。這樣一來，所有的產品看起來都是隨機挑選。

「而且我們還發現，只要懷孕婦女認為她沒有被監視，她就會使用那些折價券。她會以為她那個街區的所有鄰居，都拿到尿布與嬰兒床的相同廣告。只要我們沒有嚇到她們，這招就會有用。」

塔吉特與波爾遇到的問題是：「你如何能向懷孕女性推銷，但又不讓她們發現你知道她們懷孕了？」這個問題的答案，基本上與ＤＪ讓聽眾對〈嘿，你好！〉上癮是一樣的。塔吉特開始把尿布折價券夾在非嬰兒產品中間，讓廣告看起來像是隨機發送、熟悉而且令人安心。公司隱藏了他們知道的東西。

很快地，塔吉特的「媽寶」（Mom and Baby）銷售一飛衝天。公司沒有透露個別產品類別的銷售數字，但二〇〇二（波爾被雇用的時候）與二〇〇九年之間，塔吉特的營收從四百四十億美元上升到六百五十億美元。二〇〇五年的時候，公司總裁葛瑞格・史坦哈佛（Gregg Steinhafel）向一屋子的投資人誇耀公司「特別關注母親與嬰兒等特定族群的產品行銷」。

他說：「我們的資料庫工具愈來愈成熟。『塔吉特郵件』（Target Mail）成爲能夠推銷價值的有用工具，方便我們主攻新手媽媽或青少年等特定族群。舉例來說，從產前照護、汽車安全座椅到嬰兒車，『塔吉特嬰兒』（Target Baby）能夠追蹤不同人生階段。二〇〇四年的時候，『塔吉特嬰兒廣告郵件』（Target Baby Direct Mail Program）讓來店次數和銷售量大幅上升。」[26]

不管是推銷新歌、新食物或新的嬰兒床，我們得到的教訓都是一樣的：如果你能用舊習慣包裝新東西，大衆就比較容易接受。

四

這個教訓的實用性，不限於希望操控民衆品味的大企業、政府單位與廣播電台。相同的智慧也能用來改變我們的生活方式。

像是二〇〇〇年的時候，全美最大的非營利組織ＹＭＣＡ聘請兩位統計師，請他們用以數據算命的力量來讓這個世界成爲一個更健康的地方。ＹＭＣＡ在美國有兩千六百多個分會，大部分的分會都是健身房與社區活動中心。大約在十年前，ＹＭＣＡ的領導人開始擔心維持競爭力的問題，他們請社會科學家與數學家比爾・拉撒路（Bill Lazarus）與狄恩・阿伯特（Dean Abbott）幫忙。

兩位專家蒐集十五多萬份歷年來ＹＭＣＡ的會員滿意度調查問卷，並開始尋找模式。一開始的時候，他們抱持與ＹＭＣＡ主管一樣的看法，認爲新穎的運動器材、美輪美奐的現代設施是民衆想要的東西。ＹＭＣＡ已經砸下數百萬美元蓋重訓室與瑜珈室。然而分析調查結果後卻發現，設施吸不吸引人與有沒有健身器材可能會影響人們一開始是否加入ＹＭＣＡ，但讓他們留下來的卻是別的東西。

資料顯示，會員留下與否受到情感因素驅使，像是ＹＭＣＡ的員工知不知道他們的名字，或是他們踏進ＹＭＣＡ的時候有沒有人跟他們打招呼。結果人們會去健身房的原因，常常是因爲他們想要接觸其他人，而不是因爲跑步機。如果會員在ＹＭＣＡ交到朋友，他們就比較可能跑去健身。換句話說，加入ＹＭＣＡ的民衆擁有某些社交習慣，如果ＹＭＣＡ滿足了這些習慣，會員就會開心，所以如果ＹＭＣＡ希望鼓勵民衆運動，就必須利用已經存在的模式，教導員工記住訪客姓名。這是塔吉特與電台ＤＪ學到的教訓的一種變形：要推銷新習慣（這裡的例子是運動），就必須用人們已經知道而且喜歡的東西來包裝那個習慣，像是人類直覺想去容易交朋友的地方。

拉撒路告訴我：「我們是在破解如何讓人們留在健身房的密碼。人們喜歡去能滿足他們社交需求的地方。讓人們成群結隊運動，能讓他們比較容易持續健身下去。你可以透過這個辦法改變國民健康。」

預測分析專家認爲，有一天企業會比我們自己更了解我們的喜好，並且更能預測我們的習慣，那一天很快就會到來。然而，知道某個人可能偏好某牌花生醬，並不足以讓他依據那個偏好行事。要推銷一個新習慣（不管是日用品或有氧運動），就必須了解如何讓新奇的東西感覺熟悉。

上次我和波爾聊天的時候，提到我太太目前懷孕七個月，那是我們的第二個孩子。波爾自己也有小孩，所以我們聊了一下孩子的事。我告訴他，我和太太偶爾會在塔吉特購物，大約一年前我們爲了收到折價券，給了塔吉特地址。最近我太太肚子愈來愈大後，我注意到家裡收到的尿布、乳液與嬰兒服廣告的數量，有些微上升的趨勢。

我告訴他，我預計在那個週末使用折價券。我想買一張嬰兒床和一些育嬰房窗簾，也許還會幫老大買一些「小建築師巴布」的玩具。塔吉特寄來的折價券正是我所需要的，眞的很有幫助。

波爾說：「等小朋友出生你就知道了。我們會寄出更多折價券，搶先告訴你你根本不知道自己想要的東西。」

第三部　社會習慣

8 蒙哥馬利公車抵制事件

社會運動如何發生？

一

傍晚六點鐘，克里夫蘭街的公車靠站，一名戴著無框眼鏡、身穿保守棕色外套的四十二歲嬌小非裔美國女性爬上公車，然後從皮包拿出十美分投入收費箱。①

那天是一九五五年十二月一日星期四，地點是美國阿拉巴馬州的蒙哥馬利。那名女乘客是蒙哥馬利飛而雅百貨公司的裁縫，剛結束一天疲累的工作。車上很多人，依據法令，前四排的座位必須留給白人乘客，後排黑人可以坐的位子又已經滿了。女乘客羅莎・帕克斯（Rosa Parks）於是坐在緊接在白人區後面的中間排位子。所有種族的人都可以坐那排位置。

公車繼續往前開，更多人上車。很快的，各排位子都滿了，有些人抓住上方桿子用站的，包括一名白人乘客。公車司機詹姆士・布萊克（James F. Blake）看到有白人站著，他大聲要帕克斯那區的黑人讓座，但沒人移動。當時車上很吵，或許他們沒聽到。司機布萊克把公車停靠在蒙哥馬利街帝國戲院站牌前，然後走到公車後面。

「爲了自己好，你們最好讓出這些座位。」他說。三名黑人乘客站起來走到後面，但帕克斯坐著沒動。她告訴司機，她又沒有坐在白人區，而且只有一個白人乘客站著。

布萊克說：「妳不站起來，我就叫警察抓妳。」

帕克斯說：「那就叫吧。」②

司機下車找來兩名警察。

警察上了公車，其中一人問帕克斯：「妳爲什麼不站起來？」

她回答：「你們爲什麼要把我們呼來喚去？」

警察說：「我也不知道，但法律就是法律，妳被捕了。」③

在那個瞬間，雖然當時公車上沒有人知道，但黑人民權運動就此展開。那個小小的抗拒舉動是後來一連串抗議行動的開端，原本族群關係的戰役只是行動分子在法院與立法機關的奮鬥，後來卻演變爲整個社群的大規模群眾抗議。接下來一年，蒙哥馬利的黑人居民站起來抵制該市公車，直到公共交通工具的種族隔離法令被廢止爲止。這場聯合抵制讓該市公車收入銳減，成千上萬的抗議民眾集合起來，全美就此認識富有魅力的年輕黑人領袖馬丁・路德・金恩博士（Martin Luther King, Jr.）。一場運動從此點燃，一路從小岩城、格林斯堡市、洛利、伯明罕最後延燒到國會。帕克斯後來成爲英雄，榮獲總統自由勳章。她清楚讓眾人看到，一個單一抵抗行動就能改變這個世界。

但故事還沒說完。帕克斯與蒙哥馬利公車拒乘事件後來能成爲民權運動的震央，不僅僅是因爲單一個人的抵抗行動，而是因爲社會模式。帕克斯的遭遇讓我們看到社會習慣的力量：社會習慣是幾十、幾百、幾千人在未經思考的情況下出現的行爲。這類行爲出現的時候通常難以察覺，但卻具有足以改變世界的力量。社會習慣讓街上擠滿抗議群衆，他們可能彼此不認識，可能是爲了不同理由上街，但他們全都朝同一方向前進。有些倡議最後能變成改變世界的運動，有些卻失敗，原因就在於社會習慣，而社會習慣能有如此影響力，原因就在於許多運動（大到大規模革命運動，小到人們上教堂的變化）本質上可分爲三階段。④歷史學家與社會學家告訴我們，這三個階段一直不停反覆出現。

社會運動會出現，是因爲友誼的社會習慣以及親近友人間的「強連結」。

社會運動會擴大，是因爲社群習慣以及把鄰居、親族綁在一起的「弱連結」。

此外，社會運動能持久，則是因爲運動領袖給參與者新的習慣，讓他們擁有新的身分認同，以及認爲自己是一分子的參與感。

通常社會運動只有在走過這三階段後，才能自我推進，達到維持核分裂的臨界質量。社會改革要能成功還有其他方法。不同時代的不同奮鬥會有幾百處不一樣的地方，然而了解社會習慣如何運作可以幫助我們了解，爲什麼蒙哥馬利與帕克斯會成爲民權運動聖戰的催化劑。

除了遭到逮捕，帕克斯那個冬日的反抗行動，不一定會引發任何事，但後來習慣居中起作用，然後神奇的事發生了。

● ● ●

帕克斯不是第一個因爲違反蒙哥馬利公車種族隔離法而入獄的黑人乘客，她甚至不是當年第一個。一九四六年時，珍妮法・強森（Geneva Johnson）因爲和蒙哥馬利公車司機回嘴座位問題遭到逮捕。⑤一九四九年，維奥拉・懷特（Viola White）、凱蒂・溫菲德（Katie Wingfield）與兩個黑人小孩因爲坐在白人區又拒絕換位置而被捕。⑥在同一年，兩名來自沒有座位隔離政策的紐澤西州黑人青少年被捕入獄，因爲他們坐在一名白人男性與小男孩旁邊，違反了法律。⑦一九五二年，蒙哥馬利警察在一名黑人男子和公車司機爭論時開槍射殺他。一九五五年，就在帕克斯入獄的幾個月前，柯洛狄特・柯文（Claudette Colvin）與瑪莉・露易絲・史密斯（Mary Louise Smith）也分別被捕，她們都拒絕讓座給白人乘客。

然而，上述逮捕事件都沒有演變成罷坐運動或抗議。普立茲獎得主、人權歷史學家泰勒・布蘭奇（Taylor Branch）告訴我：「當時蒙哥馬利並沒有很多眞正的社會運動人士。人們不會發起抗議或遊行，社會運動是法院裡的事，一般人不會去從事。」

像是年輕的金恩博士在一九五四年抵達蒙哥馬利，也就是帕克斯被捕的前一年，他發現該城大部分的黑人「沒有明顯抗議」就接受了種族隔離。他們不但順從種族隔離，而且還接受隨之而來的欺負與屈辱。⑧

所以爲什麼帕克斯被捕後事情不一樣？

一種解釋是當時的政治氣氛正在改變。一年前美國最高法院正式公布「布朗訴教育局案」（Brown v. Board of Education），判決公立學校的種族隔離違憲；帕克斯被捕六個月前，最高法院發布「布朗第二案」（Brown II），下令美國學校必須以「仔細謹慎的速度」進行種族融合。全國強烈感受到改變正要發生。

然而這還是不足以解釋爲什麼蒙哥馬利會成爲民權運動的原爆點。柯洛狄特・柯文與瑪莉・露易絲・史密斯被捕時，正好接在「布朗訴教育局案」後，而她們兩人都沒有引發抗議事件。「布朗案」對蒙哥馬利許多居民來說，只不過是遙遠法庭裡發生的一件抽象的事，對地方會有什麼衝擊（如果眞的會有衝擊的話）則尚不清楚，畢竟蒙哥馬利不是亞特蘭大、不是奧斯丁市，也不是其他民權運動可能會有進展的城市。布蘭奇說：「蒙哥馬利是個相當棘手的地方，當地的種族歧視根深柢固。」

然而，帕克斯被捕的時候，激起了蒙哥馬利市內不尋常的反應。帕克斯不同於其他因爲違反公車種族隔離法而被捕入獄的人，她在社區裡備受尊重，而且關係深厚，所以她被捕的時候，觸發了一連串的社會習慣：友誼的習慣，而這些習慣又引發最初的抗議行動。帕克斯隸屬於蒙哥馬利多個社會網絡，因此在社群常見的冷漠發揮作用前，她的朋友能夠引發大家的反應。

當時蒙哥馬利市民的生活由數百個小團體主導，這些小團體構成了城市的社交網絡。蒙哥馬利的《市民與社會組織通訊錄》（*Directory of Civil and Social Organizations*）幾乎厚如電話簿，似乎每個成人（特別是黑人成人）都隸屬某種社團、教會、社會團體、社區中心或街坊組織，而且大家通常是一個團體以上的成員。在這些社交網絡裡，大家都認識帕克斯，她非常受歡迎。布蘭奇在他的民權運動史《分海而行》（*Parting the Waters*）裡寫著：「羅莎・帕克斯是那種很罕見的人，所有人都同意她『施』比『受』多。她的人格在人性圖表上位於特別崇高的地方，一個人可以抵十幾個反社會的人。」[9]帕克斯擁有衆多友誼與盟友，跨越蒙哥馬利市的種族與經濟界線。她是「全國有色人種協進會」（NAACP）地方分會祕書，上衛理公會教堂，還在家裡附近的路德會教堂幫忙管理青年組織。她自願在幾個週末當庇護所義工，另幾個週末則參加植物社團，星期三晚上還常常參加替地方醫院織毯子的婦女團體。她自願替窮苦家庭提供裁縫服務，也替初入社交圈的富裕白人提供臨時禮服修改服務。她爲社區犧牲奉獻到丈夫抱怨她在外面吃百樂餐（譯注：一人帶一道菜的聚會）的次數，多過在家吃飯。

社會學家說，一般而言我們多數的朋友會很像我們。幾個走得比較近的熟人，有的可能比我們有錢，有些可能比較窮，有的可能種族不同，但整體來說，與我們關係最深的人通常與我們長相相似、賺的錢差不多，而且來自類似的背景。

相較之下，帕克斯的朋友則橫跨蒙哥馬利的社會與經濟階層。她與蒙哥馬利的十幾個團體之間有著社會學家口中的「強連結」，也就是直接的關係。布蘭奇說：「這非常關鍵。羅莎．帕克斯超越了黑人社群與蒙哥馬利整體的社會階層。她是農人的朋友，也是大學教授的朋友。」

帕克斯一入獄，友誼的力量馬上展現出來。

●●●

手足無措的帕克斯在警局打電話到父母家中，同樣不知該如何是好的母親開始回想帕克斯有哪些朋友，試著想出也許能幫忙的人。她打電話給全國有色人種協進會前任蒙哥馬利會長E．D．尼克森（E. D. Nixon）的太太，接著會長夫人又打給先生，告訴他帕克斯需要有人保她出獄。尼克森馬上同意幫忙，他打電話給著名白人律師克里福德．杜拉（Clifford Durr），杜拉認識帕克斯，因爲她曾經替他的三個女兒縫製過禮服摺邊。

尼克森與杜拉到監獄把帕克斯保出來並帶她回家。他們一直在尋找挑戰蒙哥馬利公車種族隔離法的適當案件，他們感覺這次是個希望。他們問帕克斯是否願意讓他們在法院爲她被捕的事打官司。帕克斯的先生反對這個提議，他告訴她：「羅莎，那些白人會殺了妳。」[10]

但帕克斯在全國有色人種協進會跟著尼克森工作了好幾年，而且她也去過杜拉家幫他的女兒準備社交舞會。現在，她的朋友開口要她幫忙。

她告訴他們：「如果你們認爲這件事有意義，覺得這件事會對蒙哥馬利帶來幫助，那我很樂意協助。」[11]

那天晚上，帕克斯入獄後不到幾個小時，消息就開始在黑人社區流傳。喬・安・羅賓森（Jo Ann Robinson）聽到這件事，她是參與政治的一個有力教師團體的主席，也是帕克斯數個團體中的朋友。羅賓森團體中許多教師也聽說了這件事，而這些教師的學生家長也聽到這件事。快到半夜的時候，羅賓森召開臨時會議，提議大家星期一拒搭市公車，也就是四天後帕克斯即將出庭那天。

之後，羅賓森偷偷溜進辦公室油印間，印了一份傳單。

傳單上寫著：「又有一名黑人婦女因爲拒絕在公車上讓座給白人被捕。當事人的案子將在星期一開庭，因此我們請求各位黑人朋友星期一不要搭公車，大家一起抗議這起逮捕與審訊事件。」[12]

隔天一早，羅賓森將一疊疊的傳單交給老師，要他們發給學生家長及同事。帕克斯被捕二十四小時後，她入獄以及拒搭公車運動的消息，已經傳到蒙哥馬利市最具影響力的一些團體：當地的全國有色人種協進會、一個大型政治團體、若干黑人教師以及學生家長。很多收到傳單的人都認識帕克斯本人，他們上教堂的時候曾坐在一起，或是曾經一起參加志工聚會，他們都視她爲朋友。友誼讓人們有一種天生的本能。如果我們喜歡的人遭受不公平對待，我們會產生同情心，願意爲那個人爭取公道。研究顯示，人們能夠毫無困難忽視陌生人受到的傷害，但朋友被侮辱的時候，我們的憤怒感會強大到超越通常會讓抗議行動無法成形的惰性。帕克斯的朋友聽說她被捕、大家要發起抵制運動的時候，友誼的社會習慣冒了出來：人類的天性讓我們想要幫助我們敬重的人。

現代民權時代第一次的大規模運動，可以被先前任何一起逮捕事件引發，但卻是帕克斯的案子點燃了一切，原因就在於她有一大群來自各個背景、彼此串聯的朋友：他們在她被捕的時候，產生了天生的朋友反應。他們遵循友誼的社會習慣，同意展現自己的支持。

然而，許多人都以爲這場抗議只會維持一天而已。這個世界每天都會冒出許多小型的抗議活動，而且大多數的抗議很快就無疾而終。沒有人有那麼多的朋友足以改變這個世界。

那就是爲什麼社會運動中，社會習慣的第二個面向那麼重要。蒙哥馬利公車罷乘運動能變成普及社會的行動，是因爲帕克斯的友人開始散布消息的時候，凝聚黑人社區的義務感馬上發揮作用。就連不太知道帕克斯是誰的人，也因爲社交同儕壓力的緣故決定參加活動。同儕壓力是一種被稱爲「弱連結力量」的影響力，讓人很難拒絕加入。

二

想像一下，如果你是一家欣欣向榮的公司裡地位穩固的中階主管，你很成功，大家也很喜歡你。你花了很多年在公司裡建立起聲譽，而且也建立了人脈，你能夠靠著人脈找到客戶並尋求建議與業界八卦。你屬於一間教會、一家健身房、一間鄉村俱樂部，也參加大學校友會的地方分會。你受到衆人敬重，常常受邀參加各種委員會。你社群裡的人聽到有做生意的機會時，常常會把消息告訴你。

現在想像一下你接到一通電話，另一間公司的中階主管正在找新工作，對方想請你向老闆美言幾句，你願不願意幫這個忙？

如果電話那頭是個完全的陌生人，下決定是一件簡單的事。爲什麼你要冒著可能危害自己在公司地位的風險，幫助一個不認識的人？

另一方面，如果電話那頭是很親密的朋友，做決定也很簡單。當然你會幫忙，朋友是幹什麼用的？

然而，萬一電話那頭不是好朋友，也不是陌生人，而是介於中間的人？萬一你們兩個人有共同的朋友，但彼此卻不是很熟？你的老闆問你這個人是否值得面試的時候，你會爲他擔保嗎？換句話說，你願意花上多少個人聲譽與精力，替朋友的朋友找到工作？

一九六〇年代晚期，哈佛博士生馬克．格蘭諾維特（Mark Granovetter）試圖回答這個問題。他研究兩百八十二個人如何找到目前的工作，⑬追蹤他們如何得知職缺、請誰當介紹人、得到面試機會的方法，以及最重要的，誰助了他們一臂之力。結果如同格蘭諾維特的預期，找工作的人求助陌生人會被拒絕，但如果找朋友就會得到幫助。

比較讓人驚訝的研究發現，則是找工作的人有多常受到「泛泛之交」的幫助，也就是所謂朋友的朋友，那些不是陌生人也不是密友的人。格蘭諾維特稱這種人際關係爲「弱連結」，因爲這種關係可以連接擁有共同朋友的人，這些人同屬某個社交網絡，但不是直接由友誼的強連結串在一起。

事實上，格蘭諾維特發現如果要找到工作，弱連結的點頭之交時常比強連結的朋友更爲重要，因爲弱連結可以讓我們進入我們不屬於的社交網絡。格蘭諾維特研究的對象之中，許多人透過弱連結得知新的工作機會，而不是從親密的朋友那裡得知。這點合乎邏輯，因爲我們隨時都在跟最親近的朋友聊天，或者是一起工作、瀏覽同樣的部落格。他們聽到新的機會時，我們大概也已經知道。另外一方面，我們的弱連結之交，那種每六個月碰到一次的那種，可以告訴我們原本無從得知的工作。⑭

社會學家深入探討過意見如何在社群裡流動，也就是八卦如何散播或政治運動如何開展，結果發現一個共通的模式：我們的弱連結泛泛之交的影響力，常常和親密連結的朋友一樣大，有的時候甚至更大。格蘭諾維特寫道：「弱連結不多的個人將被剝奪社會系統遠方的資訊，他們會被局限於地方新聞以及身旁友人的看法。這種剝奪不但會讓他們被隔絕於最新的點子與潮流之外，還可能讓他們在勞工市場處於不利的位置……因爲晉升有時是靠恰巧在正確時刻知道合適的職缺。

「此外，這樣的個人可能難以組織或融入任何形式的政治運動……如果是一兩個小團體的成員還有辦法有效招募，但問題是如果沒有弱連結，以這種形式激起的動能不會散布到小團體以外的地方，結果就是大部分的人都不會受到影響。」⑮

弱連結可以幫忙解釋抗議活動如何能從一小群朋友的活動，擴大成遍及社會角落的運動。如果要千辛萬苦才能達成目標，像是不搭公車走路上班、讓自己鋃鐺入獄，或甚至只是早上不喝咖啡（因為賣咖啡的店不支持有機農業），那麼要說服數千個人追求相同目標，將會是很困難的一件事。除非是親近的朋友遭受侮辱或下獄，否則大部分的人在面對最新發生的不公義事件時，不會在乎到願意不搭公車或不攝取咖啡因。因此，長久以來社運人士都倚賴一種工具，讓大家不得不參與抗議活動，即使某一群人不一定真心想要參加也會有效。這種說服的形式在過去幾百年來有著非常顯著的效果，能夠讓街坊或社群覺得自己不得不參加。

換句話說，就是同儕壓力。

我們很難描述同儕壓力與鼓勵人們服從團體期望的社會習慣，因為它們的形式與傳達方式常常因人而異。這些社會習慣沒有統一的模式，而是有十數種個人習慣最終讓每個人朝著相同方向前進。

不過，同儕壓力的習慣有共通之處：它們通常透過弱連結傳播，並透過共同的期待取得影響力。如果你無視於身為街坊鄰居的社會義務，或是你不甩社群期待的模式，你有可能喪失社會地位，像是首先你就會讓自己可能無法取得加入鄉間俱樂部、校友會或教會所能得到的眾多社會好處。

換句話說，如果別人打電話請你幫忙找工作而你不幫，他可能會跟某個網球搭檔抱怨，而這個球友可能會把那些抱怨說給更衣室裡的某個人聽，而那個更衣室裡的人是你最近正想拉攏成爲客戶的人。現在那個人比較不可能回你電話，因爲大家說你不是個會團隊合作的人。在運動場上，同儕壓力很危險。在成人的生活裡，這就是人們做生意與社群自我組織的方法。

光是這樣的同儕壓力還不足以讓一場運動持久，但如果友誼的強連結與同儕壓力的弱連結集合在一起，就會發生不可思議的動能，此時遍及各處的社會改變就能發生。

●●●

要了解強弱連結加在一起時如何能促進一場運動，讓我們先快速跳到帕克斯被捕九年後。當時數百名年輕人爲了民權聖戰，自願身陷險境。

一九六四年，來自全美各地的學生申請參加「密西西比夏日計畫」（Mississippi Summer Project），他們之中許多是哈佛、耶魯與其他北方大學的白人學生。這個爲期十週、後來被稱爲「自由之夏」（Freedom Summer）的計畫致力讓南部黑人取得投票權，⑯許多申請參加的人都了解這很危險。早在計畫開始前的幾個月，報章雜誌紛紛預測將會發生暴力事件（很不幸，這些預測完全正確。就在計畫開始一週後，白人自警團〔譯注：美國南方私自執行法律的團體〕在密西西比朗德爾鎮外殺了三名自願者）。性命可能受到威脅讓許多學生決定不參加「密西西比夏日計畫」，甚至已經報了名也一樣。自由之夏讓一千多人參加，但到了六月該南下的時候，超過三百名的受邀者決定留在家裡。⑰

一九八〇年代，亞利桑那大學社會學家道格・麥亞當（Doug McAdam）開始好奇是否能找出爲什麼當時有些人最後參加了「自由之夏」，有些人則退出。[18]他著手研究的方式是閱讀七百二十份數十年前學生遞出的活動申請書。每一份申請書都有五頁長，申請人必須填答自己的背景，解釋爲什麼他們想去密西西比，以及他們過去有哪些黑人投票運動相關經歷。他們必須提供一張單子，讓主辦單位知道萬一他們被捕要聯絡誰。

麥亞當最初的假設是最後去了密西西比的學生，動機大概不同於待在家裡的人，動機不同解釋了爲什麼有人參加有人不參加。爲了測試這個假設，他把申請人分爲兩組。第一組的人說他們想去密西西比是爲了「自利」動機，像是「測試自己」、「不想錯過重要事件」或『了解南方生活」。第二組的人則擁有「利他」動機，像是「改善黑人命運」、「推廣全民民主」或「展示非暴力的力量以促進社會改革」。

麥亞當假設「自利組」一旦了解「自由之夏」有多危險後，他們比較可能放棄。「利他組」則比較可能搭上巴士。

這是錯誤的假設。

資料顯示，自私與不自私的學生去南方的人數相等。麥亞當寫道，動機不同無法解釋「參加或退出之間的任何顯著差異」。

接下來，麥亞當比較申請人的機會成本。或許待在家的人是因爲丈夫或女朋友不讓他們前往密西西比？或許他們已經找到工作，沒辦法放兩個月的無薪假？

又錯了。

麥亞當的結論是，已經結婚或取得全職工作甚至還會增加申請人前往南方的機率。

他只剩一個假設。每一個申請人都必須填上自己參加那些學生與政治組織，以及十個以上他們想持續通知自己參加夏日活動情形的人，所以麥亞當利用這些清單，畫出每位申請人的社會網絡。比對社團成員之後，他能夠判定那些申請人有朋友也申請參加「自由之夏」。

他整理完資料後，終於找到一個答案解釋爲什麼有些學生去了密西西比，有些則待在家裡：原因是社會習慣，或更明確一點說，因爲強弱連結的力量一起作用。最後參與「自由之夏」的學生被社群羈絆，他們親近的友人與點頭之交都預期他們會搭上巴士。那些退出的人也被社群羈絆，然而是不一樣的社群：社會壓力與習慣不會迫使他們前往密西西比的社群。

麥亞當告訴我：「想像一下你也是申請學生之一。你報名參加『自由之夏』那天，你在申請表上填了五位你最親近的朋友，你們全都興致勃勃。

「然後六個月過去了，出發日即將到來。所有的雜誌都在預測密西西比會發生暴力事件。你打電話給父母，結果他們要你留在家裡。如果此時你沒有絲毫的動搖，其實有點奇怪。

「然後你在校園裡走動，碰到一群教會的人。他們問你：『我們正在安排交通，幾點過去接你？』這些人不是親密的友人，但你去社團聚會時會看到他們，在宿舍也會碰到他們，他們在你所屬的社群是重要成員。他們全都知道你錄取了『自由之夏』，你也說你想去。這個時候還想抽身，那就祝你好運了。你的社會地位會大大受損。就算你猶豫了，如果眞的選擇退出，後果會很嚴重。你會失去別人對你的敬意，而那些人的意見對你來說很重要。」

麥亞當研究申請人的宗教傾向後，發現如果學生說自己申請的動機是因爲「基督徒的義務是幫助需要幫助的人」等等，那些學生的參與程度不一。然而，如果申請人提到宗教傾向而且屬於某個宗教組織，麥亞當發現那些申請人之中，每一個人都參加了那趟密西西比之旅。一旦他們的社群知道他們能夠參加「自由之夏」，他們就不可能反悔。⑲

另一方面，錄取人之中有人最後沒有去密西西比，研究這些人的社交網絡後發現，他們也參與了校園組織，他們都屬於某些社團，也在乎他們在那些社群裡的地位，但他們的所屬組織（校刊與學生自治會、學術團體、兄弟會）有不一樣的期待。在那些社群的人如果退出「自由之夏」，他們的社會階級不會受到太大影響或完全不會下降。

如果參加該次密西西比活動，可能遭到逮捕（或遇到更嚴重的事）。面對這樣的預期狀況時，多數學生大概都會動搖。然而，有些人與社群的關係很深，社群的社會習慣（朋友的期待以及熟人的同儕壓力）迫使他們一定得參加，所以不管他們是否遲疑，他們都買了巴士票。其他也關心民權的人，他們所屬社團的社會習慣則指向些微不一樣的方向，所以他們心裡想：也許我待在家裡就好。

●●●

尼克森把帕克斯保出來的那天清晨，他打電話給德克斯特大街浸信會教堂的新任牧師馬丁・路德・金恩。那時是早上五點多，但金恩牧師接起電話的時候，尼克森沒有打招呼，也沒有問自己是不是吵醒了他兩週大的女兒。他直接切入帕克斯被捕的主題，告訴他帕克斯因爲拒絕讓坐被拖進監獄，他們計畫在法庭上爲她辯護，並在星期一發起拒搭市公車的運動。金恩當時二十六歲，他在蒙哥馬利才待一年，還在尋找自己在社區裡應該扮演什麼角色。尼克森要金恩牧師背書支持，還要求當天晚上借用他的教堂舉行拒乘會議。金恩牧師擔心自己會涉入太深。他說：「尼克森弟兄，讓我想一想，你再打電話給我。」

但尼克森沒有罷休。他聯絡金恩牧師最親近的朋友（金恩牧師「強連結」中最強的一個）勞夫・艾伯納西（Ralph D. Abernathy），請他幫忙說服這位年輕牧師參加。幾個小時後，尼克森再度打電話給金恩。

金恩牧師告訴他：「我會參加。」

「很高興聽到你答應，」尼克森說，「因爲我已經跟其他十八個人談過，我告訴他們今天晚上要在你的教堂聚會。如果大家都在卻獨缺你的話，那就太可惜了。」[20]很快地，他們成立了一個負責協調罷乘行動的組織，金恩牧師被選爲主席。

帕克斯被捕三天後的那個星期天，蒙哥馬利幾位黑人牧師與金恩以及新組織其他成員談過後，他們向會衆解釋，全市的黑人教堂都同意參加一日抗議活動。訊息很清楚：如果有任何教區居民袖手旁觀的話，那個人將會很尷尬。同一天，蒙哥馬利的《宣傳報》（*Advertiser*）刊出一則新聞：「蒙哥馬利的黑人預計在星期一舉行拒搭市巴士的『最高機密』集會。」[21]白人女性從女僕那裡拿到傳單，記者又從白人女性那裡拿到傳單。報導說，城市的黑人區「被成千上萬的傳單淹沒」，預計全部的黑人市民都會參與。這篇報導完稿的時候，只有帕克斯的友人、牧師與罷坐組織公開表示自己會參與這次的抗議行動，但一旦黑人市民看到報紙後，他們和其他白人讀者一樣，以爲所有人都已經加入。

許多坐在教堂、讀到報紙的人都認識帕克斯本人，他們與帕克斯之間的友誼讓他們願意參加拒乘運動。其他人不認識帕克斯，但他們感受到社群的人正在爲她集結。如果他們星期一被人看到搭了公車的話，情況可能會不太好看。教堂裡流傳著一份傳單：「如果你要上班，請你搭計程車或共乘，或是用走的。」接著每個人又聽說，這次杯葛行動的領袖已經說服（或迫使）所有黑人計程車司機同意，星期一只收黑人乘客十分錢，也就是跟公車一樣的收費。社群的弱連結正在把所有人串聯起來。到了這個階段，你要嘛支持抵制運動，要嘛就是抵制運動的敵人。

星期一舉行罷乘運動的時候，金恩牧師天亮前就起床泡了一杯咖啡。他的妻子科麗塔（Coretta）坐在窗前等待第一班公車經過。她看見南傑克遜線的公車大燈時激動叫喊。那班車通常載滿了準備去工作的女僕，但今天開過去的時候卻空無一人。接著下一班車也是空的，然後下一班也是。金恩牧師跳上自己的車，四處察看別條路線的情形。一小時之中，他數到八名黑人乘客。如果是一個星期前，他會數到好幾百個。

金恩牧師事後寫道：「我欣喜若狂，奇蹟發生了……有人騎騾子上工，另外蒙哥馬利的街道上出現不只一輛馬車……大家聚集在公車站旁觀看事態。一開始的時候，他們安安靜靜站著，但隨著時間過去，他們開始爲空蕩蕩的公車歡呼，他們又叫又跳，開起了玩笑。嬉鬧的年輕孩子唱著『今天沒乘客』。」[22]

那天下午，位於教堂街的法院判決帕克斯違反種族隔離州法罪名成立。超過五百名黑人擠進門廳，或在建築物前等待判決結果。此次公車罷乘運動與群眾自發聚集在法院前，是蒙哥馬利黑人政治運動史上最重大的事件，而且所有事前準備工作五天就完成。金恩牧師與其他參加者後來說，一切先是從帕克斯親近的朋友群開始，但因爲社群間有一股義務感（也就是弱連結的社會習慣），這場抗議行動的勢力愈來愈大。社群感受到站在一起的壓力，大家擔心不參加的話，自己首先就不會是別人想要交朋友的人。

許多人就算沒有這種鼓勵，也會願意參加這場杯葛行動。金恩牧師、計程車司機與教堂會衆就算沒有強弱連結的影響，也可能做出同樣的決定。然而，要是沒有社會習慣的鼓勵，全市成千上萬的民衆可能不會決定拒搭公車。金恩牧師事後寫道：「曾經沉睡靜默的黑人社群現在完全覺醒。」

然而，光是那些社會習慣本身，還不足以讓爲期一天的拒搭活動變成長達一整年的運動。只過了幾個星期，金恩牧師就曾在公開場合憂心大家的決心正在消散，質疑「黑人社群能繼續抗爭多久」。㉓

接著類似的焦慮消失得無影無蹤。如同其他數千社會運動的領導者，金恩牧師會把領導抗爭的責任，從自己手上交給其他追隨者，其中很大一部分是靠著教給他們新習慣。金恩牧師即將啓動群衆運動公式的第三部分，杯葛行動將成爲一股自我永續推動的力量。

三

一九七九年夏天，一個帕克斯被捕那年一歲的年輕白人神學院學生，正在擔憂自己的未來。他目前最大的煩惱是找出辦法扶養自己人口日益興旺的家庭。他在德州家中的牆上貼了一張地圖，從西雅圖到邁阿密一路把美國主要都市圈起來。㉔

華理克（Rick Warren）是浸信會牧師。他的妻子大腹便便，而他的銀行戶頭裡只有不到兩千美元。他想在不上教堂的人之中，聚集一批新會衆，但他不知道應該到哪裡發展。他告訴我：「我決定要到所有神學院朋友都不想去的地方。」整個夏天，他待在圖書館裡研讀人口普查記錄、電話簿、報紙新聞與地圖。他的妻子已經懷胎九月，他每幾個小時就跑到公共電話打電話回家，確認她還沒生，然後又埋首於成堆的資料。

一天下午，華牧師恰巧讀到加州橘郡一個叫馬鞍峰（Saddleback Valley）的地方，書上說那個地方是全美發展最快速的一州中，發展最快速的郡中發展最快速的地方。那一區有好幾間教堂，但都不足以容納快速增加的人口。華牧師感到著迷，他打電話給南加州的宗教領袖，領袖告訴他當地許多人都認爲自己是基督徒卻不上教堂。華牧師後來寫道：「在那個充滿灰塵、昏暗的大學圖書館地下室，我聽見上帝對我說：『我要你在那裡建立教堂。』從那時候起，我們的命運已經決定。」㉕

華牧師五年前開始想在不上教堂的人之中建立會衆。當時他在日本傳教，讀到一本舊基督徒雜誌裡的文章，標題是：「爲什麼這個人很危險？」充滿爭議的作家馬蓋文（Donald McGavran）主張在大部分的人都不接受基督信仰的國家蓋教堂。馬蓋文的中心思想是奉勸傳教士模仿其他成功運動的策略（包括民權運動），訴諸人們的社會習慣。馬蓋文在著作中寫：「不變的目標必須訂爲持續追求整體網絡的基督徒化，讓所有人或夠多的人成爲基督徒，使個人的社交生活不受破壞。」福音傳播者唯有協助人們「在他們一般社交關係中成爲基督的追隨者，才可能讓廣大民衆都得到解放」。㉖

馬蓋文那篇文章以及他其他的著作都爲華理克帶來啓發。終於有人用邏輯思考的方式，探討常被以奇蹟的語言闡釋的主題。終於有人了解宗教需要行銷。

馬蓋文的策略是教導創建教堂的人士，必須用人們「自己的語言」來對他們說話。提供禮拜的場所時，必須讓會衆能夠見到自己的朋友，聽見他們已經聽過的音樂，並且以自己能夠理解的譬喻來體會聖經教訓。馬蓋文說，最重要的是牧師必須讓人們「成群」信仰宗教，而不是個人。如此一來，社群的社會習慣將可鼓勵宗教參與，而不是反倒把人們拉走。

華牧師在十二月的時候從神學院畢業，他的孩子已經出生，他把家人和家當都搬到自助搬家卡車上，一路開到橘郡，然後租了棟小公寓。他第一次舉辦祈禱會的時候，一共招到七個人，舉辦地點在他家客廳。

三十年過後的今天，馬鞍峰教會成爲全世界數一數二的大型教會，每星期會有超過兩萬名以上的教徒前往占地一百二十英畝（譯注：約十四萬六千九百坪）的教會主園區以及八個副園區。華牧師的著作《標竿人生》（*The Purpose-Driven Life*）銷量達三千萬本，爲史上最暢銷著作。其他還有數千間教會也以華牧師的方法爲模範。他被選中主持美國歐巴馬總統的就職儀式禱告，還被視爲全世界最有影響力的宗教領袖之一。

華牧師的教會能如此迅速成長，他會如此成功，他的核心思想在於重視社會習慣的力量。

華牧師告訴我：「我們花了很長的時間，努力思考如何把信仰分解爲許多小面向，讓信仰變成一種習慣。如果你試圖恫嚇人們追尋基督的腳步，那樣的信仰不會持久。要讓人們爲自己的心靈成長負責的唯一辦法，就是教導他們信仰的習慣。

「一旦人們有了信仰的習慣後，他們就會自動自發。人們會追尋基督不是因為你領他們到那裡，而是因為他們生性就追尋基督。」

●●●

華牧師初抵馬鞍峰教會的時候，花了十二個星期挨家挨戶自我介紹，詢問陌生人為什麼他們不上教堂。很多人的答案都很實際，他們說上教堂很無聊，音樂很難聽，布道內容和他們的人生沒有關聯。他們需要有人幫忙帶小孩，他們討厭盛裝出席，還有教堂的椅子坐起來不舒服。

華牧師的教堂會解決以上所有抱怨。他告訴大家，如果他們願意的話，也可以穿著短褲與夏威夷衫過去。華牧師準備了一把電吉他，而且從一開始他的布道內容都是實用的主題，像是「如何處理沮喪」、「如何讓自己心情愉快」、「如何成就健康的家庭」以及「如何戰勝壓力」。㉗他的道理淺顯易懂，專注在每天會遇到的真實問題，而且教徒一離開教堂馬上就能運用。

這些方法開始奏效。華牧師向學校借禮堂做禮拜，也借辦公大樓舉辦祈禱會。不到一年的時間，會衆人數變成五十人，然後是一百人，然後是兩百人。華牧師一天工作十八小時，一星期七天，他回答會衆電話，帶領教會讀經班、到會衆家提供婚姻輔導。有空的時候，他永遠都在尋找新場地容納教會與日遽增的人數。

十二月中旬的一個星期日，華牧師在十一點的禮拜中起身布道。他覺得頭昏眼花，一陣暈眩。他緊抓著布道台開始演講，但眼前的字一片模糊。他在差點摔倒前穩住自己，要助理牧師（也就是他唯一的助手）代替他上台。

華牧師告訴大家：「抱歉了大家，我得坐下。」㉘

多年來，華牧師深深為焦慮症所擾，有的時候還會陷入沮喪。朋友告訴他，他聽起來像是罹患了輕度憂鬱症。然而，事情從來沒有這次這麼嚴重。隔天華牧師與家人開車到亞利桑那，他妻子娘家在那裡有一棟房子。他慢慢復原。有些時候他會一天睡上十二小時，然後在沙漠裡行走、禱告，希望了解為什麼會有這些恐慌發作的時刻。恐慌發作正在威脅毀掉所有他非常努力才建立起的一切。他暫時放下教會的事近一個月的時間，他的沮喪變成了憂鬱症爆發，他從來沒有經歷過如此黑暗的時刻。他不確定自己是否會有健康到可以重返的一天。

華牧師是個牧師，他尋求神給他的頓悟。先前找到馬蓋文的雜誌文章以及在德州圖書館的時候，他都得到頓悟。這次他在沙漠裡散步時再次頓悟。

上帝告訴他：「你負責打造人們，我負責打造教堂。」

然而，不同於先前他所接受到的部分啓示，這次的啓示並沒有突然就讓前方的道路明朗開來。華牧師持續與憂鬱症奮鬥了好幾個月，然後在後來的人生中，又數段時間再次遭逢憂鬱。然而，在得到啓示的那一天，他做了兩個決定：他要回到馬鞍峰，而且他會找出如何用更省力的方式來讓教會運作下去。

●●●

華牧師回到馬鞍峰的時候，他決定擴展一個幾個月前開始的小實驗，希望能讓教堂的管理變得更輕鬆。他一直在擔心教室不夠多，無法容納所有前去參加聖經研究的人，所以他要求幾位教會成員在自己家裡舉行讀經班。他原本擔心人們會抱怨要去別人的家，而不是去正規的教會教室，但會衆說他們愛死這種方式，小組形式讓他們有機會認識鄰居。於是華牧師重返教會後，把馬鞍峰所有的教會成員都編入每週碰面的小組。這是他一生中做過最重要的決定，因爲他讓上教堂從一個決定，變成一種利用既存社交衝動與模式的習慣。

華牧師告訴我：「現在人們到馬鞍峰看到週末大批湧來的群衆，認爲那是我們的成就，但那只是冰山一角。這間教堂百分之九十五的活動發生在平日的小組活動。

「會衆與小組像是兩個強而有力的組合。你有一大群人提醒你爲什麼一開始你會加入，然後又有親近友人組成的小組，幫助你專注於成爲虔誠信徒。兩個加在一起就像是膠水一樣。現在我們擁有超過五千個小組，這是管理這麼大的教會唯一的辦法。要不然的話，我會把自己累到死，而百分之九十五的會衆永遠不會得到他們來這裡想得到的關注。」

從某個角度來說，華牧師在不知情的情況下，複製了推動蒙哥馬利公車罷乘運動的組織，雖然他是倒過來做。罷乘運動從認識帕克斯的人開始，然後當社群的弱連結迫使大家參與的時候，成爲一個大規模的抗議行動。馬鞍峰教會則是整個倒過來。人們想要參加是因爲社群感以及會衆提供的弱連結。一旦他們加入後會被分成鄰居組成的小組。這種小組可以說就像是培育親密連結的培養皿，讓人們的信仰成爲社會經驗與日常生活的一部分。

然而，光是分配小組還不夠。華牧師詢問大家在別人的客廳裡討論些什麼的時候，他發現他們會談論聖經與一起祈禱十分鐘，然後剩下的時間都在討論孩子或八卦。然而，華牧師的目標不只是幫助人們交新朋友，而是要建立信仰的社群，鼓勵人們接受基督的教訓，讓信仰成爲他們生活的重心。他的小組產生了強力的連結，但沒有人領導的話，這些小組和喝咖啡聊天的朋友差不了多少。

華牧師再次向馬蓋文的著作尋求靈感。馬蓋文主張，如果你教導人們基督徒的習慣，那麼不需要時時刻刻指導監督他們，他們自然就會表現得像基督徒。華牧師不可能親自領導每一個小組；他無法在現場監督，讓所有的對話都專注在基督上，而不是最近電視上演了什麼，但他想到如果他能讓人們建立新的習慣，他就不需要親自做一切事。人們聚在一起的時候，自然會討論聖經、一起祈禱，展現他們的信仰。

所以華牧師建立了一系列用在教會教室與小組討論的課程，專門教教會居民新習慣。馬鞍峰的課程手冊說：「如果你想擁有基督般的品格，那麼你只需要養成基督的習慣。我們全都只是一堆習慣組成的產物……我們的目標是幫助你以好的習慣取代壞的習慣，協助你變得更像基督。」㉙每位馬鞍峰的成員都必須簽署一張「委身成長卡」，承諾自己會遵守三項習慣：每日安靜沉思與祈禱、捐出十分之一的收入、加入小組。給每個人新習慣成爲教會的目標。

華牧師告訴我：「我們一旦開始那麼做，心靈成長的責任就不在我身上，而在於你自己。我們已經交給你方法。我們不引導你，因爲你會引導自己。這些習慣變成新的自我認同，到了那個時候，我們只需從旁協助，讓你自己來。」㉚

華牧師體會到他可以運用金恩博士擴大抵制運動的方式，擴展自己的教會：結合強連結與弱連結。然而，讓他的教會成爲一種運動，推廣給兩萬名教區居民以及其他數千位牧師，則需要更多東西，他需要能造成自我持續的東西。華牧師需要教人們習慣，讓他們能夠以虔誠的方式生活，而且不是因爲他們的連結，而是因爲那就是他們。

這是社會習慣能夠驅動運動的第三個面向：一個概念如果要遍及社群以外的地方，就必須能夠自我持續。最能確保自我持續的方式，就是給人們新習慣，幫助他們自己找出要往哪裡走。

●●●

公車罷乘運動從幾天延長爲一星期，接著是一個月，然後是兩個月。在此期間，蒙哥馬利黑人社群投入的程度開始減退。

警察局長援引條例，要求計程車司機收取最低車資，他威脅要是有司機敢特價載黑人上班，就會有牢獄之災。拒乘運動領導人的回應是找到兩百名自願者參加共乘。警方開始開罰，騷擾共乘的集合點，司機開始退出。金恩牧師後來寫道：「要搭到車愈來愈困難。抱怨的聲浪愈來愈大。我的電話從早到晚響個不停，我的門鈴很少有安靜的時候。我開始懷疑黑人社群是否有辦法讓這場抗爭持續下去。」㉛

一天晚上金恩牧師布道的時候，有人衝進來通報他家中遭受炸彈攻擊，當時他的妻子與小女兒都在房子裡。金恩牧師衝回家，好幾百名黑人、市長以及警長已經聚集在他家前面。他的家人沒有受傷，但屋子前排玻璃全被震碎，門廊也炸出一個大洞。如果炸彈爆炸時有人正好在房子前面的房間，可能早已死亡。

金恩牧師檢視殘局的時候，愈來愈多黑人抵達。警方開始疏散群衆。有人推了一名警員一把，一個瓶子飛過空中，警察開始揮舞警棍。幾個月前公開支持種族主義組織「白人公民委員會」

的警長，把金恩牧師拉到一旁，要他想想辦法。任何辦法都好，不能讓事情演變成一場暴動。

金恩牧師走到門廊前。

「不要衝動行事，」他對著群眾大喊，「不要拿出武器。凡動刀的，必死在刀下（譯注：本章聖經譯文皆參考自和合本）。」㉜

群眾愣住不動。

「我們必須愛我們的白人弟兄，不管他們對我們做了什麼。」金恩牧師說，「我們必須讓他們知道我們愛他們。耶穌仍然在呼喊回響了幾世紀的話：『你們的仇敵，要愛他！咒詛你們的，要爲他祝福！凌辱你們的，要爲他禱告！』」

這是幾週以來金恩牧師益發強調的非暴力訊息，主題取自甘地的寫作與耶穌的布道。從許多方面來說，聽眾從來沒有在這樣的情況下聽到這樣的論點。這個論點請求他們採取非暴力行動主義，要大家以愛與寬恕來感化攻擊者，並保證一定會帶來勝利。多年來民權運動的活躍，一直是以戰鬥與抗爭的語言來表達理念。有爭奪、有挫折、有勝利、有失敗，每個人都需要不斷投入戰鬥。

金恩牧師給了人們看事情的新方法。他說，這不是一場戰爭，而是一場擁抱。

同樣重要的是，金恩牧師讓這場抵制運動有了不一樣的新意義。他說，這不僅關係到公車上的平等，而是上帝計畫的一部分，這是神的旨意，就如同當初神要終止印度的英國殖民以及美國奴隸制度。神讓基督死在十字架上，好讓基督帶走我們的罪。這是幾世紀前就開始的運動的最新階段，因此需要新的回應，以及不一樣的策略與行爲。如果有人打了參與者的右臉，另外一邊的臉也要給別人打。人們可以靠著接納金恩牧師傳播的新習慣，表示他們的擁護。

金恩牧師在炸彈案發生的那天晚上告訴群衆：「我們必須用愛來包容恨。如果我被迫中止，我們的事業不會終止，因爲我們所做的事是對的。我們做的是公義的事，上帝與我們同在。」

金恩牧師說完話之後，群衆安靜走回家。

一名白人警察事後說：「當時要不是那個黑鬼牧師，我們可能全都會死。」

接下來的那個星期，二十多名新司機加入共乘運動。打到金恩牧師家中的電話沒那麼多了。人們開始自我組織，接下抵制運動的領導責任，自己推動運動。更多炸彈在其他杯葛運動組織人的草坪上爆炸時，民衆出現同樣的模式。蒙哥馬利的黑人一齊出現，用非暴力與非抗爭的方式見證一切，然後回家。

除了對於暴力事件的反應外，這種自我領導的團結合作也出現在其他地方。教堂開始每星期舉行大型集會，有的時候是每個晚上都舉行。布蘭奇告訴我：「那些集會有點像金恩博士在炸彈案發生後發表的演說，他們把基督徒的教訓用在政治上。一場運動是一場英雄之旅。如果要能成功，每個人都得改變身分認同。蒙哥馬利的人們必須學習新的行動方式。」

這和戒酒無名會很像：從小組聚會中得到力量。成癮者在小組裡學習新習慣，並且從看到別人展示他們的信仰，自己也開始相信。蒙哥馬利的市民從大型集會中學習拓展運動的新行爲。布蘭奇說：「人們想看到其他人如何面對。你會開始把自己視爲一個超大型社會事業的一分子，過了一段時間後，你會相信自己眞的就是那個人。」

抵制運動進行三個月後，蒙哥馬利警方開始大規模逮捕群眾，試圖制止這場運動。黑人社群擁抱這樣的壓迫。某次大陪審團起訴九十個人的時候，九十個人幾乎全都衝到法院讓人逮捕他們。有些人會到警長辦公室看看自己的名字在不在名單上，「如果不在的話就很失望。原本充滿恐懼的人們完全變了。」

接下來的幾年，隨著運動的擴展，出現好幾波殺戮、攻擊、逮捕、毆打事件，但抗議者沒有還手、撤退，或是利用蒙哥馬利成為社運標竿前的策略，而是簡單堅守立場，告訴白人自警團只要他們停止仇恨，他們已經準備好原諒他們。

「對方的手段不但沒能停止這場運動，反而為這場運動帶來更大的動能，讓我們更加緊密結合在一起。」金恩寫道，「他們以為他們面對的這群人只要加以哄騙或強迫，白人要他們做什麼，他們就會做什麼。他們還沒發現，他們面對的是一群不再恐懼的黑人。」

當然，蒙哥馬利公車罷乘運動本身能夠成功，而且還點燃了南方各地的其他運動，原因有很多，而且十分複雜，但社會習慣的第三面向是一個關鍵點。金恩牧師的理念包含一套新的行為，讓參與者從追隨者變成自我領導的領袖。我們通常不會想到這些習慣，然而當金恩牧師給抗議群眾新的自我認同，他其實重新塑造了蒙哥馬利的抗爭。這場抗議行動變成一場運動，這群人有所行動是因為他們讓自己成為歷史事件的主角，而那個社會模式隨著時間的過去，變成一種自發行為，而且還擴散到其他地方、其他學生團體與其他抗議人士。金恩牧師從未見過那些人，但他們只要觀察參與者的習慣做法，就能自己領導運動。

一九五六年六月五日，聯邦法官小組判決蒙哥馬利的公車種族隔離法違憲。㉝市政府向美國最高法院提起上訴。十二月十七日，在帕克斯被捕超過一年後，最高法院駁回最終上訴。三天後，市政府官員收到命令：公車必須取消種族隔離。

隔天早上五點五十五分，尼克森、艾伯納西與其他人第一次踏上久違十二個多月的公車，然後坐在前排。㉞

白人司機問：「我想您是金恩牧師，對吧？」

「沒錯，我是。」

司機說：「非常高興今天早上能與您一起搭公車。」㉟

後來，全國有色人種協進會的律師以及未來的最高法院大法官瑟古德・馬歇爾（Thurgood Marshall）會說，這場杯葛運動與蒙哥馬利的公車種族隔離能夠結束沒有什麼關聯。改變法律的是最高法院，而不是任何一方的退讓。

馬歇爾說：「那些步行完全沒有意義，他們其實可以等待那起公車案件的上訴，不需要費那麼多的工夫，也不需要爲那場杯葛運動想方設法。」㊱

然而，馬歇爾在很重要的一點上錯了。蒙哥馬利公車罷乘運動讓一套新的社會習慣能夠誕生，而且那套習慣很快就傳到北卡羅來納州的格林斯堡市、阿拉巴馬州的塞爾馬，以及阿肯色州首府小岩城。即使參與者被暴力毆打，民權運動變成一波靜坐運動與和平示威。到了一九六〇年初，民權運動抵達佛羅里達州、加州、首府華盛頓以及國會殿堂。詹森總統在一九六四年簽署

「民權法案」，種族隔離以及歧視少數族群及婦女的所有相關法律從此一概失效。詹森總統把民權運動的發起者比喻爲美國的創始者。要是在十年前，這種比喻可能是政治自殺。詹森總統對著電視鏡頭說：「距這個星期前的一百八十八年，一小群勇士開始了爭取自由的漫長奮鬥之旅。如今，我們這個世代的美國人被號召在自己的國土內，繼續追尋這場尚未終止的正義之旅。」

社會運動的發生，不會是因爲每個人突然都決定要一起朝著同一個方向前進。社會運動倚靠了社會模式。社會運動的開頭是友誼的習慣，然後又演變成社群的習慣，然後由新習慣支撐著社群的習慣，改變每位參與者的自我認知。

金恩牧師早在蒙哥馬利的時候就看到習慣的力量。他在取消公車抵制運動的那個晚上，對著擠得水洩不通的教堂群衆說：「我在此宣布抵制運動就此結束，但我仍然必須叮嚀大家一件事。」未來還有近十年的抗議行動正在等著金恩牧師，但已經看得到終點。「我們回到公車上的時候，必須用足夠的愛讓敵人變成朋友。我們現在必須從抗議走向和好……抱著這個努力的方向，我們將能從陰暗荒涼的黑暗午夜，從人以非人的行爲對待他人，走向光明燦爛的黎明，我們將走向自由與正義。」

9 自由意志的神經學

我們該爲自己的習慣負責嗎？

一

麻煩開始的那個早上，安姬・巴克曼坐在家裡盯著電視機。她無聊到認眞思考要重新排列銀器抽屜。要過好幾年後，她才會第一次發現問題的存在。①

巴克曼最小的女兒幾個星期前開始上幼稚園，兩個大女兒則已經上中學，生活充滿著朋友、活動以及母親完全聽不懂的八卦。巴克曼的丈夫是土地測量員，常常早上八點上班，晚上六點才會回到家。白天除了巴克曼外，家裡空無一人。這是近二十年來，她第一次眞正覺得自己孤單得不得了。她十九歲結婚，二十歲懷孕，然後生活就是忙著準備學校午餐、玩公主遊戲，還有提供家人接送服務。高中的時候，朋友說她應該成爲模特兒（她眞的有那麼漂亮），但她輟學嫁給一個吉他手。等吉他手終於找到一份眞正的工作，她開始安心當母親。現在是早上十點三十分，三個女兒都不在家，她再一次把一張紙貼在廚房時鐘上，以免自己每三分鐘就確認一次時間。

她不曉得自己接下來要做什麼。

那天，她跟自己訂了一個約定：如果到了中午她還沒發瘋或是吃掉冰箱裡的蛋糕，她就離開家去做點有趣的事。接下來的九十分鐘，她想著究竟可以做什麼。時鐘指向十二點的時候，她畫了個淡妝，換上一件漂亮洋裝，開車到離家二十分鐘的一家遊船賭場。即使是星期四的中午，賭場還是擠滿了除了看連續劇與摺衣服外有事可做的人。入口處有樂隊在演奏，一個女人正在免費分送雞尾酒。巴克曼在自助餐區吃了蝦，整個體驗讓人覺得很享受，好像在翹班一樣。她走到二十一點的牌桌，發牌的人耐心解釋遊戲規則。四十元的籌碼用完之後，她看了看錶，兩個小時已經飛逝，她得趕快回家接小女兒。晚上吃飯的時候，這是一個月以來除了猜贏「全民估價王」節目參賽者外，她第一次有別的話可以聊。

巴克曼的父親是卡車司機，中年的時候重新打造自己的人生，成爲小有名氣的流行歌作曲家。她的哥哥也變成了作曲家，還得了獎。相較於父兄的成就，父母在介紹她的時候，常常告訴別人「她是我們那個當了媽的孩子」。

巴克曼告訴我：「我一直覺得我是沒才華的那一個。我覺得自己很聰明，也知道自己是個好媽媽，但我沒有什麼能告訴別人『那就是爲什麼我很獨特』的東西。」

去過第一趟的賭場後，巴克曼開始一星期去一次。每個星期五下午，她會踏上遊輪。這是她給自己的獎賞：她撐過了無聊的一星期，把家裡打掃得乾乾淨淨，而且還沒瘋掉。她知道賭博可能帶來麻煩，所以她給自己訂下嚴格的規定：每次去不能在二十一點牌桌待超過一小時，而且只能賭皮包裡的錢。她告訴我：「我覺得這有點像工作。不到中午我不會出門，而且我永遠都準時回家接女兒。我非常有紀律。」

而且她牌技高超。一開始的時候，她幾乎不到一小時就會把錢輸光，但六個月內，她就抓到足夠的技巧。她開始調整自己的規定，讓自己可以玩兩到三個小時，而且離開的時候皮包裡還會有錢。一天下午，她坐在二十一點牌桌旁，皮包裡有八十美元，離開的時候則有五百三十元。這筆錢夠她買日用品、付電話帳單，還可以存一點急用金。從那時起，賭場哈拉斯娛樂（Harrah's Entertainment）開始寄給她免費自助餐券，她會在星期六晚上帶全家去吃晚餐。

巴克曼賭博所在的愛荷華州幾年前才開放博弈。一九八九年以前，該州的立法者擔心撲克牌與骰子的誘惑會讓部分公民難以抗拒。美國立國以來一直憂慮這方面的事。華盛頓總統在一七八三年寫下一段話：賭博是「貪慾的孩子、罪惡的兄弟、胡來的父親。這是一種會帶來各種可能罪惡的不道德行爲……一言以蔽之，這是一種一兩人獲利、千萬人受害的可憎行爲」。②精英立法者迫切希望保護人民不受壞習慣影響。事實上，他們搶先定義了什麼是「壞」習慣。嫖妓、賭博、安息日販酒、色情書刊、高利貸、婚外情（萬一你興趣獨特，婚姻內的性關係也是一樣），全都是各個立法機關試著以嚴格（而且通常無效）的法律所管制、禁止或阻止的習慣。

愛荷華州讓博弈合法化的時候，立法者十分關切，他們限制只有遊輪上可以賭博，而且強制規定每次下注金額不能超過五美元，一次航行中每人最多只能輸兩百美元。然而沒過幾年，愛荷華州的部分賭場移到沒有賭博限制的密西西比河上，於是州議會取消了限制。二〇一〇年，該州從博弈事業抽取了超過兩億六千九百萬美元的稅收。③

二〇〇〇年的時候，巴克曼長期吸菸的父母開始出現肺部疾病的徵兆，於是她開始每隔一週就飛一趟田納西州，幫忙添購生活用品與煮晚餐。等她回到住著丈夫和女兒的家時，日子似乎變得更孤單。有的時候房子一整天都是空的，好像她不在的時候，她的朋友已經遺忘邀請她參加活動，而她的家人也已經找出沒有她也能活下去的辦法。

巴克曼擔心她的父母。她不滿丈夫對自己的工作比較有興趣，似乎不把她的焦慮放在心上。她也怨在孩子的成長期間，她犧牲了這麼多，但孩子卻不能理解她現在需要她們。但每次她去賭場的時候，這些壓力就飛到九霄雲外。她開始在不用探視父母的那個星期去個兩次，然後變成每個星期一、三、五都固定去。她仍然替自己訂下規矩，但她現在已經賭了好幾年，知道職業賭徒的手法。她每盤下注從不低於二十五美元，而且永遠同時下兩手。她告訴我：「大額賭局贏的機率高於小額賭局。手氣不順的時候你要一直玩下去，直到幸運之神降臨。我看過有人進來的時候手上是一百五十元，然後贏了一萬元。我知道如果我遵守自己的規矩，我也能像那樣。我有控制好。」*在那個階段，她已經不需要思考要不要再抽一張牌或是要不要加倍她的賭注，一切已經變成反射動作，就和失憶的尤金・保利最終學會永遠選擇正確的長方紙板一樣。

二〇〇〇年的某一天，巴克曼從賭場抱了六千美元回家，這筆錢夠付兩個月的房租，還可以付清大門前愈堆愈高的信用卡帳單。另一次她贏了兩千美元。有的時候她會輸，但賭博就是這樣。聰明的賭徒知道要先下坡才能上坡。最後哈拉斯給她信用額度，讓她不用攜帶那麼多現金。

其他玩家會找她在哪裡，然後跟她坐同一桌，因爲她知道自己在做什麼。在自助餐區，賭場公關讓她不用排隊。她告訴我：「我知道怎麼玩。我知道這種話聽起來，像是出自一個不知道自己有問題的人口中，但我唯一犯的錯誤就是沒有停下來。我的玩法沒有任何錯誤。」

隨著輸贏的金額愈來愈大，巴克曼給自己訂的規則也愈來愈有彈性。一天，她在一小時內就輸了八百，然後四十分鐘內贏了一千二，然後她的運氣又來了，最後抱走四千美元。另外一次她在早上輸了三千五，中午一點贏了五千，然後下午又輸了三千。賭場會記錄她有多少錢還有她贏了多少，她自己不再算了。然後有一個月她銀行戶頭不夠錢繳電費，她向父母借了一點錢，然後又借了一點。有一個月她借了兩千，下一個月借了兩千五。也不是什麼大事，反正他們有的是錢。

巴克曼從來沒有酗酒、嗑藥或暴飲暴食的問題。她是一個普通的母親，生命的起伏跟別人都一樣。所以她感受到的賭博衝動讓她措手不及。她沒去賭場的那些日子，她會因爲一直想去而心煩意亂與焦躁。她發現自己無時無刻不在想手氣好時的快感。那是一種全新的感受，出乎意料到

＊如果有人相信他們可以打敗賭場的莊家，聽起來可能不太理性，然而賭博常客知道有可能一直贏，特別像是二十一點這類的遊戲。據說美國賓州的賭客強森（Don Johnson）二〇一〇年起靠著玩二十一點，六個月抱走一千五百一十萬美元。整體來說「莊家永遠會贏」是因爲許多賭客未能善加利用機率，而且大部分的人也沒有足夠的錢撐過一直輸的階段。不過，賭客如果能夠記住複雜的公式與機率，知道每一手應該怎麼玩，長期來說可以不斷贏下去，然而大部分的玩家都缺乏紀律或數學技巧，無法打敗莊家。

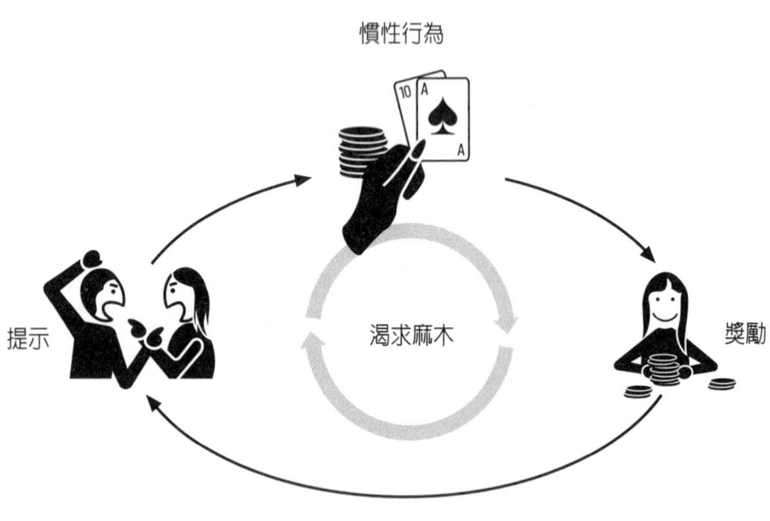

她幾乎不知道那是一種問題，直到那種感覺掌控了她的人生。事後回想起來，那似乎根本沒有分界線。某一天事情還很有趣，隔天就無法控制了。

到了二〇〇一年，她每天都去賭場。只要跟丈夫吵架，或是覺得孩子不知感恩的時候，她就去賭場。坐在牌桌前讓她同時又麻木又興奮，她的焦慮變得很輕微，她再也感受不到。贏會讓她馬上欣喜若狂，輸帶來的痛苦則一下子就消失不見。

巴克曼打電話向母親借更多錢的時候，母親告訴她：「妳想當大人物，妳一直賭博是因爲妳想要大家注意妳。」

不過那不是眞正的原因。巴克曼告訴我：「我只是想要可以爲某件事心情好。我做過的事情當中，這是唯一一件我似乎有技巧的東西。」

到了二〇〇一年夏天，巴克曼欠哈拉斯的賭債已經到達兩萬美元，她一直沒告訴丈夫她輸的事，但後來母親終於不再給她錢，她撐不下去只好說出實話。他們聘了一位破產律師，剪掉信用卡，坐在廚房餐桌前寫下如何過一個比較節制、負責的生活的計畫。她把自己的洋裝拿去二手店賣，還忍受十九歲店員的羞辱。店員幾乎全部不收，說那些全是過時的衣服。

最後，她終於開始感覺最糟的部分似乎已經過去。她心想，那股衝動終於消失了。

但當然，事情離結束還早得很。幾年後，她將喪失一切，毀了自己與丈夫的人生。她浪擲數十萬美元，律師在該州最高法院主張她不是基於選擇而賭博，而是出於習慣，因此無須爲賭債負責。巴克曼成爲網路圍剿的對象，網民把她跟連續殺人犯傑佛瑞・丹墨（Jeffrey Dahmer）以及虐童父母相提並論。她不禁要問：我究竟要爲這件事負多少眞正的責任？

巴克曼告訴我：「我眞的相信如果有人處境跟我一樣，他們也會做一樣的事。」

二

二〇〇八年七月的一個早上，一名原本在威爾斯西岸度假的男子拿起電話，手足無措地撥給報案台。

「我想我殺了我太太，」他說，「我的天啊，我以爲有人闖了進來，我是在跟那些小伙子打架，但結果是克莉絲婷（Christine）。我一定是在做夢還是什麼的，我做了什麼？我做了什麼？」④

十分鐘後警方抵達現場，他們看到布萊恩・湯瑪斯（Brian Thomas）在自己的露營車旁哭泣。湯瑪斯解釋，前一天晚上他與妻子睡在露營車裡，當時有人在停車場附近飆車吵醒他們。他們把車子移到停車場角落然後又回去睡。幾個小時後，湯瑪斯發現一個穿著牛仔褲與黑色羊毛衣的男人壓在他妻子身上，他覺得那個人是剛才的飆車族。他對著男人大叫，抓住他的喉嚨，試著把他拉開。他告訴警方，一切就好像是自發反應一樣。男人愈掙扎，他掐得愈緊。男人抓傷湯瑪斯的手臂試著反擊，但湯瑪斯掐住他，愈掐愈緊，最後那個男的不動了。然後湯瑪斯發現他掐的不是男人，而是他太太。他鬆開她的身體，輕推她的肩膀，試著喚醒她，問她有沒有事。一切都太遲了。

「我以爲有人闖入，⑤然後我掐死了她。」湯瑪斯一邊告訴警方，一邊不停啜泣，「她是我的全世界。」⑥

接下來的十個月，湯瑪斯被關在牢裡等候審判。在等待期間，兇殺犯背景調查出來了。湯瑪斯從小就會夢遊，有的時候一天晚上會夢遊好幾次。他會從床上爬起來、在家裡走來走去，玩一下玩具，或是幫自己找點吃的，然後隔天早上完全不記得自己做過什麼。湯瑪斯的夢遊變成全家開玩笑的對象。他似乎會每週一次跑到庭院或別人的房間，整個過程都在睡眠狀態。鄰居問他母親爲什麼她兒子打赤腳、穿著睡衣走在他們的草坪上時，他母親會解釋那是一個習慣。他長大後，有時醒來會發現自己的腳上有割痕，但不記得怎麼會有那些傷口。有一次他跑到運河游泳，中途完全沒有醒過來。他結婚後，太太非常擔心他可能不小心在夢遊的時候，離開家裡跑到大馬路上，所以她把門鎖起來，睡覺時把鑰匙放在枕頭下。湯瑪斯後來說，每天晚上他們兩個人會爬到床上，「親一親、抱一抱」，然後他會回到自己的房間，睡在自己的床上。要不然的話，因爲他會一直動來動去，在床上翻滾，還會大吼大叫說夢話，有時還會起來夢遊，弄得克莉絲婷整晚都不能睡。

明尼蘇達大學神經學教授與睡眠模式研究先驅馬克・麥哈維（Mark Mahowald）說：「夢遊提

醒了我們，甦醒與睡眠兩者並不完全互斥。你的腦子裡負責監管行爲的部分在沉睡，但能夠進行高度複雜行動的部分醒著。問題在於除了基本模式、也就是你最基本的習慣外，沒有東西可以引導腦部。你跟著已經存在腦子裡的東西走，因爲你無法做決定。」

警方依法必須以謀殺罪起訴湯瑪斯，但所有的證據似乎都指向在那個可怕的晚上之前，他與妻子的婚姻幸福美滿，沒有任何虐待記錄。他們養大兩個女兒，最近才預定地中海遊輪之旅，準備紀念結婚四十週年。檢察官要求愛丁堡睡眠中心的睡眠專家克里斯・艾德辛科斯基博士（Dr. Chris Idzikowski）檢查湯瑪斯並評估這個理論：湯瑪斯在殺害妻子的時侯其實沒有意識。在兩次測試（一次在艾德辛科斯基博士的實驗室，一次在監獄）中，研究人員在湯瑪斯全身上下裝滿感應器，測量他睡眠時的腦波、眼動、頦肌與腿肌、鼻部氣流、呼吸運作以及氧氣濃度。

湯瑪斯並不是第一個主張自己是在睡眠中犯罪因此不需爲行爲負責的人。過去有一長串的犯罪者主張，自己不該因爲夢遊與其他無意識行爲的「自動症」被判有罪。此外，在過去十年，我們對於習慣神經學與自由意志的了解愈來愈深，那一類的辯護說法變得愈來愈有說服力。由法庭與陪審團所代表的社會已經同意有些習慣非常強大，讓我們沒有辦法做決定，因此不需爲自己做的事負責。

●●●

夢遊是我們睡眠時腦部正常運作下的奇怪副產物。我們的身體歷經休息的不同階段時，大部分的時候腦幹（也就是我們最原始的神經架構）會麻痺我們四肢與神經系統的作用，讓我們的腦部能在身體不同的情況下做夢。一般人通常能夠一個晚上毫無問題地多次度過麻痺狀態。以神經學的語言來說，這叫「轉換」（switch）。

然而有些人的腦部會經歷轉換錯誤。他們睡眠的時候會進入不完全的麻痺狀態，他們在做夢或是經歷不同睡眠周期的時候，身體可以活動，這就是夢遊的根本原因。對於大部分的夢遊患者來說，這是個麻煩但良性的問題，⑦像是有人會夢到吃蛋糕，然後隔天早上發現廚房裡有一盒被吃光的甜甜圈。有些人夢到自己去浴室，然後發現走廊上有一塊溼溼的地方。夢遊的人能有複雜的行爲，像是他們能夠睜開眼睛、看東西、四處走動，還可以開車或煮飯，但基本上一切都是在無意識的狀態下進行，因爲他們的腦部與看東西、走路、開車、煮飯有關的部分，在他們睡著的情況下仍然能夠作用，不需要腦部更高階區域所下的指令，譬如前額葉皮質區。我們已經知道夢遊者可以燒水與泡茶，有一個人可以開汽艇，還有一個人開啓電鑽鋸木片然後又回到床上。然而一般來說，夢遊者不會做對自己或他人危險的事。即使是在睡夢中，他們仍然具有迴避危險的本能。

然而，科學家檢視夢遊者的腦部後，發現夢遊與所謂的「夜驚」⑧有著截然不同的地方。如果是夢遊，人們可能會下床開始做夢中的事或其他輕度衝動。夜驚發生的時候，人們腦部的活動與醒來、半清醒或甚至是夢遊的時候，有著顯著差異。處於夜驚之中的人，似乎被可怕的焦慮所掌控，但並不處於一般所說的做夢狀態。除了最原始的神經區域外，他們的腦部被關掉，包括所謂的「中央形式產生器」也是一樣。腦部的這些區域正好就是斯奎爾博士以及發現習慣迴路神經機制的麻省理工學院科學家的研究範圍。事實上，對神經學家來說，正在經歷夜驚的腦部，看起來和遵守習慣的腦部十分相似。

被夜驚所擾的人，他們的行爲就是習慣，不過是最原始的那一種。夜驚時中央形式產生器跑出來的行爲模式包括走路、呼吸、被巨大聲響嚇跳，或是抵抗攻擊者。我們通常不會把這些行爲想成習慣，但它們其實就是習慣：根深柢固存在於神經系統的自發行爲。研究顯示，這些行爲幾乎不需要腦部更高階區域的指示就能發生。

然而，這些習慣發生在夜驚時，卻有一個關鍵的不同點：由於睡眠抑制了前額葉皮質區以及其他高階認知區，夜驚習慣被觸發時，意識無法介入。如果「戰或逃」習慣被夜驚提示，就沒有辦法用邏輯或理智來戰勝。

神經學家麥哈維說：「會夜驚的人，他們的做夢不是一般的做夢。他們的夢沒有你我惡夢裡複雜的情節。如果事後他們還記得任何東西，只會是影像或情緒，像是即將發生的厄運、駭人的恐懼、需要保護自己或他人的必要性。

「然而那些情緒十分強大。他們是我們一生中學到的各種行爲最基本的一些提示。用逃跑或保護自己來回應威脅，是每個人從嬰兒時期就開始做的事。出現那些情緒的時候，腦部高階區域沒有機會思考事情的來龍去脈，[9]我們的反應會是最深層的習慣要我們做的事。我們會逃跑、戰鬥，或是遵循所有腦部最能掌握的行爲模式。」

如果有人在夜驚過程中開始感覺遭受威脅或性興奮（兩種最常見的夜驚經歷），他們會依據與那些刺激相關的習慣來反應。曾經有經歷夜驚的人從很高的屋頂跳下，因爲他們相信自己正在躲避攻擊者。也曾經有人殺了自己的嬰兒，因爲他們相信自己正在抵抗野生動物。有人強暴了配

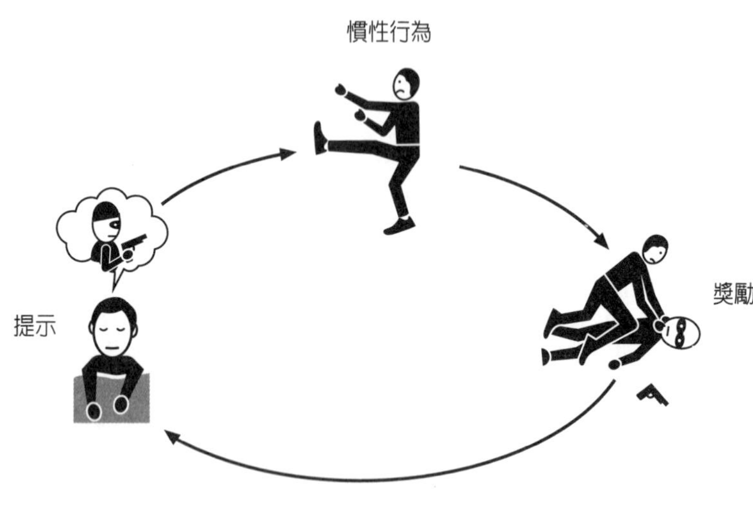

偶，即使受害者哀求他們停止也一樣，因爲睡眠者一旦出現性興奮，他們會遵循根深柢固的習慣來滿足衝動。夢遊者似乎有一些選擇的餘地，腦部高階區域的部分參與會告訴我們不要靠近屋頂邊緣，然而處於夜驚狀態的人會遵循習慣迴路，不管那個迴圈把他們帶到哪裡。

有些科學家猜測夜驚可能與基因有關，有些則認爲帕金森氏症等疾病讓人比較可能夜驚。我們還不是很了解夜驚的成因，但對於一些人來說，夜驚與強烈衝動有關。二〇〇九年一群瑞士研究人員寫道：「與夜驚相關的暴力，似乎是一種對讓人恐懼的具體影像的反應。個人能夠在事後描述那個影像。」擁有某種睡眠障礙的人，「百分之六十四的回報案例曾試圖攻擊同睡的伴侶，受傷率是百分之三。」[10]

不論是在美國或英國，[11]一直有謀殺犯主張夜驚造成他們犯下清醒時絕不會犯的罪，[12]譬如湯瑪斯被捕四年前有個案例：朱勒・洛威（Jules Lowe）殺了自己八十三歲的父親，因爲他宣稱那起攻擊事件發生在夜驚的時候而被判無罪。⑬檢察官主張，要相信洛威在睡夢中還能重擊、亂踢與重踩自己的父親超過二十分鐘、留下九十多處傷口，實在「極度牽強」。陪審團不同意檢察官的意見，讓洛威獲得自由。二〇〇八年九月，三十三歲的唐娜・薛佛山德（Donna Sheppard-Saunders）用枕頭蒙住母親三十秒，差點悶死母親。她主張自己是在睡夢中做了這件事，後來謀殺未遂罪名不成立。⑭二〇〇九年，一個英國士兵承認強暴一名青少女，但說他在脫自己的衣服、扯下少女內褲、開始進行性行爲時，處於沒有意識的睡眠狀態。他在性侵到一半的時候醒來，道歉，然後打電話報警。他告訴報案台：「我剛剛有點像是犯了罪，我眞的不知道發生了什麼事，我醒來的時候就在她身上。」這名士兵有夜驚的病史，後來被判無罪。⑮過去一世紀以來，超過一百五十名殺人犯與性侵犯用「自動症」爲自己辯護，躲過牢獄之災。代表社會的法官與檢察官說，既然這些罪犯沒有「選擇」犯下罪刑，不該由他們承擔罪名。

湯瑪斯的例子看起來應該歸咎睡眠障礙而不是謀殺衝動。他告訴一位檢察官：「我永遠不會原諒自己，永遠不會。爲什麼我會做出這種事？」⑯

●●●

睡眠專家艾德辛科斯基博士在實驗室觀察了湯瑪斯之後，提出他的發現：湯瑪斯是在睡眠情況下殺了自己的妻子，那並非有意識的犯罪。

審判開始後，檢察官向陪審團呈上證據，告訴他們湯瑪斯坦承謀殺妻子，他知道自己有夢遊史。檢察官說，湯瑪斯未能在假期時採取防範措施，因此必須爲自己犯下的罪負責。

但隨著辯論的開展，檢察官顯然是在打一場費力的戰爭。湯瑪斯的律師主張，他的客戶無意殺害妻子。事實上，當天晚上他甚至無法控制自己的行爲，那只是他感到危險自發做出的反應。他是在遵循幾乎和人類一樣古老的習慣：對抗攻擊者、保護所愛的人。一旦他腦部最原始的部分接觸到提示（有人在掐他的妻子），沒有機會經過更高階的認知仲裁，他的習慣就接手，然後他反擊。律師主張，湯瑪斯唯一的錯就是他是人類，他的行爲反應是依據神經系統以及最原始的習慣。

就連檢方自己的證人似乎也支持這種辯護。檢方的精神科醫師說，湯瑪斯原本就知道自己會夢遊，但不會因此能預測自己具有殺人的可能性。他以前從來沒有在睡眠中攻擊任何人，也從未傷害自己的妻子。

檢方的主精神科醫師作證後，湯瑪斯的律師開始交叉訊問。

湯瑪斯如果因爲他不知道會發生的行爲而被判有罪，感覺是否公平？

卡洛琳．雅各博士（Caroline Jacob）說，她個人認爲湯瑪斯不可能理性預測他所犯的罪，如果他被判有罪，必須住進布羅德莫爾醫院，也就是英國一些最危險、精神最異常的罪犯被監禁的地方，但「他不屬於那裡」。

隔天早上，主任檢察長向陪審團陳詞。

他說：「兇案發生的時候，被告處於睡眠狀態，他的理智無法控制身體所做的事。⑰我們的結論是繼續向你們尋求特別裁決並不能服務公衆利益。因此我們在此不再提出進一步的證據，請你們正式裁決無罪。」⑱陪審團依檢方建議裁決。

湯瑪斯被釋放前，法官告訴他：「你是個正派的人也是好丈夫。我強烈猜測你可能也有罪惡感。以法律的觀點來說你沒有責任。⑲你的案子在此撤銷。」

這似乎是個公平的結果，畢竟湯瑪斯明顯為自己犯的罪感到心力交瘁。他做出行動的時候，絲毫不知道自己在做什麼：他只是在遵循一個習慣，事實上當時他沒有做決定的能力。湯瑪斯是人們能想到最值得同情的謀殺犯，受害者是他那麼親的人。審判結束的時候，法官還試著安慰他。

然而，那些許多相同的辯解，也能用在賭徒巴克曼身上。她同樣也為自己的行為感到心力交瘁，她後來會說她感到深深的罪惡感。此外，結果她也是遵循根深柢固的習慣，讓她愈來愈難讓下決定的能力介入。

但在法律的眼中，巴克曼要為自己的習慣負責，而湯瑪斯不用。賭徒巴克曼比謀殺犯湯瑪斯還要有罪，這樣對嗎？習慣與選擇的道德標準究竟是什麼？

三

巴克曼宣告破產三年後，她父親去世。過去五年間她在自己的家和父母的家之間飛來飛去，她在他們病得愈來愈重的時候照顧他們。父親的死給她很大的打擊，接著兩個月後母親也去世了。

巴克曼說：「我整個世界瓦解。我會每天早上起床，一時間忘掉他們已經過世，然後突然又想起他們已經走了，我覺得有東西壓在胸口。我無法思考其他任何事。下床後我不知道要做什麼。」

父母的遺囑宣讀後，巴克曼得知自己繼承了近百萬美元。

她用了二十七萬五千美元幫家人在田納西州買了一棟新房子，地點靠近她父母以前住的地方。然後她又花了一點錢，讓已經長大的女兒搬到附近，全家人都在不遠的地方。巴克曼告訴我，博弈在田納西州並不合法，「我不想回到壞的模式。我想要遠離一切會提醒我失控感覺的東西。」她換掉電話號碼，而且沒有告訴賭場她的新地址。那樣感覺比較安全。

然後一天晚上，她和丈夫開車到原本的城市，舊家還有一些最後的家具沒搬。她想起自己的父母。要是沒有他們的話，她要怎麼活下去？為什麼她之前沒有更孝順？她開始換氣過度，感覺像是恐慌發作的開端。她已經有好幾年不賭了，但此刻她覺得需要能讓自己暫時忘掉傷痛的東西。她看著丈夫，她很無助，只要一次就好。

她說：「我們去賭場吧。」

他們走進賭場的時候，一位經理認出她以前是常客，於是邀請他們到賭客休息室。他問她過得如何，然後她全部說了出來：父母過世了，她非常難過，她無時無刻不感到精疲力竭，覺得自己快要崩潰。那位經理是個好聽眾，感覺眞好，終於可以把心裡的話通通說出來，而且對方還告訴她會有那些感覺很正常。

然後她在二十一點的牌桌坐了下來，玩了三小時。這是好幾個月來頭一次所有的焦慮都消失在背景噪音。她知道怎麼玩，她什麼都不用想，她輸了幾千美元。

賭場主人哈拉斯娛樂在博弈界以複雜的顧客追蹤系統聞名。那套系統的核心很類似波爾爲塔吉特設立的電腦程式，預測演算法可以研究賭客的習慣，試圖找出如何能說服他們花更多錢。公司算出每個賭客的「預期終身價值」，軟體排出日曆預測他們造訪賭場的頻率以及花費金額。公司透過忠誠卡追蹤賭客，寄給他們免費餐券與現金券；電訪員會打電話到家裡問賭客怎麼沒來。賭場員工受過訓練，他們會鼓勵訪客討論自己的生活，訪客可能透露有用資訊，讓公司預測他們有多少錢可以賭。一名哈拉斯主管稱這種方法爲「巴夫洛夫行銷」（Pavlovian marketing，譯注：巴夫洛夫爲古典制約提出者）。公司每年會跑幾千次的電腦測試讓方法更完美。⑳賭客追蹤讓公司獲利增加幾十億美元，而且他們精確到以「美分」與「分鐘」來追蹤賭客的花費。㉑*

當然，哈拉斯很清楚巴克曼幾年前宣布過破產，而且躲過兩萬美元賭債，但她跟賭場經理一聊完天後，她開始接到電話，賭場提供免費載她到密西西比賭場的禮車，還免費讓她和先生飛到塔霍湖（Lake Tahoe，譯注：美國度假勝地，有多間賭場），給他們一間套房，還提供老鷹合唱團演唱會的票。巴克曼說：「我說我女兒也得一起來，還有她想帶一個朋友。」公司說沒問題，所有人的機票和房間都免費。音樂會上巴克曼坐在前排座位，哈拉斯還送她一萬元賭金，一切都是賭場請客。

免費的邀約一直來。每星期會有另一家賭場打電話問她要不要禮車、節目門票、飛機票。一開始的時候巴克曼抗拒了一下，但最後每次只要有邀請，她一律答應。一名家庭友人說想在拉斯

*哈拉斯娛樂（現已更名爲「凱撒娛樂」〔Caesars Entertainment〕）駁斥巴克曼的部分說法，詳情請見本章注釋㉑。

維加斯結婚，巴克曼打了通電話，接著下個週末他們全都到了帕拉佐（Palazzo）。她告訴我：「甚至沒有很多人知道那個地方，我打電話過去問，接電話的人說那個地方非常高級隱密，不能在電話上告知訊息。房間像是電影裡跑出來的東西，有六間臥室、每間房間都有陽台和私人浴池。我還有一個管家。」

巴克曼重返賭場，一走進去她的賭博習慣馬上接手一切。她常常一玩好幾個小時。一開始的時候賭注不大，只用賭場送她的錢。然後金額愈來愈大，她會從提款機提錢買籌碼，感覺這一切也不是什麼大事。最後她會每手下注兩百到三百美元，一次玩兩手牌，有的時候一玩就是十二小時。一天晚上，她贏了六萬美元。還有兩次則是帶了四萬美元回家。有一次她跑到拉斯維加斯，去的時候袋子裡放了十萬美元，回家的時候一毛不剩，但之後她還是照那個樣子過生活。銀行戶頭裡還有很多錢，她從來都不用煩惱錢的事。那就是父母留給她那筆遺產的初衷：要她好好享受人生。

她也想放慢腳步，但賭場的吸引力愈來愈強。她告訴我：「賭場公關告訴我，要是我那星期不過去的話，他會被炒魷魚。他們會說：『我們送你去聽那場演唱會，我們給了你這間很棒的房間，結果妳最近都沒怎麼賭。』怎麼說呢？他們眞的對我很好。」㉒

二〇〇五年的時候，巴克曼丈夫的祖母過世，他們全家回到舊家參加喪禮。喪禮前的那個晚上，她到賭場讓頭腦清醒清醒，做好隔天參加全天行程的心理準備。在十二小時內，她輸了二十五萬美元。當時她似乎完全感受不到自己究竟輸了多少。她事後回想：一百萬的四分之一就這樣不見了。這似乎不太眞實。她已經對自己說夠多的謊：她告訴自己她的婚姻很幸福，而她和丈夫有的時候好幾天都沒眞的講到話；她告訴自己朋友都跟她很好，大家都去了拉斯維加斯，但假期一結束，所有人又消失了；她告訴自己她是個好母親，但她看到女兒正在步上她當年的後塵，年紀輕輕就懷孕；她還告訴自己，父母會很高興看到他們的錢被這樣浪擲。她感覺自己只有兩個選擇：繼續對自己說謊，或是承認她讓父母辛苦工作賺來的一切被丟到水裡。

二十五萬美元。她沒有告訴丈夫。她說：「每當我想起那天晚上的時候，我就轉移念頭。」但是很快地，她的賭債已經高到不能假裝不存在。有的時候晚上等丈夫睡了之後，她會下床，坐在廚房餐桌前加加減減，想算出自己究竟輸了多少錢。父母去世後她開始感到的憂鬱情緒，現在似乎更嚴重了。她隨時隨地都感到疲累。

然後哈拉斯一直打電話來。

「一旦知道自己輸了多少後，你開始孤注一擲，接著你會覺得不能停，因爲一定要贏回來。」她說。「有的時候我會開始覺得很神經質，腦筋無法思考。我知道如果我假裝馬上就會再去一趟，那個念頭就會讓我平靜下來。然後他們會打電話過來，然後我就會說好，因爲我無力抵抗。我眞的相信我可能把錢贏回來，我以前贏過。如果你不可能贏，賭博不可能是合法的，對不對？」

●●●

二〇一〇年，認知神經學家瑞札・哈畢比（Reza Habib）讓二十二個人躺在一台核磁共振造影機裡，然後讓他們看一台吃角子老虎機的轉動畫面。㉓半數受試者是「病理性賭博者」，他們

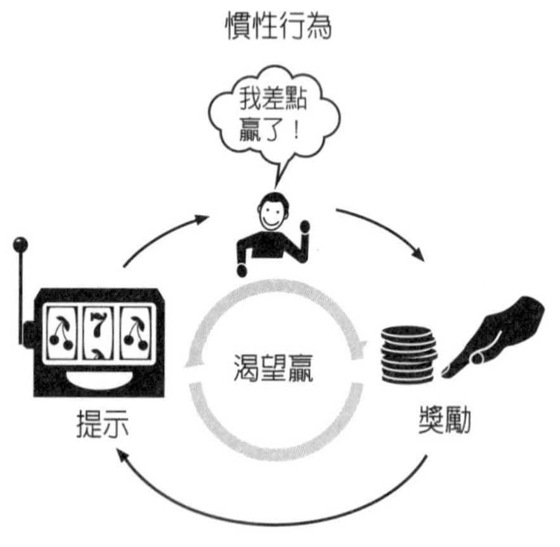

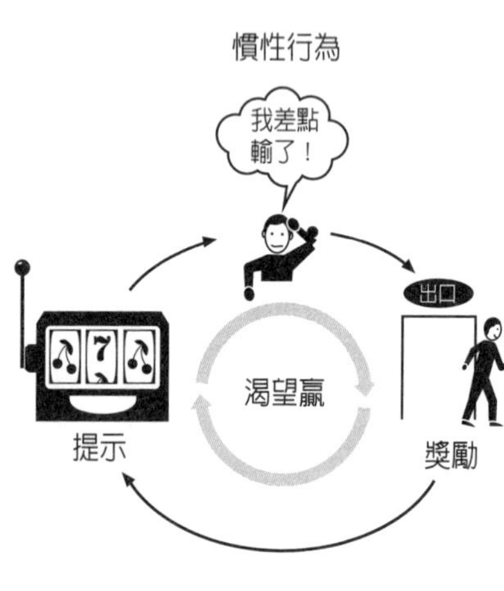

瞞騙家人自己賭博的事，爲了賭博不去上班，或是支票在賭場跳票。㉔另一半的受試者會在社交場合賭博，但沒有任何有問題的行爲。研究人員讓每個人躺在一個狹長的管狀機器，要他們觀看螢幕上旋轉的幸運7、蘋果與金條。吃角子老虎機被設定跑出三種結果：贏、輸或「差一點點」。「差一點點」是指角子機眼看要出現三個一樣的圖案，卻在最後一刻跑掉。受試者不會輸也不會贏到眞正的錢，他們唯一的任務就是看著螢幕，讓ＭＲＩ記錄他們的神經活動。

哈畢比告訴我：「我們特別感興趣的部分是觀察與『習慣』及『成癮』相關的腦系統。我們發現以神經學的角度來說，病理性賭博者在贏的時候會比別人興奮。如果圖案通通一樣，雖然他們沒有眞正贏到任何錢，他們腦部與情緒及獎勵相關的區域，會比非病理性賭博者活躍許多。

「然而眞正值得注意的是『差一點點』。病理性賭博者的『差一點點』看起來就像是『贏』，他們的腦部對這兩者的反應幾乎是一樣的，但如果是非病理性賭博者，『差一點點』則與『輸』類似。沒有賭博問題的人比較能理解『差一點點』的意思是你還是輸。」

兩組受試者觀看了相同事件，但從神經學的角度來說，他們的「看」不一樣。有賭博問題的人，腦部會因爲「差一點點」興奮起來。哈畢比假設，這大概是因爲他們賭博的時間比所有人長很多：因爲「差一點點」觸發了讓他們下另一次注的習慣。沒有問題的賭博者看到「差一點點」的時候，他們的理解則觸發不一樣的習慣。那個習慣會告訴他們：該停了，以免愈輸愈慘。

科學家不清楚問題賭徒的腦部和別人不同是天生的，又或者持續接觸吃角子老虎、線上撲克與賭場會改變腦部作用的方式。可以確定的是即時的神經差異會影響病理性賭博者處理資訊的方式：這可以用來解釋爲什麼每次巴克曼走進賭場的時候，她都會失去控制。當然，博弈企業完全留意到這種傾向，那就是爲什麼在過去數十年吃角子老虎機被重新設定，讓「差一點點」的出現次數增加。*會在「差一點點」後一直賭下去的賭博者，讓賭場、賽車賽馬場與州立彩券荷包滿滿。一位匿名的州立彩券顧問告訴我：「讓彩券出現『差一點點』就像是往火裡倒燃油一樣。你想知道爲什麼銷售會暴增嗎？每一張被刮過的彩券都設計得讓你覺得你差點就贏了。」

哈畢比的實驗研究腦部基底核與腦幹，這些區域正是習慣的相關區域（也和出現夜驚行爲的

*一九九○年代晚期，某角子機製造龍頭聘請一名前電玩主管幫忙設計新機器。該名主管的見解是應該設定機器出現更多「差一點點」。現在幾乎每一台角子機都有各種小花樣，像是免費再轉一次，或是圖案差點通通一樣的時候會發出聲音，而且機器會讓玩家小贏一點，讓他們覺得自己手風很順，但事實上他們投進去的錢超過贏回來的錢。康乃迪克大學醫學院研究人員在二○○四年告訴《紐約時報》記者：「沒有其他形式的賭博能像這些機器一樣，如此出色地操縱人類心智。」

腦部爲同一區域）。過去十年，瞄準那個區域的新藥物紛紛出現（例如治療帕金森氏症的藥物），我們了解到某些習慣非常容易受到外在刺激影響。美國、澳洲、加拿大的民衆對藥廠提起集體訴訟，控告它們的藥物瞄準與習慣迴路相關的迴路，[25]造成患者衝動性賭博、飲食、購物與自慰。二〇〇八年時，明尼蘇達州的陪審團裁定藥廠必須支付一名病患八百二十萬美元。那名男子宣稱藥物治療造成他賭掉超過二十五萬美元。現在還有數百起類似的案件正在等待判決。[26]

哈畢比說：「我們可以確定地說，那些案件的病患無法控制自己的沉迷，因爲我們可以指出影響他們神經化學的藥物。然而，我們看著賭博沉溺者的腦部時，它們看起來十分類似，只是賭博者無法怪罪藥物。他們告訴研究人員他們不想賭博，但他們無法抗拒渴求。所以爲什麼我們會說那些賭博者能控制自己的行爲，卻說帕金森氏症的病患不行？」[27]

●●●

二〇〇六年三月十八日，巴克曼在哈拉斯的邀請下飛到一座賭場。那個時候她的銀行戶頭已經幾乎空空如也。她試著計算這輩子輸了多少錢的時候，她得到的數字大約是九十萬美元。她告訴哈拉斯她已經接近破產，但電話那頭的人說沒關係，還是過來吧，他們會給她信用額度。

「我覺得我無法說不，就好像他們每次在我面前晃著一個最小的誘惑時，我的腦子就關掉了。我知道那聽起來像是個藉口，但他們每次都保證這次會不一樣，我知道不管我多努力抗拒，最後還是會屈服。」

她帶著最後一筆錢過去。剛開始的時候她一手牌下注四百美元，一次下兩手。她告訴自己，如果她能贏一點點錢，只要十萬元，她就可以停止，有東西可以給孩子。她的丈夫也參加了一下賭局，但半夜的時候就跑去睡。大約清晨兩點的時候，她帶來的錢輸光了，哈拉斯的員工讓她簽下本票。她簽了六次本票換更多現金，一共簽了十二萬五千元。

清晨約六點的時候，她開始走好運，籌碼開始增加。群眾聚集過來。她很快計算了一下：還不夠付剛剛簽的本票，但如果她能夠繼續用腦好好玩下去，就可以翻身，然後就永遠不玩了。她連續贏了五次，只需要再贏兩萬元就行了。然後荷官拿到二十一點，然後又拿到二十一點，過了幾手後，荷官第三次拿到二十一點。到了早上十點，她所有的籌碼都輸光了。她要求賭場再多借一點錢，但賭場拒絕。

巴克曼茫然走回房間，感覺地板好像在搖晃。她扶著牆壁，萬一跌倒的話，她知道要往哪裡靠。走回房間的時候，丈夫正在等她。

「一切都沒了。」她告訴他。

「妳沖個澡睡一下吧？」他說，「沒關係的，妳以前也輸過。」

「一切都沒了。」她說。

「什麼意思？」

「錢沒了，」她說，「全部的錢。」

「至少我們還有房子。」他說。

她沒有告訴他，幾個月前她用抵押房子換了賭場的信用額度，她把房子賭掉了。

四

湯瑪斯殺了自己的太太，巴克曼賭掉了她繼承的遺產。社會追究責任的時候有什麼不同嗎？

湯瑪斯的律師主張，他客戶妻子的死不應怪罪他的客戶，因爲他是在無意識、自動的情況下行動。他的反應受到他相信有入侵者正在攻擊的提示。他的律師說，他從未選擇殺人，因此不應爲妻子的死負責。以同樣的邏輯來看，從哈畢比的問題賭博者腦部實驗我們知道，巴克曼也受到強烈渴求的驅使。她第一次幫自己打扮一番，決定在賭場度過午後時光的那一天，或許是做了決定沒錯。接下來的幾個星期、幾個月，那或許也是她的決定。然而幾年後她一個晚上輸掉二十五萬美元的時候，她用盡一切方法抗拒賭博的衝動，她搬到禁止博弈的州，在那之後，她所做的已經不是神智清醒的決定。哈畢比說：「歷史上從神經科學的角度來說，我們說腦部受損的人喪失部分自由意志，但病理性賭博者看見賭場時，事情似乎非常類似，似乎他們是在沒有選擇的情況下行事。」㉘

湯瑪斯的律師辯稱，他的客戶犯下一個可怕的錯誤，他將背負著這個愧疚一輩子，所有人都被說服。然而顯然巴克曼不也有非常類似的感受？她告訴我：「我感到深沉的罪惡感，對於自己做的事感到非常羞愧。我覺得我讓所有人失望，我知道我永遠無法彌補，不管做什麼都沒有用。」

儘管如此，湯瑪斯與巴克曼的案子有一個關鍵的不同點：湯瑪斯殺了一個無辜的人，他犯的罪一直是人類最嚴重的罪。巴克曼輸了錢，唯一的受害者是她自己、她的家人，以及一間借了她十二萬五千美元、市值二百七十億美元的公司。

社會大衆讓湯瑪斯無罪釋放。巴克曼則必須爲自己的行爲負責。

巴克曼輸掉一切的十個月後，哈拉斯試著向她的銀行收錢。她簽的本票跳票，哈拉斯控告她，要求她支付賭債以及三十七萬五千美元的罰款。這是民事賠償，因爲她犯了罪。巴克曼反過來控告哈拉斯，主張哈拉斯利用信用額度、免費住房與酒精，詐取他們知道無法控制自身習慣的人。案子一路告上州最高法院。巴克曼律師的主張與湯瑪斯的律師爲殺人犯辯護的主張很類似，他說巴克曼不應被判有罪，因爲她是自發回應哈拉斯放在她眼前的誘惑。律師主張，一旦免費招待源源而來，一旦她走進賭場，她的習慣就掌控了她，她不可能控制自己的行爲。

代表社會大衆判決的法官說巴克曼有錯。判決寫著：「普通法並未規定賭場經營者身負不得引誘、聯絡已知或應知爲強迫型賭博者之義務。」該州擁有「自願排除計畫」，任何人都可以要求把自己的名字列入賭場必須禁止進入的名單。法官羅伯特・拉克爾（Robert Rucker）寫道：「自願排除計畫的存在，說明州議會擬讓病理性賭博者負起預防與保護自身接觸強迫型賭博之個人責任。」

或許湯瑪斯與巴克曼結果不同很公平，畢竟比起一個浪擲千金的家庭主婦，同情一個心力交瘁的鰥夫比較容易。

然而，爲什麼會比較容易？爲什麼喪妻的丈夫感覺是受害者，而破產的賭博者就是罪有應得？爲什麼有些習慣感覺上應該很容易控制，其他的就很難？

更重要的是，一開始應該做出區別嗎？

亞里斯多德在《尼各馬科倫理學》（*Nicomachean Ethics*）這樣寫：「有些思想家認爲人天生善良，

有些思想家則認爲是習慣造就人，另外還有一些思想家認爲是教養起了作用。」亞里斯多德說習慣最爲至高無上，不經思考發生的行爲證明了我們最眞實的自我，所以「如同培育種子前必須先整地一樣，如果要讓學子能夠明辨是非，就必須事先預備好他們的心智習慣」。

習慣不如表面上那樣簡單。如同我一直試著在本書告訴大家的是，習慣深植在我們腦中，但習慣並非命運。一旦知道方法後，我們可以選擇自己的習慣。不管是神經學家研究失憶，又或者是組織專家重新塑造公司，我們所知道的每件有關於習慣的事，如果你了解習慣的作用方式，在這些例子裡習慣都可以改變。

數百個習慣影響著我們的生活，習慣引導著我們，讓我們有辦法早上換衣服、對小孩說話，然後晚上睡覺；習慣影響著我們中午吃什麼、我們做生意的方法、我們是否運動，以及下班後是否喝啤酒。這些習慣都有不同的提示並提供特定獎勵。有些習慣很簡單，有些則很複雜，牽涉到情緒觸發，在不知不覺中提供神經化學獎勵。然而不管有多複雜，每個習慣都是可塑的。酒癮最嚴重的酗酒人士可以清醒，運作最不良的公司可以讓自己轉變，高中輟學生可以成爲成功的經理。

然而，如果要重塑一個習慣，你必須下定決心改變。你必須有意識地不怕麻煩，找出驅使慣性行爲的提示與獎勵，並找出替代方案。你必須知道你有掌控的能力，而且自覺到使用那個能力。本書的每一章都從不同的角度，闡釋爲什麼事情眞的可以控制。

所以雖然巴克曼與湯瑪斯提出了不同版本的相同主張，宣稱他們的行爲都是出於習慣，而由於那些習慣都是自發產生，所以他們無法控制自己的行動，他們似乎應該得到不同待遇。巴克曼應該負起責任，湯瑪斯應該無罪釋放，因爲湯瑪斯一開始不知道存在著驅使他殺人的模式，更不要說能夠掌控那些模式。另一方面，巴克曼則意識到自己的習慣。一旦你知道一個習慣存在，你就有責任改變它。如果她能夠多花一點力氣嘗試，或許她原本有可能停止那些習慣。其他人即使面對更大的誘惑，還是做到了。

從某方面來說，那正是本書的重點。或許夢遊殺人者可以合理辯解他沒有意識到自己的習慣，所以不必爲自己犯的罪負責，但幾乎所有其他存在於多數人生活中的模式，那些是我們已知存在的習慣，像是我們吃飯、睡覺、對孩子說話的方式，以及我們如何在不經思考的情況下運用時間、注意力與金錢。一旦你了解習慣可以改變，你就擁有重新塑造習慣的自由，而且也有義務。一旦你了解習慣可以重塑，就更能掌握習慣的力量，唯一剩下的選項就是開始努力。

本書的序提到威廉・詹姆斯的話：「我們這輩子所作所爲均已定型，一切不過是習慣之總和：實用的習慣、情緒的習慣、理智的習慣。習慣被系統化組織進我們的幸與不幸，讓我們無法抗拒，一步步走向自己的命運，不管那究竟是什麼樣的命運。」[29]

一九一〇年去世的詹姆斯是世家子弟，父親是有名望的富裕神學家，弟弟亨利是成功的傑出作家，小說到今天仍是學術界研究的對象。詹姆斯則到三十多歲都還是家裡沒成就的那一個。小時候的他體弱多病，原本想成爲作家，但後來進入醫學院。進入醫學院後又中途跑去亞馬遜河參加考察研究，然後又放棄那條路。他在日記裡責備自己一事無成。更糟的是，他不確定自己是否能有起色。就讀醫學院時，他造訪過一間精神病院，看到裡面一個男人一直在撞牆。醫生解釋，那名病患患有嚴重的妄想問題。詹姆斯沒有說出口，其實他常常覺得自己不像身邊的醫師，他和那些病患的共同點還比較多。

一八七〇年詹姆斯二十八歲的時候，他在日記裡寫下：「今天我幾乎沉到谷底，痛苦地意識到我必須睜開雙眼面對選擇。我應該坦然拋開我的道德本分，因爲那不符合我的天性嗎？」

換句話說，自殺是比較好的選擇嗎？

兩個月後，詹姆斯做了一個抉擇。在魯莽行事之前，他要先進行爲期一年的實驗。他將會用十二個月的時間，相信自己能夠控制自己，相信自己能夠控制命運，他會好起來的，他擁有改變的自由意志。沒有證據顯示這是眞的，但他讓自己有相信的自由，雖然所有證據都指向相反方向，但他讓自己相信改變是有可能的。詹姆斯在日記裡寫著：「我想昨天是我人生的一個危機，我將假定從現在到明年，那並不是一個假象。我的第一個自由意志的行動，將會是相信自由意志。」

一直到隔年，他每天都這麼做。他在日記裡寫下的東西，看起來毫無疑問他控制了自己與自己的選擇。他結了婚，進入哈佛教書，開始和後來成爲最高法院大法官的小奧利弗・溫德爾・霍姆斯（Oliver Wendell Holmes, Jr.）來往，也和符號學先驅查爾斯・桑德斯・皮爾斯（Charles Sanders Peirce）有交情。他們一起參加一個名爲「形而上學俱樂部」（Metaphysical Club）[30]的討論會。詹姆斯記下日記兩年後，他寄了一封信給曾經詳細闡釋自由意志的哲學家查爾斯・雷諾維葉（Charles Renouvier）。他在信裡寫著：「我一定得把握這個機會告訴您，拜讀您的大作《文章》（*Essais*，譯

注：應爲 *Essais de critique générale*（一般批判文章））後我的景仰與感激之情。因爲您，我第一次清楚掌握自由的概念……可以說藉由那個哲理，我開始體驗到道德人生的重生；先生，我可以向您保證，那件事非同小可。」

詹姆斯後來將會寫下名言，指出相信的意願是成就改變信念最重要的要素，而創造那個信念最重要的方法就是習慣。他指出習慣是讓我們能「第一次做一件困難的事，但很快那件事就會愈來愈簡單，最後有了充分的練習後，就可以半機械式地做下去，或是幾乎不需要任何的意識。」一旦我們選擇我們要成爲的人，人們就會「朝他們練習的方式前進，就像一張紙或一件外套，一旦被摺過，之後就容易摺成同樣的摺」。

如果你相信自己能夠改變，如果你能養成習慣，那麼改變就會成眞。這就是習慣眞正的力量：了解你的習慣是你選擇的。一旦選擇了，而且變成自發行爲，那麼選擇不只會成眞，而且還會開始讓人感覺不可避免，如同詹姆斯所寫，那「讓我們無法抗拒，一步步走向自己的命運，不管那究竟是什麼樣的命運」。

我們看待周遭環境與我們自己的慣常方式，構成了每個人居住的世界。作家大衛・福斯特・華勒斯（David Foster Wallace）在二〇〇五年向應屆大學畢業生說了一個故事：「兩隻小魚在水裡游來游去，碰巧遇到一隻老魚跟牠們同路。老魚向牠們點了個頭，對牠們說：『早安，年輕人。今天水況如何？』結果兩隻小魚繼續游了一下，最後其中一隻終於忍不住，牠看著另一隻魚，問：『到底什麼是水？』」

水就是習慣，也就是每天包圍著我們、沒有經過思考與不可避免的選擇，而只要我們看著它們，它們就會再度清楚浮現。

詹姆斯的一生寫過許多關於習慣的著作，探討習慣在創造幸福與成功上扮演的核心角色。後來他的經典之作《心理學原理》(*The Principles of Psychology*)有一章完全在探討這個主題。他說「水」最能拿來類比習慣作用的方式，「水會沖出一條水道，水道會愈來愈寬、愈來愈深；水如果停止流動後重新冒出來，再次流動的時候會依循著原本的路徑。」[31]

現在你知道如何重新引導那個路徑。你現在擁有游泳的能力。

附錄
習慣改造指南

研究習慣科學的困難之處，在於大部分的人聽說這個領域的研究時，都想知道能夠快速改變各種習慣的祕方。如果說科學家已經發現習慣模式作用的方式，那想當然，他們一定也找到了可以快速改變的方法對不對？

事情有那麼簡單就好了。

也不是說眞的沒辦法，但問題在於改變習慣的方法並沒有單一公式，而有成千上萬種。人有百百種，習慣也是一樣。換了一個人，換了一種行為，診斷與改變模式的細節也會跟著不一樣。戒菸不同於抑制暴飲暴食，抑制暴飲暴食又不同於改變自己與配偶溝通的方式，而改變自己與配偶溝通的方式又不同於排定工作優先順序。更麻煩的是，每個人的習慣又受到不同的渴望驅使。

因此，本書無法提供單一處方，我希望給大家一個方法架構，讓大家了解習慣如何作用，進而了解或許可以利用哪些方法來改變。有些習慣很好分析也很好影響，有些就比較複雜也比較難改變，需要更深入的研究。另外還有一些習慣則需要不斷的努力，不會有完全大功告成的一天。

不過那不代表人不能改變。本書的每一章都針對不同的面向，解釋為什麼人們會養成某種習慣，以及習慣如何作用。本附錄所描述的方法架構是一種嘗試，希望能用一種非常基本的方式，重點式介紹研究人員已經找到的日常生活習慣診斷與型塑方式。此處無法納進所有東西，只能提供大家一份實用的指南、一個起點而已。本附錄再配上書中每一章的深入解說，則是下一步可以怎麼走的手冊。

改變可能不會馬上發生，而且有的時候並不容易，但只要投入時間與心力，幾乎所有的習慣都可以重新改造。

方法架構：

- 認出慣性行為
- 做實驗找出獎勵
- 篩選提示
- 訂定計畫

步驟一：找出慣性行為

本書第一章的麻省理工學院研究人員發現，每種習慣都有一種簡單的核心神經迴圈。這個迴圈分為三部分：提示、慣性行為與獎勵。

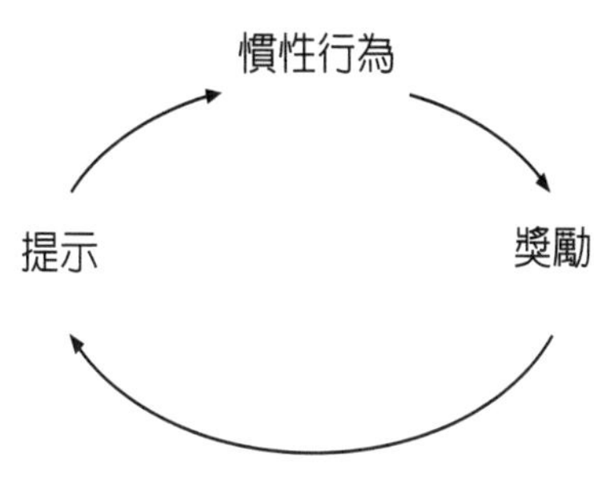

想了解自己的習慣，就必須先找出你的迴圈要素。一旦診斷出某個特定行爲的習慣迴路後，就可以找出辦法，用新的慣性行爲來取代原本的壞習慣。

舉例來說，假設你有一個壞習慣，像是我開始幫這本書找資料的時候，每天下午都會跑到咖啡廳買一塊巧克力脆片餅乾。我們就假設這個習慣會讓人胖個一兩公斤好了，好吧，讓我們假設這個習慣其實會讓你胖了三點多公斤，而你老婆又講了幾句尖銳的評語，所以你試著讓自己戒掉這個習慣，甚至在電腦上貼了一張「不准再吃餅乾」的便利貼。

但每天到了下午，你都假裝沒看到那張便利貼，還是起身走向咖啡館買了一塊餅乾，而且站在收銀機附近和同事聊天的時候，順便就把那塊餅乾吃下肚。一開始那感覺很棒，然後你開始有罪惡感。你跟自己保證，明天，明天我一定會努力克制自己。明天我就改掉這個習慣。

但明天習慣再度獲勝。

你要怎麼樣才能診斷然後改變這個習慣？答案是找出習慣迴路。第一步要先找出你的慣性行爲。在這個餅乾的例子裡（以及大部分的習慣），慣性行爲是最明顯的部分，也就是你想要改變的行爲。你的慣

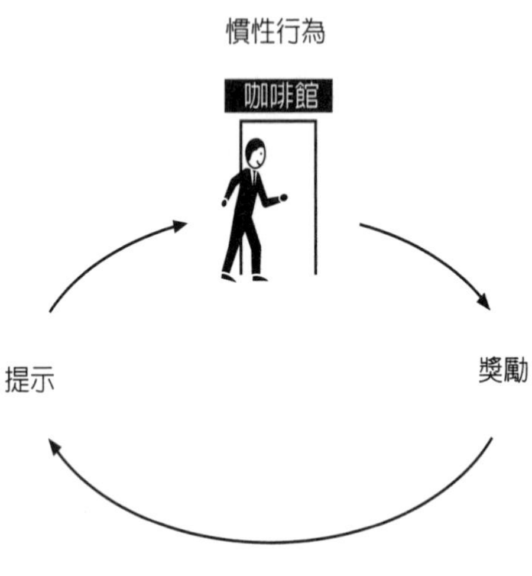

性行爲是你會在下午的時候離開桌子，走到咖啡店買一片巧克力脆片餅乾，接著你會在和朋友聊天的時候把餅乾吃掉。所以你可以畫出你的迴圈如上圖。

接下來則是答案比較不明顯的問題：這個慣性行爲的「提示」是什麼？是飢餓感？是無聊？是血糖低？還是你在做下一件事之前，需要先休息一下？

另外獎勵是什麼？是餅乾本身？是可以改變一下環境？是短暫的休息？是與同事社交？還是吃下一堆糖後精神可以得到提振？

要找出答案，你必須做一點小小的實驗。

步驟二：做實驗找出獎勵

獎勵強大的原因在於它們可以滿足渴求，然而我們常常沒有意識到有哪些渴求驅使著我們的行爲。例如芳必適芳香劑的行銷團隊發現，消費者在打掃過後會想要聞到清新的氣味，團隊因此找到從來沒人留意到的渴求，而且這個渴求藏在一個很明顯的地方。大部分的渴求都像這個樣子：事後回想的時候很明顯，但擺在眼前就是看不到。

如果要找出是什麼渴求在驅使特定行爲，可以分別試驗不同的獎勵。這可能會花你幾天的時間，或是一個星期，或還要更久一點。在這段期間，你不需要覺得有壓力做出任何真正的改變，只要想像自己是個處於資料蒐集階段的科學家就好。

在實驗的第一天，當你很想走去咖啡館買餅乾，這個時候調整一下你的慣性行爲，讓它產生不同的獎勵。舉例來說，你不要跑去咖啡館，而是到附近走一走，不要吃任何東西就回到桌前。接下來的那一天，則走到咖啡館買一個甜甜圈或一條巧克力棒，然後回到桌前吃。第三天的時候，換成走到自助餐廳買一顆蘋果，然後一邊跟朋友聊天，一邊吃下去。接下來則嘗試改成喝咖啡，再接下來則不要去咖啡館，而是走到朋友的辦公室，跟他們閒聊個幾分鐘，然後回到自己的桌前。

這下你知道我想說什麼了吧。你用什麼東西取代買餅乾並不重要，重點是你要測試不同的假設，判定究竟是什麼渴求驅使著你的慣性行爲。你渴求的是餅乾本身，還是你希望能夠暫停工作，休息一下？如果是餅乾的話，是因爲你餓了嗎？（如果是這樣的話，那吃蘋果應該也能滿足你）還是說你希望靠餅乾提振精神？（如果是這樣的話，那咖啡也辦得到）還是說你去咖啡廳其實是想要社交，而餅乾提供了方便的藉口？（如果是的話，那麼走到別人的桌旁閒聊個幾分鐘，應該也能滿足這種衝動）。

你嘗試四、五種不同獎勵的時候，可以用一個古老的技巧來找出模式：每次完成活動、回到桌前的時候，就在紙上寫下三個你最先想到的事。這三件事可以是情緒，也可以是隨機想到的

肚子不餓

看到花朵

心情放鬆

事，或是感受的抒發，也或者你可以簡單寫下腦子裡最先冒出來的前三個字就好。

接下來，用錶或電腦計時十五分鐘，時間到了後問自己：還是很想吃餅乾嗎？

寫下三件事（即使是沒有意義的字也一樣）有兩層重要的原因。首先，那會強迫你短暫意識到自己在想什麼，或是自己有什麼感覺。如同第三章的例子，喜歡咬指甲的曼蒂會隨身帶著可以畫記數符號的小卡片，強迫自己意識到平常的習慣衝動，而寫下三個字也可以強迫你短暫意識到自己的行爲。此外研究也顯示，寫下幾個字可以幫助你事後回想當時在想什麼。實驗結束、回頭看當時寫下的記錄時，就比較能夠想起那個時刻你在想什麼以及你有什麼感受。隨手寫下的字句，可以觸發回憶。

此外，爲什麼要設定十五分鐘的鬧鐘？因爲這個試驗的重點是判定你渴求什麼獎勵。如果吃完甜甜圈十五分鐘後，你仍然想要起身到咖啡館，那麼渴望糖分並不是引發習慣的動機。如果在同事桌邊閒聊完後，你還是想吃餅乾，那麼與人接觸的需求並不是驅使你行爲的東西。

另一方面，如果和朋友聊完天之後，你就可以毫無困難讓自己回

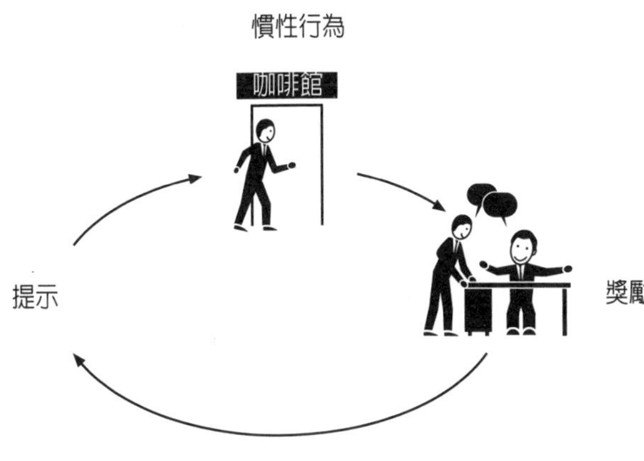

去工作，那麼你就找出獎勵了。你的習慣想要滿足的是短暫的娛樂與社交（見上圖）。

實驗不同的獎勵，就可以找出自己究竟渴求什麼。想要重塑習慣，這是最基本的。

一旦找出慣性行為與獎勵後，剩下的就是要找出提示。

步驟三：篩選提示

大約在十年前，西安大略大學的一位心理學家，試圖回答一個困擾社會科學家多年的問題：爲什麼有的犯罪案件目擊證人會記錯他們看到的東西，其他人則能正確回想？

不用說，目擊者的回憶非常重要，然而研究顯示目擊證人常常記錯他們看到的東西，例如他們會堅持小偷是男性，但其實是個穿著裙子的女人。又或者目擊者會堅持案件發生在黃昏，但警局的記錄寫著下午兩點。相較之下，其他的目擊證人卻可以幾乎百分之百回憶案情。

很多研究都追查過這種現象，希望找出爲什麼有些人比別人更適合當目擊證人。研究人員提出種種理論，有的認爲有些人記憶力就是比較好，也有的理論認爲，如果犯罪發生在熟悉的地方，證人會比較容易回想，但這些理論都沒有經過充分檢驗：記憶力好和不好的人，以及熟悉與不熟悉犯罪現場的人，都一樣可能誤記發生了什麼事。

那位西安大略大學的心理學家則採取不一樣的作法。她猜想或許研究人員不該把注意力放在提問人與目擊者說了什麼，而應該專注在他們是「如何」說的。她猜測或許有不容易注意到的提示影響了詢問證人的過程。她一次又一次觀看訪談證人的影帶，想要找出那些提示，但她什麼都沒看到。每一次的詢問過程發生太多事，像是各種臉部表情、不一樣的問話方式，以及波動的情緒，導致她看不出任何模式。

所以她想到一個點子：她列出幾個要注意的重點，包括問話者的語氣、目擊證人的臉部表情，以及目擊者與問話人之間靠得多近，然後剔除所有可能干擾她觀察這些重點的東西。她把電視音量調小到聽不清楚說話內容，讓自己能專心辨別問話者的語氣。另外她還用一張紙貼住問話人的臉，讓自己只能看到證人的臉部表情，並用捲尺測量問話人與證人之間的距離。

她開始研究這幾個特定的重點時，模式馬上冒出來。她發現記錯事實的證人，通常詢問他們的警察語調輕柔和善。證人較常微笑，或是座位離詢問者較近的時候，也比較容易記錯。

換句話說，「環境提示」讓人覺得「我們是朋友」的時候，像是溫和的語調或微笑的面孔，證人比較可能記錯發生的事。或許這是因爲這些友善提示會觸發證人潛意識中想討好詢問者的習慣。

然而，這個實驗的重要性，在於先前已經有許多研究者觀看過同樣的帶子。很多聰明的人已經看過同樣的模式，但先前沒有任何一個人辨認出來，因爲每一捲帶子裡有太多資訊，很難看出微妙的提示。

所以，這位故事的心理學家決定只專注在三種行爲面向，排除掉不相關的資訊後，就可以看到模式。

我們的生活也是一樣。我們很難找出引發習慣的提示，是因爲我們展現行爲的時候，有太多資訊在轟炸我們。問一問自己，你會每天在固定時間吃早餐，是因爲你餓了？還是因爲時鐘指向七點三十分？是因爲你的孩子開始吃了？還是因爲你已經穿好衣服，習慣接下來要吃早餐？

你開車上班時會自動往左轉，是什麼東西觸發了那個行爲？是路牌？是某棵樹？還是因爲你知道這是正確走法？還是以上皆是？你想開車載孩子上學，卻一個不小心開上去公司的路，而不是學校，是什麼造成這個錯誤？是什麼提示讓「開車上班」這個習慣冒出來，而不是「開車上學」的模式？

要在雜訊中找出提示，我們可以使用上述心理學家的方法：事先想好你要檢查哪種行爲類別來找出模式。很幸運的，科學在這方面提供了一些幫助。實驗顯示，幾乎所有的習慣提示都屬於以下五種類別：

地點

時間

情緒狀態

其他人
緊接在前的行為

因此，如果你想找出「去咖啡館買巧克力碎片餅乾」習慣的提示，那就寫下五件與衝動出現時刻有關的事（以下是我試著診斷自己的習慣時，真的寫下的筆記）：

你人在何處？（坐在桌前）
那時是幾點？（下午三點三十六分）
你當時的情緒狀態？（感到無聊）
誰在旁邊？（沒有人）
衝動發生前的行爲？（回電子郵件）

隔天：

你人在何處？（從影印機走回來）
那時是幾點？（下午三點十八分）
你當時的情緒狀態？（開心）
誰在旁邊？（一起運動的朋友吉姆）
衝動發生前的行爲？（影印）

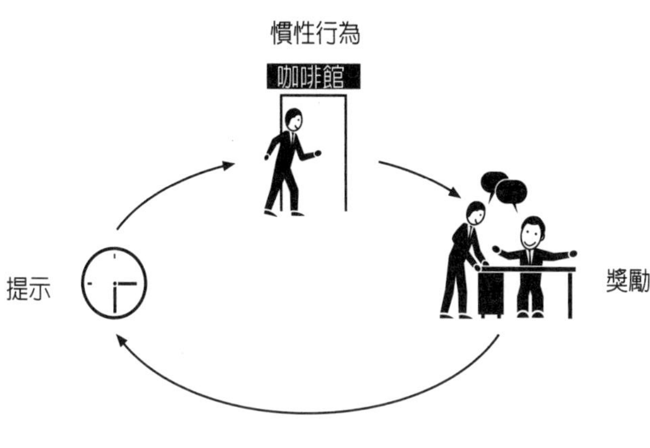

第三天：
你人在何處？（會議室）
那時是幾點？（下午三點四十一分）
你當時的情緒狀態？（爲手上的計畫既疲倦又興奮）
誰在旁邊？（前來參與該次會議的編輯）
衝動發生前的行爲？（會議就要開始了，我坐下）

這三天的記錄讓我清楚知道是什麼提示觸發了我的餅乾習慣：我會在一天中的某個時間想要吃零食。我已經從步驟二，找出不是飢餓在驅使我的行爲。我尋求的獎勵是短暫的消遣，而我可以從和朋友聊天獲得這方面的滿足。另外，我現在知道這個習慣是在三點和四點間被觸發（見上圖）。

步驟四：訂定計畫

一旦找出自己的習慣迴路，也就是已經找出驅使行爲的獎勵、觸發行爲的提示，以及慣性行爲本身之後，就可以開始改變這個行爲。你可以替自己準備提示，並選擇會獎勵渴

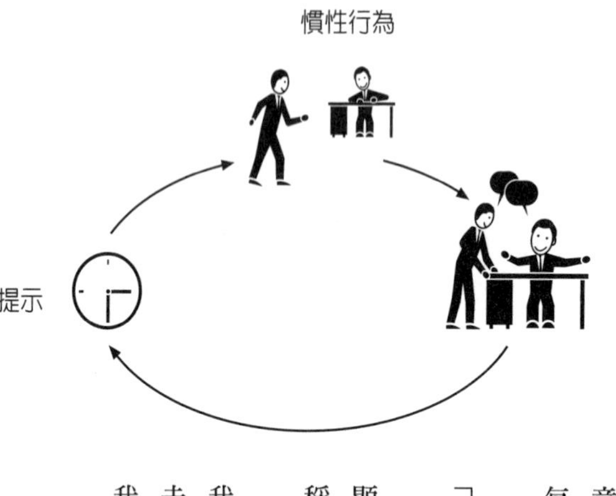

求的行爲，把原本的習慣改成較好的慣性行爲。一切只需要準備好一個計畫。

本書的序已經提過，所謂的習慣是我們在某個時間點刻意做出選擇，然後在不再思考的情況下繼續做的事（通常是每天都做）。

換句話說，習慣是我們的腦袋自動遵循的公式：我看到「提示」後，就會做「慣性行爲」以得到「獎勵」。

要改寫那個公式，我們必須再次選擇。無數的研究結果顯示，最簡單的方法就是擬定一個計畫。心理學把這種計畫稱爲「實作意圖」（implementation intention）。

以我的「下午要吃餅乾」習慣爲例，利用上面的架構，我得知下午三點半左右是我的提示。我知道我的慣性行爲是走到咖啡館、買餅乾，然後跟朋友聊天。透過實驗，我得知我眞正渴求的並不是餅乾，而是短暫的休息與社交機會。

所以我訂定以下計畫：

每天到了三點半的時候，我要走到朋友桌邊聊天十分鐘。

爲了提醒自己，我設下三點半的鬧鐘。

這個計畫並沒有一下子就成功。有幾天我因爲太忙就忽略鬧鐘，然後又落入原本的習慣。有的時候找有空聊天的朋友似乎太麻煩了，弄塊餅乾比較簡單，所以我輸給衝動。但有遵循計畫的時候（鬧鐘響起後，我強迫自己走到朋友桌邊，然後聊了十分鐘的天），我發現那天的工作情緒會比較好。我沒去咖啡館，我沒吃餅乾，我感覺很好。最後我自動自發：鬧鐘響了後就找朋友，一天結束時，心中有微小但眞實的成就感。幾個星期後，我幾乎再也不曾思考這個慣性行爲。找不到人閒聊的時候，我就走到咖啡館買杯茶，跟朋友一起共度午茶時光。

那一切發生在六個月前左右。之後我再也不需要鬧鐘，不知道什麼時候就不需要了，但每天大約到了三點半的時候，我會不自覺地站起來，看看編輯室有沒有人可以聊天，花個十分鐘閒聊一下新聞，然後回到桌前，中間幾乎沒有經過任何思考，一切已經變成一個習慣。

很顯然，改變某些習慣會特別困難，但這個方法架構是個起點。有的時候要花很長的時間才能改變。有的時候則必須不斷實驗，還會不斷失敗，但一旦你了解習慣的作用方式，一旦診斷出提示、慣性行爲、獎勵後，你就有力量可以掌控習慣。

致謝

我何德何能一生能與這麼多比自己優秀的人合作，他們讓我偷學他們的智慧與風範，然後占爲己有。

這就是爲什麼你正在讀這本書，以及爲什麼我有這麼多人要感謝。

安迪・沃德（Andy Ward）尚未擔任藍燈書屋（Random House）編輯前，就已經取得本書出版授權。當時我不知道他是個親切、慷慨、優秀到令人震驚、不可思議的編輯。我先前聽過一些朋友說，他大大提升了他們文章的境界，而且握手的時候，優雅到讓人幾乎忘記那個觸摸。但我那時想，他們也太誇張了，畢竟很多人講這些話的時候正在喝酒。親愛的讀者：那全是眞的。安迪謙遜、耐心，而且最重要的是，他會花心力當一個好朋友，讓身旁每一個人都想成爲更好的人。這本書是我的，也是他的，我感謝有這個機會可以認識他、與他合作，並且向他學習。同樣的，我欠某些不知名的神很多恩情，祂們讓我的書能夠在藍燈書屋出版。感謝蘇珊・卡米爾（Susan Kamil）睿智的指導，吉娜・桑翠羅（Gina Centrello）的領導，艾維達・巴西拉（Avideh Bashirrad）、湯姆・派瑞（Tom Perry）、姍榆・迪雍（Sanyu Dillon）、莎莉・馬爾文（Sally Marvin），芭芭拉・費雍（Barbara Fillon）、瑪麗亞・巴拉克（Maria Braeckel）、艾瑞卡・葛蘭博（Erika Greber），以及永遠都充滿耐心的坎拉・邁爾斯（Kaela Myers）提供的建議以及他們所投注的心力。

同樣由於奇妙的命運，我有幸和懷利版權公司（Wylie Agency）的史考特・摩耶斯（Scott Moyers）、安德魯・懷利（Andrew Wylie）、詹姆士・普倫（James Pullen）合作。許多作家都知道，史考特會給人非常寶貴又慷慨大方的建議與友誼。各地的讀者實在太幸運，他已經重返編輯世界。安德魯是我們的依靠，永遠致力於用聰明的方式，讓作家居住在更安全（也更舒服）的世界，我要向他致上無盡感謝。另外，詹姆士・普倫協助我了解各種寫作方法，我以前不知道能那樣寫。

此外，我還欠《紐約時報》許多恩情，我要特別感謝《紐約時報》的商業版編輯賴瑞・英格拉西亞（Larry Ingrassia），他的友誼、建議與體諒讓我能夠在寫這本書的同時，還能與其他那麼多優秀的記者一起投身於新聞業。他立下的典範不斷提升我們的工作氣氛以及《紐約時報》的使命。維琪・英格拉西亞（Vicki Ingrassia）也提供很大的協助。另外，所有遇過亞當・布萊恩（Adam Bryant）的作家都知道，他是個很棒的支持者與朋友，而且才智過人。能與比爾・凱勒（Bill Keller）、吉爾・亞布蘭森（Jill Abramson）、狄恩・巴克（Dean Baquet）以及格蘭・克拉門（Glenn Kramon）共事是我的福分，他們是我的榜樣，讓我了解記者應該如何在這個世界上行走。

另外我還要感謝幾位人士：《紐約時報》同事 Dean Murphy、Winnie O’Kelly、Jenny Anderson、Rick Berke、Andrew Ross Sorkin、David Leonhardt、Walt Bogdanich、David Gillen、Eduardo Porter、Jodi Kantor、Vera Titunik、Amy O’Leary、Peter Lattman、David Segal、Christine Haughney、Jenny Schussler、Joe Nocera and Jim Schacter（這兩位都幫我讀過本書章節）、Jeff Cane、Michael Barbaro，以及其他不吝於提供

友誼與點子的朋友。

我同樣要感謝：Alex Blumberg、Adam Davidson、Paula Szuchman、Nivi Nord、Alex Berenson、Nazanin Rafsanjani、Brendan Koerner、Nicholas Thompson、Kate Kelly、Sarah Ellison、Kevin Bleyer、Amanda Schaffer、Dennis Potami、James Wynn、Noah Kotch、Greg Nelson、Caitlin Pike、Jonathan Klein、Amanda Klein、Donnan Steele、Stacey Steele、Wesley Morris、Adir Waldman、Rich Frankel、Jennifer Couzin、Aaron Bendikson、Richard Rampell、Mike Bor、David Lewicki、Beth Waltemath、Ellen Martin、Russ Uman、Erin Brown、Jeff Norton、Raj De Datta、Ruben Sigala、Dan Costello、Peter Blake、Peter Goodman、Alix Spiegel、Susan Dominus、Jenny Rosenstrach、Jason Woodard、Taylor Noguera、Matthew Bird。他們全都提供了協助與指引。本書封面以及美好的內文示意圖，全都出自才華洋溢的安東・伊歐庫諾維斯（Anton Ioukhnovets）之手。

我還要感謝許多人撥冗協助本書的相關報導。我在注釋中已經提到許多要感謝的人士，但我希望在這裡再次感謝SYPartners的湯姆・安德魯斯（Tom Andrews）、東尼・鄧吉與史奈爾（DJ Snell）、保羅・歐尼爾、華倫・班尼斯（Warren Bennis）、華理克、安・庫魯門（Anne Krumm）、帕哥・安德希爾（Paco Underhill）、賴瑞・斯奎爾、沃夫藍・舒茲、安・葛瑞碧、陶德・海瑟頓、傑・史考特・塔尼根、泰勒・布蘭奇、鮑伯・波曼、崔維斯・李奇、霍華・舒茲、馬克・穆拉文、安琪拉・杜克沃斯、珍・布魯諾（Jane Bruno）、瑞札・哈畢比、派翠克・穆耳基（Patrick Mulkey）以及泰瑞・諾夫辛爾（Terry Noffsinger）。研究人員以及事實背景調查人員也給了我極大的協助，感謝德克斯・普羅特（Dax Proctor）、約許・費德曼（Josh Friedman）、柯爾・路易森（Cole

Louison）、亞歷山大・普門（Alexander Provan）與妮拉・山德哈（Neela Saldanha）。

我要感謝我一輩子的恩人鮑伯・賽普琴（Bob Sipchen），他給了我第一份眞正的新聞工作，另外很遺憾的，我無法將本書分享給兩位英年早逝的朋友布萊恩・金（Brian Ching）與L・K・凱斯（L. K. Case）。

最後，我要向家人致上最深的謝意。凱特・杜希格（Katy Duhigg）、賈桂・珍庫斯基（Jacquie Jenkusky）、大衛・杜希格（David Duhigg）、東尼・馬東瑞尼（Toni Martorelli）、丹尼爾・杜希格（Daniel Duhigg）、亞歷山大・奧特（Alexandra Alter）與傑克・葛德斯坦（Jake Goldstein）一直是最棒的朋友。我的兒子奧立佛（Oliver）與約翰・哈利（John Harry）一直是我的靈感與失眠的泉源。我的父母約翰（John）與朵莉絲（Doris）在我小的時候就鼓勵我寫作，即使我釀成火災，讓他們有理由相信未來可能必須透過監獄通信也一樣。

最後，當然我要感謝我的妻子莉茲（Liz）。她忠貞不渝的愛、支持、引導、智慧與友誼，讓這本書能夠成眞。

二〇一一年九月

出處說明

本書的報導依據了數百份訪談，以及數千篇論文與研究報告。許多出處已列在正文或注釋，我也放上進一步的資料來源，供有興趣的讀者按圖索驥。

大部分的情況下，提供主要資訊的個人，以及研究成果與本書報導有重要相關的人士，在報導結束後都有機會確認事實與提供進一步的意見、提出矛盾處，或是提出文中敘述的相關問題。許多評語經過彙整後已納入注釋（本書未提供完整內容，所有相關意見都依據資料來源摘要）。

資料提供者可能基於各種原因必須匿名，本書少數幾處未說明出處。此外，爲了遵守病患隱私法或其他理由，文中非常少數的例子保留可以辨認身分的特徵，或是經過些微修改。

注釋

序

①這篇莉莎・艾倫的故事取自與她的訪談。文中提到的這項研究是一直持續的且不公開發表，研究員也不接受採訪。不過基本的研究結果在其他科學家的類似研究與訪談中都能得到證實，包括 A. DelParigi et al., "Successful Dieters Have Increased Neural Activity in Cortical Areas Involved in the Control of Behavior," *International Journal of Obesity* 31 (2007): 440-48; Duc Son NT Le et al., "Less Activation in the Left Dorsolateral Prefrontal Cortex in the Reanalysis of the Response to a Meal in Obese than in Lean Women and Its Association with Successful Weight Loss," *American Journal of Clinical Nutrition* 86, no. 3 (2007): 573-79; A. DelParigi et al., "Persistence of Abnormal Neural Responses to a Meal in Postobese Individuals," *International Journal of Obesity* 28 (2004): 370-77; E. Stice et al., "Relation of Reward from Food Intake and Anticipated Food Intake to Obesity: A Functional Magnetic Resonance Imaging Study," *Journal of Abnormal Psychology* 117, no. 4 (November 2008): 924-35; A. C. Janes et al., "Brain fMRI Reactivity to Smoking- Related Images Before and During Extended Smoking Abstinence," *Experimental and Clinical Psychopharmacology* 17 (December 2009): 365-73; D. McBride et al., "Effects of Expectancy and Abstinence on the Neural Response to Smoking Cues in Cigarette Smokers: An fMRI Study," *Neuropsychopharmacology* 31 (December 2006): 2728-38; R. Sinha and C. S. Li, "Imaging Stress- and Cue- Induced Drug and Alcohol Craving: Association with Relapse and Clinical Implications," *Drug and Alcohol Review* 26, no. 1 (January 2007): 25-31; E. Tricomi, B. W. Balleine, and J. P. O'Doherty, "A Specific Role for Posterior Dorsolateral Striatum in Human Habit Learning," *European Journal of Neuroscience* 29, no. 11 (June 2009): 2225-32; D. Knoch, P. Brugger, and M. Regard, "Suppressing Versus Releasing a Habit: Frequency- Dependent Effects of Prefrontal Transcranial Magnetic Stimulation," *Cerebral Cortex* 15, no. 7 (July

2005): 885-87。

②William James, *Talks to Teachers on Psychology and to Students on Some of Life's Ideals*, originally published in 1899.

③Bas Verplanken and Wendy Wood, "Interventions to Break and Create Consumer Habits," *Journal of Public Policy and Marketing* 25, no. 1 (2006): 90-103; David T. Neal, Wendy Wood, and Jeffrey M. Quinn, "Habits— A Repeat Performance," *Current Directions in Psychological Science* 15, no. 4 (2006): 198-202.

④我對軍隊如何訓練習慣這個有趣主題的理解得感謝高級軍事研究學院的彼得・薛佛爾（Peter Schifferle）博士，還有詹姆斯・勒希爾（James Lussier）博士以及許多在伊拉克和高級軍事研究學院、樂於花時間與我分享的將領與士兵。想更了解這個主題，可參見 Scott B. Shadrick and James W. Lussier, "Assessment of the Think Like a Commander Training Program," U.S. Army Research Institute for the Behavioral and Social Sciences Research Report 1824, July 2004; Scott B. Shadrick et al., "Positive Transfer of Adaptive Battlefi eld Thinking Skills," U.S. Army Research Institute for the Behavioral and Social Sciences Research Report 1873, July 2007; Thomas J. Carnahan et al., "Novice Versus Expert Command Groups: Preliminary Findings and Training Implications for Future Combat Systems," U.S. Army Research Institute for the Behavioral and Social Sciences Research Report 1821, March 2004; Carl W. Lickteig et al., "Human Performance Essential to Battle Command: Report on Four Future Combat Systems Command and Control Experiments," U.S. Army Research Institute for the Behavioral and Social Sciences Research Report 1812, November 2003; and Army Field Manual 5-2 20, February 2009。

1 習慣迴路

①Lisa Stefanacci et al., "Profound Amnesia After Damage to the Medial Temporal Lobe: A Neuroanatomical and Neuropsychological Profile of Patient E.P.," *Journal of Neuroscience* 20, no. 18 (2000): 7024-36.

②本人萬分感謝保利及瑞斯一家人、斯奎爾實驗室，以及針對 Joshua Foer 等人的相關報導。參見 "Remember This," *National Geographic*, November 2007, 32-57; "Don't Forget," *Scientific American Frontiers*, television program, produced by Chedd-Angier Production Company, PBS, episode first aired May 11, 2004, hosted by Alan Alda; "Solved: Two Controversial Brain Teasers," *Bioworld Today*, August 1999; David E. Graham, "UCSD Scientist Unlocks Working of Human Memory," *The San Diego Union-Tribune*, August 12, 1999。

③Richard J. Whitley and David W. Kimberlan, "Viral Encephalitis," *Pediatrics in Review* 20, no. 6 (1999): 192-98.

④某些文獻指出 H.M. 九歲受傷，其他文獻則寫七歲。

⑤先前的研究指出，H.M. 係被一輛腳踏車衝撞。未發表的新出爐文獻則指出，他可能自己從腳踏車上摔下來。

⑥Luke Dittrich, "The Brain That Changed Everything," *Esquire*, October 2010.

⑦Eric Hargreaves, "H.M.," *Page O'Neuroplasticity*,http://homepages.nyu.edu/~eh597/HM.htm.

⑧Benedict Carey, "H. M., Whose Loss of Memory Made Him Unforgettable, Dies," *The New York Times*, December 5, 2008.

⑨使用小吸管在當時是十分普遍的手術方式。

⑩Dittrich, "The Brain That Changed Everything"; Larry R. Squire, "Memory and Brain Systems: 1969-2009," *Journal of Neuroscience* 29, no. 41 (2009): 12711-26; Larry R. Squire, "The Legacy of Patient H.M. for Neuroscience," *Neuron* 61, no. 1 (2009): 6-9.

⑪Jonathan M. Reed et al., "Learning About Categories That Are Defined by Object-Like Stimuli Despite Impaired Declarative Memory," *Behavioral Neuroscience* 113 (1999): 411-19; B. J. Knowlton, J. A. Mangels, and L. R. Squire, "A Neostriatal Habit Learning System in Humans," *Science* 273 (1996): 1399-1402; P. J. Bayley, J. C. Frascino, and L. R. Squire, "Robust Habit Learning in the Absence of Awareness and Independent of the Medial Temporal Lobe," *Nature* 436 (2005): 550-53.

⑫B. Bendriem et al., "Quantitation of the Human Basal Ganglia with Positron Emission Tomography: A Phantom Study of the Effect of Contrast and Axial Positioning," *IEEE Transactions on Medical Imaging* 10, no. 2 (1991): 216-22.

⑬G. E. Alexander and M. D. Crutcher, "Functional Architec-ture of Basal Ganglia Circuits: Neural Substrates of Parallel Processing," *Trends in Neurosciences* 13 (1990): 266-71; André Parent and Lili-Naz Hazrati, "Functional Anatomy of the Basal Ganglia," *Brain Research Reviews* 20 (1995): 91-127; Roger L. Albin, Anne B. Young, and John B. Penney, "The Functional Anatomy of Basal Ganglia Disorders," *Trends in Neurosciences* 12 (1989): 366-75.

⑭Alain Dagher and T. W. Robbins, "Personality, Addiction, Dopamine: Insights from Parkinson's Disease," *Neuron* 61 (2009): 502-10.

⑮對於以下資料來源，本人萬分感謝。有了下列資料，我才能更加了解麻省理工學院的實驗室、基底核，以及基底核在習慣、記憶中所扮演的角色。請參見 F. Gregory Ashby and John M. Ennis, "The Role of the Basal Ganglia in Category Learning," *Psychology of Learning and Motivation* 46 (2006): 1-36; F. G. Ashby, B. O. Turner, and J. C. Horvitz, "Cortical and Basal Ganglia Contributions to Habit Learning and Automaticity," *Trends in Cognitive Sciences* 14 (2010): 208-15; C. Da Cunha and M. G. Packard, "Preface: Special Issue on the Role of the Basal Ganglia in Learning and Memory," *Behavioural Brain Research* 199 (2009): 1-2; C. Da Cunha et al., "Learning Processing in the Basal Ganglia: A Mosaic of Broken Mirrors," *Behavioural Brain Research* 199 (2009): 157-70; M. Desmurget and R. S. Turner, "Motor Sequences and the Basal Ganglia: Kinematics, Not Habits," *Journal of Neuroscience* 30 (2010): 7685-90; J. J. Ebbers and N. M. Wijnberg, "Organizational Memory: From Expectations Memory to Procedural Memory," *British Journal of Management* 20 (2009): 478-90; J. A. Grahn, J. A. Parkinson, and A. M. Owen, "The Role of the Basal Ganglia in Learning and Memory: Neuropsychological Studies," *Behavioural Brain Research* 199 (2009): 53-60; Ann M. Graybiel, "The Basal Ganglia: Learning New Tricks and Loving It," *Current Opinion in Neurobiology* 15 (2005): 638-44; Ann M. Graybiel, "The Basal Ganglia and Chunking of Action Repertoires," *Neurobiology of Learning and Memory* 70, nos. 1-2 (1998): 119-36; F. Gregory Ashby and V. Valentin, "Multiple Systems of Perceptual Category Learning: Theory and Cognitive Tests," in *Handbook of Categorization in Cognitive Science,* ed. Henri Cohen and Claire Lefebvre (Oxford: Elsevier Science, 2005); S. N Haber and M. Johnson Gdowski, "The Basal Ganglia," in *The Human Nervous System,* 2nd ed., ed. George Paxinos and Jür-gen K. Mai (San Diego: Academic Press, 2004), 676-738; T. D. Barnes et al., Activity of Striatal Neurons Reflects Dynamic Encoding and Recoding of Procedural Memories," Nature 437 (2005): 1158-61; M. Laubach, "Who's on First? What's on Second? The Time Course of Learning in Corticostriatal Systems," *Trends in Neurosciences* 28 (2005): 509-11; E. K. Miller and T. J. Buschma, "Bootstrapping Your Brain: How Interactions Between the Frontal Cortex and Basal Ganglia May Produce Organized Actions and Lofty Thoughts," in *Neurobiology of Learning and Memory,* 2nd ed., ed. Raymond P. Kesner and Joe L. Martinez (Burlington, Vt.: Academic Press, 2007), 339-54; M. G. Packard, "Role of Basal Ganglia in Habit Learning and Memory: Rats, Monkeys, and Humans," in *Handbook of Behavioral Neuroscience,* ed. Heinz Steiner and Kuei Y. Tseng, 561-69; D. P. Salmon and N. Butters, "Neurobiology of Skill and Habit Learning," Current Opinion in Neurobiology 5 (1995): 184-90; D. Shohamy et al., "Role of the Basal Ganglia in Category Learning: How Do Patients with Parkinson's Disease Learn?" *Behavioral Neuroscience* 118 (2004): 676-86; M. T. Ullman, "Is Broca's Area Part of a Basal Ganglia Thalamocortical Cir-cuit?" *Cortex* 42 (2006): 480-85; N. M. White, "Mnemonic Functions of the Basal Ganglia," *Current Opinion in Neurobiology* 7 (1997): 164-69。

⑯ Ann M. Graybiel, "Overview at Habits, Rituals, and the Evaluative Brain," *Annual Review of Neuroscience* 31 (2008): 359-87; T. D. Barnes et al., "Activity of Striatal Neurons Reflects Dynamic Encoding and Recoding of Procedural Memories," *Nature* 437 (2005): 1158-61; Ann M. Graybiel, "Network-Level Neuroplasticity in Cortico- Basal Ganglia Pathways," Parkinsonism and Related Disorders 10 (2004): 293-96; N. Fujii and Ann M. Graybiel, "Time-Varying Covariance of Neural Activities Recorded in Striatum and Frontal Cortex as Monkeys Perform Sequential-Saccade Tasks," *Proceedings of the National Academy of Sciences* 102 (2005): 9032-37.

⑰ 本章圖表皆已簡化，藉以彰顯重點。欲全面了解這些研究，請參照格雷布耶爾博士（Dr. Graybiel）的論文及課程。

⑱ Ann M. Graybiel, "The Basal Ganglia and Chunking of Action Repertoires," *Neurobiology of Learning and Memory* 70 (1998): 119-36.

⑲ A. David Smith and J. Paul Bolam, "The Neural Network of the Basal Ganglia as Revealed by the Study of Synaptic Connections of Identified Neurones," *Trends in Neurosciences* 13 (1990): 259-65; John G. McHaffie et al., "Subcortical Loops Through the Basal Ganglia," *Trends in Neurosciences* 28 (2005): 401-7; Ann M. Graybiel, "Neurotransmitters and Neuromodulators in the Basal Ganglia," *Trends in Neurosciences* 13 (1990): 244-54; J. Yelnik, "Functional Anatomy of the Basal Ganglia," *Movement Disorders* 17 (2002): 15-21.

⑳ 欲知更多資訊，請參照 Catherine A. Thorn et al., "Differential Dynamics of Activity Changes in Dorsolateral and Dorsomedial Striatal Loops During Learning," *Neuron* 66 (2010): 781-95; Ann M. Graybiel, "The Basal Ganglia: Learning New Tricks and Loving It," *Current Opinion in Neurobiology* 15 (2005): 638-44。

㉑ 欲知更多資訊，請參照 Peter J. Bayley, Jennifer C. Frascino, and Larry R. Squire, "Robust Habit Learning in the Absence of Awareness and Independent of the Medial Temporal Lobe," *Nature* 436 (2005): 550-53; J. M. Reed et al., "Learning About Categories That Are Defined by Object-Like Stimuli Despite Impaired Declarative Memory," *Behavioral Neuroscience* 133 (1999): 411-19; B. J. Knowlton, J. A. Mangels, and L. R. Squire, "A Neostriatal Habit Learning System in Humans," *Science* 273 (1996): 1399-1402。

㉒ 容我提醒，斯奎爾對尤金所做的種種實驗並不限於習慣，還深入研究了空間記憶、腦部的促發效應等課題。欲知更完整的資訊，請參照斯奎爾的網站：http://psychiatry.ucsd.edu/faculty/lsquire.html。

㉓ 進一步詳情，請參照 Monica R. F. Hilario et al., "Endocannabinoid Signaling Is Critical for Habit Formation," *Frontiers in Integrative Neuroscience* 1 (2007): 6; Monica R. F. Hilario and Rui M. Costa, "High on Habits," *Frontiers in Neuroscience* 2 (2008): 208-17; A.

Dickinson, "Appetitive-Aversive Interactions: Superconditioning of Fear by an Appetitive CS," *Quarterly Journal of Experimental Psychology* 29 (1977): 71-83; J. Lamarre and P. C. Holland, "Transfer of Inhibition After Serial Feature Negative Discrimination Training," *Learning and Motivation* 18 (1987): 319-42; P. C. Holland, "Differential Effects of Reinforcement of an Inhibitory Feature After Serial and Simultaneous Feature Negative Discrimination Training," *Journal of Experimental Psychology: Animal Behavior Processes* 10 (1984): 461-75.

(24) Jennifer L. Harris, Marlene B. Schwartz, and Kelly D. Brownell, "Evaluating Fast Food Nutrition and Marketing to Youth," Yale Rudd Center for Food Policy and Obesity, 2010; H. Qin and V. R. Prybutok, "Determinants of Customer-Perceived Service Quality in Fast-Food Restaurants and Their Relationship to Customer Satisfaction and Behavioral Intentions," *The Quality Management Journal* 15(2008): 35; H. Qin and V. R. Prybutok, "Service Quality, Customer Satisfaction, and Behavioral Intentions in Fast-Food Restaurants," *International Journal of Quality and Service Sciences* 1 (2009): 78. K. C. Berridge, "Brain Reward Systems for Food Incentives and Hedonics in Normal Appetite and Eating Disorders," in *Appetite and Body Weight,* ed. Tim C. Kirkham and Steven J. Cooper (Burlington, Vt.: Academic Press, 2007), 91-215; K. C. Berridge et al., "The Tempted Brain Eats: Pleasure and Desire Circuits in Obesity and Eating Disorders," *Brain Research* 1350 (2010): 43-64; J. M. Dave et al., "Relationship of Attitudes Toward Fast Food and Frequency of Fast-Food Intake in Adults," *Obesity* 17 (2009): 1164-70; S. A. French et al., "Fast Food Restaurant Use Among Adolescents: Associations with Nutrient Intake, Food Choices and Behavioral and Psychosocial Variables," *International Journal of Obesity and Related Metabolic Disorders* 25 (2001): 1823; N. Ressler, "Rewards and Punishments, Goal-Directed Behavior and Consciousness," *Neuroscience and Biobehavioral Reviews* 28 (2004): 27-39; T. J. Richards, "Fast Food, Addiction, and Market Power," *Journal of Agricultural and Resource Economics* 32 (2007): 425-47; M. M. Torregrossa, J. J. Quinn, and J. R. Taylor, "Impulsivity, Compulsivity, and Habit: The Role of Orbitofrontal Cortex Revisited," *Biological Psychiatry* 63 (2008): 253-55; L. R. Vartanian, C. P. Herman, and B. Wansink, "Are We Aware of the External Factors That Influence Our Food Intake?" *Health Psychology* 27 (2008): 533-38; T. Yamamoto and T. Shimura, "Roles of Taste in Feeding and Reward," in *The Senses: A Comprehensive Reference,* ed. Allan I. Basbaum et al. (New York: Academic Press, 2008), 437-58; F. G. Ashby, B. O. Turner, and J. C. Horvitz, "Cortical and Basal Ganglia Contributions to Habit Learning and Automaticity," *Trends in Cognitive Sciences* 14 (2010): 208-15.

㉕K. C. Berridge and T. E. Robinson, "Pars-ing Reward," *Trends in Neurosciences* 26 (2003): 507-13; Kelly D. Brownell and Katherine Battle Horgen, *Food Fight: The Inside Story of the Food Industry, America's Obesity Crisis, and What We Can Do About It* (Chicago: Contemporary Books, 2004); Karl Weber, ed., *Food, Inc.: How Industrial Food Is Making Us Sicker, Fatter, and Poorer—and What You Can Do About It* (New York: Public Affairs, 2004); Ronald D. Michman and Edward M. Mazze, *The Food Industry Wars: Marketing Triumphs and Blunders* (Westport, Conn.: Quorum Books, 1998); M. Nestle, *Food Politics: How the Food Industry Influences Nutrition and Health* (Berkeley: University of California Press, 2002); D. R. Reed and A. Knaapila, "Genetics of Taste and Smell: Poisons and Pleasures," in *Progress in Molecular Biology and Translational Science,* ed. Claude Bouchard (New York: Academic Press); N. Ressler, "Rewards and Punishments, Goal-Directed Behavior and Consciousness," *Neuroscience and Biobehavioral Reviews* 28 (2004): 27-39; T. Yamamoto and T. Shimura, "Roles of Taste in Feeding and Reward," in *The Senses: A Comprehensive Reference,* ed. Allan I. Basbaum et al. (New York: Academic Press, 2008), 437-58.

2 大腦的渴求

①關於霍普金斯、白速得牙膏、美國口腔衛生的發展史，萬分感謝國立牙科博物館館長 Scott Swank、牙醫外科博士 James L. Gutmann，以及《牙科史期刊》（*Journal of the History of Dentistry*）的編輯 David A. Chemin。此外，我參考了以下書目：James Twitchell, *Twenty Ads That Shook the World* (New York: Three Rivers Press, 2000); the Dr. Samuel D. Harris National Museum of Dentistry; the *Journal of the History of Dentistry;* Mark E. Parry, "Crest Toothpaste: The Innovation Challenge," *Social Science Research Network,* October 2008; Robert Aunger, "Tooth Brushing as Routine Behavior," *International Dental Journal* 57 (2007): 364-76; Jean- Paul Claessen et al., "Designing Interventions to Improve Tooth Brushing," *International Dental Journal* 58 (2008): 307-20; Peter Miskell, "Cavity Protection or Cosmetic Perfection: Innovation and Marketing of Toothpaste Brands in the United States and Western Europe, 1955-1985," *Business History Review* 78 (2004): 29-60; James L. Gutmann, "The Evolution of America's Scientific Advancements in Dentistry in the Past 150 Years," *The Journal of the American Dental Association* 140 (2009): 8S-15S; Domenick T. Zero et al., "The Biology, Prevention, Diagnosis and Treatment of Dental Caries: Scientific Advances in the United States," *The Journal of the American Dental Association* 140 (2009): 25S-34S; Alyssa Picard, *Making of the American Mouth: Dentists and Public Health in the Twen-*

tieth Century (New Brunswick, N.J.: Rutgers University Press, 2009); S. Fischman, "The History of Oral Hygiene Products: How Far Have We Come in 6,000 Years?" *Periodontology 2000* 15 (1997): 7-14; Vincent Vinikas, *Soft Soap, Hard Sell: American Hygiene in the Age of Advertisement* (Ames: University of Iowa Press, 1992)。

② H. A. Levenstein, *Revolution at the Table: The Transformation of the American Diet* (New York: Oxford University Press, 1988); Scott Swank, *Paradox of Plenty: The Social History of Eating in Modern America* (Berkeley: University of California Press, 2003).

③ Alyssa Picard, *Making of the American Mouth*: *Dentists and Public Health in the Twentieth Century* (New Brunswick,N.J.: Rutgers University Press, 2009).

④ 想知道更多有關明星拍攝的牙膏廣告，請參閱 Craig, "The More They Listen, the More They Buy: Radio and the Modernizing of Rural America, 1930-1939," *Agricultural History* 80 (2006): 1-16。

⑤ Kerry Seagrave, *America Brushes Up: The Use and Marketing of Toothpaste and Toothbrushes in the Twentieth Century* (Jefferson, N.C.: McFarland, 2010); Alys Eve Weinbaum, et al., *The Modern Girl Around the World: Consumption, Modernity, and Globalization* (Durham, N.C.: Duke University Press, 2008), 28-30.

⑥ Scripps-Howard, *Market Records, from a Home Inventory Study of Buying Habits and Brand Preferences of Consumers in Sixteen Cities* (New York: Scripps- Howard Newspapers, 1938).

⑦ C. McGaughey and E. C. Stowell, "The Adsorption of Human Salivary Proteins and Porcine Submaxillary Mucin by Hydroxyapatite," *Archives of Oral Biology* 12, no. 7 (1967): 815-28; Won- Kyu Park et al., "Influences of Animal Mucins on Lysozyme Activity in Solution and on Hydroxyapatite Surface," *Archives of Oral Biology* 51, no. 10 (2006): 861-69.

⑧ William J. Gies, "Experimental Studies of the Validity of Advertised Claims for Products of Public Importancein Relation to Oral Hygiene or Dental Therapeutics," *Journal of Dental Research* 2 (September 1920): 511-29.

⑨ 感謝杜克大學提供這些廣告的數位影音資料。

⑩ Kerry Seagrave, *America Brushes Up: The Use and Marketing of Toothpaste and Toothbrushes in the Twentieth Century* (Jefferson, N.C.: McFarland, 2010); Jeffrey L. Cruikshank and Arthur W. Schultz, *The Man Who Sold America: The Amazing (but True!) Story of Albert D. Lasker and the Creation of the Advertising Century* (Cambridge, Mass.: Harvard Business Press, 2010), 268-81.

⑪ 佳潔士牙膏銷售量後來居上，超越白速得，前者標榜牙膏含氟，氟是第一種被證實能有效對抗蛀牙的化學成分。

⑫ Peter Miskell, "Cavity Protection or Cosmetic Perfection: Innovation and Marketing of Toothpaste Brands in the United States and Western Europe, 1955-1985," *Business History Review* 78 (2004): 29-60.

⑬ H. Aarts, T. Paulussen, and H. Schaalma, "Physical Exercise Habit: On the Conceptualization and Formation of Habitual Health Behaviours," *Health Education Research* 3 (1997): 363-74.

⑭ Krystina A. Finlay, David Trafimow, and Aimee Villarreal, "Predicting Exercise and Health Behavioral Intentions: Attitudes, Subjective Norms, and Other Behavioral Determinants," *Journal of Applied Social Psychology* 32 (2002): 342-56.

⑮ Tara Parker-Pope, "P&G Targets Textiles Tide Can't Clean," *The Wall Street Journal,* April 29, 1998.

⑯ Peter Sander and John Slatter, *The 100 Best Stocks You Can Buy* (Avon, Mass.: Adams Business, 2009), 294.

⑰ 有關芳必適的背景資料是參考訪談記錄和文獻，包括 "Procter & Gamble— Jager's Gamble," *The Economist,* October 28, 1999; Christine Bittar, "P&G's Monumental Repackaging Project," *Brandweek,* March 2000, 40-52; Jack Neff, "Does P&G Still Matter?" *Advertising Age* 71 (2000): 48-56; Roderick E. White and Ken Mark, "Procter & Gamble Canada: The Febreze Decision," Ivey School of Business, London, Ontario, 2001。關於本章訪談的眞實性，寶僑發表了一篇聲明：「寶僑致力保護顧客提供的機密資料，因此我們對於寶僑以外的資料，不能證實或更正其資料來源的眞實性。」

⑱ Christine Bittar, "Freshbreeze at P&G," *Brandweek*, October 1999.

⑲ American Veterinary Medical Association, market research statistics for 2001.

⑳ A. J. Lafley and Ram Charan, *The Game Changer: How You Can Drive Revenue and Profit Growth with Innovation* (New York: Crown Business, 2008).

㉑ 沃夫藍・舒茲的研究結果請參見 "Behavioral Theories and the Neurophysiology of Reward," *Annual Review of Psychology* 57 (2006): 87-115; Wolfram Schultz, Peter Dayan, and P. Read Montague, "A Neural Substrate of Prediction and Reward," *Science* 275 (1997): 1593-99; Wolfram Schultz, "Predictive Reward Signal of Dopamine Neurons," *Journal of Neurophysiology* 80 (1998): 1-27; L. Tremblya and Wolfram Schultz, "Relative Reward Preference in Primate Orbitofrontal Cortex," *Nature* 398 (1999): 704-8; Wolfram

Schultz, "Getting Formal with Dopamine and Reward," *Neuron* 36 (2002): 241-63; W. Schultz, P. Apicella, and T.Ljungberg, "Responses of Monkey Dopamine Neurons to Reward and Conditioned Stimuli During Successive Steps of Learning a Delayed Response Task," *Journal of Neuroscience* 13 (1993): 900-913。

㉒有一點必須提醒大家注意：舒茲並沒有說這些腦部活動代表「快樂」。對科學家而言，神經活動趨於活躍就只是趨於活躍，主觀詮釋其意義已超出可證領域。事實上，舒茲在電子郵件中澄清：「我們不知道動物的感受，因此不能說他們『快樂』或『高興』……我們盡量避免做出證據不足的論斷，只就事實進行描述。」也就是說，看到猴子或三歲小孩喝到果汁，我們只能根據經驗，稱這現象非常類似快樂反應。

㉓舒茲在電子郵件中澄清，他的研究不只是研究習慣，還研究其他行為：「我們的數據不限於習慣，習慣只是特定的一種行為表現。獎酬、預期和實際獎酬誤差，在行為研究中都占有很重要的角色。不管有沒有養成習慣，只要我們得不到想要的東西，就會感到失望、沮喪。我們稱之為負向預期誤差（我們實際得到和期待之間的誤差）。」

㉔Brian Wansink, *Mindless Eating: Why We Eat More Than We Think* (New York: Bantam, 2006); Sheila Sasser and David Moore, "Aroma-Driven Craving and Consumer Consumption Impulses," presentation, session 2.4, American Marketing Association Summer Educator Conference, San Diego, California, August 8-11, 2008; David Fields, "In Sales, Nothing You Say Matters," Ascendant Consulting, 2005.

㉓Harold E. Doweiko, *Concepts of Chemical Dependency* (Belmont, Calif.: Brooks Cole, 2008), 362-82.

㉖K. C. Berridge and M. L. Kringelbach, "Affective Neuroscience of Pleasure: Reward in Humans and Animals," *Psychopharmacology* 199 (2008): 457-80; Wolfram Schultz, "Behavioral Theories and the Neurophysiology of Reward," *Annual Review of Psychology* 57 (2006): 87-115.

㉗T. E. Robinson and K. C. Berridge, "The Neural Basis of Drug Craving: An Incentive- Sensitization Theory of Addiction," *Brain Research Reviews* 18 (1993): 247-91.

㉘Krystina A. Finlay, David Trafimow, and Aimee Villarreal, "Predicting Exercise and Health Behavioral Intentions: Attitudes, Subjective Norms, and Other Behavioral Determinants," *Journal of Applied Social Psychology* 32 (2002): 342-56.

㉙Henk Aarts, Theo Paulussen, and Herman Schaalma, "Physical Exercise Habit: On the Conceptualization and Formation of Habitual Health

Behaviours," *Health Education Research* 12 (1997): 363-74.

㉚Christine Bittar, "Freshbreeze at P&G," *Brandweek*, October 1999.

㉛Patent 1,619,067, assigned to Rudolph A. Kuever.

㉛J. Brug, E. de Vet, J. de Nooijer, and B. Verplanken, "Predicting Fruit Consumption: Cognitions, Intention, and Habits," *Journal of Nutrition Education and Behavior* 38 (2006): 73-81.

㉝有關美國全國體重控制登記中心的資料請參見 http://www.nwcr.ws/Research/published%20research.htm。

㉞D. I. McLean and R. Gallagher, "Sunscreens: Use and Misuse," *Dermatologic Clinics* 16 (1998): 219-26.

3 扭轉習慣的黃金律

①感謝鄧吉和奈森．維塔克（Nathan Whitacker）不吝撥冗時間費心協助。兩位的著述也對我助益良多，包括 *Quiet Strength: The Principles, Practices, and Priorities of a Winning Life* (Carol Stream, Ill.: Tyndale House, 2008); *The Mentor Leader: Secrets to Building People and Teams That Win Consistently* (Carol Stream, Ill.: Tyndale House, 2010); *Uncommon: Finding Your Path to Significance* (Carol Stream, Ill.: Tyndale House, 2011)。我也要感謝 Jene Bramel of Footballguys.com; Matthew Bowen of National Football Post and the St. Louis Rams, Green Bay Packers, Washington Redskins, and Buffalo Bills; Tim Layden of *Sports Illustrated* and his book *Blood, Sweat, and Chalk: The Ultimate Football Playbook: How the Great Coaches Built Today's Teams* (New York: Sports Illustrated, 2010); Pat Kirwan, *Take Your Eye Off the Ball: How to Watch Football by Knowing Where to Look* (Chicago: Triumph Books, 2010); Nunyo Demasio, "The Quiet Leader," *Sports Illustrated,* February 2007; Bill Plaschke, "Color Him Orange," *Los Angeles Times,* September 1, 1996; Chris Harry, "'Pups' Get to Bark for the Bucs," *Orlando Sentinel,* September 5, 2001; Jeff Legwold, "Coaches Find Defense in Demand," *Rocky Mountain News,* November 11, 2005; and Martin Fennelly, "Quiet Man Takes Charge with Bucs," *The Tampa Tribune,* August 9, 1996。

②感謝福斯體育台提供比賽實況錄影以及 Kevin Kernan, "The Bucks Stomp Here," *The San Diego Union- Tribune,* November 18, 1996; Jim Trotter, "Harper Says He's Done for Season," *The San Diego Union- Tribune,* November 18, 1996; Les East, "Still Worth the Wait," *The Advocate* (Baton Rouge, La.), November 21, 1996。

③Mitch Albom, "The Courage of Detroit," *Sports Illustrated,* September 22, 2009.

④Pat Yasinskas, "Behind the Scenes," *The Tampa Tribune,* November 19, 1996.

⑤為了查證事實，我和鄧吉教練通信，信中他強調，這些並非新戰術，而是新方法——「是我在七〇、八〇年代跟著匹茲堡鋼鐵人隊時學到的。這方法有諸多獨到的想法，而這正是其不脛而走的原因。我的打法不以戰略見長，也不玩繁複多樣的打法和陣式。我追求的是無懈可擊的執行力。搞清楚球隊的目標，全力以赴做到最好，把失誤降到最低。我們把全副心力放在訓練球員速度上，目標清楚不失焦。」

⑥欲深入了解美式足球所謂 Tampa 2 防守戰術，詳見 Rick Gosselin, "The Evolution of the Cover Two," *The Dallas Morning News,* November 3, 2005; Mohammed Alo, Tampa 2 Defense," *The Football Times,* July 4, 2006; Chris Harry, "Duck and Cover," *Orlando Sentinel,*August 26, 2005; Jason Wilde, "What to Do with Tampa-2?" *Wisconsin State Journal,* September 22, 2005; Jim Thomas, "Rams Take a Run at Tampa 2," *St. Louis Post-Dispatch,* October 16, 2005; Alan Schmadtke, "Dungy's 'D' No Secret," *Orlando Sentinel,* September 6, 2006; Jene Bramel, "Guide to NFL Defenses," *The Fifth Down* (blog), *The New York Times,* September 6, 2010。

⑦William L. White, *Slaying the Dragon* (Bloomington, Ill.: Lighthouse Training Institute, 1998).

⑧Alcoholics Anonymous World Service, *The A.A. Service Manual Combined with Twelve Concepts for World Service* (New York: Alcoholics Anonymous, 2005); Alcoholics Anonymous World Service, *Alcoholics Anonymous: The Story of How Many Thousands of Men and Women Have Recovered from Alcoholism* (New York: Alcoholics Anonymous, 2001); Alcoholics Anonymous World Service, *Alcoholics Anonymous Comes of Age: A Brief History of A.A.* (New York: Alcoholics Anonymous, 1957); Alcoholics Anonymous World Service, *As Bill Sees It* (New York: Alcoholics Anonymous, 1967); Bill W., *Bill W.: My First 40 Years— An Autobiography by the Cofounder of Alcoholics Anonymous* (Hazelden Center City, Minn.: Hazelden Publishing, 2000); Francis Hartigan, *Bill W.: A Biography of Alcoholics Anonymous Cofounder Bill Wilson* (New York: Thomas Dunne Books, 2009).

⑨Susan Cheever, *My Name Is Bill*: *Bill Wilson— His Life and the Creation of Alcoholics Anonymous* (New York: Simon and Schuster, 2004).

⑩資料來源同上。

⑪Ernest Kurtz, *Not- God: A History of Alcoholics Anonymous* (Hazelden Center City, Minn.: Hazelden Publishing, 1991).

⑫數據引用自戒酒無名會綜合業務辦公室於二〇〇九年做的統計。

⑬難於掌握 AA 會員人數，也不易確切估算透過 AA 協助而成功戒酒的人數。一部分是因 AA 的匿名原則，另外則是未硬性規定 AA 會員必須向特定中央主管機構註冊。不過，根據我和 AA 研究人員的訪談，並顧及到 AA 的悠久歷史，我認爲戒酒人數達一千萬人應屬合理的數字（即便無從考證）。

⑭在心理學上，此類針對習慣而設計的療法一般被涵蓋在「認知行爲心理治療」的範圍內；較早期則以「復發預防」稱之。「認知行爲心理治療」一般在醫療界以 CBT 簡稱之，主要應用五種基本技巧：

(1)學習（Learning）——治療師向病患解釋病情，教導病患認識病症。

(2)監測（Monitoring）——請病患用日記記錄自己的習性以及誘發習慣的條件。

(3)對抗反應（Competing response）——病患漸漸熟悉新的行爲模式，譬如放鬆療法，有效壓制舊有習慣。

(4)反思（Rethinking）——治療師引導病患重新詮釋自己所處的環境。

(5)暴露（Exposing）——治療師將病患暴露於可誘發渴望的環境，並從旁協助他們。

⑮以 AA 爲書寫主題總是吃力不討好，因爲外界對該組織有褒有貶。外界也對 AA 的成績提出數十種看法與解釋。譬如，酒精研究中心資深科學家卡司庫特斯在一封電子郵件寫道，AA 間接地「提供一種方法對付圍繞飲酒行爲的習慣，但這方法係藉助 AA 成員而奏效，並非依賴 AA 明訂的做法。AA 的做法聚焦在根本問題上，也就是酒癮患者的自我意識，那個以自我爲中心、精神匱乏的自我意識」。卡司庫特斯說，AA 提供解決酗酒問題的辦法，如「想喝酒就去聚會」、「不和缺乏誠信的人打交道；不去龍蛇混雜的地方；不碰來路不明的東西」等口號，是相當準確的做法。但他指出：「口號本身不屬於 AA 做法的一部分，只有十二個步驟才算。AA 的目標甚爲深遠，不只處理酗酒的習慣而已。事實上，AA 創辦人會認爲只有對付習慣是治標不治本，難竟全功。要是沒有達到最根本的改變，酒癮患者終有一日會把持不住。」欲深入了解 AA 運作的原理以及有關 AA 效果是否顯著的爭辯，詳見 C. D. Emrick et al., "Alcoholics Anonymous: What Is Currently Known?" in B. S. McCrady and W. R. Miller, eds., *Research on Alcoholics Anonymous: Opportunities and Alternatives* (New Brunswick, N.J.: Rutgers, 1993), 41-76; John F. Kelly and Mark G. Myers, "Adolescents' Participation in Alcoholics Anonymous and Narcotics Anonymous: Review, Implications, and Future Directions," *Journal of Psychoactive Drugs* 39, no. 3 (September 2007): 259-69; D. R. Groh, L. A. Jason, and C. B. Keys, "Social Network Variables in Alcoholics Anonymous: A Literature Review," *Clinical Psychology Review* 28, no. 3 (March 2008):

430-50; John Francis Kelly, Molly Magill, and Robert Lauren Stout, "How Do People Recover from Alcohol Dependence? A Systematic Review of the Research on Mechanisms of Behavior Change in Alcoholics Anonymous," *Addiction Research and Theory* 17, no. 3 (2009): 236-59。

⑯ Kurtz, *Not- God.*

⑰ 感謝 Brendan I. Koerner 給我的建議以及他寫的文章：“Secret of AA: After 75 Years, We Don't Know How It Works," *Wired,* July 2010; D. R. Davis and G. G. Hansen, "Making Meaning of Alcoholics Anonymous for Social Workers: Myths, Metaphors, and Realities," *Social Work* 43, no. 2 (1998): 169-82。

⑱ Alcoholics Anonymous World Services, *Twelve Steps and Twelve Traditions* (New York: Alcoholics Anonymous World Services, Inc., 2002), 34. Alcoholics Anonymous World Services, *Alcoholics Anonymous: The Big Book,* 4th ed. (New York: Alcoholics Anonymous World Services, Inc., 2002), 59.

⑲ Arthur Cain, "Alcoholics Anonymous: Cult or Cure?" *Harper's Magazine,* February 1963, 48-52; M. Ferri, L. Amato, and M. Davoli, "Alcoholics Anonymous and Other 12-Step Programmes for Alcohol Dependence," *Addiction* 88, no. 4 (1993): 555-62; Harrison M. Trice and Paul Michael Roman, "Delabeling, Relabeling, and Alcoholics Anonymous," *Social Problems* 17, no. 4 (1970): 538-46; Robert E. Tournie, "Alcoholics Anonymous as Treatment and as Ideology," *Journal of Studies on Alcohol* 40, no. 3 (1979): 230-39; P. E. Bebbington, "The Efficacy of Alcoholics Anonymous: The Elusiveness of Hard Data," *British Journal of Psychiatry* 128 (1976): 572-80.

⑳ Emrick et al., "Alcoholics Anonymous: What Is Currently Known?"; J. S. Tonigan, R. Toscova, and W. R. Miller, "Meta- analysis of the Literature on Alcoholics Anonymous: Sample and Study Characteristics Moderate Findings," *Journal of Studies on Alcohol* 57 (1995): 65-72; J. S. Tonigan, W. R. Miller, and G. J. Connors, "Project MATCH Client Impressions About Alcoholics Anonymous: Measurement Issues and Relationship to Treatment Outcome," *Alcoholism Treatment Quarterly* 18 (2000): 25-41; J. S. Tonigan, "Spirituality and Alcoholics Anonymous," *Southern Medical Journal* 100, no. 4 (2007): 437-40.

㉑ Heinze et al., "Counteracting Incentive Sensitization in Severe Alcohol Dependence Using Deep Brain Stimulation of the Nucleus Accumbens: Clinical and Basic Science Aspects," *Frontiers in Human Neuroscience* 3, no. 22 (2009).

㉒ 個案研究原作者使用「曼蒂」一名，我在本書繼續沿用。

㉓ B. A. Dufrene, Steuart Watson, and J. S. Kazmerski, "Functional Analysis and Treatment of Nail Biting," *Behavior Modifi- cation* 32 (2008): 913-27.

㉔ 爲了查證事實，我和個案研究的作者杜福恩通信確認，他表示該病患（曼蒂）「同意接受大學附設醫療單位暨訓練研究中心的治療。參與療程之初，她同意我們使用跟她相關的研究數據，用於發表和出版之途」。

㉕ N. H. Azrin and R. G. Nunn, "Habit- Reversal: A Method of Eliminating Nervous Habits and Tics," *Behaviour Research and Therapy* 11, no. 4 (1973): 619-28; Nathan H. Azrin and Alan L. Peterson, "Habit Reversal for the Treatment of Tourette Syndrome," *Behaviour Research and Therapy* 26, no. 4 (1988): 347-51; N. H. Azrin, R. G. Nunn, and S. E. Frantz, "Treatment of Hairpulling (Trichotillomania): A Comparative Study of Habit Reversal and Negative Practice Training," *Journal of Behavior Therapy and Experimental Psychiatry* 11 (1980): 13-20; R. G. Nunn and N. H. Azrin, "Eliminating Nail- Biting by the Habit Reversal Procedure," *Behaviour Research and Therapy* 14 (1976): 65-67; N. H. Azrin, R. G. Nunn, and S. E. Frantz- Renshaw, "Habit Reversal Versus Negative Practice Treatment of Nervous Tics," *Behavior Therapy* 11, no. 2 (1980): 169-78; N. H. Azrin, R. G. Nunn, and S. E. Frantz- Renshaw, "Habit Reversal Treatment of Thumbsucking," *Behaviour Research and Therapy* 18, no. 5 (1980): 395-99.

㉖ 我和杜福恩書信往來查證事實，他向我指出，應用在曼蒂身上的療法稱作「簡易習慣反轉訓練」，偶爾和其他「反轉習慣訓練」有所出入。他寫道：「我的理解是，『簡易習慣反轉訓練』能有效抑制習慣，如拔頭髮、咬指甲、吸吮大拇指，或是間歇性抽搐（聲語上或動作上的）、口吃。」不過，特定症狀可能需要應用更強力的「習慣反轉訓練」。杜福恩說：「有效治療憂鬱症、吸菸、賭博等問題的療法，被歸類到認知行爲心理治療。」他再三強調，簡易型的習慣反轉訓練法無法有效處理較嚴重的習慣問題，需要更強力的介入療法。

㉗ R. G. Nunn, K. S. Newton, and P. Faucher, "2.5 Years Follow-up of Weight and Body Mass Index Values in the Weight Control for Life! Program: A Descriptive Analysis," *Addictive Behaviors* 17, no. 6 (1992): 579-85; D. J. Horne, A. E. White, and G. A. Varigos, "A Preliminary Study of Psychological Therapy in the Management of Atopic Eczema," *British Journal of Medical Psychology* 62, no. 3 (1989): 241-48; T. Deckersbach et al., "Habit Reversal Versus Supportive Psychotherapy in Tourette's Disorder: A Randomized Controlled Trial and Predictors of Treatment Response," *Behaviour Research and Therapy* 44, no. 8 (2006): 1079-90; Douglas W. Woods and Raymond G. Miltenberger, "Habit Reversal: A Review of Applications and Variations," *Journal of Behavior Therapy and Experimental Psychiatry* 26, no. 2 (1995): 123-31; D. W. Woods, C. T. Wetterneck, and C. A. Flessner, “A Controlled Evaluation of Acceptance and commitment Therapy Plus Habit Reversal for Trichotillomania,” *Behaviour Research and Therapy* 44, no. 5 (2006): 639-56.

㉘ J. O. Prochaska and C. C. DiClemente, “Stages and Processes of Self- Change in Smoking: Toward an Integrative Model of Change,” *Journal of Consulting and Clinical Psychology* 51, no. 3 (1983): 390-95; James Prochaska, “Strong and Weak Principles for Progressing from Precontemplation to Action on the Basis of Twelve Problem Behaviors,” *Health Psychology* 13 (1994): 47-51; James Prochaska et al., “Stages of Change and Decisional Balance for 12 Problem Behaviors,” *Health Psychology* 13 (1994): 39-46; James Prochaska and Michael Goldstein, “Process of Smoking Cessation: Implications for Clinicians,” *Clinics in Chest Medicine* 12, no. 4 (1991): 727-35; James O. Prochaska, John Norcross, and Carlo DiClemente, *Changing for Good: A Revolutionary Six- Stage Program for Overcoming Bad Habits and Moving Your Life Positively Forward* (New York: HarperCollins, 1995).

㉙ Devin Gordon, “Coach Till You Drop,” *Newsweek,* September 2, 2002, 48.

㉚ 我和鄧吉教練透過通信比對事實。他說他「不認為球隊碰上大比賽會一敗塗地，而是在關鍵時刻打得不夠好，無法在節骨眼上發揮訓練得宜的技巧。聖路易斯公羊隊的進攻得分比，在NFL史上名列前茅。那場比賽中，公羊隊在比賽結束前三分鐘達陣。該隊在一場比賽拿下三十八分，達陣一次、射門一次，所以防守隊伍絕非『一敗塗地』」。

㉛ 這段文字源自我和鄧吉教練之間的通信：「我們再次在季後賽敗給費城老鷹隊。這大概是有史以來季後賽打得最差的一次；這次比賽備受謠言困擾，誰都知道球隊經營人有意撤換總教練。我想，以前有幾次輸球，的確可歸因於不信任我這套訓練法，但不能套用到這次比賽。費城老鷹隊實力堅強，我們盡力了卻無法力挽狂瀾。我們技不如人，分數也很難看。總之，這是我們自一九九六年以來打得最糟的一次比賽。」

㉜ John W. Traphagan, “Multidimensional Measurement of Religiousness/Spirituality for Use in Health Research in Cross- Cultural Perspective,” *Research on Aging* 27 (2005): 387-419. Many of those studies use the scale published in G. J. Conners et al., “Measure of Religious Background and Behavior for Use in Behavior Change Research,” *Psychology of Addictive Behaviors* 10, no. 2 (June 1996): 90-96.

㉝ Sarah Zemore, “A Role for Spiritual Change in the Benefi ts of 12-Step Involvement,” *Alcoholism: Clinical and Experimental Research* 31 (2007): 76s-79s; Lee Ann Kaskutas et al., “The Role of Religion, Spirituality, and Alcoholics Anonymous in Sustained Sobriety,” *Alcohol-*

ism Treatment Quarterly 21 (2003): 1-16; Lee Ann Kaskutas et al., "Alcoholics Anonymous Careers: Patterns of AA Involvement Five Years After Treatment Entry," *Alcoholism: Clinical and Experimental Research* 29, no. 11 (2005): 1983- 1990; Lee Ann Kaskutas, "Alcoholics Anonymous Effectiveness: Faith Meets Science," *Journal of Addictive Diseases* 28, no. 2 (2009): 145-57; J. Scott Tonigan, W. R. Miller, and Carol Schermer, "Atheists, Agnostics, and Alcoholics Anonymous," *Journal of Studies on Alcohol* 63, no. 5 (2002): 534-54.

㉞ Jarrett Bell, "Tragedy Forces Dungy 'to Live in the Present,'" *USA Today,* September 1, 2006; Ohm Youngmisuk, "The Fight to Live On," New York *Daily News,* September 10, 2006; Phil Richards, "Dungy: Son's Death Was a 'Test,'" *The Indianapolis Star,* January 25, 2007; David Goldberg, "Tragedy Lessened by Game," *Tulsa World,* January 30, 2007; "Dungy Makes History After Rough Journey," *Akron Beacon Journal,* February 5, 2007; "From Pain, a Revelation," *The New York Times,* July 2007; "Son of Colts' Coach Tony Dungy Apparently Committed Suicide," Associated Press, December 22, 2005; Larry Stone, "Colts Take Field with Heavy Hearts," *The Seattle Times,* December 25, 2005; Clifton Brown, "Dungy's Son Is Found Dead; Suicide Suspected," *The New York Times,* December 23, 2005; Peter King, "A Father's Wish," *Sports Illustrated,* February 2007.

㉟ Todd F. Heatherton and Patricia A. Nichols, "Personal Accounts of Successful Versus Failed Attempts at Life Change," *Personality and Social Psychology Bulletin* 20, no. 6 (1994): 664-75.

㊱ Michael Smith, "'Simple' Scheme Nets Big Gains for Trio of Defenses," ESPN.com, December 26, 2005.

㊲ Michael Silver, "This Time, It's Manning's Moment," *Sports Illustrated,* February 2007.

4 核心習慣

① 有關歐尼爾生平與美鋁公司的敘述，我萬分感謝歐尼爾以及美鋁多位高階主管不吝撥冗時間接受訪談。我也參考了 Pamela Varley, "Vision and Strategy: Paul H. O'Neill at OMB and Alcoa," Kennedy School of Government, 1992; Peter Zimmerman,"Vision and Strategy: Paul H. O'Neill at OMB and Alcoa Sequel," Kennedy School of Government, 1994; Kim B. Clark and Joshua Margolis, "Workplace Safety at Alcoa (A)," *Harvard Business Review,* October 31, 1999; Steven J. Spear, "Workplace Safety at Alcoa (B)," *Harvard Business Review,* December 22, 1999; Steven Spear, *Chasing the Rabbit: How Market Leaders Outdistance the Competition and How Great Companies Can Catch Up and Win* (New York: McGraw- Hill, 2009); Peter Kolesar, "Vision, Values, and Milestones: Paul

O'Neill Starts Total Quality at Alcoa," *California Management Review* 35, no.3 (1993): 133-65; Ron Suskind, *The Price of Loyalty: George W. Bush, the White House, and the Education of Paul O'Neill* (New York: Simon and Schuster, 2004); Michael Arndt, "How O'Neill Got Alcoa Shining," *Business Week,* February 2001; Glenn Kessler, "O'Neill Offers Cure for Workplace Injuries," *The Washington Post,* March 31, 2001; "Pittsburgh Health Initiative May Serve as US Model," Reuters, May 31; S. Smith, "America's Safest Companies: Alcoa: Finding True North," *Occupational Hazards* 64, no. 10 (2002): 53; Thomas A. Stewart, "A New Way to Wake Up a Giant," *Fortune,* October 1990; "O'Neill's Tenure at Alcoa Mixed," Associated Press, December 21, 2000; Leslie Wayne, "Designee Takes a Deft Touch and a Firm Will to Treasury," *The New York Times,* January 16, 2001; Terence Roth, "Alcoa Had Loss of $14.7 Million in 4th Quarter," *The Wall Street Journal,* January 21, 1985; Daniel F. Cuff, "Alcoa Hedges Its Bets, Slowly," *The New York Times,* October 24, 1985; "Alcoa Is Stuck as Two Unions Reject Final Bid," *The Wall Street Journal,* June 2, 1986; Mark Russell, "Alcoa Strike Ends as Two Unions Agree to Cuts in Benefits and to Wage Freezes," *The Wall Street Journal,* July 7, 1986; Thomas F. O'Boyle and Peter Pae, "The Long View: O'Neill Recasts Alcoa with His Eyes Fixed on the Decade Ahead," *The Wall Street Journal,* April 9, 1990; Tracey E. Benson, "Paul O'Neill: True Innovation, True Values, True Leadership," *Industry Week* 242, no. 8 (1993): 24; Joseph Kahn, "Industrialist with a Twist," *The New York Times,* December 21, 2000。

② Michael Lewis, "O'Neill's List," *The New York Times,* January 123, 2002; Ron Suskind, *The Price of Loyalty: George W. Bush, the White House, and the Education of Paul O'Neill* (New York: Simon and Schuster, 2004).

③ 在查證事實的對談中，歐尼爾清楚表示，他現在了解也同意組織的慣性行爲可與個人習慣相提並論，但是接掌美鋁執行長時，他並不清楚兩者之間的關係。他道：「我現在知道兩者的關係，但是我並不是發明或擁有此想法的人。」而今他發現，醫院興建計畫（又名希爾─伯頓法）正是出自習慣模式的產物。「他們一直在蓋醫院，因爲習以爲常的直覺與本能主宰了政治人物，讓他們深信，爭取經費回饋家鄉與地方才能夠順利連任，根本不管床位已經過剩的問題。」

④ Geoffrey M. Hodgson, "The Nature and Replication of Routines," unpublished manuscript, University of Hertfordshire, 2004, http://www.gredeg.cnrs.fr/routines/workshop/papers/Hodgson.pdf.

⑤ 在查證事實的對談中，歐尼爾強調美國航太總署與環保署的例子（儘管非常逼眞）並未應用他的洞見或經驗，

而是獨立個案。

⑥Karl E. Weick, “Small Wins: Redefining the Scale of Social Problems,” *American Psychologist* 39 (1984): 40-49.

⑦http://www.epa.gov/history/topics/epa/15b.htm.

⑧在查證事實的對談中，歐尼爾強調，升遷與紅利不該和員工安全相提並論，誠信才是重點。安全應被美鋁所有員工看重與擁抱，不管有無獎酬。否則「員工可能誤會，心想：『只要他們不說謊，公司就會給錢。』言下之意，說些小謊也無妨，因爲公司還是照樣給錢，只是給的較少罷了。」不過美鋁其他主管受訪時表示，歐尼爾掌舵期間，衆所皆知升遷只限於全力擁戴安全的員工。此外，升遷也是獎勵員工的手段之一，儘管這並非歐尼爾的本意與初衷。

⑨在查證事實的對談中，歐尼爾明白表示，他不熟悉習慣迴路的概念，也沒想過美鋁的改革是否符合習慣的定義。不過他坦承，回想起來，諸多努力的確和近期組織習慣的研究多所雷同。

⑩P. Callaghan, “Exercise: A Neglected Intervention in Mental Health Care?” *Journal of Psychiatric and Mental Health Nursing* 11 (2004): 476-83; S. N. Blair, “Relationships Between Exercise or Physical Activity and Other Health Behaviors,” *Public Health Reports* 100 (2009): 172-80; K. J. Van Rensburg, A. Taylor, and T. Hodgson, “The Effects of Acute Exercise on Attentional Bias Toward Smoking- Related Stimuli During Temporary Abstinence from Smoking,” *Addiction* 104, no. 11 (2009): 1910-17; E. R. Ropelle et al., “IL-6 and IL-10 Anti-infl ammatory Activity Links Exercise to Hypothalamic Insulin and Leptin Sensitivity Through IKKb and ER Stress Inhibition,” *PLoS Biology* 8, no. 8 (2010); P. M. Dubbert, “Physical Activity and Exercise: Recent Advances and Current Challenges,” *Journal of Consulting and Clinical Psychology* 70 (2002): 526-36; C. Quinn, “Training as Treatment,” *Nursing Standard* 24 (2002): 18-19.

⑪S. K. Hamilton and J. H. Wilson, “Family Mealtimes: Worth the Effort?” *Infant, Child, and Adolescent Nutrition* 1 (2009): 346-50; American Dietetic Association, “Eating Together as a Family Creates Better Eating Habits Later in Life,” ScienceDaily.com, September 4, 2007, accessed April 1, 2011.

⑫Richard Layard, *Happiness: Lessons from a New Science* (New York: Penguin Press, 2005); Daniel Nettle, *Happiness: The Science Behind Your Smile* (Oxford: Oxford University Press, 2005); Marc Ian Barasch, *Field Notes on the Compassionate Life: A Search for the Soul of Kindness* (Emmaus, Penn.: Rodale, 2005); Alfie Kohn, *Unconditional Parenting: Moving from Rewards and Punishments to Love and Rea-*

son (New York: Atria Books, 2005); P. Alex Linley and Stephen Joseph, eds., *Positive Psychology in Practice* (Hoboken, N.J.: Wiley, 2004).

⑬萬分感謝鮑伯・波曼撥冗時間協助，讓我得以了解菲爾普斯的訓練內容。另外也感謝菲爾普斯與 Alan Abrahamson, *No Limits: The Will to Succeed* (New York: Free Press, 2009); Michael Phelps and Brian Cazeneuve, *Beneath the Surface* (Champaign, Ill.: Sports Publishing LLC, 2008); Bob Schaller, *Michael Phelps: The Untold Story of a Champion* (New York: St. Martin's Griffin, 2008); Karen Crouse, "Avoiding the Deep End When It Comes to Jitters," *The New York Times,* July 26, 2009; Mark Levine, "Out There," *The New York Times,* August 3, 2008; Eric Adelson, "And After That, Mr. Phelps Will Leap a Tall Building in a Single Bound," ESPN . com, July 28, 2008; Sean Gregory, "Michael Phelps: A Real GOAT," *Time,* August 13, 2008; Norman Frauenheim, "Phelps Takes 4th, 5th Gold Medals," *The Arizona Republic,* August 12, 2008。

⑭Karl E. Weick, "Small Wins: Redefining the Scale of Social Problems," *American Psychologist* 39 (1984): 40-49.

⑮"Small Wins— The Steady Application of a Small Advantage," Center for Applied Research, 1998, accessed June 24, 2011, http://www.cfar.com/Documents/Smal_win.pdf.

⑯欲了解更多詳情，參見 Alix Spiegel's wonderful "81 Words," broadcast on *This American Life,* January 18, 2002, http://www.thisamericanlife.org/。

⑰Malcolm Spector and John I. Kitsuse, *Constructing Social Problems* (New Brunswick, N.J.: Transaction Publishers, 2001).

⑱Phelps and Abrahamson, *No Limits*.

⑲欲進一步了解習慣以及奧運游泳選手方面的研究，參見 Daniel Chambliss, "The Mundanity of Excellence," *Sociological Theory* 7 (1989): 70-86。

⑳Paul O'Neill keynote speech, June 25, 2002, at the Juran Center, Carlson School of Management, University of Minnesota, Minneapolis.

㉑"Infant Mortality Rates, 1950-2005," http://www.infoplease.com/ipa/A0779935.html; William H. Berentsen, "German Infant Mortality 1960-1980," *Geographical Review* 77 (1987): 157-70; Paul Norman et al., "Geographical Trends in Infant Mortality: England and Wales, 1970-2006," *Health Statistics Quarterly* 40 (2008): 18-29.

㉒參見 World Bank, World Development Indicators。針對一些比對事實的提問，歐尼爾以電郵回覆：「沒錯，但我不會

邀功，稱自己是降低嬰兒死亡率的功臣。」

㉓T. A. Wadden, M. L. Butryn, and C. Wilson, "Lifestyle Modification for the Management of Obesity," *Gastroenterology* 132 (2007): 2226-38.

㉔J. F. Hollis et al., "Weight Loss During the Intensive Intervention Phase of the Weight- Loss Maintenance Trial," *American Journal of Preventative Medicine* 35 (2008): 118-26. See also L. P. Svetkey et al., "Comparison of Strategies for Sustaining Weight Loss, the Weight Loss Maintenance Randomized Controlled Trial," *JAMA* 299 (2008): 1139-48; A. Fitch and J. Bock, "Effective Dietary Therapies for Pediatric Obesity Treatment," *Reviews in Endocrine and Metabolic Disorders* 10 (2009): 231-36; D. Engstrom, "Eating Mindfully and Cultivating Satisfaction: Modifying Eating Patterns in a Bariatric Surgery Patient," *Bariatric Nursing and Surgical Patient Care* 2 (2007): 245-50; J. R. Peters et al., "Eating Pattern Assessment Tool: A Simple Instrument for Assessing Dietary Fat and Cholesterol Intake," *Journal of the American Dietetic Association* 94 (1994): 1008-13; S. M. Rebro et al., "The Effect of Keeping Food Records on Eating Patterns," *Journal of the American Dietetic Association* 98 (1998): 1163-65.

㉕欲進一步了解減重相關研究，參見 R. R.Wing and James O. Hill, "Successful Weight Loss Maintenance," *Annual Review of Nutrition* 21 (2001): 323-41; M. L. Klem et al., "A Descriptive Study of Individuals Successful at Long- Term Maintenance of Substantial Weight Loss," *American Journal of Clinical Nutrition* 66 (1997): 239-46; M. J. Mahoney, N. G. Moura, and T. C. Wade, "Relative Efficacy of Self- Reward, Self- Punishment, and Self- Monitoring Techniques for Weight Loss," *Journal of Consulting and Clinical Psychology* 40 (1973): 404-7; M. J. Franz et al., "Weight Loss Outcomes: A Systematic Review and Meta- Analysis of Weight- Loss Clinical Trials with a Minimum 1-Year Follow- up," *Journal of the American Dietetic Association* 107 (2007): 1755-67; A. DelParigi et al., "Successful Dieters Have Increased Neural Activity in Cortical Areas Involved in the Control of Behavior," *International Journal of Obesity* 31 (2007): 440-48。

㉖Jonah Lehrer, "The Truth About Grit," *The Boston Globe,* August 2, 2009.

㉗A. L. Duckworth et al., "Grit: Perseverance and Passion for Long- Term Goals," *Journal of Personality and Social Psychology* 92 (2007): 1087-1101.

5 星巴克與讓人成功的習慣

①J. P. Tangney, R. F. Baumeister, and A. L. Boone, "High Self- Control Predicts Good Adjustment, Less Pathology, Better Grades, and Interpersonal Success," *Journal of Personality* 72, no. 2 (2004): 271-324; Paul Karoly, "Mechanisms of Self- Regulation: A Systems View," *Annual Review of Psychology* 44 (1993): 23-52; James J. Gross, Jane M. Richards, and Oliver P. John, "Emotional Regulation in Everyday Life," in *Emotion Regulation in Families: Pathways to Dysfunction and Health,* ed. Douglas K. Snyder, Jeffry A. Simpson, and Jan N. Hughes (Washington, D.C.: American Psychological Association, 2006); Katleen De Stobbeleir, Susan Ashford, and Dirk Buyens, "From Trait and Context to Creativity at Work: Feedback- Seeking Behavior as a Self- Regulation Strategy for Creative Performance," Vlerick Leuven Gent Working Paper Series, September 17, 2008; Babette Raabe, Michael Frese, and Terry A. Beehr, "Action Regulation Theory and Career Self- Management," *Journal of Vocational Behavior* 70 (2007): 297- 311; Albert Bandura, "The Primacy of Self- Regulation in Health Promotion," *Applied Psychology* 54 (2005): 245-54; Robert G. Lord et al., "Self- Regulation at Work," *Annual Review of Psychology* 61 (2010): 543-68; Colette A. Frayne and Gary P. Latham, "Application of Social Learning Theory to Employee Self- Management of Attendance," *Journal of Applied Psychology* 72 (1987): 387-92; Colette Frayne and J. M. Geringer, "Self- Management Training for Improving Job Performance: A Field Experiment Involving Salespeople," *Journal of Applied Psychology* 85 (2000): 361 72.

②Angela L. Duckworth and Martin E. P. Seligman, "Self-Discipline Outdoes IQ in Predicting Academic Performance of Adolescents," *Psychological Science* 16 (2005): 939-44.

③本書提到的星巴克訓練方法引自眾多訪談與星巴克企業訓練教材。訓練教材來源包括星巴克職員以及法庭記錄，包括以下星巴克內部文件與訓練手冊：*Starbucks Coffee Company Partner Guide, U.S. Store Version; Learning Coach Guide; In- Store Learning Coaches Guide; Shift Supervisor Learning Journey; Retail Management Training; Supervisory Skills Facilitator Guide; Supervisory Skills Partner Workbook; Shift Supervisor Training: Store Manager's Planning and Coaches Guide; Managers' Guide: Learning to Lead, Level One and Two; Supervisory Skills: Learning to Lead Facilitators Guide; First Impressions Guide; Store Manager Training Plan/Guide; District Manager Training Plan/Guide; Partner Resources Manual; Values Walk*。向星巴克求證事實時，星巴克代表在回信中做出以下表示：「拜讀後我們感覺您整體的主題放在情緒商數（ＥＱ）上，您強調我們招攬

這方面需要有所進展的夥伴，但這完全不正確。我們必須強調，百分之七十的美國星巴克夥伴是學生，他們正在以各種方式學習人生的課程。星巴克提供符合他們價值觀的環境（這也是夥伴願意加入的原因），一個讓他們可以接觸更多人的地方（就像一個社群）。星巴克以身教而非言教的方式，提供解決問題的方法，星巴克以成功的方式提供讓人開心的服務。」星巴克並附帶解釋：「我們希望強調，我們的夥伴是顧客服務願景的一部分，他們完全受到信任，也得到授權運用自身最佳的判斷力。我們相信這種程度的信任與授權相當獨特。當我們尊重他們，他們就能應付自如。」

④ Harriet Mischel and Walter Mischel, "The Development of Children's Knowledge of Self- Control Strategies," *Child Development* 54 (1983), 603-19; W. Mischel, Y. Shoda, and M. I. Rodriguez, "Delay of Gratification in Children," *Science* 244 (1989): 933-38; Walter Mischel et al., "The Nature of Adolescent Competencies Predicted by Preschool Delay of Gratification," *Journal of Personality and Social Psychology* 54 (1988): 687-96; J. Metcalfe and W. Mischel, "A Hot /Cool- System Analysis of Delay of Gratification: Dynamics of Will Power," *Psychological Review* 106 (1999): 3-19; Jonah Lehrer, "The Secret of Self Control," *The New Yorker,* May 18, 2009.

⑤ 穆拉文在一封確認事實的電子郵件中這樣寫：「研究顯示，物質濫用問題源自於自我控制力低下，而這樣的不足會導致伴侶在討論緊繃的關係問題時會有不理想的後果。同樣的，我們發現人們在需要多於平日的自我控制時，他們較可能飲酒過量。另外還有一些研究也顯示，相較於未耗盡意志力的人士，耗盡者會做出較糟的選擇。這些發現或許可以用來延伸解釋外遇或醫生犯的錯誤，但看不出直接的因果關係。」

⑥ 參見 Roy F. Baumeister et al., "Ego- Depletion: Is the Active Self a Limited Resource?" *Journal of Personality and Social Psychology* 18 (1998): 130-50; R. F. Baumeister, M. Muraven, and D. M. Tice, "Self- Control as a Limited Resource: Regulatory Depletion Patterns," *Psychological Bulletin* 126 (1998): 247-59; R. F. Baumeister, M. Muraven, and D. M. Tice, "Longitudinal Improvement of Self- Regulation Through Practice: Building Self- Control Strength Through Repeated Exercise," *Journal of Social Psychology* 139 (1999): 446-57; R. F. Baumeister, M. Muraven, and D. M. Tice, "Ego Depletion: A Resource Model of Volition, Self- Regulation, and Controlled Processing," *Social Cognition* 74 (2000): 1252-65; Roy F. Baumeister and Mark Muraven, "Self- Regulation and Depletion of Limited Resources: Does Self- Control Resemble a Muscle?" *Psychological Bulletin* 126 (2000): 247-59; See also M. S. Hagger et al., "Ego Depletion and the Strength Model of Self- Control: A Meta- Analysis," *Psychological Bulletin* 136 (2010): 495 25; R. G. Baumeister, K. D. Vohs, and D. M.

Tice, "The Strength Model of Self- Control," *Current Directions in Psychological Science* 16 (2007): 351-55; M. I. Posne and M. K. Rothbart, "Developing Mechanisms of Self- Regulation," *Development and Psychopathology* 12 (2000): 427-41; Roy F. Baumeister and Todd F. Heatherton, "Self- Regulation Failure: An Overview," *Psychological Inquiry* 7 (1996): 1-15; Kathleen D. Vohs et al., "Making Choices Impairs Subsequent Self- Control: A Limited- Resource Account of Decision Making, Self- Regulation, and Active Initiative," *Journal of Personality and Social Psychology* 94 (2008): 883-98; Daniel Romer et al., "Can Adolescents Learn Self- Control? Delay of Gratification in the Development of Control over Risk Taking," *Prevention Science* 11 (2010): 319-30。穆拉文在事實確認電子郵件中寫著：「我們的研究顯示，人們通常不會發現自己的意志力已經耗盡，自我控制的第一個行動會影響他們。想要自我控制反而會讓人們接下來更不願意努力自我控制（到了最後，這是動機理論，不是認知……)〔即使〕是最精疲力盡的一天，人們仍然不會在地板上小便。再一次，這顯示了這個理論的動機面向：他們缺乏動機強迫自己做對他們來說比較不重要的事。我知道這聽起來可能是吹毛求疵，但我們必須了解自我控制會失敗，不是因爲當事人沒有召喚自己的力量。自我控制會失敗，是因爲努力要付出的代價比起成效似乎不划算。基本上我不希望下次有人殺人的時候說，因爲他的意志力用完了，所以他不能控制自己。」

⑦ Megan Oaten and K. Cheng, "Longitudinal Gains in Self- Regulation from Regular Physical Exercise," *Journal of Health Psychology* 11 (2006): 717-33. See also Roy F. Baumeister et al., "Self- Regulation and Personality: How Interventions Increase Regulatory Success, and How Depletion Moderates the Effects of Traits on Behavior," *Journal of Personality* 74 (2006): 1773-1801.

⑧ Megan Oaten and K. Cheng, "Improvements in Self- Control from Financial Monitoring," *Journal of Economic Psychology* 28 (2007): 487-501.

⑨ Roy F. Baumeister et al., "Self- Regulation and Personality."

⑩ 同上。

⑪ 海瑟頓的精彩研究請見 *Todd F. Heatherton, Ph.D.*, http://www.dartmouth .edu/~heath/#Pubs, last modified June 30, 2009。

⑫ Lehrer, "The Secret of Self Control."

⑬ 海瑟頓博士在一封事實確認電子郵件中延伸了這個概念：「目前尚不清楚腦部究竟是如何辦到，不過我認爲原因可能是人們發展出超越皮質下獎勵中樞（subcortical reward center）的前部控制……反覆的練習協助強化『肌

肉』（雖然顯然那不是肌肉，比較可能是較佳的前額葉皮質控制〔prefrontal cortical control〕，或是與行為控制有關的腦部區域發展出強網絡）。」有興趣的讀者可以參考 Todd F. Heatherton and Dylan D. Wagner, "Cognitive Neuroscience of Self- Regulation Failure," *Trends in Cognitive Sciences* 15 (2011): 132-39。

⑭星巴克發言人在一封事實確認電子郵件中提到：「目前星巴克提供眾多全國健身房優惠，我們認為這個討論應該更專注於我們的夥伴所擁有的整體健康選擇，而不是特別專注在健身房會員上。我們知道我們的夥伴希望找出方法讓自己健康，我們持續尋找能夠協助他們達到目標的方案。」

⑮Michael Herriman et al., "A Crack in the Mug: Can Starbucks Mend It?" *Harvard Business Review,* October 2008.

⑯Sheina Orbell and Paschal Sheeran, "Motivational and Volitional Processes in Action Initiation: A Field Study of the Role of Implementation Intentions," *Journal of Applied Social Psychology* 30, no. 4 (April 2000): 780-97.

⑰星巴克發言人在一封事實確認電子郵件中提到：「然而，整體精確來說，我們會說不管什麼工作都有壓力。如上所述，星巴克的顧客服務願景是每位夥伴都可以主導顧客體驗。賦權讓夥伴知道公司信任他們有能力解決問題，賦權能協助培養自信，讓夥伴成功度過這些時刻。」

⑱星巴克的職員與主管證實此事，但星巴克發言人在事實確認郵件上回覆：「這並不確實。」發言人拒絕提供進一步的細節。

⑲星巴克發言人在事實確認信中提到：「這點絕非不正確或錯誤，然而拿鐵法已非星巴克正式訓練的一部分。事實上，我們目前比較不採取拿鐵法一類的規定步驟，而是放寬規範，讓店內夥伴更能參與問題解決以處理店內發生的許多特殊狀況。此一模式極度依賴值班主管、店內與區經理持續、有效的指導。」

⑳星巴克發言人在事實確認信中提到：「整體精確來說，我們致力於提供工具與訓練，讓員工能在技能與行為兩方面，在每位顧客每次造訪時都能提供他們世界級的顧客服務。然而我們希望指出就像拿鐵法（原因也是一樣），我們並沒有正式使用『了解、發現、回應』法。」

㉑Constance L. Hays, "These Days the Customer Isn't Always Treated Right," *The New York Times,* December 23, 1998.

㉒舒茲的故事參考自 Adi Ignatius, "We Had to Own the Mistakes," *Harvard Business Review*, July- August 2010; William W. George and Andrew N. McLean, "Howard Schultz: Building Starbucks Community (A)," *Harvard Business Review*, June 2006; Koehn, Besharov, and Miller, "Starbucks Coffee Company in the 21st Century," *Harvard Business Review,* June 2008; Howard Schultz and Dori Jones Yang, *Pour Your Heart Into It: How Starbucks Built a Company One Cup at a Time* (New York: Hyperion, 1997); Taylor Clark, *Starbucked: A Double Tall Tale of Caffeine, Commerce, and Culture* (New York: Little, Brown, 2007); Howard Behar, *It's Not About the Coffee: Lessons on Putting People First from a Life at Starbucks* (New York: Portfolio Trade, 2009); John Moore, *Tribal Knowledge* (New York: Kaplan, 2006); Bryant Simon, *Everything but the Coffee: Learning About America from Starbucks* (Berkeley: University of California Press, 2009)。星巴克發言人在事實確認聲明中指出：「雖然整體來說這個故事的正確性相當高，許多細節並不正確或無法證實。」發言人拒絕說明哪些部分不正確，也未提供澄清。

㉓ M. Muraven, M. Gagne, and H. Rosman, "Helpful Self- Control: Autonomy Support, Vitality, and Depletion," *Journal of Experimental and Social Psychology* 44, no. 3 (2008): 573-85. See also Mark Muraven, "Practicing Self- Control Lowers the Risk of Smoking Lapse," *Psychology of Addictive Behaviors* 24, no. 3 (2010): 446-52; Brandon J. Schmeichel and Kathleen Vohs, "Self- Affirmation and Self- Control: Affirming Core Values Counteracts Ego Depletion," *Journal of Personality and Social Psychology* 96, no. 4 (2009): 770-82; Mark Muraven, "Autonomous Self- Control Is Less Depleting," *Journal of Research in Personality* 42, no. 3 (2008): 763-70; Mark Muraven, Dikla Shmueli, and Edward Burkley, "Conserving Self- Control Strength," *Journal of Personality and Social Psychology* 91, no. 3 (2006): 524-37; Ayelet Fishbach, "The Dynamics of Self- Regulation," in *11th Sydney Symposium of Social Psychology* (New York: Psychology Press, 2001); Tyler F. Stillman et al., "Personal Philosophy and Personnel Achievement: Belief in Free Will Predicts Better Job Performance," *Social Psychological and Personality Science* 1 (2010): 43-50; Mark Muraven, "Lack of Autonomy and Self- Control: Performance Contingent Rewards Lead to Greater Depletion," *Motivation and Emotion* 31, no. 4 (2007): 322-30.

㉔ 該研究於本書寫作過程尚未發表。作者同意和我分享資料，但條件是匿名，不過員工賦權的相關研究可參考：C. O. Longenecker, J. A. Scazzero, and T. T. Standfield, "Quality Improvement Through Team Goal Setting, Feedback, and Problem Solving: A Field Experiment," *International Journal of Quality and Reliability Management* 11, no. 4 (1994): 45-52; Susan G. Cohen and Gerald E. Ledford, "The Effectiveness of Self- Managing Teams: A Quasi- Experiment," *Human Relations* 47, no. 1 (1994): 13-43; Ferris, Rosen, and Barnum, *Handbook of Human Resource Management* (Cambridge, Mass.: Blackwell Publishers, 1995); Linda Honold, Duhi "A Review of the Literature on Employee Empowerment," *Empowerment in Organizations* 5, no. 4 (1997): 202-12; Thomas C. Powell, "Total

Quality Management and Competitive Advantage: A Review and Empirical Study," *Strategic Management Journal* 16 (1995): 15-37。

6 危機就是轉機

①本案例的細節來自各個資料來源，包括相關專業人士的訪談、手術室與急診室目擊證人，以及羅德島衛生局公布的新聞稿及文件，包括該局發布的同意令、羅德島醫院二〇〇七年八月八日公布的「修補措施計畫聲明」（Statement of Deficiencies and Plan of Correction），以及：Felicia Mello, "Wrong- Site Surgery Case Leads to Probe," *The Boston Globe,* August 4, 2007; Felice Freyer, "Doctor to Blame in Wrong- Side Surgery, Panel Says," *The Providence Journal,* October 14, 2007; Felice Freyer, "R.I. Hospital Cited for Wrong- Side Surgery," *The Providence Journal,* August 3, 2007; "Doctor Disciplined for Wrong-Site Brain Surgery," Associated Press, August 3, 2007; Felice Freyer, "Surgeon Relied on Memory, Not CT Scan," *The Providence Journal,* August 24, 2007; Felicia Mello, "Wrong- Site Surgery Case Leads to Probe 2nd Case of Error at R.I. Hospital This Year," *The Boston Globe,* August 4, 2007; "Patient Dies After Surgeon Operates on Wrong Side of Head," Associated Press, August 24, 2007; "Doctor Back to Work After Wrong- Site Brain Surgery," Associated Press, October 15, 2007; Felice Freyer, "R.I. Hospital Fined After Surgical Error," *The Providence Journal,* November 27, 2007。

②本案詳情取自多位人士的描述。版本不同之處會在適當處以注釋說明。

③http://www.rhodeisland hospital.org/rih/about/milestones.htm.

④Mark Pratt, "Nurses Rally on Eve of Contract Talks," Associated Press, June 22, 2000; "Union Wants More Community Support During Hospital Contract Dispute," Associated Press, June 25, 2000; "Nurses Say Staff Shortage Hurting Patients," Associated Press, August 31, 2000; "Health Department Surveyors Find Hospitals Stressed," Associated Press, November 18, 2001; "R.I. Hospital Union Delivers Strike Notice," Associated Press, June 20, 2000.

⑤羅德島醫院女發言人在聲明中指出：「此次罷工重點並非醫護關係，而是薪資與工作規定。強制加班爲常見做法，在全國擁有公會的醫院一直是個議題。我不清楚二〇〇〇年工會協議是否有相關議題的跡象，即使有也是提到強制加班，而非醫護關係。」

⑥American Academy of Orthopaedic Surgeons Joint Commission Guidelines, http://www3.aaos.org/member/ safety/guidelines.cfm.

⑦ RIDH Statement of Defi ciencies and Plan of Correction, August 7, 2007.

⑧ 羅德島醫院在聲明中指出此處的部分細節並不正確。請見羅德島醫院二〇〇七年八月八日公布的「修補措施計畫聲明」。該文件聲明：「醫療記錄中並無證據指出，該神經科醫師該次聘用之專科護理師曾收到或試圖取得該病患CT掃描的相關必要資訊……以確認正確出血顱側，先前亦未（原文如此）就顱骨切開術取得簽名同意書……醫療記錄顯示手術同意書由替待命的外科醫生工作的專科護理師取得。雖然手術同意書顯示應該採取的步驟爲『右側顱骨切開術與硬腦膜下血腫清除』，同意書一開始並未寫明哪一側（右側）。二〇〇七年八月二日下午二點零五分進行的外科主任訪談顯示病患……由急診部門轉至手術部門時，手術簽名同意書並不完全（未載明開刀顱側）。流動護士指出，簽名的手術同意書並未載明該次顱骨切開術預定進行的開刀顱側，不符合醫院政策。護士指出，顱骨切開術位置爲外科醫生其後在開刀房流動護士詢問手術位置時的當下所加。」在後續聲明中，羅德島醫院以書面提出該外科醫生「以及他的助手完成脊椎手術，手術室準備就緒，他們在走廊即將返回手術室時，手術室護士發現同意書未塡上手術位置並告知〔外科醫生〕此事。醫生從護士手中拿走同意書並寫上『右』側。」

⑨ 在一封事實確認信中，本案醫師就本章描述的事件提出反駁與異議。該醫師指出，本案護士並未關切外科醫生是否在錯誤顱側進行手術。護士關切的重點爲文書作業。該名醫師主張護士並未質疑醫師之專業或正確性。該名醫師指出當時護士並未要求醫師放出掃描片，而且是他本人要求護士找到家屬，了解是否有可能「再次適當簽署同意書」，而非相反情形。該名醫師指出，後來無法找到家屬時，他要求護士弄清步驟以改善該文書作業程序，而該護士表示他並不清楚步驟，因此他決定「更正同意書，進一步寫上我們需要進行的程序」。該名醫師指出，他從未咒罵，也未情緒激動。

被問及該說法時，羅德島醫院指出該說法並不精確，並提出醫院二〇〇七年八月八日公布的「修補措施計畫聲明」。醫院在聲明中指出：「在我們的調查過程中，無人提及他們聽見〔該名外科醫生〕提到病患即將死亡。」該名外科醫生以書面指出：「所有關於本人舉止情緒激動或惱怒行爲的引述，甚至是咒罵部分，完全並非事實。本人當時冷靜、專業，僅在發現手術開錯顱側時短暫顯露部分情緒。關鍵問題在於手術時我們並未檢視掃描……手術中未能檢視片子爲院方疏失，然而當時我們別無選擇，只能在沒有片子的情況下進行手術。」

羅德島醫院對於此說法的回應是院方「無法回應（該名外科醫師的）陳述，但院方假設外科醫師執行手術時如有任何疑問會自行放上掃描片。經過此次事件後，醫院明令應讓醫療團隊能夠取得掃描片檢視。」在第二份聲明中，醫院指出該名外科醫師「在此一對話中並未咒罵。護士告訴（外科醫師）他並未收到急診部門報告，護士在急診部門花了幾分鐘時間，試圖找到正確的負責人士。專科護理師指出他並未收到急診部門醫師的報告，然而CRNA（麻醉護士）需要知道急救部門先前施予的藥物，因此護士翻找對方需要的記錄」。

羅德島醫療執照紀律委員會（Rhode Island Board of Medical Licensure and Discipline）在一份同意令中指出，該名外科醫師「未能於執行清除手術前，正確評估血腫位置」。衛生局發現「此事件的初步調查顯示，院方手術安全防範措施不足，部分規範體系並未得到遵循」。

委員會與衛生局代表皆拒絕進一步評論。

⑩羅德島醫院代表在一份聲明中指出：「我相信注意到並無出血的人為（該名外科醫師）：他當時究竟說了什麼有許多版本。他要求看掃描片、證實了錯誤，他們接著閉合腦部，在正確顱側進行手術。除了（該名外科醫師）所說的話外，醫療人員表示手術室發現錯誤的那個瞬間，所有人鴉雀無聲。」

⑪該名外科醫生在事實確認信件中指出，「沒有人主張這個錯誤奪走了（病患）性命。家屬從未主張不當死亡，還親自感謝本人那天救了他的性命。院方與專科護理師加起來的賠償金額高於我賠償金額近十四萬美元。」羅德島醫院被問及此事時拒絕評論。

⑫R. R. Nelson and S. G. Winter, *An Evolutionary Theory of Economic Change* (Cambridge, Mass.: Belknap Press of Harvard University Press, 1982).

⑬R. R. Nelson and S. G. Winter, "The Schumpeterian Tradeoff Revisited," *The American Economic Review* 72 (1982): 114 32。溫特在事實確認信上寫著：「熊彼德消長（Schumpeterian tradeoff）（我們書中相關的第十四章以及一九八二年一篇《美國經濟評論》論文的主題）僅為此專題的一個面向，而非寫作動機。早在一九八二年前、早在我和尼爾森一起在耶魯之前，特別是一九六六到六八年我在蘭德智庫任職期間，我們討論過大量議題，包括科技變化、經濟成長與公司行為。尼爾森在一九六八年到耶魯，那年我去了密西根，我一九七六年接下耶魯教職。我們一九

六七年起開始了一九八二年這本書的『追蹤期』，一九七三年就開始發表相關文章……簡而言之，雖然我們顯然一脈相承受到『熊彼德』的重要影響，但特定的『熊彼德消長』並非我們的主要依據。」

⑭後續研究的摘要介紹請見：M. C. Becker, “Organizational Routines: A Review of the Literature,” *Industrial and Corporate Change* 13 (2004): 643-78; Marta S. Feldman, “Organizational Routines as a Source of Continuous Change,” *Organization Science* 11 (2000): 611-29。

⑮溫特在一封事實確認信中提到：「我自己少有實證研究，相關發表更是少，大部分是尼爾森在談科技變化。在公司行爲領域，我們大都站在巨人卡內基學派西蒙（Simon）、西亞特（Cyert）與馬區（March）的肩膀上，而且大量仰賴其他資料來源——科學研究、企業史、發展經濟學、部分心理學家……以及邁可・博蘭尼（Michael Polanyi）的東西，無論你要如何歸類他。」

⑯溫特在一封事實確認信中，將源自幾千名員工個人決定的模式歸類至慣性行位面向，但提出慣性行爲也「受到許多方面的型塑，其中之一是刻意的管理設計。然而我們要強調，發生那樣的情形時，實際發生的慣性行爲（相較於名義上經過刻意設計的慣性行爲）同樣受到個人層次許多選擇以及其他因素的影響（見《經濟改變的演化理論》一書第一〇八頁）。」

⑰組織慣性行爲如何產生、如何作用是個引人入勝的主題。詳細資料請見：Paul S. Adler, Barbara Goldoftas, and David I. Levine, “Flexibility Versus Effi ciency? A Case Study of Model Changeovers in the Toyota Production System,” *Organization Science* 10 (1999): 43-67; B. E. Ashforth and Y. Fried, “The Mindlessness of Organisational Behaviors,” *Human Relations* 41 (1988): 305-29; Donde P. Ashmos, Dennis Duchon, and Reuben R. McDaniel, “Participation in Strategic Decision Making: The Role of Organisational Predisposition and Issue Interpretation,” *Decision Sciences* 29 (1998): 25-51; M. C. Becker, “The Infl uence of Positive and Negative Normative Feedback on the Development and Persistence of Group Routines,” doctoral thesis, Purdue University, 2001; M. C. Becker and N. Lazaric, “The Role of Routines in Organizations: An Empirical and Taxonomic Investigation,” doctoral thesis, Judge Institute of Management, University of Cambridge, 2004; Bessant, Caffyn, and Gallagher, “The Infl uence of Knowledge in the Replication of Routines,” *Economie Appliquee* LVI, 65-94; “An Evolutionary Model of Continuous Improvement Behaviour,” *Technovation* 21 (2001): 67-77; Tilmann Betsch, Klaus Fiedler, and Julia Brinkmann, “Behavioral Routines in Decision Making: The Effects of Novelty in Task Presentation and Time Pressure on Routine Maintenance and Deviation," *European Journal of Psychology* 28 (1998): 861-78; Tilmann Betsch et al., "When Prior Knowledge Overrules New Evidence: Adaptive Use of Decision Strategies and Role Behavioral Routines," *Swiss Journal of Psychology* 58 (1999): 151-60; Tilmann Betsch et al., "The Effects of Routine Strength on Adaptation and Information Search in Recurrent Decision Making," *Organisational Behaviour and Human Decision Processes* 84 (2001): 23-53; J. Burns, "The Dynamics of Accounting Change: Interplay Between New Practices, Routines, Institutions, Power, and Politics," *Accounting, Auditing and Accountability Journal* 13 (2000): 566-86; M. D. Cohen, "Individual Learning and Organisational Routine: Emerging Connections," *Organisation Science* 2 (1991): 135-39; M. Cohen and P. Bacdayan, "Organisational Routines Are Stored as Procedural Memory: Evidence from a Laboratory Study," *Organisation Science* 5 (1994): 554-68; M. D. Cohen et al., "Routines and Other Recurring Action Patterns of Organisations: Contemporary Research Issues," *Industrial and Corporate Change* 5 (1996): 653-98; B. Coriat, "Variety, Routines, and Networks: The Metamorphosis of Fordist Firms," *Industrial and Corporate Change* 4 (1995): 205-27; B. Coriat and G. Dosi, "Learning How to Govern and Learning How to Solve Problems: On the Co- evolution of Competences, Confl icts, and Organisational Routines," in *The Role of Tecnnology, Strategy, Organisation, and Regions*, ed. A. D. J. Chandler, P. Hadstroem, and O. Soelvell (Oxford: Oxford University Press, 1998); L. D'Adderio, "Confi guring Software, Reconfi guring Memories: The Infl uence of Integrated Systems on the Reproduction of Knowledge and Routines," *Industrial and Corporate Change* 12 (2003): 321-50; P. A. David, *Path Dependence and the Quest for Historical Economics: One More Chorus of the Ballad of QWERTY* (Oxford: Oxford University Press, 1997); G. Delmestri, "Do All Roads Lead to Rome . . . or Berlin? The Evolution of Intraand Inter- organisational Routines in the Machine- Building Industry," *Organisation Studies* 19 (1998): 639-65; Giovanni Dosi, Richard R. Nelson, and Sidney Winter, "Introduction: The Nature and Dynamics of Organisational Capabilities," *The Nature and Dynamics of Organisational Capabilities*, ed. G. Dosi, R. R. Nelson, and S. G. Winter (Oxford: Oxford University Press, 2000), 1-22; G. Dowell and A. Swaminathan, "Racing and Back- pedalling into the Future: New Product Introduction and Organisational Mortality in the US Bicycle Industry, 1880-1918," *Organisation Studies* 21 (2000): 405-31; A. C. Edmondson, R. M. Bohmer, and G. P. Pisano, "Disrupted Routines: Team Learning and New Technology Implementation in Hospitals," *Administrative Science Quarterly* 46 (2001): 685-716; M. Egidi, "Routines, Hierarchies of Problems, Procedural Behaviour: Some Evidence from Experiments," in *The Rational Foundations of Economic Behaviour*, ed. K. Arrow et al. (London: Macmillan, 1996), 303-33; M. S. Feldman, "Organisational Routines as a Source of Continuous

Change," *Organisation Science* 11 (2000): 611-29; Marta S. Feldman, "A Performative Perspective on Stability and Change in Organizational Routines," *Industrial and Corporate Change* 12 (2003): 727-52; Marta S. Feldman and B. T. Pentland, "Reconceptualizing Organizational Routines as a Source of Flexibility and Change," *Administrative Science Quarterly* 48 (2003): 94-118; Marta S. Feldman and A. Rafaeli, "Organisational Routines as Sources of Connections and Understandings," *Journal of Management Studies* 39 (2002): 309- 31; A. Garapin and A. Hollard, "Routines and Incentives in Group Tasks," *Journal of Evolutionary Economics* 9 (1999): 465-86; C. J. Gersick and J. R. Hackman, "Habitual Routines in Task- Performing Groups," *Organisational Behaviour and Human Decision Processes* 47 (1990): 65-97; R. Grant, "Toward a Knowledge- Based Theory of the Firm," *Strategic Management Journal* 17 (1996): 109-22; R. Heiner, "The Origin of Predictable Behaviour," *American Economic Review* 73 (1983): 560-95; G. M. Hodgson, "The Ubiquity of Habits and Rules," *Cambridge Journal of Economics* 21 (1997): 663-84; G. M. Hodgson, "The Mystery of the Routine: The Darwinian Destiny of *An Evolutionary Theory of Economic Change,*" *Revue Economique* 54 (2003): 355-84; G. M. Hodgson and T. Knudsen, "The Firm as an Interactor: Firms as Vehicles for Habits and Routines," *Journal of Evolutionary Economics* 14, no. 3 (2004): 281-307; A. Inam, "Institutions, Routines, and Crises: Post- earthquake Housing Recovery in Mexico City and Los Angeles," doctoral thesis, University of Southern California, 1997; A. Inam, "Institutions, Routines, and Crises— Post- earthquake Housing Recovery in Mexico City and Los Angeles," *Cities* 16 (1999): 391-407; O. Jones and M. Craven, "Beyond the Routine: Innovation Management and the Teaching Company Scheme," *Technovation* 21 (2001): 267-79; M. Kilduff, "Performance and Interaction Routines in Multinational Corporations," *Journal of International Business Studies* 23 (1992): 133-45; N. Lazaric, "The Role of Routines, Rules, and Habits in Collective Learning: Some Epistemological and Ontological Considerations," *European Journal of Economic and Social Systems* 14 (2000): 157-71; N. Lazaric and B. Denis, "How and Why Routines Change: Some Lessons from the Articulation of Knowledge with ISO 9002 Implementation in the Food Industry," *Economies et Societes* 6 (2001): 585 612; B. Levitt and J. March, "Organisational Learning," *Annual Review of Sociology* 14 (1988): 319-40; P. Lillrank, "The Quality of Standard, Routine, and Nonroutine Processes," *Organization Studies* 24 (2003): 215-33; S. Massini et al., "The Evolution of Organizational Routines Among Large Western and Japanese Firms," *Research Policy* 31 (2002): 1333-48; T. J. McKeown, "Plans and Routines, Bureaucratic Bargaining, and the Cuban Missile Crisis," *Journal of Politics* 63 (2001): 1163-90; A. P. Minkler, "The Problem with Dispersed Knowledge: Firms in Theory and Practice," *Kyklos* 46 (1993): 569-87; P. Morosini, S. Shane, and H. Singh, "National Cultural

Distance and Cross- Border Acquisition Performance," *Journal of International Business Studies* 29 (1998): 137-58; A. Narduzzo, E. Rocco, and M. Warglien, "Talking About Routines in the Field," in *The Nature and Dynamics of Organizational Capabilities*, ed. G. Dosi, R. Nelson, and S. Winter (Oxford: Oxford University Press, 2000), 27- 50; R. R. Nelson, "Routines," in *The Elgar Companion to Institutional and Evolutionary Economics,* vol. 2, ed. G. Hodgson, W. Samuels, and M. Tool (Aldershot, U.K.: Edward Elgar, 1992), 249-53; B. T. Pentland, "Conceptualizing and Measuring Variety in the Execution of Organizational Work Processes," *Management Science* 49 (2003): 857-70; B. T. Pentland and H. Rueter, "Organisational Routines as Grammars of Action," *Administrative Sciences Quarterly* 39 (1994): 484-510; L. Perren and P. Grant, "The Evolution of Management Accounting Routines in Small Businesses: A Social Construction Perspective," *Management Accounting Research* 11 (2000): 391-411; D. J. Phillips, "A Genealogical Approach to Organizational Life Chances: The Parent- Progeny Transfer Among Silicon Valley Law Firms, 1946-1996," *Administrative Science Quarterly* 47 (2002): 474-506; S. Postrel and R. Rumelt, "Incentives, Routines, and Self- Command," *Industrial and Corporate Change* 1 (1992): 397- 425; P. D. Sherer, N. Rogovksy, and N. Wright, "What Drives Employment Relations in Taxicab Organisations?" *Organisation Science* 9 (1998): 34-48; H. A. Simon, "Programs as Factors of Production," *Proceedings of the Nineteenth Annual Winter Meeting, 1966,* Industrial Relations Research Association, 1967, 178-88; L. A. Suchman, "Offi ce Procedure as Practical Action: Models of Work and System Design," *ACM Transactions on Offi ce Information Systems* 1 (1983): 320-28; G. Szulanski, "Appropriability and the Challenge of Scope: Banc One Routinizes Replication," in *Nature and Dynamics of Organisational Capabilities*, ed. G. Dosi. R. R. Nelson, and S. G. Winter (Oxford: Oxford University Press, 1999), 69-97; D. Tranfi eld and S. Smith, "The Strategic Regeneration of Manufacturing by Changing Routines," *International Journal of Operations and Production Management* 18 (1998): 114-29; Karl E. Weick, "The Vulnerable System: An Analysis of the Tenerife Air Disaster," *Journal of Management* 16 (1990): 571-93; Karl E. Weick, "The Collapse of Sensemaking in Organizations: The Mann-Gulch Disaster," *Administrative Science Quarterly* 38 (1993): 628-52; H. M. Weiss and D. R. Ilgen, "Routinized Behaviour in Organisations," *Journal of Behavioral Economics* 14 (1985): 57-67; S. G. Winter, "Economic 'Natural Selection' and the Theory of the Firm," *Yale Economic Essays* 4 (1964): 225-72; S. G. Winter, "Optimization and Evolution in the Theory of the Firm," in *Adaptive Economic Models*, ed. R. Day and T. Groves (New York: Academic Press, 1975), 73-118; S. G. Winter and G. Szulanski, "Replication as Strategy," *Organization Science* 12 (2001): 730-43; S. G. Winter and G. Szulanski, "Replication of Organisational Routines: Conceptualizing the Exploitation of Knowledge

Assets," in *The Strategic Management of Intellectual Capital and Organisational Knowledge: A Collection of Readings*, ed. N. Bontis and C. W. Choo (New York: Oxford University Press, 2001), 207-21; M. Zollo, J. Reuer, and H. Singh, "Interorganizational Routines and Performance in Strategic Alliances," *Organization Science* 13 (2002): 701-13。

⑱ Esbjoern Segelod, "The Content and Role of the Investment Manual: A Research Note," *Management Accounting Research* 8, no. 2 (1997): 221-31; Anne Marie Knott and Bill McKelvey, "Nirvana Effi ciency: A Comparative Test of Residual Claims and Routines," *Journal of Economic Behavior and Organization* 38 (1999): 365-83; J. H. Gittell, "Coordinating Mechanisms in Care Provider Groups: Relational Coordination as a Mediator and Input Uncertainty as a Moderator of Performance Effects," *Management Science* 48 (2002): 1408-26; A. M. Knott and Hart Posen, "Firm R&D Behavior and Evolving Technology in Established Industries," *Organization Science* 20 (2009): 352-67.

⑲ G. M. Hodgson, *Economics and Evolution* (Cambridge: Polity Press, 1993); Richard N. Langlois, "Transaction- Cost Economics in Real Time," *Industrial and Corporate Change* (1992): 99-127; R. R. Nelson, "Routines"; R. Coombs and J. S. Metcalfe, "Organizing for Innovation: Co- ordinating Distributed Innovation Capabilities," in *Competence, Governance, and Entrepreneurship*, ed. J. N. Foss and V. Mahnke (Oxford: Oxford University Press, 2000); R. Amit and M. Belcourt, "HRM Processes: A Value- Creating Source of Competitive Advantage," *European Management Journal* 17 (1999): 174-81.

⑳ G. Dosi, D. Teece, and S. G. Winter, "Toward a Theory of Corporate Coherence: Preliminary Remarks," in *Technology and Enterprise in a Historical Perspective*, ed. G. Dosi, R. Giannetti, and P. A. Toninelli (Oxford: Clarendon Press, 1992), 185-211; S. G. Winter, Y. M. Kaniovski, and G. Dosi, "A Baseline Model of Industry Evolution," *Journal of Evolutionary Economics* 13, no. 4 (2003): 355-83; B. Levitt and J. G. March, "Organizational Learning," *Annual Review of Sociology* 14 (1988): 319-40; D. Teece and G. Pisano, "The Dynamic Capabilities of Firms: An Introduction," *Industrial and Corporate Change* 3 (1994): 537-56; G. M. Hodgson, "The Approach of Institutional Economics," *Journal of Economic Literature* 36 (1998): 166-92; Phillips, "Genealogical Approach to Organizational Life Chances"; M. Zollo, J. Reuer, and H. Singh, "Interorganizational Routines and Performance in Strategic Alliances," *Organization Science* 13 (2002): 701-13; P. Lillrank, "The Quality of Standard, Routine, and Nonroutine Processes," *Organization Studies* 24 (2003): 215-33.

㉑ M. C. Becker, "Organizational Routines: A Review of the Literature," *Industrial and Corporate Change* 13, no. 4 (2004): 643-78.

㉒ B. Coriat and G. Dosi, "Learning How to Govern and Learning How to Solve Problems: On the Co- evolution of Competences, Confl icts, and Organisational Routines," in *The Role of Technology, Strategy, Organisation, and Regions*, ed. A. D. J. Chandler, P. Hadstroem, and O. Soelvell (Oxford: Oxford University Press, 1998); C. I. Barnard, *The Functions of the Executive* (Cambridge, Mass.: Harvard University Press, 1938); P. A. Mangolte, "La dynamique des connaissances tacites et articulees: une approche socio- cognitive," *Economie Appliquee* 50, no. 2 (1997): 105-34; P. A. Mangolte, "Le concept de 'routine organisationelle' entre cognition et institution," doctoral thesis, Universite Paris- Nord, U.F.R. de Sciences Economiques et de Gestion, Centre de Recherche en Economie Industrielle, 1997; P. A. Mangolte, "Organisational Learning and the Organisational Link: The Problem of Conflict, Political Equilibrium and Truce," *European Journal of Economic and Social Systems* 14 (2000): 173-90; N. Lazaric and P. A. Mangolte, "Routines et memoire organisationelle: un questionnement critique de la perspective cognitiviste," *Revue Internationale de Systemique* 12 (1998): 27-49; N. Lazaric and B. Denis, "How and Why Routines Change: Some Lessons from the Articulation of Knowledge with ISO 9002 Implementation in the Food Industry," *Economies et Societes* 6 (2001): 585-612; N. Lazaric, P. A. Mangolte, and M. L. Massue, "Articulation and Codifi cation of Know- How in the Steel Industry: Some Evidence from Blast Furnace Control in France," *Research Policy* 32 (2003): 1829 47; J. Burns, "The Dynamics of Accounting Change: Interplay Between New Practices, Routines, Institutions, Power, and Politics," *Accounting, Auditing and Accountability Journal* 13 (2000): 566-86.

㉓溫特在一封事實確認信中提到：「『慣性行爲做爲一種休戰』公式延伸的範圍很廣，我認爲這是因爲任何在組織裡工作過的人，很快就會發現這對那種他們很熟悉的事來說是一種很方便的標籤……但你有些關於銷售人員的例子則觸及信任、合作與組織文化等議題，已經超越『慣性行爲做爲一種休戰』的範圍。那些議題很微妙，可以從各種不同的角度解釋。『慣性行爲做爲一種休戰』的概念，比『文化』的相關概念特定許多。這是在說：『經理先生或經理女士，如果你明顯背離一個大家都有的關於「這裡我們是怎麼做事」的共識』，你是在引發強烈反抗。雪上加霜的是人們會懷疑你的動機，那些懷疑會遠遠超越你用理智所能想像的任何東西。此外，即使這些反應並不完全無關於你所提出的論點，它們也會近乎無關，讓你幾乎找不出差別。』因此舉例來說，假設我們稍微延伸一下你『今年會流行紅色』的例子，假設把這個例子放到執行階段，也就是公司已經費了很大工夫讓毛衣的紅色，和目錄封面以及目錄第十七面是一樣的，而目錄兩處的顏色也和執行長手上的東西是一樣的，而那個紅也和馬來西亞、泰國、瓜地馬拉依照合約所製造出來的紅是一樣的。那個

東西位於慣性行爲光譜的另外一端，另外一端是『要紅色』的決定；人們處於複雜的協調行爲——比較像是半導體的例子。組織中的人認爲他們知道自己在做什麼（因爲他們做的事和去年的綠色套頭毛衣差不多），而且他們拚了命盡量準時趕出來。這是一種管理階層的直覺，而且經過非常努力的辛勤工作。在這個例子，部分原因是（據說）人類的眼睛可以分辨七百萬種不同的顏色。然後你、經理先生或經理女士跑進來說：『抱歉，弄錯了，應該是紫色。我知道我們已經投注血本要紅色，但聽我說，因爲……』如果你已經和組織裡其他有力人士組成聯盟，他們也認爲這麼遲才要換成紫色，你剛剛引發了『內戰』的另一場戰役，結果如何很難說。如果你沒有這種盟友，你支持的理由還有你自己會很快死在組織裡。這無關你在你的『因爲』之後提出了什麼邏輯或證據。」

㉔ Nelson and Winter, *Evolutionary Theory of Economic Change*, 110.

㉕ Rik Wenting, "Spinoff Dynamics and the Spatial Formation of the Fashion Design Industry, 1858-2005," *Journal of Economic Geography* 8, no. 5 (2008): 593-614。溫庭（Wenting）在事實確認信上寫道：「尼爾森與溫特把組織的慣性行爲當成決定公司行爲與表現的反覆性集體行爲，尤其是他們主張慣性行爲難以系統化或與公司文化分割，也因此難以改變。此外，慣性行爲是各家公司表現會不同的主要原因，也是公司間長期來說會有所不同的理由。史蒂芬・克烈普（Steven Klepper）起始的文獻將慣性行爲這個面向，解釋爲自己出來創業的公司表現會類似於母公司的部分原因。我用這個同樣的推論解釋時裝設計產業：時裝設計企業創辦人新公司的藍圖，很大部分依據了他們從前雇主那裡學到的組織慣性行爲。我的博士研究找到證據證實，從時裝產業的源頭開始（一八五八年的巴黎），自行創業的設計公司（無論位於紐約、巴黎、米蘭或倫敦等等）的表現，確實類似於他們的母公司。」

㉖ 時裝產業的休戰細節（相對於慣性行爲）來自訪談設計師本人。溫庭在一封事實確認回覆信中寫道：「請注意，我沒有提到創業者與前雇主之間的休戰。我並沒有特別探索這方面的組織慣性行爲文獻。不過，我研究過母公司與自行創業公司的『傳承』效應，設計師在提到他們如何受惠於母公司時，時常提到『聲譽』與『社會網絡』所扮演的角色。」

㉗ Rodney Cowton and Tony Dawe, "Inquiry Praises PC Who Helped to Fight King's Cross Blaze," *The Times*, February 5, 1988.

㉘ 這起事件的細節擷取自多重消息來源，包括訪談與以下資料：D. Fennell, *Investigation into the King's Cross Under-*

ground Fire (Norwich, U.K.: Stationery Office Books, 1988); P. Chambers, *Body 115: The Story of the Last Victim of the King's Cross Fire* (New York: John Wiley and Sons, 2006); K. Moodie, "The King's Cross Fire: Damage Assessment and Overview of the Technical Investigation," *Fire Safety Journal* 18 (1992): 13-33; A. F. Roberts, "The King's Cross Fire: A Correlation of the Eyewitness Accounts and Results of the Scientifi c Investigation," *Fire Safety Journal,* 1992; "Insight: Kings Cross," *The Sunday Times,* November 22, 1987; "Relatives Angry Over Tube Inquest; King's Cross Fire," *The Times,* October 5, 1988。

㉙芬納的報告並未明確指出如果當時這團燃燒的衛生紙獲得通報，這場悲劇能夠被避免的程度。芬納的報告刻意就這點採取不可知的態度：「如果倫敦消防局被召來處理這團燃燒的衛生紙，會有什麼樣的結果仍有待推論……如果他遵守新程序並且馬上通報倫敦消防局，接下來會發生什麼事，只是事後的猜測。」

㉚"Answers That Must Surface— The King's Cross Fire Is Over but the Controversy Continues," *The Times,* December 2, 1987; "Businessman Praised for Rescuing Two from Blazing Station Stairwell; King's Cross Fire Inquest," *The Times,* October 6, 1998.

㉛倫敦地鐵暨鐵路發言人在事實確認回覆中提到：「倫敦地鐵經過仔細考慮後，就此事無法提供進一步回應或協助。倫敦地鐵對於國王十字站火災事件以及其後相應的組織變動，相關回應已被完整記錄。導致該次火災的一系列事件，詳細細節已經完整納入芬納先生的報告，倫敦地鐵不認為有必要就已有的大量探討做進一步評論。我了解這並非您想得到的回覆。」

㉜Felice Freyer, "Another Wrong- Site Surgery at R.I. Hospital," *The Providence Journal,* October 28, 2009; "Investigators Probing 5th Wrong- Site Surgery at Rhode Island Hospital Since 2007," Associated Press, October 23, 2009; "R.I. Hospital Fined $150,000 in 5th Wrong- Site Surgery Since 2007, Video Cameras to Be Installed," Associated Press, November 2, 2009; Letter to Rhode Island Hospital from Rhode Island Department of Health, November 2, 2009; Letter to Rhode Island Hospital from Rhode Island Department of Health, October 26, 2010; Letter to Rhode Island Hospital from Centers for Medicare and Medicaid Services, October 25, 2010.

㉝"'The Problem's Not Going Away': Mistakes Lead to Wrong- Side Brain Surgeries at R.I. Hospital," Associated Press, December 15, 2007.

㉞羅德島醫院女發言人在聲明中指出：「我從未聽說過任何記者『埋伏』醫生的事，也從未在電視台看到這樣的報導。我無法就個人觀點提出評論，但此處的引述暗示媒體的一窩蜂，然而此事不曾發生。相關事件引起全國關注，但全國性媒體從未前來羅德島。」

㉟羅德島醫院女發言人在聲明中指出：「我不會將當時氣氛形容爲危機，較爲精確來說是許多人士氣低落，很多人有被圍困的感覺。」

㊱裝設攝影機爲該州衛生局同意令的一部分。

㊲醫院行政人員提供的「羅德島醫院手術安全資訊」（Rhode Island Hospital Surgical Safety Backgrounder）。羅德島醫院安全方案進一步資訊請造訪：http://rhodeislandhospital. org/rih/quality/。

㊳危機如何能造成一股氛圍讓醫界改變，以及手術爲什麼會開錯邊的原因，詳情請見：Douglas McCarthy and David Blumenthal, “Stories from the Sharp End: Case Studies in Safety Improvement,” *Milbank Quarterly* 84 (2006): 165-200; J. W. Senders et al., “The Egocentric Surgeon or the Roots of Wrong Side Surgery,” *Quality and Safety in Health Care* 17 (2008): 396-400; Mary R. Kwaan et al., “Incidence, Patterns, and Prevention of Wrong- Site Surgery,” *Archives of Surgery* 141, no. 4 (April 2006): 353-57。

㊴此一主題的相關討論請見：McCarthy and Blumenthal, “Stories from the Sharp End”; Atul Gawande, *Better: A Surgeon's Notes on Performance* (New York: Metropolitan Books, 2008); Atul Gawande, *The Checklist Manifesto: How to Get Things Right* (New York: Metropolitan Books, 2009)。

㊵NASA, “Report to the President: Actions to Implement the Recommendations of the Presidential Commission on the Space Shuttle *Challenger* Accident,” July 14, 1986; Matthew W. Seeger, “The *Challenger* Tragedy and Search for Legitimacy,” *Communication Studies* 37, no. 3 (1986): 147-57; John Noble Wilford, “New NASA System Aims to Encourage Blowing the Whistle,” *The New York Times,* June 5, 1987; Joseph Lorenzo Hall, “*Columbia* and *Challenger*: Organizational Failure at NASA,” Space Policy 19, no. 4 (November 2003), 239-47; Barbara Romzek and Melvin Dubnick, “Accountability in the Public Sector: Lessons from the *Challenger* Tragedy,” *Public Administration Review* 47, no. 3 (May-June 1987): 227-38.

㊶Karl E. Weick, “The Vulnerable System: An Analysis of the Tenerife Air Disaster,” *Journal of Management* 16, no. 3 (1990): 571 93; William Evan and Mark Manion, *Minding the Machines: Preventing Technological Disasters* (Upper Saddle River, N.J.: Prentice Hall Professional, 2002); Raimo P. Hamalainen and Esa Saarinen, *Systems Intelligence: Discovering a Hidden Competence in Human Action and Organizational Life* (Helsinki: Helsinki University of Technology, 2004).

7 連鎖零售商搶先知道你要什麼

①零售業者如何利用潛意識手法，詳情請見：Jeremy Caplan, “Supermarket Science,” *Time,* May 24, 2007; Paco Underhill, *Why We Buy: The Science of Shopping* (New York: Simon and Schuster, 2000); Jack Hitt; “The Theory of Supermarkets,” *The New York Times,* March 10, 1996; “The Science of Shopping: The Way the Brain Buys,” *The Economist,* December 20, 2008; “Understanding the Science of Shopping,” *Talk of the Nation,* National Public Radio, December 12, 2008; Malcolm Gladwell, “The Science of Shopping,” *The New Yorker,* November 4, 1996。

②數千篇（這並非誇飾）研究檢視過習慣如何影響消費者行爲，以及無意識與半意識衝動如何影響似乎不受習慣觸發影響的決定。這些精彩的主題詳情請見：H. Aarts, A. van Knippenberg, and B. Verplanken, “Habit and Information Use in Travel Mode Choices,” *Acta Psychologica* 96, nos. 1-2 (1997): 1-14; J. A. Bargh, “The Four Horsemen of Automaticity: Awareness, Effi ciency, Intention, and Control in Social Cognition,” in *Handbook of Social Cognition,* ed. R. S. Wyer, Jr., and T. K. Srull (Hillsdale, N.J.: Lawrence Erlbaum Associates, 1994); D. Bell, T. Ho, and C. Tang, “Determining Where to Shop: Fixed and Variable Costs of Shopping,” *Journal of Marketing Research* 35, no. 3 (1998): 352-69; T. Betsch, S. Haberstroh, B. Molter, A. Glockner, “Oops, I Did It Again—Relapse Errors in Routinized Decision Making,” *Organizational Behavior and Human Decision Processes* 93, no. 1 (2004): 62-74; M. Cunha, C. Janiszewski, Jr., and J. Laran, “Protection of Prior Learning in Complex Consumer Learning Environments,” *Journal of Consumer Research* 34, no. 6 (2008): 850-64; H. Aarts, U. Danner, and N. de Vries, “Habit Formation and Multiple Means to Goal Attainment: Repeated Retrieval of Target Means Causes Inhibited Access to Competitors,” *Personality and Social Psychology Bulletin* 33, no. 10 (2007): 1367-79; E. Ferguson and P. Bibby, “Predicting Future Blood Donor Returns: Past Behavior, Intentions, and Observer Effects,” *Health Psychology* 21, no. 5 (2002): 513-18; Edward Fox and John Semple, “Understanding ‘Cherry Pickers’: How Retail Customers Split Their Shopping Baskets,” unpublished manuscript, Southern Methodist University, 2002; S. Gopinath, R. Blattberg, and E. Malthouse, “Are Revived Customers as Good as New?” unpublished manuscript, Northwestern University, 2002; H. Aarts, R. Holland, and D. Langendam, “Breaking and Creating Habits on the Working Floor: A Field- Experiment on the Power of Implementation Intentions,” *Journal of Experimental Social Psychology* 42, no. 6 (2006): 776-83; Mindy Ji and Wendy Wood, “Purchase and Consumption Habits: Not Necessarily What

You Intend," *Journal of Consumer Psychology* 17, no. 4 (2007): 261-76; S. Bellman, E. J. Johnson, and G. Lohse, "Cognitive Lock- In and the Power Law of Practice," *Journal of Marketing* 67, no. 2 (2003): 62-75; J. Bettman et al., "Adapting to Time Constraints," in *Time Pressure and Stressing Human Judgment and Decision Making,* ed. O. Svenson and J. Maule (New York: Springer, 1993); Adwait Khare and J. Inman, "Habitual Behavior in American Eating Patterns: The Role of Meal Occasions," *Journal of Consumer Research* 32, no. 4 (2006): 567-75; David Bell and R. Lal, "The Impact of Frequent Shopper Programs in Grocery Retailing," *Quantitative Marketing and Economics* 1, no. 2 (2002): 179-202; Yuping Liu, "The Long- Term Impact of Loyalty Programs on Consumer Purchase Behavior and Loyalty," *Journal of Marketing* 71, no. 4 (2007): 19-35; Neale Martin, *Habit: The 95% of Behavior Marketers Ignore* (Upper Saddle River, N.J.: FT Press, 2008); H. Aarts, K. Fujia, and K. C. McCulloch, "Inhibition in Goal Systems: A Retrieval- Induced Forgetting Account," *Journal of Experimental Social Psychology* 44, no. 3 (2008): 614-23; Gerald Haubl and K. B. Murray, "Explaining Cognitive Lock- In: The Role of Skill- Based Habits of Use in Consumer Choice," *Journal of Consumer Research* 34 (2007) 77-88; D. Neale, J. Quinn, and W. Wood, "Habits: A Repeat Performance," *Current Directions in Psychological Science* 15, no. 4 (2006) 198-202; R. L. Oliver, "Whence Consumer Loyalty?" *Journal of Marketing* 63 (1999): 33-44; C. T. Orleans, "Promoting the Maintenance of Health Behavior Change: Recommendations for the Next Generation of Research and Practice," *Health Psychology* 19 (2000): 76-83; Andy Ouellette and Wendy Wood, "Habit and Intention in Everyday Life: The Multiple Processes by Which Past Behavior Predicts Future Behavior," *Psychological Bulletin* 124, no. 1 (1998) 54-74; E. Iyer, D. Smith, and C. Park, "The Effects of Situational Factors on In- Store Grocery Shopping Behavior: The Role of Store Environment and Time Available for Shopping," *Journal of Consumer Research* 15, no. 4 (1989): 422-33; O. Amir, R. Dhar, and A. Pocheptsova, "Deciding Without Resources: Resource Depletion and Choice in Context," *Journal of Marketing Research* 46, no. 3 (2009): 344-55; H. Aarts, R. Custers, and P. Sheeran, "The Goal- Dependent Automaticity of Drinking Habits," *British Journal of Social Psychology* 44, no. 1 (2005): 47-63; S. Orbell and P. Sheeran, "Implementation Intentions and Repeated Behavior: Augmenting the Predictive Validity of the Theory of Planned Behavior," *European Journal of Social Psychology* 29, nos. 2-3 (1999): 349-69; P. Sheeran, P. Gollwitzer, and P. Webb, "The Interplay Between Goal Intentions and Implementation Intentions," *Personality and Social Psychology Bulletin* 31, no. 1 (2005): 87-98; H. Shen and R. S. Wyer, "Procedural Priming and Consumer Judgments: Effects on the Impact of Positively and Negatively Valenced Information," *Journal of Consumer Research* 34, no. 5 (2007): 727-37; Itamar Simonson, "The Effect of Purchase Quantity and

Timing on Variety- Seeking Behavior," *Journal of Marketing Research* 27, no. 2 (1990): 150-62; G. Taylor and S. Neslin, "The Current and Future Sales Impact of a Retail Frequency Reward Program," *Journal of Retailing* 81, no. 4, 293-305; H. Aarts and B. Verplanken, "Habit, Attitude, and Planned Behavior: Is Habit an Empty Construct or an Interesting Case of Goal- Directed Automaticity?" *European Review of Social Psychology* 10 (1999): 101-34; B. Verplanken, Henk Aarts, and Ad Van Knippenberg, "Habit, Information Acquisition, and the Process of Making Travel Mode Choices," *European Journal of Social Psychology* 27, no. 5 (1997): 539-60; B. Verplanken et al., "Attitude Versus General Habit: Antecedents of Travel Mode Choice," *Journal of Applied Social Psychology* 24, no. 4 (1994): 285-300; B. Verplanken et al., "Consumer Style and Health: The Role of Impulsive Buying in Unhealthy Eating," *Psychology and Health* 20, no. 4 (2005): 429-41; B. Verplanken et al., "Context Change and Travel Mode Choice: Combining the Habit Discontinuity and Self- Activation Hypotheses," *Journal of Environmental Psychology* 28 (2008): 121-27; Bas Verplanken and Wendy Wood, "Interventions to Break and Create Consumer Habits," *Journal of Public Policy and Marketing* 25, no. 1 (2006): 90- 103; H. Evanschitzky, B. Ramaseshan, and V. Vogel, "Customer Equity Drivers and Future Sales," *Journal of Marketing* 72 (2008): 98-108; P. Sheeran and T. L. Webb, "Does Changing Behavioral Intentions Engender Behavioral Change? A Meta- Analysis of the Experimental Evidence," *Psychological Bulletin* 132, no. 2 (2006): 249-68; P. Sheeran, T. L. Webb, and A. Luszczynska, "Planning to Break Unwanted Habits: Habit Strength Moderates Implementation Intention Effects on Behavior Change," *British Journal of Social Psychology* 48, no. 3 (2009): 507-23; D. Wegner and R. Wenzlaff, "Thought Suppression," *Annual Review of Psychology* 51 (2000): 59-91; L. Lwin, A. Mattila, and J. Wirtz, "How Effective Are Loyalty Reward Programs in Driving Share of Wallet?" *Journal of Service Research* 9, no. 4 (2007): 327-34; D. Kashy, J. Quinn, and W. Wood, "Habits in Everyday Life: Thought, Emotion, and Action," *Journal of Personality and Social Psychology* 83, no. 6 (2002): 1281-97; L. Tam, M. Witt, and W. Wood (2005), "Changing Circumstances, Disrupting Habits," *Journal of Personality and Social Psychology* 88, no. 6 (2005): 918-33; Alison Jing Xu and Robert S. Wyer, "The Effect of Mind- sets on Consumer Decision Strategies," *Journal of Consumer Research* 34, no. 4 (2007): 556-66; C. Cole, M. Lee, and C. Yoon, "Consumer Decision Making and Aging: Current Knowledge and Future Directions," *Journal of Consumer Psychology* 19 (2009): 2-16; S. Dhar, A. Krishna, and Z. Zhang, "The Optimal Choice of Promotional Vehicles: Front-Loaded or Rear- Loaded Incentives?" *Management Science* 46, no. 3 (2000): 348-62。

③C. Park, E. Iyer, and D. Smith, "The Effects of Situational Factors on In- Store Grocery Shopping Behavior: The Role of Store Environment and Time Available for Shopping," *The Journal of Consumer Research* 15, no. 4 (1989): 422 33. For more on this topic, see J. Belyavsky Bayuk, C. Janiszewski, and R. Leboeuf, "Letting Good Opportunities Pass Us By: Examining the Role of Mind- set During Goal Pursuit," *Journal of Consumer Research* 37, no. 4 (2010): 570-83; Ab Litt and Zakary L. Tormala, "Fragile Enhancement of Attitudes and Intentions Following Diffi cult Decisions," *Journal of Consumer Research* 37, no. 4 (2010): 584-98.

④ D. Neal and W. Wood, "The Habitual Consumer," *Journal of Consumer Psychology* 19, no. 4 (2009): 579-92. For more on similar research, see R. Fazio and M. Zanna, "Direct Experience and Attitude-Behavior Consistency," in *Advances in Experimental Social Psychology,* ed. L. Berkowitz (New York: Academic Press, 2005); R. Abelson and R. Schank, "Knowledge and Memory: The Real Story," in *Knowledge and Memory: The Real Story,* ed. R. S. Wyer, Jr. (Hillsdale, N.J.: Lawrence Erlbaum, 2004); Nobert Schwarz, "Meta- Cognitive Experiences in Consumer Judgment and Decision Making," *Journal of Consumer Psychology* 14, no. 4 (September 2004): 332-48; R. Wyer and A. Xu, "The Role of Behavioral Mindsets in Goal- Directed Activity: Conceptual Underpinnings and Empirical Evidence," *Journal of Consumer Psychology* 20, no. 2 (2010): 107-25.

⑤ Julia Angwin and Steve Stecklow, "'Scrapers' Dig Deep for Data on Web," *The Wall Street Journal,* October 12, 2010; Mark Maremont and Leslie Scism, "Insurers Test Data Profi les to Identify Risky Clients," *The Wall Street Journal,* November 19, 2010; Paul Sonne and Steve Stecklow, "Shunned Profi ling Technology on the Verge of Comeback," *The Wall Street Journal,* November 24, 2010.

⑥ 這張投影片取自波爾二〇〇九年十月二十日在「預測分析世界」大會的紐約專題演講，現在已經無法在網上取得。更多資料請見：Andrew Pole, "Challenges of Incremental Sales Modeling in Direct Marketing"。

⑦ 各種人生變化以及確切產品之間難以找出特定相關，因此雖然我們知道搬家或離婚人士會改變購物模式，不能說離婚絕對會影響啤酒的選擇，也不能說新家絕對會影響穀片的購買，但我們知道一般會出現什麼傾向。請見：Alan Andreasen, "Life Status Changes and Changes in Consumer Preferences and Satisfaction," *Journal of Consumer Research* 11, no. 3 (1984): 784-94. For more on this topic, see E. Lee, A. Mathur, and G. Moschis, "A Longitudinal Study of the Effects of Life Status Changes on Changes in Consumer Preferences," *Journal of the Academy of Marketing Science* 36, no. 2 (2007): 234-46; L. Euehun, A. Mathur, and G. Moschis, "Life Events and Brand Preferences Changes," *Journal of Consumer Behavior* 3, no. 2 (2003): 129-41。

⑧ 關於特定時刻如何帶給行銷人員（或是政府單位、健康提倡者，或是與這方面有關的任何人士）機會這個有

趣的主題，詳情請見：Bas Verplanken and Wendy Wood, "Interventions to Break and Create Consumer Habits," *Journal of Public Policy and Marketing* 25, no. 1 (2006): 90-103; D. Albarracin, A. Earl, and J. C. Gillette, "A Test of Major Assumptions About Behavior Change: A Comprehensive Look at the Effects of Passive and Active HIV- Prevention Interventions Since the Beginning of the Epidemic," *Psychological Bulletin* 131, no. 6 (2005): 856-97; T. Betsch, J. Brinkmann, and K. Fiedler, "Behavioral Routines in Decision Making: The Effects of Novelty in Task Presentation and Time Pressure on Routine Maintenance and Deviation," *European Journal of Social Psychology* 28, no. 6 (1998): 861-78; L. Breslow, "Social Ecological Strategies for Promoting Healthy Lifestyles," *American Journal of Health Promotion* 10, no. 4 (1996), 253-57; H. Buddelmeyer and R. Wilkins, "The Effects of Smoking Ban Regulations on Individual Smoking Rates," Melbourne Institute Working Paper Series no. 1737, Melbourne Institute of Applied Economic and Social Research, University of Melbourne, 2005; P. Butterfi eld, "Thinking Upstream: Nurturing a Conceptual Understanding of the Societal Context of Health Behavior," *Advances in Nursing Science* 12, no. 2 (1990): 1-8; J. Derzon and M. Lipsey, "A Meta- Analysis of the Effectiveness of Mass Communication for Changing Substance- Use Knowledge, Attitudes, and Behavior," in *Mass Media and Drug Prevention: Classic and Contemporary Theories and Research*, ed. W. D. Crano and M. Burgoon (East Sussex, U.K.: Psychology, 2001); R. Fazio, J. Ledbetter, and T. Ledbetter, "On the Costs of Accessible Attitudes: Detecting That the Attitude Object Has Changed," *Journal of Personality and Social Psychology* 78, no. 2 (2000): 197-210; S. Fox et al., "Competitive Food Initiatives in Schools and Overweight in Children: A Review of the Evidence," *Wisconsin Medical Journal* 104, no. 8 (2005): 38-43; S. Fujii, T. Garling, and R. Kitamura, "Changes in Drivers' Perceptions and Use of Public Transport During a Freeway Closure: Effects of Temporary Structural Change on Cooperation in a Real- Life Social Dilemma," *Environment and Behavior* 33, no. 6 (2001): 796-808; T. Heatherton and P. Nichols, "Personal Accounts of Successful Versus Failed Attempts at Life Change," *Personality and Social Psychology Bulletin* 20, no. 6 (1994): 664-75; J. Hill and H. R. Wyatt, "Obesity and the Environment: Where Do We Go from Here?" *Science* 299, no. 5608 (2003): 853-55; P. Johnson, R. Kane, and R. Town, "A Structured Review of the Effect of Economic Incentives on Consumers' Preventive Behavior," *American Journal of Preventive Medicine* 27, no. 4 (2004): 327-52; J. Fulkerson, M. Kubrik, and L. Lytle, "Fruits, Vegetables, and Football: Findings from Focus Groups with Alternative High School Students Regarding Eating and Physical Activity," *Journal of Adolescent Health* 36, no. 6 (2005): 494-500; M. Abraham, S. Kalmenson, and L. Lodish, "How T.V. Advertising Works: A Meta- Analysis of 389 Real World Split Cable T.V. Advertising Experiments," *Journal of*

Marketing Research 32, no. 5 (1995): 125-39; J. McKinlay, “A Case for Re- Focusing Upstream: The Political Economy of Illness,” in *Applying Behavioral Science to Cardiovascular Risk*, ed. A. J. Enelow and J. B. Henderson (New York: American Heart Association, 1975); N. Milio, “A Framework for Prevention: Changing Health- Damaging to Health- Generating Life Patterns,” *American Journal of Public Health* 66, no. 5 (1976): 435-39; S. Orbell, “Intention- Behavior Relations: A Self- Regulatory Perspective,” in *Contemporary Perspectives on the Psychology of Attitudes*, ed. G. Haddock and G. Maio (New York: Psychology Press, 2004); C. T. Orleans, “Promoting the Maintenance of Health Behavior Change: Recommendations for the Next Generation of Research and Practice,” *Health Psychology* 19, no. 1 (2000): 76-83; C. G. DiClemente, J. C. Norcross, and J. Prochaska, “In Search of How People Change: Applications to Addictive Behaviors,” *American Psychologist* 47, no. 9 (1992): 1102-14; J. Quinn and W. Wood, “Inhibiting Habits and Temptations: Depends on Motivational Orientation,” 2006 manuscript under editorial review; T. Mainieri, S. Oskamp, and P. Schultz, “Who Recycles and When? A Review of Personal and Structural Factors,” *Journal of Environmental Psychology* 15, no. 2 (1995): 105-21; C. D. Jenkins, C. T. Orleans, and T. W. Smith, “Prevention and Health Promotion: Decades of Progress, New Challenges, and an Emerging Agenda,” *Health Psychology* 23, no. 2 (2004): 126-31; H. C. Triandis, “Values, Attitudes, and Interpersonal Behavior,” *Nebraska Symposium on Motivation* 27 (1980): 195-259.

⑨“Parents Spend £5,000 on Newborn Baby Before Its First Birthday,” *Daily Mail,* September 20, 2010.

⑩Brooks Barnes, “Disney Looking into Cradle for Customers,” *The New York Times,* February 6, 2011.

⑪本段用意爲解釋塔吉特的模型可以偵測哪些類型的消費者，文中提到的姓名皆爲假名，非眞有其人。

⑫“McDonald’s, CBS, Mazda, and Microsoft Sued for ‘History Sniffing,’” Forbes.com, January 3, 2011.

⑬Terry Baynes, “California Ruling Sets Off More Credit Card Suits,” Reuters, February 16, 2011.

⑭A. Elberse, J. Eliashbert, and J. Villanueva, “Polyphonic HMI: Mixing Music with Math,” *Harvard Business Review,* August 24, 2005.

⑮此處我要感謝尼爾森廣播資訊系統數據服務總監亞當・佛斯特（Adam Foster）。

⑯感謝目前在電台前線（Inside Radio）工作的保羅・海涅（Paul Heine）：Paul Heine, “Fine- tuning People Meter,” *Billboard,* November 6, 2004; Paul Heine, “Mscore Data Shows Varying Relationship with Airplay,” *Billboard,* April 3, 2010。

⑰愛麗斯塔唱片行銷主管巴透斯在事實確認回覆中強調，他認爲〈嘿，你好！〉如此兩極是件好事。這首歌在發行與宣傳期間與另一首歌〈舞姿搖擺〉(The Way You Move)搭配，那首歌是流浪者合唱團雙碟專輯《大喇叭・

愛亂來》（*Speakerboxxx/The Love Below*）另一首重要單曲。巴透斯告訴我：「你希望引起反應。有些比較聰明的〔企畫總監〕會把兩極視為讓電台有特色的契機。對我來說，人們很快轉台的反應不代表我們不成功，我的工作是說服企畫總監，告訴他們為什麼應該關注這首歌。」

⑱ Stephanie Clifford, "You Never Listen to Celine Dion? Radio Meter Begs to Differ," *The New York Times,* December 15, 2009; Tim Feran, "Why Radio's Changing Its Tune," *The Columbus Dispatch,* June 13, 2010.

⑲ G. S. Berns, C. M. Capra, and S. Moore, "Neural Mechanisms of the Infl uence of Popularity on Adolescent Ratings of Music," *NeuroImage* 49, no. 3 (2010): 2687-96; J. Bharucha, F. Musiek, and M. Tramo, "Music Perception and Cognition Following Bilateral Lesions of Auditory Cortex," *Journal of Cognitive Neuroscience* 2, no. 3 (1990): 195-212; Stefan Koelsch and Walter Siebel, "Towards a Neural Basis of Music Perception," *Trends in Cognitive Sciences* 9, no. 12 (2005): 578-84; S. Brown, M. Martinez, and L. Parsons, "Passive Music Listening Spontaneously Engages Limbic and Paralimbic Systems," *NeuroReport* 15, no. 13 (2004): 2033-37; Josef Rauschecker, "Cortical Processing of Complex Sounds," *Current Opinion in Neurobiology* 8, no. 4 (1998): 516-21; J. Kaas, T. Hackett, and M. Tramo, "Auditory Processing in Primate Cerebral Cortex," *Current Opinion in Neurobiology* 9, no. 2 (1999): 164-70; S. Koelsch, "Neural Substrates of Processing Syntax and Semantics in Music," *Current Opinion in Neurobiology* 15 (2005): 207-12; A. Lahav, E. Saltzman, and G. Schlaug, "Action Representation of Sound: Audiomotor Recognition Network While Listening to Newly Acquired Actions," *Journal of Neuroscience* 27, no. 2 (2007): 308-14; D. Levitin and V. Menon, "Musical Structure Is Processed in 'Language' Areas of the Brain: A Possible Role for Brodmann Area 47 in Temporal Coherence," *NeuroImage* 20, no. 4 (2003): 2142-52; J. Chen, V. Penhume, and R. Zatorre, "When the Brain Plays Music: Auditory- Motor Interactions in Music Perception and Production," *Nature Reviews Neuroscience* 8, 547-58.

⑳ N. S. Rickard and D. Ritossa, "The Relative Utility of 'Pleasantness' and 'Liking' Dimensions in Predicting the Emotions Expressed by Music," *Psychology of Music* 32, no. 1 (2004): 5-22; G. Berns, C. Capra, and S. Moore, "Neural Mechanisms of the Infl uence of Popularity on Adolescent Ratings of Music," *NeuroImage* 49, no. 3 (2010): 2687-96; David Hargreaves and Adrian North, "Subjective Complexity, Familiarity, and Liking for Popular Music," *Psychomusicology* 14, no. 1996 (1995): 77-93。關於「熟悉度如何影響吸引力」這個有趣主題的各方研究，亦請參考：G. Berns, S. McClure, and G. Pagnoni, "Predictability Modulates Human Brain Response to Reward," *Journal of Neuroscience* 21, no. 8 (2001): 2793-98; D. Brainard, "The Psychophysics Toolbox," *Spatial Vision* 10 (1997): 433-

36; J. Cloutier, T. Heatherton, and P. Whalen, “Are Attractive People Rewarding? Sex Differences in the Neural Substrates of Facial Attractiveness,” *Journal of Cognitive Neuroscience* 20, no. 6 (2008): 941-51; J. Kable and P. Glimcher, “The Neural Correlates of Subjective Value During Intertemporal Choice,” *Nature Neuroscience* 10, no. 12 (2007): 1625-33; S. McClure et al., “Neural Correlates of Behavioral Preference for Culturally Familiar Drinks,” *Neuron* 44, no. 2 (2004): 379-87; C. J. Assad and Padoa- Schioppa, “Neurons in the Orbitofrontal Cortex Encode Economic Value,” *Nature* 441, no. 7090 (2006): 223-26; H. Plassmann et al., “Marketing Actions Can Modulate Neural Representations of Experienced Pleasantness,” *Proceedings of the National Academy of Science* 105, no. 3 (2008): 1050-54; Muzafer Sherif, *The Psychology of Social Norms* (New York: Harper and Row, 1936); Wendy Wood, “Attitude Change: Persuasion and Social Infl uence,” *Annual Review of Psychology* 51 (2000): 539-70; Gustave Le Bon, *The Crowd: A Study of the Popular Mind* (Mineola, N.Y.: Dover Publications, 2001); G. Berns et al., “Neural Mechanisms of Social Infl uence in Consumer Decisions,” working paper, 2009; G. Berns et al., “Nonlinear Neurobiological Probability Weighting Functions for Aversive Outcomes,” *NeuroImage* 39, no. 4 (2008): 2047-57; G. Berns et al., “Neurobiological Substrates of Dread,” *Science* 312, no. 5 (2006): 754-58; G. Berns, J. Chappelow, and C. Zink, “Neurobiological Correlates of Social Conformity and Independence During Mental Rotation,” *Biological Psychiatry* 58, no. 3 (2005): 245 53; R. Bettman, M. Luce, and J. Payne, “Constructive Consumer Choice Processes,” *Journal of Consumer Research* 25, no. 3 (1998): 187-217; A. Blood and R. Zatorre, “Intensely Pleasurable Responses to Music Correlate with Activity in Brain Regions Implicated in Reward and Emotion,” *Proceedings of the National Academy of Science* 98, no. 20 (2001): 11818-23; C. Camerer, G. Loewenstein, and D. Prelec, “Neuroeconomics: How Neuroscience Can Inform Economics,” *Journal of Economic Literature* 43, no. 1 (2005): 9-64; C. Capra et al., “Neurobiological Regret and Rejoice Functions for Aversive Outcomes,” *NeuroImage* 39, no. 3 (2008): 1472-84; H. Critchley et al., “Neural Systems Supporting Interoceptive Awareness,” *Nature Neuroscience* 7, no. 2 (2004): 189-95; H. Bayer, M. Dorris, and P. Glimcher, “Physiological Utility Theory and the Neuroeconomics of Choice,” *Games and Economic Behavior* 52, no. 2, 213-56; M. Brett and J. Grahn, “Rhythm and Beat Perception in Motor Areas of the Brain,” *Journal of Cognitive Neuroscience* 19, no. 5 (2007): 893-906; A. Hampton and J. O’Doherty, “Decoding the Neural Substrates of Reward- Related Decision- Making with Functional MRI,” *Proceedings of the National Academy of Science* 104, no. 4 (2007): 1377-82; J. Birk et al., “The Cortical Topography of Tonal Structures Underlying Western Music,” *Science* 298 (2002): 2167-70; B. Knutson et al., “Neural Predictors of Purchases,” *Neuron* 53, no. 1 (2007): 147-56; B. Knutson et al., “Distributed

Neural Representation of Expected Value," *Journal of Neuroscience* 25, no. 19 (2005): 4806-12; S. Koelsch, "Neural Substrates of Processing Syntax and Semantics in Music," *Current Opinion in Neurobiology* 15, no. 2 (2005): 207-12; T. Fritz et al., "Adults and Children Processing Music: An fMRI Study," *NeuroImage* 25 (2005): 1068-76; T. Fritz et al., "Investigating Emotion with Music: An fMRI Study," *Human Brain Mapping* 27 (2006): 239-50; T. Koyama et al., "The Subjective Experience of Pain: Where Expectations Becomes Reality," *Proceedings of the National Academy of Science* 102, no. 36 (2005): 12950-55; A. Lahav, E. Saltzman, and G. Schlaug, "Action Representation of Sound: Audiomotor Recognition Network While Listening to Newly Acquired Actions," *Journal of Neuroscience* 27, no. 2 (2007): 308-14; D. Levitin and V. Menon, "Musical Structure Is Processed in 'Language' Areas of the Brain: A Possible Role for Brodmann Area 47 in Temporal Coherence," *NeuroImage* 20, no. 4 (2003): 2142-52; G. Berns and P. Montague, "Neural Economics and the Biological Substrates of Valuation," *Neuron* 36 (2002): 265-84; C. Camerer, P. Montague, and A. Rangel, "A Framework for Studying the Neurobiology of Value- Based Decision Making," *Nature Reviews Neuroscience* 9 (2008): 545-56; C. Chafe et al., "Neural Dynamics of Event Segmentation in Music: Converging Evidence for Dissociable Ventral and Dorsal Networks," *Neuron* 55, no. 3 (2007): 521-32; Damian Ritossa and Nikki Rickard, "The Relative Utility of 'Pleasantness' and 'Liking' Dimensions in Predicting the Emotions Expressed by Music," *Psychology of Music* 32, no. 1 (2004): 5-22; Gregory S. Berns et al., "Neural Mechanisms of the Infl uence of Popularity on Adolescent Ratings of Music," *NeuroImage* 49, no. 3 (2010): 2687-96; Adrian North and David Hargreaves, "Subjective Complexity, Familiarity, and Liking for Popular Music," *Psychomusicology* 14, nos. 1-2 (1995): 77-93; Walter Ritter, Elyse Sussman, and Herbert Vaughan, "An Investigation of the Auditory Streaming Effect Using Event- Related Brain Potentials," *Psychophysiology* 36, no. 1 (1999): 22-34; Elyse Sussman, Rika Takegata, and Istvan Winkler, "Event- Related Brain Potentials Reveal Multiple Stages in the Perceptual Organization of Sound," *Cognitive Brain Research* 25, no. 1 (2005): 291-99; Isabelle Peretz and Robert Zatorre, "Brain Organization for Music Processing," *Annual Review of Psychology* 56, no. 1 (2005): 89-114。

㉑ Charles Grutzner, "Horse Meat Consumption by New Yorkers Is Rising," *The New York Times,* September 25, 1946.

㉒ 值得注意的是，這只是委員會（既深且廣）的眾多發現之一。關於此一委員會及其影響的相關資料，請見以下引人入勝的研究：Brian Wansink, "Changing Eating Habits on the Home Front: Lost Lessons from World War II Research," *Journal of Public Policy and Marketing* 21, no. 1 (2002): 90-99。

㉓ Wansink, "Changing Eating Habits on the Home Front."

㉔ Brian Wansink, *Marketing Nutrition: Soy, Functional Foods, Biotechnology, and Obesity* (Champaign: University of Illinois, 2007).

㉕ Dan Usher, "Measuring Real Consumption from Quantity Data, Canada 1935-1968," in *Household Production and Consumption*, ed. Nestor Terleckyj (New York: National Bureau of Economic Research, 1976). 美國食用內臟的數據非常難以取得，此處的計算依據了加拿大的趨勢，加拿大這方面的數據較爲豐富，而美國官員在訪談中提到加拿大與美國的情況相差不遠。Dan Usher 的論文計算了內含內臟的「罐裝肉」數據。

㉖ Target Corporation Analyst Meeting, October 18, 2005.

8 蒙哥馬利公車抵制事件

① 關於蒙哥馬利公車罷乘事件，我必須感謝歷史學家約翰・A・寇克與泰勒・布蘭奇。此外，我對於相關事件的了解也借自：John A. Kirk, *Martin Luther King, Jr.: Profi les in Power* (New York: Longman, 2004); Taylor Branch, *Parting the Waters: America in the King Years, 1954-63* (New York: Simon and Schuster, 1988); Taylor Branch, *Pillar of Fire: America in the King Years, 1963-65* (New York: Simon and Schuster, 1998); Taylor Branch, *At Canaan's Edge: America in the King Years, 1965-68* (New York: Simon and Schuster, 2006); Douglas Brinkley, *Mine Eyes Have Seen the Glory: The Life of Rosa Parks* (London: Weidenfeld and Nicolson, 2000); Martin Luther King, Jr., *Stride Toward Freedom: The Montgomery Story* (New York: Harper and Brothers, 1958); Clayborne Carson, ed., *The Papers of Martin Luther King, Jr.,* vol. 1, *Called to Serve* (Berkeley: University of California, 1992), vol. 2, *Rediscovering Precious Values* (1994), vol. 3, *Birth of a New Age* (1997), vol. 4, *Symbol of the Movement* (2000), vol. 5, *Threshold of a New Decade* (2005); Aldon D. Morris, *The Origins of the Civil Rights Movement* (New York: Free Press, 1986); James Forman, *The Making of Black Revolutionaries* (Seattle: University of Washington, 1997)。若未引用出處，文中事實大多來自以上資料。

② Henry Hampton and Steve Fayer, eds., *Voices of Freedom: An Oral History of the Civil Rights Movement from the 1950s Through the 1980s* (New York: Bantam Books, 1995); Rosa Parks, *Rosa Parks: My Story* (New York: Puffi n, 1999).

③ John A. Kirk, *Martin Luther King, Jr.: Profi les in Power* (New York: Longman, 2004).

④ 更多社運的社會學研究請見：G. Davis, D. McAdam, and W. Scott, *Social Movements and Organizations* (New York: Cambridge

University, 2005); Robert Crain and Rita Mahard, "The Consequences of Controversy Accompanying Institutional Change: The Case of School Desegregation," *American Sociological Review* 47, no. 6 (1982): 697-708; Azza Salama Layton, "International Pressure and the U.S. Government's Response to Little Rock," *Arkansas Historical Quarterly* 56, no. 3 (1997): 257-72; Brendan Nelligan, "The Albany Movement and the Limits of Nonviolent Protest in Albany, Georgia, 1961-1962," Providence College Honors Thesis, 2009; Charles Tilly, *Social Movements, 1768-2004* (London: Paradigm, 2004); Andrew Walder, "Political Sociology and Social Movements," *Annual Review of Sociology* 35 (2009): 393-412; Paul Almeida, *Waves of Protest: Popular Struggle in El Salvador, 1925-2005* (Minneapolis: University of Minnesota, 2008); Robert Benford, "An Insider's Critique of the Social Movement Framing Perspective," *Sociological Inquiry* 67, no. 4 (1997): 409-30; Robert Benford and David Snow, "Framing Processes and Social Movements: An Overview and Assessment," *Annual Review of Sociology* 26 (2000): 611-39; Michael Burawoy, *Manufacturing Consent: Changes in the Labor Process Under Monopoly Capitalism* (Chicago: University of Chicago, 1979); Carol Conell and Kim Voss, "Formal Organization and the Fate of Social Movements: Craft Association and Class Alliance in the Knights of Labor," *American Sociological Review* 55, no. 2 (1990): 255-69; James Davies, "Toward a Theory of Revolution," *American Sociological Review* 27, no. 1 (1962): 5-18; William Gamson, *The Strategy of Social Protest* (Homewood, Dorsey, 1975); Robert Benford, "An Insider's Critique of the Social Movement Framing Perspective," *Sociological Inquiry* 67, no. 4 (1997): 409-30; Jeff Goodwin, *No Other Way Out: States and Revolutionary Movements, 1945-1991* (New York: Cambridge University, 2001); Jeff Goodwin and James Jasper, eds., *Rethinking Social Movements: Structure, Meaning, and Emotion* (Lanham, Md.: Rowman and Littlefield, 2003); Roger Gould, "Multiple Networks and Mobilization in the Paris Commune, 1871," *American Sociological Review* 56, no. 6 (1991): 716-29; Joseph Gusfi eld, "Social Structure and Moral Reform: A Study of the Woman's Christian Temperance Union," *American Journal of Sociology* 61, no. 3 (1955): 221-31; Doug McAdam, *Political Process and the Development of Black Insurgency, 1930-1970* (Chicago: University of Chicago, 1982); Doug McAdam, "Recruitment to High- Risk Activism: The Case of Freedom Summer," *American Journal of Sociology* 92, no. 1 (1986): 64-90; Doug McAdam, "The Biographical Consequences of Activism," *American Sociological Review* 54, no. 5 (1989): 744-60; Doug McAdam, "Conceptual Origins, Current Problems, Future Directions," in *Comparative Perspectives on Social Movements: Political Opportunities, Mobilizing Structures, and Cultural Framings,* ed. Doug McAdam, John McCarthy, and Mayer Zald (New York: Cambridge University, 1996); Doug McAdam and Ronnelle Paulsen, "Specifying the Relationship Between Social Ties and

Activism," *American Journal of Sociology* 99, no. 3 (1993): 640- 67; D. McAdam, S. Tarrow, and C. Tilly, *Dynamics of Contention* (Cambridge: Cambridge University, 2001); Judith Stepan- Norris and Judith Zeitlin, "'Who Gets the Bird?' or, How the Communists Won Power and Trust in America's Unions," *American Sociological Review* 54, no. 4 (1989): 503-23; Charles Tilly, *From Mobilization to Revolution* (Reading, Mass.: Addison- Wesley, 1978)。

⑤Phillip Hoose, *Claudette Colvin: Twice Toward Justice* (New York: Farrar, Straus and Giroux, 2009).

⑥同上。

⑦Russell Freedman, *Freedom Walkers: The Story of the Montgomery Bus Boycott* (New York: Holiday House, 2009).

⑧Martin Luther King, Jr., *Stride Toward Freedom* (New York: Harper and Brothers, 1958).

⑨Taylor Branch, *Parting the Waters: America in the King Years, 1954-63* (New York: Simon and Schuster, 1988).

⑩Douglas Brinkley, *Mine Eyes Have Seen the Glory: The Life of Rosa Parks* (London: Weidenfeld and Nicolson, 2000).

⑪John A. Kirk, *Martin Luther King, Jr.: Profiles in Power* (New York: Longman, 2004).

⑫Carson, *Papers of Martin Luther King, Jr.*

⑬Mark Granovetter, *Getting a Job: A Study of Contacts and Careers* (Chicago: University of Chicago, 1974).

⑭Andreas Flache and Michael Macy, "The Weakness of Strong Ties: Collective Action Failure in a Highly Cohesive Group," *Journal of Mathematical Sociology* 21 (1996): 3-28. For more on this topic, see Robert Axelrod, *The Evolution of Cooperation* (New York: Basic Books, 1984); Robert Bush and Frederick Mosteller, *Stochastic Models for Learning* (New York: Wiley, 1984); I. Erev, Y. Bereby- Meyer, and A. E. Roth, "The Effect of Adding a Constant to All Payoffs: Experimental Investigation and Implications for Reinforcement Learning Models," *Journal of Economic Behavior and Organization* 39, no. 1 (1999): 111-28; A. Flache and R. Hegselmann, "Rational vs. Adaptive Egoism in Support Networks: How Different Micro Foundations Shape Different Macro Hypotheses," in *Game Theory, Experience, Rationality: Foundations of Social Sciences, Economics, and Ethics in Honor of John C. Harsanyi (Yearbook of the Institute Vienna Circle),* ed. W. Leinfellner and E. Kohler (Boston: Kluwer, 1997), 261-75; A. Flache and R. Hegselmann, "Rationality vs. Learning in the Evolution of Solidarity Networks: A Theoretical Comparison," *Computational and Mathematical Organization Theory* 5, no. 2 (1999): 97-127; A. Flache and R. Hegselmann, "Dynamik Sozialer Dilemma- Situationen," fi nal research report of the DFG- Project Dynamics of Social Dilemma Situations, University of Bayreuth, Department of Philosophie, 2000; A. Flache and Michael Macy, "Stochastic Collusion and the Power Law of Learning," *Journal of Confl ict Resolution* 46, no. 5 (2002): 629-53; Michael Macy, "Learning to Cooperate: Stochastic and Tacit Collusion in Social Exchange," *American Journal of Sociology* 97, no. 3 (1991): 808-43; E. P. H. Zeggelink, "Evolving Friendship Networks: An Individual- Oriented Approach Implementing Similarity," *Social Networks* 17 (1996): 83-110; Judith Blau, "When Weak Ties Are Structured," unpublished manuscript, Department of Sociology, State University of New York, Albany, 1980; Peter Blau, "Parameters of Social Structure," *American Sociological Review* 39, no. 5 (1974): 615-35; Scott Boorman, "A Combinatorial Optimization Model for Transmission of Job Information Through Contact Networks," *Bell Journal of Economics* 6, no. 1 (1975): 216-49; Ronald Breiger and Philippa Pattison, "The Joint Role Structure of Two Communities' Elites," *Sociological Methods and Research* 7, no. 2 (1978): 213 26; Daryl Chubin, "The Conceptualization of Scientifi c Specialties," *Sociological Quarterly* 17, no. 4 (1976): 448-76; Harry Collins, "The TEA Set: Tacit Knowledge and Scientifi c Networks," *Science Studies* 4, no. 2 (1974): 165-86; Rose Coser, "The Complexity of Roles as Seedbed of Individual Autonomy," in *The Idea of Social Structure: Essays in Honor of Robert Merton,* ed. L. Coser (New York: Harcourt, 1975); John Delany, "Aspects of Donative Resource Allocation and the Effi ciency of Social Networks: Simulation Models of Job Vacancy Information Transfers Through Personal Contacts," PhD diss., Yale University, 1980; E. Ericksen and W. Yancey, "The Locus of Strong Ties," unpublished manuscript, Department of Sociology, Temple University, 1980.

⑮Mark Granovetter, "The Strength of Weak Ties: A Network Theory Revisited," *Sociological Theory* 1 (1983): 201-33.

⑯McAdam, "Recruitment to High- Risk Activism."

⑰同上；Paulsen, "Specifying the Relationship Between Social Ties and Activism."

⑱麥亞當在一封事實確認電子郵件中，提供更多細節解釋該研究的起源：「我最初的研究關注爲找出民權運動及其他早期新左翼運動的關聯，特別是學生運動、反戰運動，以及女性解放運動。後來我找到自由之夏的申請報名表，發現報名表的主人有些人自請參加、有些人『放鴿子』，那時我才開始想要解釋⑴爲什麼有些人最後去了密西西比，有些人沒去，以及⑵這兩組人之間，去與不去較爲長期的影響。」

⑲麥亞當在另一封事實確認電子郵件上寫著：「對我來說，組織連結的重要性不在於讓自願者『不可能』退出，而在於保證申請人因爲這個突出的身分（即基督徒）以及參與夏日計畫之間的連結，可以得到衆多幫助。如

同我在〔一篇文章中〕所指出的一樣，『是否認同某個特定身分為強烈主觀的一件事，得到組織連結增強則特別有可能助長參與。』」

⑳ Tom Mathews and Roy Wilkins, *Standing Fast: The Autobiography of Roy Wilkins* (Cambridge, Mass.: Da Capo, 1994).

㉑ Branch, *Parting the Waters.*

㉒ King, *Stride Toward Freedom*; James M. Washington, *A Testament of Hope: The Essential Writings and Speeches of Martin Luther King, Jr.* (New York: HarperCollins, 1990).

㉓ King, *Stride Toward Freedom.*

㉔ 關於華理克牧師故事的解說，我要感謝華理克、格倫・庫魯恩（Glenn Kruen）、史帝夫・格雷登（Steve Gladen）、傑夫・薛勒（Jeff Sheler）、安・庫魯門（Anne Krumm），以及下列書籍：Jeffrey Sheler, *Prophet of Purpose: The Life of Rick Warren* (New York: Doubleday, 2009); Rick Waren, *The Purpose-Driven Church* (Grand Rapids, Mich.: Zondervan, 1995); and the following articles: Barbara Bradley, "Marketing That New- Time Religion," *Los Angeles Times,* December 10, 1995; John Wilson, "Not Just Another Mega Church," *Christianity Today,* December 4, 2000; "Therapy of the Masses," *The Economist,* November 6, 2003; "The Glue of Society," *The Economist,* July 14, 2005; Malcolm Gladwell, "The Cellular Church," *The New Yorker,* September 12, 2005; Alex MacLeod, "Rick Warren: A Heart for the Poor," *Presbyterian Record,* January 1, 2008; Andrew, Ann, and John Kuzma, "How Religion Has Embraced Marketing and the Implications for Business," *Journal of Management and Marketing Research* 2 (2009): 1-10。

㉕ Warren, *Purpose-Driven Church.*

㉖ Donald McGavran, *The Bridges of God* (New York: Friendship Press, 1955). Italics added.

㉗ Sheler, *Prophet of Purpose.*

㉘ 馬鞍峰教會發言人在事實確認電子郵件上提供此事相關細節：「華牧師腦部化學不平衡，導致他對腎上腺素過敏。這個遺傳問題沒有藥物可以治療，讓公眾演說變得十分痛苦，造成他視力模糊、頭痛、發熱潮紅與恐慌。症狀通常會持續十五分鐘，之後腎上腺素退去，身體可以回復正常作用。（他的腎上腺素暴衝就像任何講者可能經歷的一樣，只要登上布道台就會發生。）華牧師說這個弱點讓他持續仰賴上帝。」

㉙ *Discovering Spiritual Maturity*, Class 201, published by Saddleback Church, http://www.saddlebackresources.com/ CLASS-201- Discovering- Spiritual- Maturity- Complete- Kit- Download- P3532 .aspx.

㉚馬鞍峰教會發言人在事實確認電子郵件上說，雖然馬鞍峰教會的重要宗旨是教導人們引領自己，「這代表每個人可以去他們選擇的任何方向。聖經的教義/引領有清楚的方向。小組研究的目的是教導人們信仰的靈魂紀律，以及每天能夠運用在生活中的日常習慣。」

㉛Martin Luther King, Jr., *The Autobiography of Martin Luther King, Jr.*, ed. Clayborne Carson (New York: Grand Central, 2001).

㉜Carson; King,.

㉝*Browder v. Gayle,* 352 U.S. 903 (1956).

㉞Washington, *Testament of Hope*.

㉟Kirk, *Martin Luther King, Jr.*

㊱同上。

9 自由意志的神經學

①「安姬・巴克曼」是化名。此一故事報導依據了十小時以上巴克曼本人訪談、親友訪談、十數則新聞報導以及法院檔案。然而，我們提出確認事實的問題時，巴克曼拒絕參與，只說幾乎所有細節都不確實，包括她先前以及其他消息來源已證實的部分，以及法院記錄與公開文件皆如此，然後就此切斷連線。

②*The Writings of George Washington,* vol. 8, ed. Jared Sparks (1835).

③Iowa Racing and Gaming Commission, Des Moines, Iowa, 2010.

④Simon de Bruxelles, "Sleepwalker Brian Thomas Admits Killing Wife While Fighting Intruders in Nightmare,' *The Times,* November 18, 2009.

⑤Jane Mathews, "My Horror, by Husband Who Strangled Wife in Nightmare," *Daily Express,* December 16, 2010.

⑥Simon de Bruxelles, "Sleepwalker Brian Thomas Admits Killing Wife While Fighting Intruders in Nightmare." *The Times,* November 18, 2009.

⑦某些例子中，人們在做夢時夢遊，這種情形稱為「快速動眼期睡眠行為障礙」（請見：C. H. Schenck et al., "Motor

Dyscontrol in Narcolepsy: Rapid- Eye- Movement [REM] Sleep Without Atonia and REM Sleep Behavior Disorder," *Annals of Neurology* 32, no. 1 [July 1992]: 3-10).）。在其他例子，人們沒有做夢但仍然會走動。

⑧ C. Bassetti, F. Siclari, and R. Urbaniok, "Violence in Sleep," *Schweizer Archiv Fur Neurologie und Psychiatrie* 160, no. 8 (2009): 322-33.

⑨ C. A. Tassinari et al., "Biting Behavior, Aggression, and Seizures," *Epilepsia* 46, no. 5 (2005): 654-63; C. Bassetti et al., "SPECT During Sleepwalking," *The Lancet* 356, no. 9228 (2000): 484-85; K. Schindler et al., "Hypoperfusion of Anterior Cingulate Gyrus in a Case of Paroxysmal Nocturnal Dustonia," *Neurology* 57, no. 5 (2001): 917-20; C. A. Tassinari et al., "Central Pattern Generators for a Common Semiology in Fronto- Limbic Seizures and in Parasomnias," *Neurological Sciences* 26, no. 3 (2005): 225-32.

⑩ P. T. D'Orban and C. Howard, "Violence in Sleep: Medico- Legal Issues and Two Case Reports," *Psychological Medicine* 17, no. 4 (1987): 915 25; B. Boeve, E. Olson, and M. Silber, "Rapid Eye Movement Sleep Behavior Disorder: Demographic, Clinical, and Laboratory Findings in 93 Cases," *Brain* 123, no. 2 (2000): 331-39.

⑪ John Hudson, "Common Law— Henry II and the Birth of a State," BBC, February 17, 2011; Thomas Morawetz, "Murder and Manslaughter: Degrees of Seriousness, Common Law and Statutory Law, the Model Penal Code," Law Library—American Law and Legal Information, http://law.jrank.org/pages/18652/Homicide.html.

⑫ M. Diamond, "Criminal Responsibility of the Addiction: Conviction by Force of Habit," *Fordham Urban Law Journal* 1, no. 3 (1972); R. Broughton et al., "Homicidal Somnambulism: A Case Report," *Sleep* 17, no. 3 (1994): 253-64; R. Cartwright, "Sleepwalking Violence: A Sleep Disorder, a Legal Dilemma, and a Psychological Challenge," *American Journal of Psychiatry* 161, no. 7 (2004): 1149-58; P. Fenwick, "Automatism, Medicine, and the Law," *Psychological Medicine Monograph Supplement,* no. 17 (1990): 1-27; M. Hanson, "Toward a New Assumption in Law and Ethics," *The Humanist* 66, no. 4 (2006).

⑬ L. Smith- Spark, "How Sleepwalking Can Lead to Killing," *BBC News,* March 18, 2005.

⑭ Beth Hale, "Sleepwalk Defense Clears Woman of Trying to Murder Her Mother in Bed," *Daily Mail,* June 3, 2009.

⑮ John Robertson and Gareth Rose, "Sleepwalker Is Cleared of Raping Teenage Girl," *The Scotsman,* June 22, 2011.

⑯ Stuart Jeffries, "Sleep Disorder: When the Lights Go Out," *The Guardian,* December 5, 2009.

⑰ Richard Smith, "Grandad Killed His Wife During a Dream," *The Mirror,* November 18, 2009.

⑱ Anthony Stone, "Nightmare Man Who Strangled His Wife in a 'Night Terror' Walks Free," *Western Mail,* November 21, 2009.

⑲ 同上。

⑳ Christina Binkley, "Casino Chain Mines Data on Its Gamblers, and Strikes Pay Dirt," *The Wall Street Journal* November 22, 2004; Rajiv Lal, "Harrah's Entertainment, Inc.," Harvard Business School, case no. 9-604-016, June 14, 2004; K. Ahsan et al., "Harrah's Entertainment, Inc.: Real- Time CRM in a Service Supply Chain," *Harvard Business Review,* case no. GS50, May 8, 2006; V. Chang and J. Pfeffer, "Gary Loveman and Harrah's Entertainment," *Harvard Business Review*, case no. OB45, November 4, 2003; Gary Loveman, "Diamonds in the Data Mine," *Harvard Business Review,* case no. R0305H, May 1, 2003.

㉑ 凱撒娛樂的聲明中指出：「依據凱撒遊輪賭場與〔巴克曼〕於二〇一一年五月間達成的和解條件，雙方（包括各自代表）不得討論該案件部分細節……我們希望反駁許多特定細節，但目前無法這麼做。您提出的數個問題皆關於據說爲〔巴克曼〕與凱撒旗下不具名員工之間的對話。由於她並未提供姓名，無法獨立查證她的說法。我們希望您在報導的時候能夠反映這點，您可以省略這些故事，或是清楚指出這些故事未經證實。如同服務業大部分的大型企業，我們關心顧客的購買決定以監控顧客滿意度與評估行銷手法的有效性。如同大部分的公司，我們持續尋找吸引顧客的方式，並努力留住忠實顧客。此外，如同大部分的公司，我們的顧客改變既有模式時，我們會試著找出原因並鼓勵他們重返，這與連鎖飯店、航空業者或乾洗店的手法沒有差別。優良的顧客服務就是這樣……凱撒娛樂（原名哈拉斯娛樂）及其子公司一向爲『負責任的博弈』的業界領導者，我們是第一家訂定書面承諾守則以規範貴賓招待原則的公司，也是第一家擁有全國性自願排除計畫的公司，顧客如果覺得本身遇到問題或是爲了其他理由，希望禁止自己進入我們所有的產業，他們也可以那樣做。另外，我們還贊助全國性電視廣告以推廣負責任的博弈，我們是唯一一家這麼做的公司。我們希望您的寫作能反映那段沿革，並且反映您所引述的〔巴克曼〕陳述全未經過獨立查證。」

㉒ 凱撒娛樂在聲明中指出：「如果貴賓停止造訪，我們絕對不會開除或處罰賭場公關（除非直接原因爲公關所做的事），而且我們不允許任何公關告訴貴賓如果他們不造訪的話，他們會被開除。」

㉓ M. Dixon and R. Habib, "Neurobehavioral Evidence for the 'Near- Miss' Effect in Pathological Gamblers," *Journal of the Experimental Analysis of Behavior* 93, no. 3 (2010): 313-28; H. Chase and L. Clark, "Gambling Severity Predicts Midbrain Response to Near- Miss Outcomes," *Journal of Neuroscience* 30, no. 18 (2010): 6180-87; L. Clark et al., "Gambling Near- Misses Enhance Motivation to Gamble and Recruit Win- Related Brain Circuitry," *Neuron* 61, no. 3 (2009): 481-90; Luke Clark, "Decision- Making During Gambling: An Integration of Cognitive and Psychobiological Approaches," *Philosophical Transactions of the Royal Society of London, Series B: Biological Sciences* 365, no. 1538 (2010): 319-30.

㉔ H. Lesieur and S. Blume, "The South Oaks Gambling Screen (SOGS): A New Instrument for the Identifi cation of Pathological Gamblers," *American Journal of Psychiatry* 144, no. 9 (1987): 1184-88。哈畢比在事實確認信上寫著：「我們還依據評估表其他類型的行爲，將許多受試者歸類爲病理性賭博者，例如只要受試者符合以下條件，就會被視爲病理性賭博者：⑴曾經爲了贏回輸掉的錢而賭博；⑵賭博金額曾經超過他們預計投入的金額。我們用非常低的門檻將受試者歸類爲病理性賭博者。」

㉕ M. Potenza, V. Voon, and D. Weintraub, "Drug Insight: Impulse Control Disorders and Dopamine Therapies in Parkinson's Disease," *Nature Clinical Practice Neurology* 12, no. 3 (2007): 664-72; J. R. Cornelius et al., "Impulse Control Disorders with the Use of Dopaminergic Agents in Restless Legs Syndrome: A Case Control Study," *Sleep* 22, no. 1 (2010): 81-87.

㉖ Ed Silverman, "Compulsive Gambler Wins Lawsuit Over Mirapex," *Pharmalot*, July 31, 2008.

㉗ 賭博神經學的進一步資訊，請見：A. J. Lawrence et al., "Problem Gamblers Share Defi cits in Impulsive Decision- Making with Alcohol- Dependent Individuals," *Addiction* 104, no. 6 (2009): 1006-15; E. Cognat et al., "'Habit' Gambling Behaviour Caused by Ischemic Lesions Affecting the Cognitive Territories of the Basal Ganglia," *Journal of Neurology* 257, no. 10 (2010): 1628-32; J. Emshoff, D. Gilmore, and J. Zorland, "Veterans and Problem Gambling: A Review of the Literature," Georgia State University, February 2010, http://www2.gsu.edu/~psyjge/Rsrc/ PG_IPV_Veterans.pdf; T. van Eimeren et al., "Drug- Induced Deactivation of Inhibitory Networks Predicts Pathological Gambling in PD," *Neurology* 75, no. 19 (2010): 1711-16; L. Cottler and K. Leung, "Treatment of Pathological Gambling," *Current Opinion in Psychiatry* 22, no. 1 (2009): 69-74; M. Roca et al., "Executive Functions in Pathologic Gamblers Selected in an Ecologic Setting," *Cognitive and Behavioral Neurology* 21, no. 1 (2008): 1-4; E. D. Driver- Dunckley et al., "Gambling and Increased Sexual Desire with Dopaminergic Medications in Restless Legs Syndrome," *Clinical Neuropharmacology* 30, no. 5 (2007): 249-55; Erin Gibbs Van Brunschot, "Gambling and Risk Behaviour: A Literature Review," University of Calgary, March 2009。

㉘ 哈畢比在一封電子郵件上澄清他對這個主題的看法：「這是個有關自由意志與自我控制的問題。這是哲學領域的問題，也是認知神經科學的問題……如果我們說帕金森氏症患者的賭博行爲不受本人控制，爲什麼我們不能（或是我們爲什麼不）就病理性賭博者的例子提出相同論點？他們腦部活躍的區域似乎是一樣的。我唯一能提出（有點不是那麼讓人滿意）的答案（您也提到了）是如果有外部作用可以歸咎，社會在免除責任的時候會比較自在。以帕金森氏症的例子來說，我們很容易就能說博弈病理肇因於藥物，但如果是病理性賭博者，由於缺乏外部作用影響他們的行爲（嗯，事實上有，像是社會壓力、賭場廣告看板、生活壓力等等，但沒有像人們必須服用的藥物效力那樣廣泛），我們不願意歸咎於成癮，而把病理性行爲的責任加在賭博者本人身上，像是『他們應該知道不該賭博』。我認爲認知神經學家現在知道愈來愈多的東西，而『現代』腦造影自成一個領域僅有大約二十到二十五年的時間，或許部分這些受到誤導的社會信念（有的時候甚至我們這些認知神經學家也有錯誤認知）會慢慢開始改變。舉例來說，從我們的數據來看，我可以放心做出結論，提出病理性賭博者與非病理性賭博者的腦部具有顯著差異，至少他們在賭博時是如此。另外，我甚至可能可以主張某些東西，像是『差一點點』對病理性賭博者來說比較像是『贏』，但對非病理性賭博者來說比較像是『輸』，但我不能自信或確切地說，這些差異就因此代表著病理性賭博者看見地方上賭場的大型看板廣告時，他們別無選擇，他們是衝動的奴隸。在缺乏強力直接證據的情況下，我們頂多只能以類比來推論，但這類的比較充滿著不確定性。」

㉙ William James, *Talks to Teachers on Psychology: and to Students on Some of Life's Ideals.*

㉚ Louis Menand, *The Metaphysical Club: A Story of Ideas in America* (New York: Farrar, Straus, and Giroux, 2002).

㉛ 此處詹姆斯引用了法國心理學家、哲學家杜蒙（Léon Dumont）的文章〈習慣〉（De l'habitude）。

國家圖書館出版品預行編目資料

為什麼我們這樣生活，那樣工作?／
Charles Duhigg著；鍾玉玨，許恬寧譯．--
初版．— 臺北市：大塊文化，2012.10
面；　公分．--（from ；85）
譯自：The power of habit : why we do what we do in life and business
ISBN 978-986-213-373-6（平裝）

1. 習慣　2. 成功法

176.74　　101018676

LOCUS

LOCUS

LOCUS

LOCUS